权力漂移

黄　誌／编著

人民日报出版社

图书在版编目（CIP）数据

权力漂移：梅普组合与普京韬略/黄誌著.—北京：人民日报出版社，2009.1
ISBN 978-7-80208-759-0

Ⅰ.权… Ⅱ.黄… Ⅲ.政治—研究—俄罗斯 Ⅳ.D751.2

中国版本图书馆CIP数据核字（2008）第209042号

书　　名：**权力漂移**

出 版 人：董　伟
作　　者：黄　誌
责任编辑：银　河
封面设计：灵动视线 · 张　莹

出版发行：人民日报出版社
社　　址：北京金台西路2号
邮政编码：100733
发行热线：(010) 65369527 65369512 65369509 65369510
邮购热线：(010) 65369530
编辑热线：(010) 65369521
网　　址：www.peopledailypress.com
经　　销：新华书店
印　　刷：北京凯达印务有限公司

开　　本：787×1092　1/16
字　　数：410千字
印　　张：30.25
印　　次：2009年3月 第1版　　　　2009年3月 第1次印刷

书　　号：ISBN 978-7-80208-759-0
定　　价：56.00元

前　言

时间的灰烬与重量

2008年5月的一天早晨，凤凰卫视的“凤凰早班车”播出一幅漫画，说的是普京和梅德韦杰夫，两人坐在“俄罗斯”汽车里，第一幅，方向盘在普京的座位这边；第二幅两人互换座位，方向盘仍在普京的手里。

这幅漫画是对“梅普组合”的最好诠释，不由得让我们想起普京的那句名言：“给我二十年，还你一个奇迹般的俄罗斯！”

1999年8月，当叶利钦总统一年时间连续更换5任总理，身心俱疲地选定普京作为总理和总统接班人时，全世界都在问“谁是普京？”

普京接手时的俄罗斯，饱受“休克疗法”之苦、“寡头干政”之害和“自由民主”之乱，经济上“面临沦为世界二三流国家的危险”，政治上“国家机器失灵”，外交上无奈退缩，国防上军力虚弱，被国际媒体戏称为“泥足巨人”。

普京是在最需要他的时候，出现在最需要他的位置上。

这就是机缘。此前，他和你我一样，只是芸芸众生中一个平凡而普通的人，如果说有什么不一样，也只是有过神秘的“克格勃”生涯。然而，普京没有辜负这个机缘，而且，他抓住了特定历史环境下俄罗斯复兴的机遇和人民的期许，并转化为俄罗斯的尊严和复兴的源泉。

现代国家在政治、经济、社会的转型、转轨、转向过程中，总是有各种各样的危机，就像汽车“漂移”，而领导者如同“驾手”，有的可能因此被颠覆，有的却因此而转机。其中蕴涵和隐藏着“漂移”的战略和策略，以及掌控的技术和艺术。

漂移是汽车最快速急转弯的一种手段，对驾手的控制能力要求十分严格。漂移从刹车起始，改变前后轮的速度差，使车体在转弯时产生重量转移。产生重量转移可以利用加速、减速、刹车等多种手段产生应有的效果。但是，如果漂移技巧使用不当，整个车体就会滑出去，导致车毁人亡。

普京驾驶着俄罗斯这辆“泥足巨人”般的汽车，在纷繁复杂的当代世界“高速公路”上，成功地完成了一个又一个“漂移”。每每此时，我们总是油然而生“行到水穷处，坐看云起时”的飘逸、俊朗、惊鸿般的感叹和感慨。

从俄罗斯的“漂移”镜像，我们看到了普京的韬略程式和掌控绝技。

普京是一个“政治的艺术就在于必要和可能之间找到黄金中点”秩序程式的掌控者。普京深知强大而稳定国家政权的重要性和必要性，坚持“可以有秩序而无自由，但不可能有自由而无秩序”。面对愈演愈烈的地方分权，普京即时推出派遣“总统全权代表”和建立“联邦区”，实现中央集权的转机。面对愈演愈烈的“寡头干政”，普京适时推出“一箭数雕”的强力措施，控制传媒、控制国家战略资源、解散叶利钦旧政府班底等，实现“法律专政”的转机；面对别斯兰人质危机，普京及时推出令人震撼的杜马改革等政改方案，以民主形式实现集权，成为最强势总统和“可控民主”的转机。

普京是一个“危机即转机”博弈程式的实战者。危机暗含危险和机遇，其转机的必要和可能在于博弈。普京最擅长“政治就是利用紧急情况发展本国”的“非零和博弈”，面对美国等西方国家“北约东扩”、“颜色革命”、“反导条约”合围俄罗斯，他灵活运用“柔道”、“黑马”、“三角”等博弈“攻略”，实现从“保持克制、减少麻烦”到“重新获得独立性”的转机，将俄罗斯从世界边缘拉回中心。特别是2008年8月对南奥塞梯武装冲突的处置，完美演绎了“俄罗斯利剑出鞘，又适可而止”的博弈程式，全世界都惊叹普京从“柔道”转向“诡道”，俄罗斯成为世界经济乃至国际政治游戏规则不可或缺的制定者之一，一些国际媒体就此惊呼“俄国的复活”。

普京是一个“强人决定强势，强势决定强国”强国程式的威权者。普京坚信“世界只尊重强国”，或者紧紧抓住国际油价飙升的契机，灵活而有效运作俄罗斯能源经济，实现连续8年年均7%增长速度的转机，2007年跨入世界十强的行列；黄金外汇储备居世界第三位，名列世界“金砖四国”之首；计划2020年成为世界经济五强。或者紧紧抓住“库尔斯克”核潜艇沉没事件的危机，通过大规模的军事演习，检验和发现军队隐藏的“沉疴”，成为重振俄罗斯国防力量的转机。

普京是一个“不在于有什么牌，关键在怎么出牌”运筹程式的布局者。普京2008年卸任总统，却提前3年对俄罗斯权力曲线进行精密布局的政治博弈，最终完成“梅普组合”；又如2008年10月，由美国华尔街引发全球“金融危机”的连锁反应，俄罗斯对冰岛“国家破产”主动施予援手，借贷40亿美元，帮其渡过难关，而其中的“地缘政治涵义”也非常明确，即在“欧盟”和“北约”版图中进行反制式的“投棋布子”。

普京执政8年来，让俄罗斯找回了尊严，并且让尊严如空气般渗透。

普京曾说：“我有一个梦想，希望能有这么一天，俄罗斯人能够说‘我为生在俄罗斯而感到自豪’。”

这个梦想，好像突然敲开了留存在我们记忆深处的前苏联和俄罗斯文学宝库：奥斯特洛夫斯基的《钢铁是怎样炼成的》、法捷耶夫的《青年近卫军》、绥拉菲莫维奇的《铁流》所展现的革命英雄主义，肖洛霍夫的《静静的顿河》、托尔斯泰的《战争与和平》、雷巴科夫的《阿尔巴特街的儿女们》所展现的恢宏而厚重的历史感，莱蒙托夫的《当代英雄》、屠格涅夫的《春潮》、帕斯捷尔纳克的《日瓦戈医生》所展现的人道主义光芒……

2007年11月6日，普京在新奥加廖沃官邸观看俄罗斯著名导演尼基塔·谢尔盖耶维奇·米哈尔科夫的电影《十二怒汉》。该片从威尼斯带走一座特别小金狮，并且在国内赢得很高的票房收入。影片讲述了一名车臣族男孩杀死俄罗斯族继父，十二名陪审员经历错综复杂的心理变化后最终宣判男孩无罪的故事。影片结尾，当普京看到陪审团最终做出男孩无罪的裁决时，这个以坚韧、冷酷、决绝著称的硬汉忍不住热泪盈眶，这也是他成为国家领导人以来的第一次。

俄罗斯有着多姿多彩的个性，人道起来像个圣人，霸道起来像个野人，浪漫起来像个诗人；时而像个美丽的姑娘，时而像个醉酒的汉子，时而像个仰望苍穹的哲学家。通过这部影片，借着对一个车臣孤儿命运的审判，俄罗斯再次向世界展露了他们在新游戏规则下对生命、对正义的独立思考，展示了他们反省自身的情怀和能力，更展现了他们对俄罗斯丰富的民族性的自豪感和深深的忧患。

“历史是时间的灰烬，因为征途上弥散着灰烬的余烟，我们也慢慢化作历史，散入时间的灰烬；如灰烬一样的时间，慢慢游动，最后静静地皈附大地，于是就有了重量；若干年后的人们，当重复着我们的足迹时，能否在灰烬与余烟中，辨出我们当日的身影。”

我们每个人有着自己的光和影，又都夹杂着别人的光和影。

我们同时又是所有人的光和影，人类的一切崇高与卑微、伟大与平庸、高尚与卑鄙、正义与邪恶，都如同微尘在阳光下飘浮着，历史就在无数飞舞的微尘中得以重生。

2008 年 11 月 4 日，奥巴马以绝对优势成功问鼎总统宝座，成为第 56 任美国总统，同时也是美国历史上第一位非洲裔总统。

“Change, We need”（我们需要改变）。在长达两年的马拉松式总统竞选过程中，奥巴马一次又一次地对美国选民说，如果他们选择他当美国总统，“我们将改变这个国家，改变这个世界。”

2008 年 11 月 5 日，梅德韦杰夫总统发表任内首次国情咨文。而他关于“修宪”和“总统任期延长”的建议，不啻一声“惊雷”，立即在俄罗斯国内引发许多热议和猜测：是否为普京重返克里姆林宫铺路？

美国科幻电影《骇客帝国》，把宗教、哲学、预言、末世论融为一体，认为世界如同数学方程式，正善等于邪恶，或者此利益等于彼利益，一旦一方超重了，世界将变得混乱，战争、政变、骚动、死亡随即而至，直到方程式两端再次得到平衡。因此，当人类陷入一种危机，死亡渐渐逼近、大多数人都感到绝望的时候，就会有救世主出现。救世主是人类幻想出来的最后希望，一个永远不会失望的生命支撑点。

或许，权力就像骇客游戏。如同日本动漫《哆啦 A 梦》、我国电影《大话西游》、美国电影《回到未来》里的主人公一样，通过“时光机器”或者“月光宝盒”，恣意地穿梭过去、现在、未来的时间和空间，往往一次机缘、一次偶然，就可以演绎无数个可能。从这些虚拟世界的影子里，我们看到了真假、对错、是非，总是差之毫厘，失之千里。因此，在不可能时光倒流的现实世界里，机缘就格外的弥足珍贵，或许就此改变一个人、一个国家、一个民族的命运，甚至改变世界格局。

或许，权力就像足球比赛。场内 22 人围着一足球，在玩命拼抢，也许整场都踢不进一个球，可是，场外的观众仍在玩命地鼓掌或者高声喝倒彩，而胜败或者平局都在瞬间发生。好比 2008 年的“欧洲杯”足球赛，有“万人迷”球星变得落寞，如意大利的托尼；有无名小卒变成英雄，如俄罗斯的阿尔沙文。有技不如人但赢得尊严的球队，如土耳其“星月军团”；有夺冠热门但运气偏差的球队，如葡萄牙“豪华阵容”。有俄罗斯队“赌徒”教练希丁克、西班牙队“智者”教练阿拉贡内斯、克罗地亚队“摇滚”教练比利奇、德国队“机器”教练勒夫等。实际上权力角逐就如足球赛，只是“一场游戏一场梦”而已，所有的人都有自己在弈局里的角色定位设计与战略战术运筹，如果舍弃结果，必然都能“传奇”。

或许，权力只是一种魔方玩具；

或许，权力只是一个成人童话；

或许，权力只是一场相声大会……

然而，我愿意相信权力的归去来，更是一次无我、无间、无界的“救赎”。

这本书的创意是杨忠诚先生、贺鹏飞先生、王占英先生，感谢你们的热忱指导和帮助，让我找到一个恰如其分的切入点，解码普京的统治韬略、解构“梅普组合”的政治方程、解析俄罗斯未来。感谢许多记者朋友的新闻报道和专家学者的研究成果，让我拥有更开阔的观察视野和思想维度。感谢我的父母、我的妻子和我的女儿，让我的心灵及写作能够淡定和从容。

在编著本书的时候，正值我们纪念改革开放 30 周年。我们这些上世纪 60 年代生人，基本上都是踏着改革开放的脚步，从青春年少步入不惑中年的。谨将此书献给与我同年代的改革开放人，用于纪念这激荡 30 年的一切平凡与非凡、梦想与沧桑。

2008 年 11 月 11 日

目　录

第一部分　秩序——民主与集权的黄金中点

第二部分　博弈——危机与转机的黄金中点

第三部分　强国——大国与帝国的黄金中点

第四部分　改变——必要与可能的黄金中点

第一部分　秩序

——民主与集权的黄金中点

美国学者萨缪尔·亨廷顿在《变革社会中的政治秩序》中提出政治秩序论。他认为战后大批第三世界国家赢得了政治独立，但随之出现了急剧的政治动荡，社会陷于深重的矛盾和纷争之中，根源是政治动乱。因此，政治秩序的核心是政治稳定，首要的问题不是自由，而是建立一个合法的公共秩序。

1999年12月，普京上台接手时的俄罗斯是一个“烂摊子”：饱受“休克疗法”之苦、“寡头干政”之害和“自由民主”之乱，经济上“面临沦为世界二三流国家的危险”，政治上“国家机器失灵”，外交上尊严尽失，国防上危机四伏……

强硬、秩序和稳定！这是当时俄罗斯民众的渴望。

“强”字当头，“威”在其间，秩序天成。普京以“强人、强势、强力”，完美展现绝对权威、绝对尊严、绝对秩序，实证亨廷顿的政治秩序理论：“可以有秩序而无自由，但不能有自由而无秩序。必须先存在权威，而后才谈得上限制权威。”从而在俄罗斯的民主与集权之间找到了黄金中点。

2008年初，美国《时代》周刊以“非凡的领导能力使一个国家从混乱走向稳定”，将普京入选2007年度人物。

绝对强人

“总统不强，俄国难强”。

普京有“沉稳和深不可测的风格”、有“惊人的决断力、超常的理智和极强的耐力”、有“坚韧的性格、果敢的个性和运筹帷幄的韬略”。

普京让俄罗斯重新回到一人统治的时代，这是一种新的一人政权，融合的是现代的元素，而不是过去的元素。

提到普京，众口一词使用最多的一个词汇是“сильный”，翻译成汉语就是一个“强”字，如“强人”、“强总统”、“强力部门”……

在俄罗斯，流传着这样的说法：俄罗斯历史上有过三个“弗拉基米尔”，第一个是基辅大公“弗拉基米尔一世”，他一手缔造了强盛的俄罗斯国；第二个是“弗拉基米尔·列宁”；现在是第三个，“弗拉基米尔·普京”。

强硬的普京，美国等西方一些国家媒体以“暴君”称之，却也不得不承认“俄罗斯的历史时不时需要暴君来建设一个伟大的国家”。

在第二次车臣战争、别斯兰人质事件、霍多尔科夫斯基案件等一系列重要关头，充分证明普京不仅是一个拥有智慧和魄力的领导者，而且是一个不言轻战、稳操胜券的政治强人。

如果总结普京8年执政带给俄罗斯的遗产，那就是强硬与秩序。

普京信奉“秩序优先”，终结了自由主义改革的痛苦经历，把俄罗斯从“乱”带到了“治”，并开始迈向“兴”的时代，这是俄罗斯历史上铁腕统治与国家强大相结合的再度演绎。

俄罗斯的一次民意调查显示，在过去100年中的历任国家领导人中，普京在个人魅力、受尊敬的程度、容易亲近感三项中得分最高，成为最受民众欢迎的总统。

俄罗斯复兴需要强人，而普京天赋坚硬、坚韧、坚决。

“普京，一个随时准备应付突然事变，但又不走极端的人”

普京接手俄罗斯这样一个庞大国家，可谓是重任在肩，首先必须面对并且急需解决的是两大棘手问题：一是车臣分裂问题。俄罗斯联邦由89个平等的主体组成，其中包括21个共和国、6个边疆区、49个州、1个自治州、10个自治区和2个联邦直辖市。如果有任何的疏忽，就可能导致俄罗斯的分崩离析。

二是寡头干政问题。前苏联解体、俄罗斯独立的时候，一些人利用国家权力的“真空”，以种种非常规的手段，迅速暴富。这些率先富裕起来的人，千方百计地接近权力高层，用赞助、送礼、贿赂等手段，跻身权力高层，他们或利用传媒工具左右社会舆论，影响最高领导人和政府的决策，或利用手中的财富和媒体的力量提升自己的影响力，“曲线”参政。其中以“七寡头”为典型代表，直接威胁普京。

随着第二次车臣战争的胜利，接踵而至的是频繁发生的恐怖事件和反恐战争。其斗争之剧烈、场面之惊险、伤亡之惨重，触目惊心。然而，在正义与邪恶的反复、长期、艰苦的较量中，充分展现了普京的坚毅与果决，俄罗斯政府的忍耐与智慧，俄罗斯人民的善良与信心。

“证明‘铁腕’最简单的方法莫过于用马刀把敌人的脑袋砍下来”。发动第二次车臣战争并取得决定性胜利，使普京成为俄罗斯人心目中自十月革命以来最优秀、最坚强的国家领导人。

1999年9月，普京担任总理一个月时，其民众支持率仅1.7%，同年12月则高达58%。这期间，他主要做了一件事，即第二次车臣战争。普京多次亲临前线视察，有时甚至自己驾驶战斗机。面对暗杀威胁时，他与夫人共赴战地，这成为他竞选总统时最佳的宣传材料。

1999年以前，在俄罗斯政坛上，普京只是一个默默无闻的官员。叶利钦频频更换政府总理人选就是为了寻找接班人，但不少人在接近俄罗斯总统宝座的“赛道”上失手。叶利钦在关键时刻锁定了普京，大大出乎俄罗斯政治精英的预料。

在普京出任总理之时，许多人按照过去的政治演化程序推算，认定普京是又一个失手的冲刺者。然而，普京抓住了稍纵即逝的机会，将反恐行动成功地演化为一场车臣战争。要知道，普京是克格勃出身，反恐和组织反恐战争几乎属于普京的专业范畴。

从权力学的角度看，领导人执政之初能够踏上一个自己所熟悉的平台就有巨大的成功希望。普京得到了这样的机会。

车臣战争造就了普京，造就了一个领袖，也造就了一个神话。所以，普京初次登台就获得了满场喝彩。仅仅半年时间，一个无名小辈赢得了1999年议会选举和总统选举的巨大胜利，使普京获得了巨大的支持和能量。

车臣共和国是俄罗斯联邦的自治共和国之一，位于高加索山脉北侧，面积约15000平方公里，人口约100万，其中绝大多数是信奉伊斯兰教的穆斯林族。车臣虽然只是处于里海与黑海之间的弹丸之地，但地理位置非常重要，是进出高加索的咽喉要道。它的地下蕴藏着丰富的石油资源，从中亚向欧洲输送石油的管道也必须经过这里，一旦阻塞，俄罗斯的经济损失将相当严重。因此，长期以来，俄国一直把牢牢地控制住车臣作为它的重要国策。

早在沙皇时代，高加索就动荡不安。即使加入了前苏联，高加索民族部落也时时叛乱，令新政权头痛。

1991年8月19日，前苏联解体，一夜之间强大的国家四分五裂。车臣的分离主义势力趁着政局动荡、中央政府顾不到边远地区之际，开始谋求独立。这年的10月，在阿富汗战争中曾被授予苏联英雄称号的退役将军杜达耶夫，当上车臣共和国的总统。他一上台就公开宣布车臣独立，并建立了车臣的第一支正规部队国民卫队，人数最多时达到6万人。

1994年12月，俄罗斯总统叶利钦发动第一次车臣战争。动用了4万人的陆军、空军、内务部队和特种兵，出动数百辆坦克、装甲车以及大炮、飞机、导弹等现代化武器，足足打了20个月，虽然重创了车臣武装，杜达耶夫本人也被精确制导的导弹击中丧命，但俄军却付出了几千名官兵牺牲的惨痛代价，外加两万多平民丧生，到头来只得停战求和，黯然撤军。

相对于战场上的失利，第一次车臣战争后，俄罗斯在政治与战略上的损失更大。杜达耶夫之后的车臣当局，一方面利用和平协议不断地向联邦政府索要财政资助和能源，一方面纵容非法武装频频骚扰毗邻地区，制造各种恐怖事件，并且勾结国外宗教极端势力插手介入，在分裂的道路上越滑越远。

第一次车臣战争是叶利钦的失误造成的，同时也为普京搭建起施展身手的大舞台埋下伏笔。

1999 年，在第一次车臣战争中号称“高加索狼”的巴萨耶夫不满足于车臣事实上的独立现状，进而要求实现北高加索地区更大的自由。

1999 年 7 月 4 日，巴萨耶夫带领 200 多名非法武装分子潜入近邻的达吉斯坦共和国，抢村占镇，制造叛乱并进行恐怖活动。8 月 7 日，他又指挥 5000 多名非法武装分子分两路攻入达吉斯坦，向俄军猛烈进攻，企图在车臣和达吉斯坦建立伊斯兰原教旨主义国家。

担任总理不久的普京精心策划，抓住车臣叛军入侵临近的达吉斯坦共和国这根导火索，发动了第二次车臣战争。

1999 年 8 月 10 日，刚刚被任命为俄罗斯新政府总理的普京，就与总统叶利钦及有关部门讨论了愈加严峻的车臣形势。普京的态度十分强硬，他说：“车臣问题已经不是简单的俄罗斯内部问题，它正在逐渐演变为一个敏感的国际化问题。我们已经别无选择，如果今天还是姑息纵容，明天将可能失掉整个俄罗斯！”

普京请求叶利钦赋予他全权处理车臣问题的权力。叶利钦答应了普京的一切请求，并要求各个部门坚决无条件服从总理普京的各项命令，叶利钦还赋予了普京“先斩后奏”之特权。

俄罗斯在第二次车臣战争中，先后共投入了将近 16 万人的兵力，甚至动用了制导炸弹、碎片航弹和 T90 型坦克等重武器和先进武器。分为三个阶段进行：第一阶段是在达吉斯坦境内彻底消灭一切分离分子并同时封锁车臣边境；第二阶段是向车臣挺进，对车臣首府格罗兹尼发动总攻并完全占领格罗兹尼；第三阶段是对逃进山区的非法武装进行清剿。

普京深刻吸取了俄罗斯在第一次车臣战争中外交上的教训，亲自接见了西方国家驻俄罗斯的大使，充分展示了他那杰出的口才和一个真正总理外交家的良好风度。这些国家的政府，除了个别还有所保留外，其他均表示支持和理解。

普京又在国家杜马赢得了强力支持，使得外来干扰有所减少。

从 1999 年 9 月 19 日起，俄罗斯空军每天都出动不同架次飞机，对车臣境内的军事目标和基础设施进行精确轰炸。

1999 年 9 月 26 日，面对俄罗斯军队的强大进攻，车臣总统马斯哈多夫表示“为了避免大规模战争，愿意同俄罗斯领导人谈判和对话”。9 月 27 日，普京表示“可以同车臣领导人进行谈判，但前提是无条件谈判，否则一切无从谈起”。

见自己的目的没有达到，马斯哈多夫和巴萨耶夫主持召开了作战会议，通过了一项格罗兹尼城区防御计划。

1999 年 9 月 30 日，普京下令俄军展开进攻。俄军 10 万人兵分三路向车臣进军。

1999 年 10 月 2 日，5000 多名俄罗斯军人和装甲车大举进入车臣境内，俄军另一支部队也到达格罗兹尼西南部的重要门户巴穆特了。

10 月 4 日至 10 月 7 日，俄军占领了车臣的大部分领土。车臣总统马斯哈多夫提出停战呼吁，但遭到普京的严词拒绝。普京说：“这是你们咎由自取！”

1999 年 10 月 8 日，俄军的特种部队采用奇袭方式，一举擒获通缉了一年的恐怖分子头目哈奇拉耶夫。

1999 年 11 月 12 日，俄军开始攻打并占领车臣第二大城市古捷尔梅斯。12 月 2 日，俄军解放了车臣第三大城市阿尔贡。

1999 年 12 月 3 日，俄军北高加索联合战役集团司令部宣布，第二次车臣战争的第二阶段结束。共歼灭非法武装分子 4500 人，控制了车臣大部分地区，并且在一些地区建立了绝对服从莫斯科中央政府的地方基层政权。

1999 年 12 月 31 日，俄罗斯总统叶利钦突然对全国发表电视讲话：他宣布自己从即日起辞去俄罗斯总统兼俄罗斯国家武装力量总司令的职务，将由总理普京代行上述职务直至举行全国大选，同时他把俄罗斯国家核武器密码箱也交给了总理普京。

普京上任后面临着许多难题，他将政府中的人员安排妥当后，便开始办第一件大事——尽快结束车臣战争。

普京通过广播鼓舞前线部队："俄罗斯民族又一场伟大的卫国战争开始了，而只有你们才能拯救伟大的俄罗斯民族，现在就用你们的实际行动来拯救这个国家拯救伟大的俄罗斯，胜利将永远属于光荣伟大的俄罗斯战士！"

普京的讲话极大地鼓舞了在前线作战的俄军将士，他们群情激昂，纷纷表示要用伟大的胜利作为给普京的献礼。

2000 年 1 月 17 日，第二次车臣战争中最重要的一战——解放格罗兹尼的战役开始了！在激烈的巷战中，俄军遭到顽强的抵抗，战斗进行得十分惨烈。

2000 年 2 月 1 日，在完全清剿了残余的车臣非法武装分子后，俄军终于攻占了格罗兹尼的重要地区——米特努卡广场，俄军将士欢呼雀跃。普京也发贺电鼓励前线将士再接再厉。

2000 年 2 月 4 日到 6 日，俄军又对整个城市进行了数次"地毯式搜剿"，陆续俘虏了 375 名非法武装人员。至此，俄军攻打格罗兹尼的战役宣告胜利结束。

这次战役，俄军和车臣民兵及地方警察部队共歼灭车臣非法武装分子 3000 多人，包括杜达耶夫侄子在内的 4 名战地司令以及车臣副总统阿尔萨诺夫被击毙。但是，由于俄军内部的一小撮败类被车臣非法武装用重金买通，使得包括非法武装重要领导人马斯哈多夫和巴萨耶夫在内的一部分人员竟顺利地通过了俄军重重设置的封锁线，逃进了邻国。

从 2000 年 2 月 11 日起，俄军开始对潜藏在南部山区的非法武装进行重点清剿。由于山高林密、交通不便，不利于大兵团作战，又极大地制约了俄军优势重火力的发挥。而车臣非法武装既熟悉地形，又有当地群众作为掩护，还有俄罗斯车臣南部山区与格鲁吉亚接壤，每当非法武装感到有被歼灭的危险时，就越过边界，逃进格鲁吉亚境内的潘吉西尔山谷，从而使战争又被非法武装所牵制，变成了旷日持久的运动战和游击战。

更为严重的问题是，这给以后发生的一系列恐怖袭击带来了最大隐患！

2001 年 1 月 22 日，普京宣布俄军全面从车臣撤军，俄军的作战将从大量的歼灭非法武装转为反恐怖行动。由 15 万人组成的第四十二师和内务部的一个由六七千人组成的旅将长期驻守车臣。

在第二次车臣战争中，据俄军第一副总参谋长马尼洛夫称：至 2000 年 6 月 15 日，俄军和内务部队亡 2091 人，伤 5962 人，以相当于前次 1/3 的代价，就取得了全面的战争胜利。

纵观 20 世纪 90 年代以来两次车臣战争的历史，可以看到“时势造就英雄”。普京正是抓住了这个稍纵即逝的机会，将车臣战争成功地演化成为国际反恐行动。

无论怎样评价普京在车臣战争中的作用和功绩都不过分。他坚决果敢的个性、运筹帷幄的韬略，以及卓越的领导才能，都在战争中得到了充分的体现。

通过第二次车臣战争，沉重打击了车臣非法武装，在车臣经全民公决通过了维护联邦统一的车臣宪法，选举产生了车臣总统，在车臣境内恢复了法制。尽管车臣非法武装的活动仍然十分猖獗，恐怖袭击时有发生，然而，毕竟阻止了车臣民族分裂主义势头，保持了国家的统一和领土完整。

虽然西方一再要求俄罗斯运用和平手段解决车臣问题，但事实上，普京在车臣政策上没有太多回旋余地。强硬的车臣政策成了普京的“注册商标”。

从 1999 年 10 月到 2000 年 3 月，普京前后三次视察车臣。

第一次视察车臣是在 1999 年 10 月 20 日，当时普京还是俄罗斯联邦政府总理。在人们普遍猜测俄军正在策划对格罗兹尼发动地面战之际，普京出人意料地抵达车臣北部，他对当地村民表示：“俄军将战斗到底”。

第二次视察车臣是在 1999 年 12 月 31 日至 2000 年 1 月 1 日。

1999 年 12 月 31 日午夜，电视中播放了代总统普京向俄罗斯人民发表新年贺词的录像。节目播出时，普京早已和夫人柳德米拉飞到战火纷飞的车臣去慰问正在那里浴血奋战的俄军官兵。

当时困兽犹斗的车臣恐怖分子不断扬言要针对普京制造恐怖事件，但是普京对此不为所动，毫不理会。

那天普京及夫人一行分乘三架直升机前往车臣第二大城市古杰尔

梅斯。当天由于能见度极低，飞机无法着陆。普京一行只好调头往回飞，然后再换乘汽车前往目的地。汽车在弹坑累累的路上颠簸了两个多小时。当普京和夫人出现在战士们面前时，他们简直不敢相信这是真的。

此时的普京身着带风帽的翻领滑雪运动服，神采奕奕，他向在车臣战争中英勇作战，表现突出的官兵颁发了奖章，同时将刻有“俄罗斯总理敬赠”字样的猎刀赠送给官兵们。

在车臣首府格罗兹尼附近的一个小镇上，普京一行与官兵们共同度过了一个多小时，然后返回。两个小时后，他们乘车刚刚经过的那条公路就被炸毁了。

第三次视察车臣是在2000年3月20日，普京正式当选俄罗斯总统后，他亲自驾驶“苏—27”歼击机到车臣首府格罗兹尼，为在车臣战争中表现突出的一个空降团举行欢送仪式。

这些举动大大提升了普京的威望。一个“结束长达10年的混乱政治局面、带领俄罗斯实现伟大复兴”的强人形象，已深深地嵌入俄罗斯人民的心中。

2003年3月23日，车臣举行全民公决，通过了三项重要的法律草案，即俄罗斯车臣共和国宪法草案、总统选举法草案、议会选举法草案。这是车臣历史上第一次全民公决，也是俄回到法制建设的轨道解决车臣问题的重要步骤，因而具有重要意义。

2003年10月，在俄罗斯联邦政府的积极运作下，卡德罗夫以压倒优势当选为车臣共和国总统。

2004年5月9日，俄罗斯车臣共和国总统卡德罗夫在车臣首府格罗兹尼一体育场内参加“二战胜利日”庆祝活动时遭遇炸弹袭击，被炸身亡。

2004年5月11日，就在卡德罗夫被炸身亡后的两天，普京对车臣进行了一次闪电式的秘密视察。普京一共只停留了几个小时，即乘飞机返回莫斯科，并立即在内阁会议上坚定地表示：“重建车臣的进程不会停止，恢复和重建车臣的基本条件已经具备，任何人都不能使这一进程逆转。”

在普京执政的几年中，车臣非法武装的几大匪首（哈塔卜、马斯哈多夫、巴萨耶夫）相继被剿灭，特别是2006年7月巴萨耶夫被炸死，国际舆论认为是车臣战争的转折点，车臣总统阿尔哈诺夫称是为俄军反恐行动画上了句号。

普京领导的第二次车臣战争，以及在此后一系列反恐战取得胜利，俄罗斯人民由此产生了对他的个人崇拜，一方面在于普京强硬的个人风格，但更多的还在于普京果断、决绝、必胜的行动。

“任何人都不能要挟国家”：“尤科斯事件”背后的“强人铁律”。在俄罗斯，霍多尔科夫斯基的名字是和财富、地位和权势联系在一起的，这个年轻的石油巨头以他的显赫背景，他的目空一切以及他对政府的强硬作风，叫人另眼相看。

一个是俄罗斯最富有的人，身家80亿美元的霍多尔科夫斯基。他在积累财富的同时，毫不掩饰他的政治野心，成为“寡头干政”的越界者。

一个是俄罗斯最有权力的人，铁腕总统普京。

两个人的较量自普京2000年上台时就开始了。2003年，这场较量迎来了转折点，权力战胜了金钱，霍多尔科夫斯基锒铛入狱。

2003年10月24日，霍多尔科夫斯基与公司的几个主要助手一起乘坐公司专机从俄下诺夫哥罗德市前往伊尔库茨克市出差，原计划于10月27日返回莫斯科。

2003年10月25日凌晨5点，专机在新西伯利亚机场降落，准备加油。飞机刚驶入跑道，就突然被好几辆闪着灯的载重卡车包围。有特工走到霍多尔科夫斯基面前说，“我们有命令，您得跟我们走”。当时，尤科斯公司的随行人员都不知道霍多尔科夫斯基到底被带到哪儿去了。该公司的新闻发言人沙德林形容扣押过程好像是特种部队发起的一次反恐行动。

10月25日中午，俄罗斯总检察院新闻发言人宣布，拘捕霍多尔科夫斯基是因为他拒绝出庭接受俄总检察院有关尤科斯石油公司的下属公司偷税、逃税的调查。

10月25日傍晚，俄罗斯总检察院宣布对霍多尔科夫斯基提起刑事诉讼，指控他犯有7项罪行，分别是：诈骗他人钱财，且数额巨大；拒不执行法院判决；利用欺骗手段给他人造成巨大财产损失；多次大额合伙逃税；故意不缴纳个人所得税和不向国家对外预算基金缴纳保险费；伪造公文；侵占他人财产。

普京说，国家手里握着一根橡皮警棍……等我们真被惹恼的那一天，会毫不犹豫地使用它，因为任何人都不能要挟国家。

普京在自传中说，“第一次挨人揍，我感到很委屈。同时也给我上了很重要的一课。我从中悟出一个道理——如果你想要成为胜者，那么在任何一次对打中，你都要咬牙坚持到底。”

“此外，我明确意识到，不到万不得已，不能轻易卷入什么冲突。但一旦有什么情况发生，就应考虑无路可退，因此必须斗争到底。”

“此后，克格勃教我的还有另外一条准则：一旦你下决心打这一架，那你就要坚持到最后。换句话说，不打则已，打则必赢！”

霍多尔科夫斯基一案被称为自原苏联解体以来俄罗斯最重大的案件之一。国际媒体称，这是由普京政府一手“导演”，目的是拿霍多尔科夫斯基开刀，“驯服”众寡头，使其听命于政府。

霍多尔科夫斯基长着棕色头发，大大的、棕色的、目光天真的眼睛，英俊的脸，戴着一副超大号的眼镜。人们很难把颇具学者气质、待人谦恭甚至是害羞的霍多尔科夫斯基与上述指控联系起来，更何况，他所挑战的是克格勃出身的普京总统。

福布斯2002年评选霍多尔科夫斯基为全球十大最有影响力的富翁。而他的发家史也和其他俄罗斯新贵们一样，颇具“俄罗斯特色”。

1963年，霍多尔科夫斯基出生在莫斯科一个普通的集体公寓里。父母都是工厂里的工程师，霍多尔科夫斯基是家里的独子。

1986年，年仅23岁的霍多尔科夫斯基即成为莫斯科伏龙芝区共青团区委副书记。1986年大学毕业后，他与五六个伙伴创办了一家咖啡馆，遭到失败后成立了“青年科技创造中心”，向苏联工厂兜售新技术、做咨询、倒卖进口PC(后来自己组装)，甚至法国白兰地。

最终成为霍多尔科夫斯基所控企业中“皇冠上的明珠”以及摇钱树的，便是尤科斯：1995年，在尤科斯石油公司的拍卖中，霍氏旗下的“梅纳捷普”投资银行以3.5亿美元买下该公司78%的股份。两年后，尤科斯石油公司上市，市值达90亿美元。在短短10多年间，霍多尔科夫斯基便从一个名不见经传的小商贩成为富可敌国的俄罗斯首富。

2003年8月，俄反垄断政策部批准尤科斯石油公司与俄第五大石油公司西伯利亚石油公司合并。合并后的尤科斯——西伯利亚石油公司成为俄第一大、世界第四大私营石油公司，2002 年两公司的石油开采量达 7.5 亿桶，占俄全国石油开采量的 29%。

与此同时，霍多尔科夫斯基大搞个人公关——尤其在美国：主动与《纽约时报》、《华尔街日报》等著名大报的主编交流，并开始对俄罗斯的外交政策发表意见，使其看起来更像是一个政客而非 CEO；他频繁捐赠，受捐者包括美国的智囊机构和国会图书馆。在 2002 年，小布什的夫人劳拉最热爱的“国家图书节”项目也收到来自霍多尔科夫斯基的 10 万美元捐赠。

这种持续与美国显贵接触的努力获得了回报。霍多尔科夫斯被美国国家安全顾问赖斯、副总统切尼接见，并与小布什夫妇合影留念。在其办公室里，摆满了他与各国政要的合影。2002 年 7 月，他与美国的能源部长会面讨论美国的能源政策。美国前总统老布什在当年 9 月访俄时，参加了霍多尔科夫斯基主办的宴会并作演讲。后来证明，老布什的此次访问目的之一就是为美国的石油公司与尤科斯合并做引线人。

霍多尔科夫斯基有三大目标：在俄罗斯丑闻充斥的私有化过程中幸存下来后，改变自己的声望；重整尤科斯，以使其与一家西方石油公司合并；促进俄罗斯经济和政治的变化。

实际上，霍多尔科夫斯基想的是问鼎政治：到 2008 年，根据俄宪法，连任两届的普京总统必须离职。

霍多尔科夫斯基的手法是双向下注：他既在议会里拥有自己的代表，也斥巨资资助反对派政党。2002 年 4 月，霍多尔科夫斯基与杜马里的两大反对党领导人达成协议，计划在 2003 年 12 月 7 日议会选举前往这些反对党的账户中打进数千万美元。

2002 年 12 月，在议会下院辩论时，一位立法者在发言过程中被另一个人打断，在他接过来的移动电话的另一头，霍多尔科夫斯基开始告诉他应该怎么说。最终，霍多尔科夫斯基在议会里的说客及盟友投票反对一项对尤科斯不利的税收法律，并获得成功。

当杜马主席谢列兹尼奥夫把霍多尔科夫斯基直接干预的情形告诉普京时，“普京当时极度愤怒。”

信奉“可控民主”的普京允许不同政见的存在，却痛恨真正威胁其权势的人，尤其在2003年12月的杜马选举和2004年3月的总统选举即将进行之际——拥有巨额财富的霍多尔科夫斯基可能是俄罗斯唯一能向普京发动独立的政治攻击的人，他也有足够的勇气这样做。

“卧榻之上，岂容他人酣睡！”

普京在上台之初就跟富豪们约法三章，其目的就是为了防止富人参政给自己带来麻烦。普京召集俄罗斯的有影响力的富豪，表示以2000年为界限，国家不再追究寡头们是如何在私有化过程中暴富起来的，但是这些寡头也不能再介入国家政治生活，不允许利用大资本干扰政治进程。

承认俄罗斯暴富的人的财产合法，是普京最高明的一步棋，做出了一定的让步，之后很多“寡头”的确是专心于商业，不再过多地涉足政治。但是，仍然有一些人不安于现状，不断地对普京的权力产生影响。

2002年4月起，霍多尔科夫斯基和杜马多个党派领导人接触，承诺在2003年12月杜马选举前为他们的政党注入千万美元资金。

霍多尔科夫斯基干预外交政策，在伊拉克战争问题上主张迎合美国，反对向法德靠拢，而且力主把尤科斯公司的股份出让给美国石油公司。

霍多尔科夫斯基还插手议会选举，企图组织一个政治集团以在杜马施加影响力。他出钱资助“亚博卢”、“右翼力量联盟”及俄共等反对派政党，力图在未来的议会选举中获取多数，觊觎政府总理职位。这样，一方面分化了普京的支持者，另一方面则巩固了反对派的实力，左右逢源。

在普京看来，霍多尔科夫斯基最具挑衅性的动作，可能是他要把俄罗斯变成一个纯粹的议会政治体系并使自己出任总理的秘密计划。直到入狱前，霍多尔科夫斯基都坚信由于自己是犹太人，永远不会被选为总统。为此，他需要改变政治体系，包括修宪，以使其能在新体系中出任总理。

普京多次向霍多尔科夫斯基发出警告，但他一再越过普京“不许富豪干政”的底线。

本来，俄当局在2003年7月对霍多尔科夫斯基加以传讯，目的只是要“敲打”他一下，希望他改弦易辙，收敛服软。但是霍多尔科夫斯基却不仅不思悔改，反而变本加厉。

霍多尔科夫斯基的反应是大造舆论，公开对抗。尤科斯公司在全国各地竖起大幅广告牌，上书：“我们在一起”。在接受访问时，霍多尔科夫斯基对克宫更加刻薄，甚至说普京可能会重陷独裁的泥沼。

2003年10月25日，霍多尔科夫斯基被捕的消息犹如一枚重磅炸弹，在俄引起轩然大波。麾下聚集了大批财阀的工业家和企业家联盟明确表示反对拘捕霍多尔科夫斯基。

俄杜马中各派政治力量对此也有不同看法。俄共、右翼力量联盟和亚博卢集团联盟领导人认为，逮捕霍多尔科夫斯基是出于政治动机。“统一俄罗斯”党、人民党和自由民主党则坚决支持当局的做法，认为拘捕霍多尔科夫斯基完全是依法进行的。

西方媒体和一些政界要人也对此事表示关注。欧盟一位高级官员说，证券市场对霍多尔科夫斯基被捕事件的反应强烈增加了欧盟国家对俄经营环境和法制问题的担忧。

2003年10月27日，普京对这一事件公开作了明确表态：“任何人在法律面前应当平等。”他说，这是一个独立的个案，俄政府不会修改私有化法案。

霍多尔科夫斯基案，又称“尤科斯事件”。成为在2003年12月俄罗斯国家杜马与总统大选政治的前奏，折射出普京主导俄罗斯政治生活的“强人铁律”。

在霍多尔科夫斯基被捕一周后，普京解除了总统办公厅主任沃洛申的职务；2003年10月31日，俄总理卡西亚诺夫公开表达对司法机关冻结尤科斯公司股票的“严重忧虑”。霍多尔科夫斯基事件使普京与卡西亚诺夫之间的分歧表面化，并于2004年2月24日，普京解散了卡西亚诺夫政府，实际上只解除了卡一人的总理职务，由副总理赫里斯坚科接任。

以美国为首的西方国家开始向俄罗斯政府施压。

“尤科斯事件”的发生反映了俄罗斯财阀与政权之间十分复杂的关系，依然是“钱”、“权”关系演化而成的精彩的政治裂变。

“尤科斯事件”决不是一个孤立的政治事件，这里蕴涵着十分深刻的社会背景、政权与寡头之间明显不同的政治动机和利益取向，以及历史关键时刻的机遇选择。

自普京当政以后，普京与寡头之间的关系成为俄罗斯政治变动的风向标。

“尤科斯事件”是俄罗斯政治敏感时期，即进行国家杜马和总统选举时期出现的特定事件。前苏联解体以后，俄罗斯每一次国家杜马选举和总统选举时期都属于“政治敏感”时期，都呈现出激烈的政治角逐，有时甚至是激烈的政治对抗。

所谓“特定事件”，是指俄罗斯每一个不同政治敏感时期的政治角逐都是由不同的政治对象来扮演和完成的。如果说，1996 年总统选举时期叶利钦主要打击的对象是俄共代表人物久加诺夫、1999 年议会选举时期叶利钦和普京主要打击的政治对象是普里马科夫和卢日科夫，那么，在 2003 年的国家杜马选举过程中，普京主要打击的对象对准了跃跃欲试的寡头及相关的政治利益集团。

普京整治霍多尔科夫斯基发生在距普京第一任期结束半年以内的国家杜马选举前夕。这表明，普京是在寡头已危及到自己的政治统治或者有可能搅乱政治局面时才出手整治的。

普京整治大寡头霍多尔科夫斯基是逐步升级的。

从霍多尔科夫斯基方面来看，他瞄准了此次国家杜马选举和总统选举，不愿意放弃这千载难逢的历史机遇。因此，普京与霍多尔科夫斯基在这个关键时刻，迎头相撞就不足为怪了。

普京打击霍多尔科夫斯基也考虑到了外部因素。尤科斯公司试图把该公司 40% 的股份卖给美国埃克森—美孚石油公司。这个举动危及俄罗斯国家的能源战略利益，涉及到俄罗斯石油资源的控制权。普京打击霍多尔科夫斯基也有避免美国控制俄罗斯战略资源的深层次考虑。

如果从微观的角度看，“尤科斯事件”只不过说明，普京政权又“修理”了一个“犯有严重经济罪行”的寡头，是发生在一个大寡头身上的典型经济案件。

但从中观角度看，这是普京与霍多尔科夫斯基政治角力的结果，是俄罗斯议会与总统大选政治游戏中的一段篇章。

经济案件中折射着深刻的政治内容，或者说，政治问题以经济案件的样式来摊牌。

如果从宏观的角度看，这实际上是普京战略上的重要一步棋，是普京实施“钱”、“权”分离的重要战略步骤。更明确地说，是普京力图彻底摆脱寡头纠缠，彻底摆脱叶利钦“家族”控制的战略棋局的开端。

“尤科斯事件”，普京既遏制了霍多尔科夫斯基，又彻底摆脱了叶利钦“家族”的控制和监督。

国际舆论认为，“普京得到权力合法化的自然意图，这种权力要摆脱与旧帮派的联系。没有这种合法化，根本就谈不上名副其实的领导工作和放开手脚。这还意味着不可能建立自己的、没有他人掺和的班子。”

逮捕霍多尔科夫斯基，彻底打击寡头干政，解散卡西亚诺夫政府，被国际舆论认为是普京与叶利钦时代“割裂”和“诀别”的标志，同时也完全树立了普京的强人形象。

普京对霍氏最为不满的，一是他过度“参政”，企图挟持政府、影响政策；二是他的美国背景，他与美国能源集团的亲密合作，对白宫的温顺和谄媚。

普京当时是面临着巨大压力的。不仅国内流言四起，而且国外媒体及一些国家政府更是指手画脚。尤其是美国，各级领导人纷纷出来维护霍氏，而媒体更是将普京的反寡头之战视为政治迫害。不过，国外势力越是起劲地为霍氏助威，霍氏的末日来得也就越快。

事实证明，许多人对俄罗斯的民族性格，对普京的个性是缺乏了解的。就俄罗斯民族而言，外来压力越大，国民就越发可能抱团，其反对外来干涉的劲头在世界上也屈指可数。而普京，正如他学生时代的好友所言，“从来不害怕任何人。”

在目睹了叶利钦时期寡头势力膨胀的种种危害，感受到对美国等西方国家一忍再忍的无奈之后，俄罗斯人非常渴望他们的领导人能够敢于对寡头、对西方说“不”。普京做到了，也得到了民众的普遍支持，这也是普京反击寡头的一大收获。

打击寡头还起到了加强中央对地方控制力的作用。

在普京打击霍多尔科夫斯基等人之前，可能有大约 1/4 的俄罗斯地方行政长官在某种程度上与寡头的生意有关联，许多地方行政长官本身就是寡头的代理人。而在普京对寡头一番“修理”之后，中央对地方的控制力也确实在一定程度上得以提高了，即便那些与寡头没有太多关联的地方领导人，也会意识到中央政府的强势和普京的铁腕，进而折射出普京杀一儆百做法所起到的“敲山震虎”的功效来。

普京的另一个很聪明的做法是，在打击一些不良寡头的同时，采取了“分而治之”的策略，力求将寡头的“体积”控制在能够应付得了的范围内，像一百年前西奥多·罗斯福在美国所做的那样，打击 1%，让其余 99% 继续为社会发展效力。

无独有偶，在 170 多年前，美国的安德鲁·杰克逊总统也曾有过类似的做法。将军出身的杰克逊，之所以在美国历史上占有重要地位，不仅是因为他推动了美国经济和外交的进一步发展，也是他建立了强势政府，维护了国家统一，这一切都与他的两场“战争”有关，一是针对南卡罗来纳州的“反分裂之战”，二是针对第二国民银行的“银行之战”。

而杰克逊强力推进的反对银行寡头的斗争，也是源于第二银行总裁比德尔等人试图操纵政治，并且与国外势力有牵连。杰克逊之所以深得民心，也正是因为他站在维护民众和国家利益的立场上，表现出一般政客所不具备的斗士精神。

“尤科斯事件”，展现了普京的“铁腕”与“强人”形象，同时也倍受西方国家责难。但只有普京清楚自己在俄罗斯复兴的道路上，该干什么、什么时间干以及如何下手，其他的任人去评说。

2003 年 11 月俄罗斯杜马竞选结果表明，支持普京“反财阀”政策的党派获得了竞选的绝对胜利，而支持霍多尔科夫斯基的党派则纷纷败北。

2005 年 5 月 31 日，持续 11 个月之久的尤科斯案终于正式宣判，霍多尔科夫斯基被判 9 年监禁。

2005 年 10 月，霍多尔科夫斯基流放到西伯利亚的 IK-10 监狱服刑。被“发配”到了寒冷的偏远地区，意味着他可能在此度过长达 6 年的时间。

“作为一个誓言带给国家安全的人，我别无选择”。普京执政 8 年来，人们津津乐道于他整政党、统地方、削寡头、反恐怖、振经济、抗北约等等过五关斩六将的政绩。

普京上台之后，以比叶利钦更强硬的手段弹压车臣恐怖活动。虽然稳定仍遥遥无期，但恐怖分子对俄罗斯政局的威胁较以前已大为减轻了。不过其他问题反而一波未平一波又起。如霍多尔科夫斯基为了争夺总统职位，率先向普京发难，大有抢班夺权之势。幸而普京以铁的手腕排除了政治异己，总算把这个“不稳定因素”消灭在萌芽状态之中。又如俄罗斯著名女记者安波利科夫斯卡娅遭暗杀身亡事件、俄罗斯前特工利特维年科离奇中毒事件，都与车臣问题和外交关系密切联系，被怀疑是俄罗斯政府幕后操纵的结果等，更加扑朔迷离。

2003 年 11 月 6 日，俄罗斯《真理报》独家披露了俄罗斯心理学家的最新研究成果。他们在选举过程中就已经确定了普京的心理类型，他们称普京为“检查员”。这种心理类型的主要特点是喜欢独揽大权：

——他会在极端困境中果断地做出正确决定；

——他做事情圆通灵活，有始有终；

——他内心对正在发生的事情有一种深深的责任感，追求和谐融洽的关系。

在世界上，有人把普京比喻成独裁者，有人把他视为冷血杀手、暴君，但是更多的俄罗斯人则把普京视为俄罗斯的“新彼得大帝”、“新沙皇”。他那冷峻的外表、强壮的体魄和特立独行的性格让那些所有关注他的人们琢磨不透，或许，这恰恰是普京永恒的迷人之处。

在俄罗斯百姓眼里，普京诚实、正派、成熟、能干、决断、有原则、眼界开阔、意志坚定，具有首创意识、精力充沛、富有同情心和亲和力、保障了国家稳定……

普京几乎集一位现代国家领导人的完美特质于一身。

2008 年 1 月，美国《时代》周刊记者 RichardStenge，采访当选为2007年年度人物的普京时写道：“没有多少人敢于瞪着普京的眼睛看，因为那蓝色双眸是那样冷酷，完全没有感情，如果瞪着他的双眼看就会轻易被他影响。”

“普京不是一般的政治家，他没有太多亲和力却被整个国家崇拜，他在俄罗斯一片混乱的时候接手，完全根据自己的设想重整这个国家：强硬地、伤感地、不逊地。无论褒贬，普京已被称为民选君王、绝对权威、绝对控制，俄罗斯的‘新沙皇’。”

俄罗斯的重新繁荣改变了现代世界的格局，在冬眠了10多年后，俄罗斯熊又回来了。但是所有这些都有黑暗的一面，为了保持国家的稳定，普京和他的政权给自由套上了紧箍咒：关闭唱反调的电视台、报纸，将那些可能利用财富影响克里姆林宫政治的“寡头”关进监狱，削弱反对党的势力，逮捕那些公然反对他的人。但是这笔豪气的交易——用自由换取安全的交易——符合普京对俄罗斯未来的设计。

俄罗斯人喜欢用玩笑或者寓言来形容领导人，在很多流传很广的玩笑里，戈尔巴乔夫是个失败的改革者，叶利钦是“酒鬼”，普京是“暴君”。

这“暴君”指的是，普京担任俄罗斯总理伊始，针对车臣武装分子叛乱的果断处理，立即成为国际政治明星。

车臣首都格罗兹尼最终几乎被抹平了，俄罗斯重新取得了对车臣地区的控制。当然车臣武装分子进行了一次又一次血腥反击，包括2004年在北奥塞梯城市别斯兰一所学校制造的绑架人质恐怖事件，事件中339个平民死亡，其中大部分是孩子。但是无论武装分子怎样反扑，以什么作为威胁，全被俄罗斯军队干脆镇压。

尽管血腥，总体而言俄罗斯人佩服普京的处理，因为他们曾经目睹东欧以及前苏联加盟共和国脱离俄罗斯的控制，因此普京很高兴能将车臣地区，即使是千疮百孔仍置于自己的控制之下。

担任普京的新闻秘书戈罗莫夫回忆说，有一天，普京走进办公室，当时他的妻子柳德米拉也在场，普京对妻子说，新年之夜他将前往达吉斯坦共和国的战区，慰问那里的士兵。妻子表示非常担心他的安全，希望也能一起去。这次旅途并不危险，甚至可以说是一次精心安排的、高调的出行，在记者镁光灯的闪烁下，俄罗斯人爱上了新总统的勇气和能量。

“9·11”事件赐予普京另一个决定性的时刻，他是第一个向美国人民和布什总统表示慰问同时愿意提供帮助的世界领导人，也正是这样，美国人对于俄罗斯在车臣问题上的血腥不再强烈批评。但是普京和布什政权已开始建立的良好互信关系并没有维持很长时间，普京强烈反对布什出兵伊拉克，同时一再抗议美国的决定没有通过联合国安理会。

普京说："如果你看世界地图，找到伊拉克并不容易，因此你也会觉得征服这样一个小国并不困难，但这是一个巨大的挑战。伊拉克是个小国，但也是个骄傲的国家。"伊拉克局势的恶化使普京更加坚定自己的外交政策，那就是任何国家都不应该干涉其他国家的事务，即任何国家都不能干涉俄罗斯的事情。

于是关于普京又有了一个新笑话：普京和布什在伏尔加河旁钓鱼，半个小时以后布什抗议说："普京，蚊子快把我烦死了，但是我没看见一个蚊子咬你。"普京回答说："它们知道我不是好欺负的。"

尽管西方世界普遍关注，甚至提出反对，但普京毫不手软地严管国内的新闻媒体，消除一切反对声音。

卡斯帕罗夫是俄罗斯国际象棋一代宗师，是历史上最高水平的棋王，同时他对政治非常敏感。卡斯帕罗夫作为一个民主斗士希望在俄罗斯推进民主，但是他的努力越来越无助、孤独，因为在他看来，普京政府是一个永远不会妥协的强权政权。2007 年 11 月 24 日，因为举行了一个政治集会他被逮捕，并在莫斯科监狱里被关押了 5 天。

普京将类似卡斯帕罗夫这样的异见人士完全排除在政治之外，方式是取消他们最基本的参政资格。

被暗杀的记者波利特科夫斯卡娅生前一直在调查车臣地区的人权状况，2004 年她出版了调查文学《普京的俄罗斯：生活在破败的民主中》，普京认为她的死完全是个意外，她是被仇视政府的破坏分子暗杀的。尽管全世界对这些谋杀事件给予高度关注，但是民意调查显示在俄罗斯国内，普京的反对者和批评者少而又少。

每年一次，普京会接听普通群众的电话，有上万人希望能获得与总统通话的机会。这些人在电话里尖叫、激动地哭泣，无论这些电话的内容是经过怎样的安排和练习，听众还是会被那种由衷的激情打动，人们感到在俄罗斯国内，只要总统动一个指头，就没有解决不了的困难。曾有一个妇女打电话给普京，抱怨当地的渡轮服务，她居住在远离符拉迪沃斯托克（俄罗斯远东的海港城市）的一个小岛上，听完抱怨后普京冷静地告诉她，一座跨海大桥很快将建成。

俄罗斯有对总统最忠诚的支持者，那就是"纳什"组织。在俄语中，"纳什"是"我们"的意思。这是一个神化普京、崇拜普京的青年运动，他们的声音响亮，行动高调。2007年12月中旬，两万名“纳什”成员从全国各地聚集到莫斯科，在克里姆林宫的围墙外集会庆祝普京领导的统一俄罗斯党刚刚在议会选举中大胜。

“和普京一起走进未来。”

“我们喜欢泰迪熊，也喜欢普京，让我们一起胜利。”

普京让俄罗斯人重新找到对国家和民族的信心以及骄傲，这种骄傲在过去很多年中一度消逝。

美国布鲁克林政策研究所研究员塔尔伯特说：“普京让俄罗斯重新回到一人统治的时代，这是一种新的一人政权，融合的是现代的元素，而不是过去的元素。普京如果成功了，俄罗斯将是新世界里的一个巨人。”

前苏联领导人戈尔巴乔夫点评普京时说，“上个世纪90年代的混乱之后，重新镇定国家防止其分裂崩溃是最重要的事情。在这样的情况下，一个领导人难免出于独裁本能采取一些步骤。但普京没有将俄罗斯变成一个独裁暴政的国家，他并未跨过那条危险的底线。”

美国前国务卿基辛格在接受采访时说，“今天在俄罗斯，普京具有统治性的政治地位。但我并不会就此认为俄罗斯是一个专制国家。”

在俄罗斯人民看来，普京在这个国家的历史最低点成为总统，他们评判普京的标准是生活水平的提高，他们同样尊敬普京使俄罗斯重新成为国际舞台上必须尊敬的角色，尽管美国人不会把现在俄罗斯的政权体制称为民主体制，但是俄罗斯人民认为这个政权和以往的相比更能理解人民的需求。

普京的个人魅力是一种冷漠、智慧、果断与俄罗斯民主主义的结合。俄罗斯形成民主社会并最终加入西方并不是普京的首要目标，他希望的是找到俄罗斯自己的尊严和位置。

普京在2002年庆祝50岁生日时，收到一件十分特别的礼物——摩尔多瓦总统沃洛宁送了条活鳄鱼给他。“鳄鱼是世界上唯一不会后退的动物。”熟悉普京的沃洛宁这样解释说。

著名社会学家韦伯曾经分析了“魅力型”权威的模式，认为这种权威是建立在对个人权威的信仰与服从的基础之上，“魅力型”统治的核心是个人崇拜。因此，领袖就不得不用尽各种方法和手段提高自己的个人魅力。

2000年3月20日，普京驾驶战机到车臣前线视察部队，坚硬的普京一改叶利钦老病的总统形象。

单独靠权力制造不出来领袖权威，还需要在人民的心中制造出认同。成为领袖还要具有人民亲和力，而《嫁人要嫁普京这样的人》歌中唱道：像普京这样的人"精力充沛"，"不酗酒"，"不欺负人"，"不去找女人"，结论是"和他这样的人在一起心里踏实"。

"总统不强，俄国难强。"

从对世界30个国家的调查结果看，普京的统治韬略与成效都受到了肯定。其中，中国民众对普京认可度较高，在各个问题上的支持率从60%至76%不等。在中东，78%的埃及受访者认为，俄罗斯在世界上发挥了积极的作用。而最不看好俄罗斯的是德国、意大利和以色列。

在俄罗斯本国，普京的支持率明显走高。2008年5月，全俄舆论研究中心的调查显示，86%的人认为，普京在俄罗斯外交领域做出了积极贡献；77%的人认为普京提高了俄罗斯人的生活水平；76%的人对普京在推动世界和平和安全领域做出的贡献持肯定态度；72%的人认为普京使俄罗斯成为了一个可信赖的能源供给者；另有64%的人赞同普京对俄罗斯民主的推动。

俄罗斯人普遍认为普京是一名出色的政治家：91%的人认为普京精力充沛并具有首创意识，88%的人认为他眼界开阔、精明能干，86%的人称赞他具有决断力，83%的人称他关心国家利益，75%的人认为他是一名现代型领导者。同时，有83%的人认为他富有同情心和亲和力，72%的人认为他是个诚实、正派的人，65%的人认为他平易近人。

对于普京最吸引俄罗斯人的特点，有56%的国民认为，其最具魅力的品质在于他精力充沛、富有决断力且意志坚定，43%的被访者欣赏他是个成熟的政治家，保障了国家稳定。有39%的被访者看重普京治理国家的能力和领导者的素质及其政治远见。

伏尔泰在《哲学通信》里这样论述何谓伟人，"我们应当尊敬的是凭真理的力量统治人心的人，而不是依靠暴力来奴役人的人；是认识宇宙的人而不是歪曲宇宙的人。"

虽然已经过了百年，虽然伏尔泰说这话的时候蒙上了某种政治色彩，但这段话仍然是迄今为止可以用来评判何谓伟人的最经典标准。

“普京是一个在最需要的时候，出现在最需要的位置上的有用之人”

普京是一个家庭和社会关系都非常普通的人，一个来自底层的人；

普京是一个曾经从事“克格勃”的人，一个“没有过去”的人；

在叶利钦执政后期，普京才从一个普通人突变为非常人的。

普京没有辜负当年叶利钦“照看好俄罗斯”的托付，也没有辜负民众所寄予的复兴俄罗斯的厚望。

这并不是因为普京特别幸运，而是因为俄罗斯人在经过戈尔巴乔夫改革所带来的苏联解体，以及叶利钦施政所造成的经济下滑和政局混乱后，早已筋疲力尽，他们渴望民族的振兴，呼唤强人的出现。

“一个普通的侦查员在某一时刻居然可以掌控全国”。1996年8月起，普京任叶利钦总统的事务管理局副局长，负责法律局和俄罗斯国外财产的工作。

1999年8月9日，叶利钦总统任命普京为政府总理，而这位此后被称为“神似亚历山大大帝”的冷面领导人，当时还鲜为人知。

任命来得太突然了。

在1998年的一段对话中，叶利钦即希望他领导政府工作，普京拒绝了，“首先我知道国家处于一个什么状态，其次这种状况我完全没预料到，我的回答是‘不知道’。”但叶利钦说：“我们还是回到这个话题吧，我请求你不要说不。”

1997年至1998年，普京任总统办公厅副主任、叶利钦总统的监督总局局长；1998年7月24日起，任俄罗斯联邦安全局局长，以后备役上校的身份，取代了担任这一职务的科瓦廖夫大将；1999年3月29日起，兼任俄罗斯联邦安全委员会秘书。

身居幕后，又担任如此重要的一连串职务，这就使普京的身上笼罩着一层迷雾，看不清、猜不透，甚至大众媒体在普京就职联邦安全局局长时，连他的一张“标准照”也难以找到。加之他的双重身份使他更为世人所揣摩不透：一是他的“克格勃”经历，二是他的圣彼得堡市长索布恰克的亲密幕僚的身份。而这也正好成为叶利钦手中的一张政治牌。

在叶利钦执政的最后几个月，他打出了好几张“总理牌”，普京也是这些牌中的一张，但叶利钦却迟迟不肯出这张牌。之所以这样，就是因为普京的“神秘”，叶利钦想利用这个“秘密武器”，在关键时刻为自己赢得政治终局的关键性胜利。

叶利钦在选择斯捷帕申还是普京当总理时是这样考虑的：“直觉告诉我，将普京推上政治斗争的舞台为时尚早，他应该晚一些再出来。政治加速的时间太少了不好，太多了也许更糟。不应该让社会在这‘懒散’夏天的几个月中去习惯普京。他的谜不应该消失，意外的、突然的因素不应该消失。与新的强力政治家联系在一起的因素，对于选举是至关重要的。”

保持普京的神秘感成了俄罗斯政治进程发展的一个关键性因素，一个必不可少的条件。

1990 年，普京从民主德国回到列宁格勒后不久就向“克格勃”打了辞职报告。1991 年 8 月 20 日，在“8 · 19”事件后的第二天，普京第二次打报告，坚决要求从“克格勃”辞职。

在从列宁格勒大学转去圣彼得堡市政府之前，他和市长索布恰克有过一次开诚布公的谈话。

普京对索布恰克说：“我应该对您说，我不仅是校长助理，我还曾是‘克格勃’的基干军官。不过，我现在辞职了。”

索布恰克对普京的评价是：“我对‘克格勃’一直持否定态度，和这个组织没有来往，但是我对普京完全信任。有一次他对我说，他断绝了与委员会的关系。后来我发现我身旁有些人继续与‘克格勃’合作，但是普京没有给我缘由来怀疑他的诚实与正派。”

普京确实对索布恰克十分忠诚。他成了索布恰克最可靠的助手，协助他决策并执行他所委托的任务。在索布恰克与权力最高层的争斗处于败势，甚至有遭监禁、审讯和生命危险时，普京都及时伸出了援手，最后还策划与安排了索布恰克出逃巴黎。

1996 年，在索布恰克竞选市长时，普京领导市政府的人员进行了“忠诚”宣誓，声明如果索布恰克不当选，他们将集体辞去市政府的职务。而在索布恰克竞选失败后，普京和许多人真的做到了这一点。为此，索布恰克十分感激普京："他不仅没有像其他许多人那样出卖我，而且寄信给最高机关，为我辩护。"

在普京担任圣彼得堡副市长、第一副市长，主管对外经济联络委员会工作期间，他领导了圣彼得堡自由经济区的规划和实施，成立了生产可口可乐的合资公司及类似的合资企业。这时的普京与索布恰克周围的来自圣彼得堡大学经济系和法律系的精英融合在了一起，以他自身在法律系所受的教育和在"克格勃"中的实践而成为他们当中独具一格的人。他拥有了自己的一批志同道合者。

普京是在索布恰克的旗帜下出现在政治舞台上并开始引人注目的，但是普京最终成全了索布恰克。由于这种成全，普京得以跻身于俄罗斯一流政治家的行列。

1996 年夏秋之交，在普京"失业"时，他的圣彼得堡市政府的同事和朋友有不少人都在莫斯科谋得了高位：博利沙科夫担任了切尔诺梅尔金政府的第一副总理，库德林是俄罗斯联邦总统监督总局局长，普京的熟人博罗金是总统事务局局长。

普京自己讲过，他到总统办公厅工作的提议是由博罗金提出的。在众多"圣彼得堡人"的帮助下，普京 1997 年至 1998 年为总统办公厅副主任，1998 年 5 月 25 日起为总统办公厅第一副主任。

1998 年 7 月 25 日，叶利钦解除了科瓦廖夫的联邦安全局局长职务，并任命普京为新的局长。

在任职期间，普京为联邦安全局争取到了定期的财政拨款，大大提高了联邦安全局工作人员的工资，使他们与叶利钦特别关注的对外情报局的工作人员有了平等的地位。

普京从克格勃起家，火箭似的登上了总统宝座，得益于叶利钦发现、信任他的机缘。

叶利钦为什么会选择普京？叶利钦后来回忆说，"我思考着，第一，他在'机关'里工作不少年了。第二，有丰富的管理经验。但是，主要一点是，我对他愈了解，我也就愈相信：在这个人身上糅合着对民主和市场改革的绝对忠贞以及坚定的爱国主义。"

叶利钦指的"机关"，就是"克格勃"，这在俄罗斯是个惯用的代名词。

而叶利钦看中的是普京具有并且善于使用“克格勃”的集权、集中、快速和严厉的工作作风和方法。

1999年8月9日，叶利钦任命普京为俄罗斯政府总理。

1999年12月31日,叶利钦发表电视讲话,宣布提前辞去总统职务,任命普京为代总统。

对于这一选择，叶利钦似乎无怨无悔。

2006年1月30日，叶利钦在接受采访时表示，他很高兴在1999年底提前把国家权力以民主的方式顺利、和平地交给了普京。他说:“我很高兴我选择了普京，没有选错。我知道，迅速发展的俄罗斯需要一位年轻的总统。我就努力寻找这样一个人：将创造一个自由、市场及文明国家作为理想和最重要的价值观,同时具有坚定的意志,行事慎重。普京具备这些素质。”

叶利钦透露，他原来考虑的接班人并不是普京。他曾选择“右翼力量联盟”领导人鲍里斯·涅姆佐夫和安那托利·丘拜斯为自己可能的接班人。但最后他发现，这两个人都不具备出任总统的条件，因为他确信选民在选举中不会支持右翼力量。

叶利钦讲述了他认识普京和选择普京的经过。他说：“我到下诺夫戈罗德去，当时普京任市长。我和他谈了许久，随后我又到工厂、库房转了转，同那里的人们交谈。我发现人们对他的态度都很好。”叶利钦说,他一眼就看出普京精力充沛、智慧果敢。“此人应当升任新的职位,尽管他到我那个位置还有几步路要走。与我不同的是，他没经历过那些‘梯级’——经济工作、政治事务，地区的、联邦的……”

叶利钦说：“早在普京当总理之前我就看中了他，我对他不只是进行了一般性的调查，而且还花了相当多的时间对他进行了研究。他在圣彼得堡与索布恰克一起共事的情况，我了如指掌。调至莫斯科工作后，我对他进一步进行了解。我发现，这个人不只是聪明睿智，而且沉着冷静，品行端正。他与同时代其他政治家最大的不同是不搞极端主义。这代政治家千差万别，但是有一条主线，他们都认为俄罗斯应当是民主国家，并为此而努力。我认为应当学会看人，我在企业工作时从来没有在干部问题上犯过错误。但是在克里姆林宫犯过这方面的错误。在急风骤雨的时代，根本没有时间来仔细认识一个人。但对普京的选择我是花了时间的。我没有与身边的人商量过，这是我个人的决定，我绝没有向任何人透露过。”

“我决定在大选前半年辞职，是为了能给普京一段时间。让人们有时间了解他，此前人们对他了解很少。他也可以利用这段时间来表现自己。克里姆林宫的人并不是一下子都接受我的选择，总统办公厅的人说我‘你简直是疯了’。”

“我和普京谈了两次。起初他没有接受我的建议，他说，这对我不合适。过了两周，我又把他请来。这一次他表示同意。我说：我把这个重任交给你。我没有为自己向他提出任何条件和请求。就国家未来的政策我们谈了很多。当时不可能预见到一切。形势发生了变化，总统有权修改政策，我们没有原则上的分歧。”

普京接过叶利钦的衣钵，接过了老总统那句“照顾好俄罗斯”的政治嘱托，也接过了他的是是非非。

普京上台时面对的是一个“烂摊子”。因此，稳定和秩序就必然成为普京上任伊始高举的大旗。

发动第二次车臣战争，坚决和强力打击分裂分子和恐怖分子，并始终保持“高压”态势，奠定了俄罗斯“稳定和秩序”的基础，更是普京赢得居高不下的支持率的“法宝”。

2000 年总统大选，普京根据俄罗斯的政治社会形势，提出的竞选纲领是：强国是根本出发点，振兴经济是一切工作的中心；坚持走自己的“市场和民主”发展道路；在经济发展方式上遵循渐进、稳定和不使人民生活水平下降的原则；用政治高压手段而非思想统一办法削弱挑战政权的力量，结束政治纷争；突出以总统权力为核心的执行权力，建立“有行为能力的国家”；遵循外交为内政服务和外交务实原则。这样，普京第一个任期的主要任务就是结束政治混乱，保持政治稳定。

2004 年总统大选，俄罗斯政治社会形势的根本特点是，普京结束了长期以来社会政治斗争纷争不已的局面，实现了政治稳定。大规模社会政治斗争时期已经过去，俄罗斯社会进入发展时期。普京提出的竞选纲领是：

第一，最重要的任务是改善俄罗斯民众生活。第二个任期内更快地推动改革并改变数百万人的生活，承诺提高经济增长速度，提高养老金，维护卫生和教育制度并确保民事自由权利和新闻自由权利。

第二，俄罗斯政治改革继续深入。进一步理顺联邦同地方的关系，将地方自治改革进行到底。

第三，俄罗斯经济资源需要积极改革。俄罗斯经济必须在世界市场上找到自己应有的位置，为此俄将增强经济竞争力。

第四，俄罗斯进入新政治时代。国家发展的潜力在于社会和政权的团结，在于人与人之间信任感的增强，携手合作解决重大社会问题。普京呼吁塑造俄罗斯国家观念中的竞争意识，这必须成为国家意识。

如果说普京执政的第一任期的核心任务是结束政治混乱，实现社会稳定，那么第二任期的使命则是实现真正意义上的改革。

对比两次总统大选，可以看到普京面临的政治社会形势具备三个相同点，普京两次竞选纲领中部分内容的重合也体现了这些相同点。

第一，经济问题是俄罗斯总统大选的主要关注点；

第二，加强国家政权、法制与秩序是俄罗斯强国的首要保证，也是俄罗斯民众的普遍要求，“稳定”、“效率”、“秩序”、“社会公正”方针具有团结人心的潜力；

第三，爱国主义和强国意识已是全社会的精神支柱，从国家利益出发制定俄罗斯的对外政策也成为共识。

对比普京两次竞选政治社会形势和竞选纲领的异同，普京的政治思维发生了两点重要变化：一是不再强调超越俄罗斯各阶级、阶层利益的“俄罗斯思想”，不再强调在思想统一基础上的社会团结，而是大刀阔斧地运用强制或半强制性手段来结束政治混乱，实现政令统一和畅通。二是以弱化民主制和执行权力膨胀为代价，确立以总统权力为核心的国家政治体系。如俄罗斯行政权力膨胀和腐败问题已严重影响到社会的发展，必须推进行政改革，解决官僚机构获取“行政红利”问题，提高行政效率；解决垄断问题，做到既打破垄断，防止垄断势力的政治破坏作用，同时又能调动垄断资本发展经济的积极性。

“木制帆船上划桨的奴隶”。2008 年 5 月 6 日，是普京在俄罗斯总统职位上的最后一个工作日。5 月 7 日，当选总统梅德韦杰夫正式宣誓就职，继任俄罗斯第三任总统。

2004 年，普京曾评价当总统的感觉就像是“木制帆船上划桨的奴隶”，而他不过是一个和俄罗斯民众签了四年用工合同的雇员。这份劳动合同，普京与俄罗斯选民签订了两次。

2008 年 5 月 14 日，在担任俄罗斯总统的最后一次与媒体见面会上，普京感慨地说，他对自己在任内的工作感到“非常满意”，可以无愧于那些两次投票给他的人民。

8 年里，普京共视察了俄罗斯境内 212 个城市和乡村，每年平均要会见 145 名外宾。

在所有的重大外事活动中，普京参加得最多的就是独联体框架内举行的各种活动，前后共 64 次。此外还 17 次参加了俄罗斯—欧盟峰会，7 次参加亚太经合会议，8 次参加八国峰会，8 次参加上海合作组织峰会。普京任内的最后一次大型外事活动当属 2008 年 4 月 4 日在布加勒斯特举行的北约峰会。

从 2000 年至 2008 年，普京先后出访了 74 个国家，187 个国外城市。

普京出访次数最多的国家中，首位是乌克兰（23 次访问），其次是哈萨克斯坦（14 次）和德国（13 次），接下来是白俄罗斯（10 次）、中国（7 次）和美国（6 次）。

2007 年是普京出国访问最为频繁的一年，这一年他完成了 27 次境外之行，而 2000 年、2001 年和 2004 年每年出访 26 次，2002 年出访 17 次，2003 年 22 次，2005 年 23 次，2006 年 21 次。

2008 年，普京以国家元首身份 4 次出国访问，最后一次任内的外国之行是访问意大利撒丁岛。这里也是普京在 8 年前首次以俄罗斯总统身份出国访问的地点。

在克里姆林宫官方网站里，共收集了 1999 年 12 月至 2008 年 5 月期间 5000 篇普京总统的讲话，其中包括：8 篇每年一度的在议会两院所作的国情咨文报告；442 份就重大问题发表的声明；1292 份在各次工作会议和会见中发表的讲话；748 份同各类社会组织会见中发表的讲话；321 份在各类纪念日和正式仪式上发表的讲话；1409 份外事活动中发表的讲话；561 份在历次记者会上和记者见面发表的谈话；107 份专访记录；6 份参加互联网连线、视频连线记者会的谈话记录；6 份“和总统连线”活动讲话记录；9 份新年贺词；8 篇财政预算报告；17 篇发表在各类平面媒体的文章。

此外，普京总统还在任内签署了11864份文件，其中包括15部法典，46项宪法法院裁决联邦法，1838项联邦法令，8161份总统令和1804项指示。

2008年5月，普京在克里姆林宫举行的授勋典礼上说：“我们有很大进步。但最重要的不是我们做了什么，重要的是我们知道，我们还有什么没做。”这大概是他对自己执政八年来最好的工作总结。

普京在总结两届总统任期内的成绩时说：“面对那些曾经选举我当总统的俄罗斯民众，我称得上无愧于心。”

俄地缘政治学家舒别尔说，普京的执政功绩根本无法估量，因为普京执政期间的所有成就，要到几年之后才会彻底显现出来。

2008年5月14日，普京总统任期内最后一次年度大型记者招待会在克里姆林宫举行。共有1300多名记者参加招待会，其中外国记者约200人。普京在近5个小时的时间里，回答了80名记者提出的106个问题，涉及接班人、国内经济、与西方关系、科索沃问题、美国反导系统等。

普京把任职8年的时间比喻成出长差的时间。他说：“我没有看到任何重大的失败。所有预定的目标都已达到，所有任务也都完成。”同时承认：“也许，有些方面能够做得更好。”比如在通货膨胀问题上，2007年超过了预期的8.5%，达到11.9%。

在回答有关第三任总统任期的问题时，普京说：“我从未对任何东西上瘾过。”

普京说，从就任总统的第一天起，他就决定不会违反宪法。“我认为我已经收到了来自俄罗斯人民的两个礼物，担任了两届俄罗斯总统。但是我还可以在另一个职位上为我们的人民工作。”

在回答记者提出的“为什么支持梅德韦杰夫担任总统一职”的问题时，普京说：“我相信，他将是一位好总统，一位名副其实的和高效的领导人。”“我相信他，信任他。正如我在统一俄罗斯党党代会上所说，可以骄傲地并且放心地将国家管理权交给这样的人。”

“与时间赛跑的普京时代”。普京以其硬朗的领导手腕将经济衰败、社会混乱、国运式微、国际地位日趋下降的俄罗斯重新带回到了强国之列，使一个欧亚大国走上了复兴之路。

2000至2008年普京执政八年中，俄罗斯走过了从稳定到发展、从危机到复兴的艰难探索之路，同时，就政治转轨而言，俄罗斯经历了从制度巩固到确立主流政治价值观的政治发展历程。

在八年总统生涯结束之时，普京明确表示，俄罗斯已经有针对性地消除了国家制度建设中出现的偏差，在规划国家体制和政治体制的发展时，应该重点考虑社会的现状。制定关注民生的社会政策，着力促进俄罗斯的社会建设和经济发展将成为“梅德韦杰夫—普京”时代的特色。包括在俄罗斯政治发展进程、治国理念、车臣战争、普京与寡头较量等多方面取得全面的胜利，巩固了政权。

独立以来的俄罗斯的政治转轨经历了制度变迁、制度巩固和主流政治价值观确立三个历史阶段。叶利钦时代完成了从议行合一苏维埃制度到三权分立宪政制度的转变，普京八年则完成了新权威主义原则指导下对宪政制度的完善和巩固，这是一种国家治理模式的重大变化。俄罗斯不仅实现了从社会动荡到政局稳定的国家治理，而且取得了各主要政党对政府政策的认同，从而在客观上导致了反对党与政权党政治纲领的差别的淡化甚至趋同，也导致了“主权民主”日益成为全社会主流的政治价值观。

普京执政八年的俄罗斯政治发展道路是建立和完善新权威主义下的宪政民主政体，它符合俄罗斯的历史传统与现实需要。

普京在金融危机余波震荡中入主克里姆林宫，经过短短八年时间，使俄罗斯扭转了内外交困和日益衰败的颓势，重新走上了国家复兴之路。

普京执政前期，延续了叶利钦时代致力于建设自由市场经济的政策，以稳定和恢复经济为目标，在继承基础上对自由市场经济的典章制度进行了修补和完善，兴利除弊，整肃特殊利益集团，审慎推进经济改革，加强国家对经济的管理和控制能力，实现了宏观经济环境从混乱失序到稳定有序的转变。

普京执政中期以后，对经济发展战略以及政策进行了重大调整，以重建强大的经济为导向，提出了在10年内实现经济总量翻番的战略目标，强化了国家对能源和原材料等战略性行业的控制，经济改革由面的推进过渡到点的深化，强调社会与经济的平衡发展，注重优化经济结构，逐步建立起“国有经济与私有经济并存、市场调控与国家控制同时存在”的混合市场经济发展模式。

普京执政时期的俄罗斯经济是摆脱危机走向增长的过程，是建立国家控制下的市场经济的过程，是为重振大国地位积蓄经济实力的过程。到2007年底，俄罗斯国内生产总值已达1.25万亿美元，跻身世界十大经济体之列。

从1991年12月俄罗斯独立到2008年5月普京总统卸任，在这波澜壮阔的16年间，俄罗斯经济发展经历了两个截然不同的阶段，实现了从经济危机到经济增长的历史性跨越。

叶利钦执政时期，大规模的制度变迁及与此相伴随的深重经济危机，使俄罗斯国力迅速下滑，昔日的超级大国失去了往日的辉煌。进入新世纪，普京接过了总统权杖，俄罗斯历史翻开了新的一页。普京通过稳定政局，整顿秩序，调整经济政策，使俄罗斯经济迅速摆脱了危机，进入了一个新时代。

普京总统第一任期，俄罗斯利用“9·11”事件所造成的有利形势同美国建立了反恐合作伙伴关系，加强了与欧盟的经济合作和政治对话，通过成立欧亚经济共同体、集体安全条约组织发展多边合作和加强双边关系等举措在一定程度上稳住了俄在独联体的地位，恢复了与广大发展中国家的联系。在外部环境明显改善和世界市场石油价格持续上涨等一系列有利因素的综合作用下，俄罗斯经济开始恢复性增长，综合国力显著增强，国际影响止跌回升。

普京总统第二任期，俄罗斯不仅偿还了欠西方的债务，摆脱了对西方的财政经济依赖，提高了对外政策操作能力，而且随着国力的持续增强，俄罗斯日益积极地参与国际政治事务和世界经济一体化进程，更加自信地恢复自身世界大国地位。俄罗斯在美国推行“颜色革命”、在东欧部署反导系统等涉及俄核心利益的问题上采取了强硬的抗争立场，并利用“能源武器”和军事政治、经济等多种手段加强对独联体国家的影响，力图组建一个以俄罗斯为中心的联盟体系。

普京时代并没有结束，在他总统任期届满以后，他出任政府总理，继续他的治国理念和“普京计划”。

“普京是一个有政治远见，深知自己应该做什么的人”

普京的智慧在于，他清楚地认识到自己的挑战和机遇所在，并且把这种对变革的期待和重振国威的渴望化为对他事业的强大推动力。更重要的是，普京像一面镜子，让每个人看到自我，也看到心中的愿景。

普京赢得社会认同感的能力实在是非常人能比。凡是希望有铁腕的人，就会把普京看做安德罗波夫；凡是想恢复俄罗斯世界大国地位的人，就会对普京在国际舞台上的成就感到高兴。对西方来说，普京至少是在上台伊始是一个能够很好对话的人。对穷人来说，他又是反寡头的斗士。对官僚来说，他是一个善于做人的工作的管理者。对情报人员来说，普京是自己人。总之，所有的人都把普京看做自己希望的人。而社会学家则干脆把普京称作有希望的总统。

作为一个跨世纪的领导人，普京继承了俄罗斯的传统。普京骨子里是一个具有强烈民族主义意识和民族自尊心的人，在现实中又是一个头脑清醒、非常务实的领导人。

就像列宁、斯大林多次为了赢得时间和空间而进行妥协一样，普京以其刚毅和隐忍，为俄罗斯的复兴赢得了安全的氛围、投资的信心和重新崛起的时间。而更重要的是，普京给予了俄罗斯人他们最渴望的“稳定”和“秩序”。

俄罗斯大国尊严拯救者。1999 年 12 月，年迈体衰的叶利钦总统在一年时间连换了 5 个总理后，终于作出了最后一个选择，也可能是他一生中最重要的一个决定——任命普京为代总理，并很快又推荐为下届总统的候选人。

当时年仅 47 岁的普京不仅在全世界，而且在整个俄罗斯也很少有人知晓，然而他却出手惊人，立即发动第二次车臣战争，并且在北高加索的一片隆隆炮声中于 2000 年 3 月顺利当选为俄罗斯总统。而到 2004 年新的一届总统宝座角逐时，他已经可以傲视群雄，轻松击败所有对手，蝉联俄罗斯总统的职位了！到了 2008 年 5 月，普京连任总统 8 年届满，转任俄罗斯总理，已然成为“民族领袖”。

这并不是因为普京特别幸运，而是因为俄罗斯人在经过戈尔巴乔夫改革所带来的前苏联解体，以及叶利钦施政所造成的经济下滑和政局混乱后，早已筋疲力尽，他们渴望民族的振兴，呼唤强人的出现。

每个民族都会遇到这样落难的时刻，然而它们心目中的救星却是各种各样的。如在一个时期，法国人民会把拯救民族的希望放在将军的身上，因为他们往往视军人为民族之精英，所以在经过从 1789 年到 1799 年的 10 年反复折腾后，终于把拿破仑·波拿巴将军捧上救世主的神坛。因此拿破仑不仅能轻易发动雾月政变，成为一个独裁者，还能把法国人民带入一场长达 20 年之久的战争中，建立起一个规模空前的帝国。

在俄罗斯，情况有所不同，“克格勃”这个初听起来惹人厌烦的名字却在俄罗斯人的心中引起尊敬和畏惧。克格勃在苏联历史上占有特殊而重要的地位，其领导人贝利亚和安德罗波夫后来都成了党和国家的领导人。昔日之克格勃仍被视为民族之中坚，普京正是这样应运而生，大踏步地进入俄国政坛的。

普京 10 多年的克格勃生涯一直是个难解之谜。普京本人曾经透露，他是在大学高年级时入选克格勃的。《莫斯科新闻》周报披露说，刚上大学五年级时，一个叫伊万·瓦西里耶维奇或是谢尔盖·伊万诺维奇的人到学校找普京，并同他在一间教室里进行了谈话。那个人是列宁格勒克格勃的工作人员，他建议普京为国家安全机关工作。普京在一次接受采访时回忆说：“我立刻就同意了。”应该说，那个年代在大学生中招募未来的情报人员是非常普遍的。

1985 年，普京被克格勃派往民主德国工作。1990 年从德国回国后，普京返回母校，担任列宁格勒大学副校长的国际问题助理。普京的任务就是为克格勃挑选合作者和工作人员。没过多久，普京就退出了克格勃，投身政治，但仍留在克格勃后备役。

情报人员在俄罗斯的出现可谓历史悠久。早在 16 世纪，就出现了沙皇禁卫军。他们穿黑色服装、骑黑马，系在鞍下的狗头和狼尾扫帚象征着他们的使命——嗅出并扫除叛徒。这一职业自诞生之日起就备受重视。

前苏联国家安全部门的前身是苏维埃政权初期成立的“肃清反革命和怠工特设委员会”，简称“肃反委员会”（契卡）。由列宁的战友捷尔任斯基担任首任领导。当时成立这种镇压、专政机构，是针对苏维埃政权初期的各种反革命势力、国外敌特的猖狂破坏活动，尤其是对谋害革命领袖的暗杀活动而做出的自然反应。

“以革命的暴力对抗反革命的暴力”，“以红色恐怖压倒白色恐怖”，这在当时是理所当然、天经地义的事情。“契卡”在镇压反革命、保卫新生的苏维埃政权的斗争中，确实取得了辉煌的战果，立下了巨大的功绩。尽管如此，契卡的种种“过火行为”，也给人留下了难忘的痛苦记忆。最严重的事例发生在后来的斯大林时期。

从契卡到克格勃、联邦反间谍总局，再到联邦安全总局，在近百年时间里，俄罗斯国家安全部门已经历了多次变脸。在此期间，普通民众对国家安全机关的态度也不尽相同。苏维埃政权成立之初，契卡成了打击国内外敌对势力颠覆和破坏活动的利剑。当时，普通民众对契卡的工作还是比较配合的。苏联宣传品中曾介绍过这样一件事：有个外国间谍在苏联境内活动时，不小心将文件掉在地上，被当地居民发现后报告了契卡。间谍被捕后很不服气，认为是自己马虎才被捕的。当时，契卡领导人捷尔任斯基说：“你被捕是必然的，因为你面对的不光是契卡，还有广大群众雪亮的眼睛。”另一方面，上世纪 30 年代，契卡在“肃反”期间也制造了大量冤假错案，有很多普通民众成了契卡的枪下鬼，就连前苏联红军情报机构格鲁乌的领导人别尔津在内的大批将领也在劫难逃。当时，一提起情报首脑贝利亚，苏联人做梦都会害怕。

冷战时期，前苏联克格勃与美国中央情报局等西方情报机构展开了殊死较量。也是从那个时候起，苏联民众开始用复杂的心态来看待特工。一方面，特工在前苏联享受特权，使得特工成为人们羡慕的职业。另一方面，特工在前苏联无处不在，他们还具有凌驾于国家机关和领导人之上的权力，经常能决定别人的生死祸福。因此，克格勃一度成为“恐怖”的代名词。

前苏联时期的一个笑话，说的是苏联考古学家发现了一具木乃伊，可花费了很长时间也无法弄清木乃伊的年龄。他只好请了几位克格勃特工帮忙。几位特工忙了一早上，最后满头大汗地走出来了：“查清楚了，3147 岁。”考古学家非常震惊：“你们是怎么知道的？”特工指着木乃伊说："很简单，他招了！"

普京入主克里姆林宫后，非常看重克格勃出身的人。据俄罗斯社会科学研究院估计，至少1/4的俄政界要人具有"浓厚的克格勃背景"。此外，在俄罗斯各类大型公司中担任领导职务的"克格勃退休干部"更是数不胜数。有社会学家统计，在普京第一任期结束时，身居要职的官员中"戴过肩章的人"比例已达50%，其中包括总统顾问、政府部长、联邦区总统代表、州长等。与此相应，俄罗斯百姓对特工的看法也发生了很大变化。如以2002年莫斯科大剧院"人质事件"为蓝本的电影《生死倒计时》就受到了观众的欢迎，被称为俄罗斯版的"007"大片。

十几年的克格勃生涯，无疑对普京的人生产生了重要影响。

俄罗斯情报官员称，普京"完全符合苏联克格勃之父捷尔任斯基为契卡（克格勃前身）人员所定的标准——头脑冷静、手脚干净、古道热肠"。

十几年的间谍经历使普京必然会具备从事这一职业所必需的智慧和性格——"深藏不露、坚韧强硬、始终如一。"

普京被美国记者周刊评选为2007"年度人物"后，在接受美国老牌新闻杂志《记者》周刊采访时，记者问：克格勃时代接受的训练是否有助你当选总统，有一句古老谚语说："一旦是间谍，终身是间谍"。

普京答："这是谎话。很自然这部分背景会有一定帮助，它教会我如何独立思考，这是最重要的。其次，在情报部门工作，你就是要学会与人合作，同时尊敬与你合作的人。"

俄罗斯民族精神守护者。普京1952年10月7日出生，父母都是生活于底层的人，母亲是农家女，父亲从农民当了士兵，参加了卫国战争中的列宁格勒保卫战，受重伤残废，战后当了钳工，全家住在集体宿舍中的一个20平方米的屋子里。普京的祖父是苏联时期莫斯科一家高级领导人休养之家的厨师长，一个绝对忠实于他效劳的人们的普通厨师。

普京的亲属中没有政治上显赫的人，也没有在其他领域中出类拔萃的人，是一个家庭和社会关系普通的人，一个来自底层的人。

大概正是因为这个原因，普通的俄罗斯人对他的当选感到高兴，把他看成是"邻家的小伙子"并希望他永远是这样。而普京本人似乎也触摸到了这种趋势、这种民心所向。他至少在两个问题上及时地把自己融入到了俄罗斯的民众之中：一是俄罗斯民众的大国情怀和重新成为大国的强烈愿望；二是俄罗斯民众渴求的能与自己平等相待的领袖和对东正教的自由信仰。

普京出生的1952年，当时正是倡导无神论的前苏联时期。普京的父亲是坚信共产主义理想的革命战士，母亲却是东正教的信徒。普京出生后不久，母亲就瞒着丈夫，与信教的邻居一起，把幼小的普京悄悄带到列宁格勒的一个东正教堂，使他秘密地接受了洗礼，并为他准备了一个小十字架,并一直挂在他的脖子上。每逢东正教的复活节期间，普京总要去某个寺院，与修士们谈话，给他们的寺院以某种承诺。所有这一切在东正教徒的眼中至关重要，并赢得了信教者的关注和支持。

“虔敬上帝、热爱和平、对人博爱、宽容与随和”是东正教的基本理念，也是俄罗斯社会的价值目标。普京说：“东正教会是俄罗斯社会的重要支柱。”

俄罗斯是具有深厚东正教传统的国家。一部俄罗斯的文明史，就是一部东正教的发展史。俄罗斯民族的精神中深深镌刻着浓重的东正教情结，俄罗斯民族的血脉中源源流淌着圣洁的东正教传承。

东正教是基督教的一个教派，它与天主教和新教并列为基督教的三大派系。东正教在俄罗斯已有1000余年历史，沙皇时期被立为国教。1897年，东正教信徒达8730万人，占当时俄罗斯帝国总人口的69.5%。到2007年，俄国内信奉东正教的人数已经超过1亿，而海外的东正教信徒还有4800万。

俄东正教与国家政权构成特殊的组合关系，在社会生活中发挥重大影响。俄历届总统选举都有东正教会的积极参与，每次总统就职仪式也有东正教首领亲自到场。全俄东正教大牧首阿列克谢二世还曾当选为议员，许多神职人员也进入议会以及2006年新成立的“俄联邦社会院”，直接参与国家政治生活。

普京不仅是东正教的忠实信徒，而且还力求借助东正教来实现复兴俄罗斯的战略目标。

2000年10月26日，普京接受俄记者采访、谈到自己的幼年时说：“我对我同俄罗斯东正教有关系感到骄傲。我认为，这是很大的荣幸，这把我同自己的人民，同人民的文化联系在一起，这给我以某种内心平静的道德基础。”

普京每年都要亲自参加东正教的重要教会活动。由于普京的重视，俄每年的东正教复活节都按国家级庆典活动规格举行，并由电视台实况转播。

2003 年 7 月 31 日，普京在高尔基市全程参加了索洛夫圣人成道 100 周年纪念大典，他在 10 万名东正教徒面前亲吻了索洛夫圣者的木乃伊肉身脸颊，把对东正教的虔诚表现得淋漓尽致。

2006 年 1 月 7 日，东正教圣诞节前夜，普京正在远东萨哈共和国视察，他冒着摄氏零下 50 多度的严寒，专程来到雅库次克市大教堂，亲自点燃蜡烛，并站在普通民众中间，参加圣诞祷告并聆听当地东正教主教的祝词。

十月革命胜利后，俄罗斯的东正教一分为二，一部分神职人员流亡海外，另一部分人留在国内。后来，本土派和海外派围绕谁是正统问题展开辩论，两派教会形成对峙。前苏联解体后，全俄东正教会几次向海外派教会表示和解及合并的愿望，但未得到积极响应。普京就任俄罗斯总统后，力求提高东正教的地位，发挥东正教的作用，为此亲自出马做说服工作，促进两派教会的合并统一。

2007 年的 5 月 17 日，东正教全俄大牧首阿列克谢二世与流亡海外的东正教都主教拉夫里在俄罗斯最大的救世主大教堂主持了海外东正教回归俄罗斯的庆典。正式宣告两派 80 年分裂局面的结束，标志着俄罗斯民族和宗教精神的复兴。

阿列克谢说：“俄罗斯的东正教重新统一起来，对所有的俄罗斯人民来说是十分宝贵的。”

一直为海外东正教回归奔忙的普京也说：“当代的俄罗斯社会是以民主原则，也就是公开和宗教信仰自由为基础而建设起来的。所以，两家东正教会的对抗已经没有基础，分歧应该消失。”

普京还为东正教做了许多善事。例如普京颁令，将全俄东正教大牧首阿列克谢二世的警卫由莫斯科市级提升为国家级。

2005 年 8 月 8 日，普京总统签署相关文件，从国家备用基金中拨款 200 万卢布，用于修建阿斯特拉罕州的东正教大教堂。

2007 年 11 月 19 日，普京在克里姆林宫与全俄东正教会各主教举行会晤时提出，在中小学可以根据自愿原则开设“俄罗斯宗教”课，以多种形式教授宗教知识。同时，俄当局还为东正教的传播和宣传提供其他各种渠道，例如让俄广播电台和奥斯坦丁诺广播电台每周分别播出 5 种和 12 种教会节目。

普京之所以重视东正教，除了他个人信教之外，更重要的是想借助东正教实现复兴俄罗斯的战略目标。

普京强调俄“必须寻找自己的改革之路”，继承并弘扬俄“自古以来就有的传统的价值观”，复兴与传统的民族文化密切相关的东正教。

早在 1999 年，普京就说：“一个国家必须要有一些基本的、极为重要的价值观，即我们的爱国主义，我们的文化，我们的宗教。”后来普京又说：“不管什么人在我们国家掌权，都将利用东正教的基本原则”；“如果没有东正教的信仰与文化，俄罗斯或许无法成为一个国家。”

2008 年 1 月 7 日，普京在圣诞节向俄东正教公民表示祝贺，并说：“这个节日让我们回归固有的精神价值观，它使我们百万人联合起来。这种价值观在俄罗斯历史上扮演了特别的角色，它根植于我们的民族文化中。”

普京在《千年之交的俄罗斯》一文中提出要形成“俄罗斯新思想”，强调爱国主义、强国意识、国家观念和社会团结，以填补俄罗斯人在前苏联解体后出现的信仰危机。普京深信，复兴东正教不仅有助于“俄罗斯新思想”的形成，有利于规范人民的思想，而且能够增强现政权的正义性。

2000 年 1 月 6 日，普京向全俄东正教会发出贺信，称东正教“有助于俄社会的稳定与和谐，有助于国家精神道德的复苏”，认为东正教应成为“国家和全体人民的道德准则和精神支柱”。

2002 年 2 月，普京在接受美国记者采访时说：在共产主义意识形态没落之后，“任何东西也不可能像宗教那样在人的心灵中有效地代替一般人性的价值观”。普京充分肯定东正教在维护国家和社会稳定方面的重要作用，还经常就重大决策征求全俄东正教大牧首的意见。

复兴俄罗斯，重振强国地位，是普京始终坚持的战略目标。为了实现这个战略目标，普京希望借助东正教来焕发民众的使命感，加强民族和国家的凝聚力。

普京强调，“没有东正教，就没有俄罗斯。”“在俄罗斯复兴的伟大事业中，东正教起着特殊的精神作用。”东正教“是国家和全体人民精神世界的核心”。

俄罗斯强国复兴统帅者。一个人丧失了记忆就会成为白痴；一个国家、一个民族，如果轻视和忘记自己的历史，那将是不堪设想的，至少不会是一个拥有成熟智慧和强大精神力量的国家和民族。

所谓历史感，无非是站在历史的高度来认识和解决现实中的问题，通过掌握历史继承和发展的内在规律，从容地走向未来。

2000 年 3 月，刚刚当选俄罗斯总统的普京为来访的英国首相布莱尔精心设计了一天的行程：让布莱尔夫妇从英国直达圣彼得堡，在沙皇时期建立的豪华酒店和自己举行会谈，然后一起到马林斯基剧院观赏苏联时期的作曲家普罗科菲耶夫 1944 年创作的歌剧《战争与和平》。这个安排，让初次相识的布莱尔体会到“他是一个有政治远见，深知自己应该做什么的人”。

1991 年以前，普京像其他政府官员一样，在办公室里挂列宁的肖像。前苏联解体后，大多数人选择挂叶利钦的肖像，而普京的选择却是挂彼得大帝的肖像，并且始终不变。

普京拥有浓厚而敏锐的历史感，有的传记作家甚至把他的这种历史感称为“苏联情结”，是源于爱国主义和深远的政治战略。

2000 年 12 月，普京建议国家杜马通过有关法律，规定用苏联国歌作为俄罗斯的国歌，并用红旗作为俄军军旗。他在《关于国家标志问题的声明》中明确说道：“红旗是我国人民在伟大卫国战争中取得胜利的旗帜。”为此，普京还坚持恢复了已经改名的斯大林格勒的城市名称。

作为具有浓厚历史感的政治家，普京竭力改变一些人对待苏联历史和文化的虚无主义态度，希望民众正确地认识自己的历史和创造力量，由此增强民族的自尊、自信和自强精神，引导民众看到和坚信国家的前途。说到底，普京的所作所为是在煞费苦心地为实现俄罗斯的民族复兴凝聚必备的精神动力。

一般说来，忽视过去的人，在未来行程里只是一个缺乏思想准备的匆匆过客；忽视过去的国家，面对世界变局将不会有成熟的选择，甚至有迷失方向的风险。

2008 年 7 月 15 日，俄罗斯国家电视台、俄罗斯科学院历史研究所和社会舆论基金会联合举办的“谁是俄罗斯最伟大历史人物”的民意测验，网上投票人数近 240 万。在这个排名中，斯大林长时间占据着领先地位。

斯大林去世已 55 年,人们对赫鲁晓夫秘密报告中披露的斯大林“恶行”、对斯大林社会主义模式的消极影响逐渐淡忘，而斯大林的形象、他战胜法西斯和建立强国这两大功勋在今人眼中越来越伟大。当初苏联领土超过帝俄全盛期版图，不仅囊括今天的独联体和波罗的海国家，还统领庞大的社会主义阵营，势力范围甚至波及亚非拉。

俄罗斯人崇尚国家强大胜于民主自由，恰恰是斯大林使俄罗斯实现了这一梦想。

俄罗斯举行过多次民意测验，答案稍有差别。2004 年 3 月，“1917 年以来最伟大领导人”的民意调查显示，37%的俄罗斯人属意普京，斯大林排名第二。2007 年的民意测验表明：俄罗斯人对斯大林的评价不及普京和列宁高，但远远胜过尼古拉二世、戈尔巴乔夫和叶利钦，53%的人认为，斯大林奠定了本国现代化基础，把俄国从落后的农业国变成世界工业强国。

为什么斯大林的形象会有如此转变？如果要追溯斯大林形象被颠覆的起源，要回到 1956 年 2 月 25 日，前苏联领导人赫鲁晓夫在苏共二十大上作了“关于个人崇拜及其后果”的秘密报告，从此拉开在苏联批判斯大林的序幕。

但是，斯大林在政治生活中并未绝迹，特别是前苏联的快速工业化与卫国战争的胜利，都作为斯大林的政治功绩而被保留下来。因此当普京从叶利钦手中接过一个被自由主义冲刷的摇摇欲坠的政权后，他便首先致力于恢复国家政治与经济秩序。

于是一个新的俄罗斯“国父”的形象被建构起来，他有铁腕作风，不拘泥于西方人道主义的条条框框，行事以实用主义为原则，这些都让普京的政治魅力展现得毕露无遗。

在普京的强烈推崇下，斯大林的形象得以在一个国家主义的谱系中凸显出来。俄罗斯从彼得大帝承袭下来的国家现代化的传统，经由斯大林与普京，进行了一次精彩的对接。

在普京的政治观念中，与西方的对峙是要在一个富强俄罗斯的前提下才能推进，而民主化的转型又使得普京的个人魅力得凭借民粹以维持其权威性。

斯大林有如普京的一个“镜像”。出于对民族国家现代化的认同，普京需要将斯大林放入伟大领袖之列。普京的现代化民族国家，并不仅仅是一个技术化的现代国家，它同样需要接续东正教与俄罗斯思想中的神秘主义传统与道德资源，以此来为俄罗斯的身份认同作一个铺垫，以此和西方所推行的自由民主观念相抗争。

普京不仅接续了斯大林传统中的现代化的层面，而且又融合了俄罗斯强烈的泛道德化的文化内容，满足了普通民众对俄罗斯“帝国”的想象。

绝对强势

“以民主形式实现集权”。

普京的选择是在法律允许的范围内采取高压方法，遏制挑战政权的任何政治势力。

“将未来的政治危险扼杀在萌芽状态，最大限度地减少未来可能付出的政治代价”。

“可控民主”，既保留了民主的普遍性原则与制度，又强调权力的集中与秩序，一切旨在掌控俄罗斯政治发展方向。

前苏联解体后，叶利钦在俄罗斯建立起以“三权分立”为核心的“民主政治”，被称作俄罗斯上世纪90年代失去10年的“混乱源”。

克格勃出身的普京在反思之后，他既要正视民主的现实，又要实现复兴的目标，只能以民主的形式实现集权。

普京任俄罗斯总统后，相继推出了一系列重大举措，诸如改变寡头和外部势力操纵新闻媒体的危险局面、整合亲政府的政党力量、加强垂直权力体系等。特别是第二任期开始后，普京建设“俄罗斯特色民主”的努力进一步加大，如在多党格局中整合形成“政权党”，即“统一俄罗斯”党，通过“政权党”可控国家杜马，顺利实现可控的选举。

在经历政治动荡和经济衰退的俄罗斯民众更倾向于普京的“俄罗斯特色民主”，或许更有利于保证俄罗斯朝着俄罗斯复兴的方向前进。

“未来属于那些放弃狭隘政党利益的政治力量”

在叶利钦时代，由于其在杜马没有自己的政治党团，而以俄共为代表的左翼政党联合社会上其他左翼力量在杜马中组成了强大的反对派，使叶利钦提出的各种法案在第一、二两届杜马中受到了强有力的抵制。

1999年的第三届杜马选举中，亲政府的“团结”运动虽然获得了胜利（占据了第二大党的位置），但俄共仍是杜马第一大党，而且在2000年1月18日的第三届国家杜马第一次全体会议选举杜马主席和各委员会主席时，俄共的谢列兹尼奥夫被选为国家杜马主席，同时在国家杜马27个委员会中俄共获得了10个职位。

鉴于俄共势力的强大以及它在群众中的影响，普京在执政初期对俄共采取了怀柔与笼络的态度，设法改善同俄共的关系。但从内心讲，普京并不愿意保持这种“危险”的平衡。2000年5月27日，在他的授意下，“团结”运动在克里姆林宫召开第二次代表大会，宣布改建为“团结”党。此前，“我们的家园——俄罗斯”、“全俄罗斯”运动、“俄罗斯统一与和谐”党等已宣布解散或停止活动，并号召其成员以个人名义参加“团结”党。普京更是亲临会场祝贺并发表讲话，希望“团结”党进一步发展壮大。

随后为了对那些长期盘踞俄政坛、势单力薄的政治组织进行一次毁灭性打击，把近180个政治组织变成几个有固定群众基础的政党，加强国家对政党的管理，最终建立以两党或三党制为基础的多党制政治体系，普京于2000年12月26日在克里姆林宫会见了国家杜马各议会党团和议员团领导人，同他们讨论了政党法问题。

2001年6月21日，经过反复讨论和修改，俄罗斯国家杜马三读了《俄罗斯联邦政党法》，联邦委员会也批准了这一法案。接着普京总统在7月12日签署了《政党法》并予以正式颁布。《政党法》对政党的成立、登记和撤销、党员的人数和地区组织的数量、政党的宗旨和活动形式、政党的权利和义务等问题都做了详细的规定。

根据《政党法》这些规定，俄各政党都大力发展新党员和建立新的地区组织，出现了对政党进行改组、联合或建立新党的高潮，为参加2003年12月21日举行的国家杜马选举，和2004年3月7日举行的总统选举做准备。与此同时，一些达不到《政党法》要求、而又不准备同别的党联合的小党将不再作为政党进行活动。它们有的解散，有的改组为“俱乐部”类型的团体，将无权提出候选人参加各级立法和权力机关选举。

普京颁布的《政党法》使中派政党实行联合，成了杜马中的第一大党，组成了支持政府的多数派。

2001 年 4 月 17 日，国家杜马中的四个中派议员团“团结”党、“祖国—全俄罗斯”、“人民代表”、“全俄罗斯”经过协商，决定成立跨党团的协调委员会，从而大大加强了中派的势力。

2001 年 7 月 12 日，“团结”党与“祖国”运动组成“团结和祖国联盟”，并着手建立统一的政党。12 月 1 日全俄罗斯“团结和祖国”党成立大会在克里姆林宫大会堂举行。

普京在成立大会上发表讲话指出，俄政治激进的时期已经过去，未来属于那些善于克服私心和放弃狭隘政党利益的政治力量。他希望“团结和祖国”党有效利用现有资源，努力成为俄一支强大的、现代化的政治力量，成为多数党。

2002 年 4 月，“团结和祖国”党举行第一届全俄代表大会，改称“统一俄罗斯”党，接着就在 2003 年 12 月举行的俄罗斯国家杜马选举中，一鸣惊人，夺得国家杜马 450 席中的 307 个席位。在 2007 年国家杜马选举中，“统一俄罗斯”党再次一枝独秀，得票率超过 64%，在杜马中分得 315 席。

在俄罗斯激烈的变革时代，普京认为强大的总统权力是俄罗斯顺利实行改革并度过转型期和建立强大国家的不二法宝。

在“国家发展”和“绝对民主”之间，普京选择了前者，他利用自己的影响力帮助“统一俄罗斯”党成为议会中无可置疑的“政权党”。并用这种方式保证自己仍能够掌控俄罗斯政治的发展方向。

叶利钦的“自由民主”与俄罗斯多党格局。由于前苏联社会积重难返，迫于各方面的压力，1988 年前苏共第十九次代表会议通过决议规定：苏共的职能应当是政治先锋队，而不是对苏维埃和社会团体的领导，“党不能作出直接含有对国家机关、经济机关和社会团体直接指示的决定”。这意味着苏共放弃对国家事务的决策和领导地位。

这次会议之后，前苏联政坛上各种非正式组织如过江之鲫，社会上要求修改确认苏共领导地位的苏联宪法第六条，实行多党制的呼声越来越高。在 1988 年下半年和 1989 年掀起的关于社会主义法治国家概念和标准的全国大讨论中，更突出地强调了政治多元化、党政分开和三权分立原则。

在东欧剧变的冲击和党内外反对派日益强烈的多党制要求的压力下，苏共开始退让。1990 年 3 月，苏共中央三月全会向第三次苏联人民代表大会提出了修改苏联宪法第六条和第七条的建议，改变了苏共法定执政党的地位。

1991 年 12 月 8 日，俄罗斯、乌克兰和白俄罗斯三国领导人叶利钦、克拉夫丘克和舒什克维奇签署了《别洛韦日协定》，宣布成立“独立国家联合体”，声称“苏联作为国际法主体和地缘政治实体将停止存在”。之后，前苏联各加盟共和国纷纷宣告独立，同时纷纷效仿西方的多党制、三权分立、自由选举。

俄罗斯国内一时间党派林立，政坛斗争起伏跌宕，从极右的民族主义自由民主党的崛起，到俄共的兴衰沉浮，再到“统一俄罗斯”党变戏法般的脱颖而出，政局变化每每出人意料。

根据 1993 年通过的《俄罗斯联邦宪法》规定，任何政治组织只要拥有一定的群众基础，遵循宪法和法律的要求，均可以申请成立政党。各政党不论其意识形态、组织原则如何，只要不鼓吹暴力推翻现行国家制度，并在司法部登记注册，均属合法，可以依据法定条件平等地参加总统和议会竞选。这为不同意识形态的政党之间的和平竞争提供了法律保障。

俄独立后，由于叶利钦奉行以多党制为基础的政治多元化政策，导致俄虽经济衰退、人心涣散，但政治舞台一直热闹非凡，与此相适应的是“政党热”持续升温，政党数量繁多杂乱，而随着政治斗争从无序转向有序，政党活动逐渐制度化，许多政党如昙花一现般地消失了，而生存下来的政党也发生了明显的变化。

1991 年上半年，俄罗斯建立的各种政党和政治组织有 800 多个，在俄罗斯司法部登记的有 700 多个。到 1993 年年末，俄罗斯政党和政治组织的数量又上了一个新台阶，达到 1000 多个。1995 年 12 月俄议会大选前再创新高，猛增到 2000 多个。1996 年俄罗斯总统大选后，俄政局呈现出相对稳定态势，“政党热”逐渐降温，1997 年年初共有政党和政治组织 1500 多个。

到 1999 年年初，俄各类政党和政治组织仍有数百个，其中全联邦性政党和政治组织有140多个，位列世界各国之首。然而，在这为数众多的政党、政治运动中，具有较大政治影响的并不多：

俄罗斯联邦共产党。1990年6月召开第一次代表大会宣告成立。1991年“8·19”事件后，俄共被禁止活动。1993年2月重建。1993年3月24日在俄罗斯司法部登记。登记时有党员50万人以上，党的执行机关是中央执行委员会，由128人组成中央执行委员会，主席为久加诺夫。

俄共是俄罗斯最重要的反对派政党，代表社会的左翼。俄共在第一届国家杜马中拥有第二大议会党团，在第二、三届国家杜马中拥有第一大议会党团，是俄罗斯政治生活中一支举足轻重的政治力量。俄共作为俄罗斯政治舞台上唯一一个能够称得上是政党的最大的政治组织，不仅参加了历届国家杜马选举，而且还推举自己的领导人久加诺夫参加总统选举。

俄罗斯自由民主党。俄罗斯自由民主党成立于苏联时期的1989年12月13日，当时名为苏联自由民主党，1991年4月12日在苏联司法部登记，前苏联解体后1992年4月在其第三次代表大会上更名为俄罗斯自由民主党，同年12月14日在俄罗斯司法部重新登记。登记时党员人数10万人。在该党的纲领中和党的领导人日里诺夫斯基的各种言论、书籍中无处不渗透着强烈民族主义的气味。该党参加了俄罗斯历届议会选举并均进入国家杜马，而且还推举自己的领导人日里诺夫斯基参加了自1991年以来的历次总统选举。

“亚博卢”集团。成立于1993年11月，主要由俄罗斯联邦共和党、俄罗斯联邦社会民主党和俄罗斯立宪民主联盟三个政党组成，全称是以其三个领导人的名字命名的“亚夫林斯基—博尔德列夫—卢金”竞选联盟。作为全俄社会组织，该组织于1994年开始组建，1995年1月5日正式成立，同年2月10日在俄罗斯司法部登记，同年12月28日再次登记。“亚博卢”集团参加了俄罗斯历届议会选举，前三次均进入国家杜马，在2003年12月7日第四届国家杜马选举中未能突破5%的下限而被挡在国家杜马大门外。“亚博卢”集团始终是一个被排斥在政府之外的孤独的自由派政党。

“团结”联盟。成立于1999年第三届国家杜马选举前的10月，领导人是政府官员——俄罗斯民防事务、紧急情况和消除自然灾害后果部部长绍伊古。2000 年 5 月 27 日召开“团结”党成立大会，俄罗斯总统普京出席了该党的成立大会并发表讲话，呼吁该党成为改革的政治支柱。

“祖国”运动。1998 年 12 月 19 日，全俄社会政治组织——“祖国”社会运动在莫斯科召开了成立大会，莫斯科市长卢日科夫被推举为该运动的领导人。“祖国”运动在俄罗斯 89 个联邦主体都成立了地区分会。“祖国”运动的集体成员有 11 个，其中包括“俄罗斯妇女”运动、“强国”运动、俄罗斯联合工业党等。1999 年 4 月 3 日，“祖国”运动集体成员首届大会召开，会上讨论了成员之间互相配合准备参加议会选举的问题。

“全俄罗斯”。1999 年 5 月 22 日在圣彼得堡召开成立大会，领导人是鞑靼斯坦共和国总统沙伊米耶夫，这是一个代表俄罗斯地方利益的社会政治运动，其特色是集合了一批联邦主体的领导人。

“祖国—全俄罗斯”。为迎接 1999 年 12 月的国家杜马选举，两个政治经济基本主张相近的运动和组织——“祖国”、“全俄罗斯”开始尝试进行联合，1999 年 8 月 28 日“祖国”社会运动和“全俄罗斯”召开“祖国—全俄罗斯”联盟联合大会，并于同年 9 月 10 日获准在俄罗斯中央选举委员会登记，参加了同年 12 月举行的国家杜马选举。该联盟联合了一些在当时颇有影响力的“大牌”政治家、政治精英，包括同年 5 月 12 日被叶利钦总统解除政府总理职务的普里马科夫、莫斯科市长卢日科夫、鞑靼斯坦共和国总统沙伊米耶夫等人。

“团结和祖国”——统一俄罗斯全俄党（简称“统一俄罗斯”党）。第三届国家杜马中支持政府的重要党派、拥有议席数量居第二、第三位的“团结”党和“祖国—全俄罗斯”社会运动从 2001 年 4 月开始了联合的进程，同年 12 月 1 日“团结”运动和“祖国”运动联盟与“全俄罗斯运动”宣布合并，到 2002 年 4 月由这三大中派组织联合而成的“统一俄罗斯”党宣告成立。该党的纲领符合普京总统“富国强民”的改革方针，是总统和政府最坚定的支持者。该党宣称它是自愿的联盟，该党的党徽也包含了三个政党和社会运动的标志——有“团结”党的熊（“团结”党的别称）、表示“全俄罗斯”的俄罗斯地图和表示“祖国”的俄罗斯三色旗，这些似乎反映了三个政党和社会运动的联合程度。

“右翼力量联盟”。1999 年 8 月 19 日几位曾经担任过政府总理的政治家斯捷帕申、基里延科和切尔诺梅尔金举行会晤，专门商讨成立中右翼竞选联盟事宜，尽管形成统一的中右翼联盟的愿望未能实现，但右翼力量却随后实现了联合。1999 年 8 月 29 日“右翼力量联盟”作为竞选联盟成立，并于 1999 年 9 月 10 日在俄罗斯中央选举委员会获准登记参加于同年 12 月举行的国家杜马选举。国家杜马选举后，开始筹建政治组织，2000 年 5 月 20 日再次召开成立大会，成立了作为政治组织的“右翼力量联盟”。加入“右翼力量联盟”的集体成员有：俄罗斯民主选择党、“共同事业”运动、“新力量”运动、“俄罗斯之声”运动、“青年俄罗斯”运动、新一代运动、“民主俄罗斯”党、法律工作者争取人权和人的有尊严的生活、俄罗斯纳税人。

俄罗斯生活党。2002 年 7 月 1 日成立，2002 年 9 月在俄罗斯司法部获准登记，党的领导人是现任俄罗斯联邦委员会主席的米罗诺夫。该党在 80 个联邦主体中建立了基层组织，拥有党员 3.7 万人。俄罗斯生活党坚决支持普京总统及其政策。

还有一些政党、社会政治运动曾经在俄罗斯政治舞台上比较活跃，并有过重要影响，有的仍然存在，但其政治影响已大不如从前了。如“民主俄罗斯”运动、俄罗斯民主党、俄罗斯社会民主人民党、劳动人民社会党、俄罗斯共产主义工人党、“公民联盟”、救国阵线、“俄罗斯民主选择”、俄罗斯统一和谐党、“俄罗斯妇女”运动、俄罗斯公众大会、“前进，俄罗斯”运动、俄罗斯社会民主党、俄罗斯统一社会民主党。

俄罗斯政党虽多，但一般成员较少，影响不大，真正全国性的政党不过四五十个，在国家杜马有较大影响的不过四五个。根据它们的政治主张和活动情况，这些影响较大的政党可分为四大类：

第一类是社会主义（左派）政党，以俄罗斯联邦共产党和俄罗斯农业党为代表，共有 20 多个。

第二类是自由主义政党，主张激进的经济改革和建立西方式的政治体制，早期的代表性组织是“民主俄罗斯”运动，其后主要派别有：以“俄罗斯选择”为代表的“激进民主派”，以“亚博卢”为代表的“稳健民主派”和“右翼力量联盟”。

第三类是民族主义政党，以俄罗斯公民联盟、俄罗斯自由民主党为代表，宣扬民族主义、爱国主义和大国思想。日里诺夫斯基领导的自由民主党更是鼓吹极端民族主义。

第四类是中派政党，1993年以后在俄罗斯联邦司法部登记的政党有一半以上属于中派。中派政党的成分很复杂，包括了各种中左和中右政党，前者如“俄罗斯妇女”运动、俄罗斯联合工业党，以及前总理普里马科夫和莫斯科市市长卢日科夫领导的“祖国—全俄罗斯”；后者如俄罗斯民主党、劳动人民自治党等。得到普京支持的“统一俄罗斯”党就是由众多中派政党结盟而成的，其中不乏民族主义、自由主义和社会主义派别。由于各种极端的思想和政治措施都不得人心，中派政党在俄罗斯政治舞台上最为得势。

由于政党数量繁多，因而显得异常杂乱。具体表现为：第一，党员数量相差悬殊，党员数量多的几十万、上百万，少的只有几十人，被称为“沙发党”或“夫妻店”。第二，社会基础迥然不同，俄共以普通民众为主，“亚博卢”集团以知识分子为骨干，曾经红极一时后又迅速衰落的“我们的家园—俄罗斯”以及“团结—祖国”党则以中央和地方的官员为依托。第三，政治影响差别很大，有的党在俄政坛上长期存在，是俄政坛上的重要力量，如俄共、“亚博卢”集团等都进入了国家杜马，其领导人都参加了独立后的俄罗斯总统大选，而更多的政党则是在政治舞台上无所作为，有的甚至在召开所谓的成立大会后便偃旗息鼓，在俄社会上的知名度几乎等于零。

在俄罗斯政治舞台上曾经活跃着数以百计的政党、政治运动和各种社会政治组织，随着政治斗争从无序转向有序，政党活动逐渐制度化，许多政党如昙花一现般地消失了，而生存下来的政党也发生了明显的变化。

《俄罗斯政党法》：大党更强，小党更弱。由于俄政党建立与活动无法可依，政党格局始终处于混乱局面，给俄政局带来了严重消极影响，国内改革无法有序进行，政坛斗争接连不断，甚至引发了诸如总统“炮打白宫”、议会试图弹劾总统等严重政治危机。经过多年的政治转轨，俄罗斯许多政治家已经认识到，以法律来规范政党的建立与活动势在必行。

普京上台后，加快了以法治党进程，各派政党在制定政党法问题上基本达成共识。

1999 年 12 月俄罗斯国家杜马选举后，在俄建立两党制和制定政党法的呼声渐起。杜马第二大党“团结”运动领导人多次提出要在俄建立两党或三党体制并尽快制定政党法。俄共领导人久加诺夫对此作出了积极反应，认为在俄制定政党法有助于结束俄政坛上政党混乱局面，使俄政党体制运作早日步入正轨。与此同时，总统普京为改变俄政党建立与活动的无序局面，一方面积极调整对议会各党派的态度，努力培植政权党，另一方面多次强调要在俄建立一个西方式的政党体制，尽快制定《政党法》，使俄政局实现稳定。

2000 年年初，俄中央选举委员会组织专家起草政党法，其他一些党派为了反映自己的意愿和利益，也着手制定自己的政党法。在起草政党法过程中，大都参照了西方国家现有的政党法文本，吸取了其中的不少内容。到 2001 年年初，共有 5 部成熟的政党法草案提交国家杜马讨论。2001 年 2 月 7 日，国家杜马对 5 部《政党法》草案进行一读审议。分别表决时，由于当局在杜马审议前做了大量工作，加之在 5 部《政党法》草案中，由普京授意俄中央选举委员会组织的专家提出的草案势大压人，在杜马一读中因获最多赞成票而胜出，其余草案则被淘汰。5 月 24 日进行二读审议。6 月 21 日在杜马三读讨论时，最终通过《政党法》。

2001 年 6 月 29 日，《政党法》提交联邦上院审议，几乎以全票通过。《政党法》的修改与通过反映了俄当局特别是普京总统以法治党的意图，是俄绝大多数党派为自身利益既唇枪舌剑又妥协折衷的结果。

2001 年 7 月 11 日，普京总统签署了《政党法》。7 月 14 日，俄罗斯正式公布了由俄议会两院审议通过并经普京总统签署的俄罗斯《政党法》。

俄《政党法》规定，国家保证各政党在法律面前一律平等，保证尊重政党的合法权益，同时对政党的建立、活动进行了严密规范，这既提高了政党的地位和作用，也加强了国家对政党的全面监控。

一是严格政党的组织形式和注册程序。政党应符合以下要求：应在俄罗斯联邦一半以上主体拥有地区组织，且该政党在每个俄罗斯联邦主体内只能建立一个地区组织；成员不得少于 1 万名，且在一半以上联邦主体的地区组织的党员数不得少于100名，在其余联邦主体的地区组织的党员数不得少于50名。禁止以下政党创立和活动：政党的宗旨和活动旨在用暴力推翻宪法体制，破坏俄罗斯联邦的完整，破坏国家安全，创立武装和军事化组织，煽动社会、种族、民族或宗教仇恨。不得按照职业、种族、民族或宗教属性创立政党。

二是明确规定党纲、党章所必须包含的内容及建党和登记注册的程序等。政党及其地区组织和其他分支机构应在政党章程的基础上开展活动。

三是提高了政党的作用，明确了政党的权利及义务。政党是有权独立推举代表或其他国家权力机关经选举任职的候选人（候选人名单）的唯一社会组织形式。政党有权独立或根据选举法规定的程序同其他政党、其他全俄社会组织、全俄社会运动组成竞选联盟参加选举和全民公决。

四是国家将对政党予以财政支持。凡在杜马选举中得票超过30%而组成的议会党团，或通过单席位选举制在议会中拥有12名议员的政党都可以获得国家的财政资助。

五是加强联邦登记机关及地区登记机关监督政党、其地区组织及其他分支机构活动的力度，对中止和取缔政党活动作了详细规定。如在法院决议规定的期限内，未消除中止政党活动的原因；政党连续5年未参加选举；政党在一半以上俄罗斯联邦主体的地区组织中人数均少于100人；党员人数低于必要的最低标准等。

根据《政党法》这些规定，俄各政党都大力发展新党员和建立新的地区组织，出现了对政党进行改组、联合或建立新党的高潮。与此同时，一些达不到《政党法》要求，而又不准备同别的党联合的小党将不再作为政党进行活动。它们有的解散，有的改组为“俱乐部”类型的团体，将无权提出候选人参加各级立法和权力机关选举。有些政党和组织转入地下活动。

2001年4月17日，国家杜马中的四个中派议员团“团结”党、“祖国—全俄罗斯”、“人民代表”、“全俄罗斯”经过协商，决定成立跨党团的协调委员会，从而大大加强了中派的势力。2001年7月12日“团结”党与“祖国”运动组成“团结—祖国联盟”，并2002年4月举行第一届全俄代表大会，改称“统一俄罗斯”党。

2003 年 12 月 7 日，第四届俄国家杜马选举中各个主要党团的人数和所占百分比如下 ：“团结”党党团 83 人、“俄共”党团 85 人、“俄罗斯自由民主”党党团 12 人、“祖国—全俄罗斯”党团 49 人、“右翼力量联盟”党团 32 人、“亚博卢”党团 17 人。

以上统计数字表明，“团结”党、“祖国—全俄罗斯”组成的“统一俄罗斯”党在杜马中拥有 132 个席位，再加上“人民代表”议员团和“俄罗斯地区”议员团，杜马中的中派议员的总数将达到 235 人 ；左翼（包括“俄共”和“农工”议员团）的议员总数为 128 人；右翼（包括“右翼力量联盟”、“亚博卢”和自由民主党）的议员总数为 61 人。

《政党法》颁布实施后，俄罗斯政党政治呈现两大特点 ：一方面，两极化趋势日益突出。从议会和总统选举结果可以看出，众多分散的小党派在俄罗斯难有发展前途，甚至没有了生存空间——小党只有归属大党才有出路。政党泛滥的状况大为改观，政党数量稳定在 2000 多个，全国性政党五六十个 ；由于政党参选条件更加严格，许多中小政党以及社会团体都失去了参选资格，真正能够进入议会并在俄政治生活中起作用的政党不过 4 个。

另一方面，政党路线趋于中间化。经过长时期的动荡之后，俄罗斯民众厌倦纷争，人心思定。极端主义路线和街头政治丧失市场，各政党转而注重议会斗争。为争取民心，朝野党派路线均趋于温和，即主流政党将尽可能避免极端路线，以迎合多数选民的需要。

俄罗斯 2003 年 12 月议会选举的结果，基本形成了“统一俄罗斯”党作为国家杜马第一大党，其他政党只能做陪衬的政党格局，从而使普京在议会中获得了比较稳定的依靠力量。

此后，俄罗斯根据实际出台了若干以法治党的法律法规，其中影响较大的主要有三项 ：

一是修改《政党法》，进一步限制政党的组建。2004 年 12 月，俄国家杜马通过《政党法》修正案。其中规定，政党成员必须超过 5 万，在一半以上联邦主体建有分部且成员不得少于 500 人，在其余联邦主体也有分支机构且成员不得少于 250 人，才能获准登记。这样的数字，是原来《政党法》规定的 5 倍。修正案的目的，是要进一步限制政党的组建并淘汰现有的中小政党，以促进普京所说的“权威政党”的形成。

二是修改国家杜马《选举法》，突出政党的作用。2005 年 4 月，由普京总统提议，俄国家杜马通过新的选举法，宣布取消“混合选举制”，实行全部按照政党选举产生的“比例代表制”，使国家杜马所有 450 个议席都按政党得票比例进行分配。同时规定，参选政党须得票 7% 以上，才能进入未来的国家杜马。此后，政党进入议会的“门槛”更高，大政党的作用进一步加强。

三是修改《政府法》，允许官员参加政党的活动。2004 年 10 月，俄国家杜马通过对《联邦政府法》的修正案，取消原来政府总理和部长级官员不得担任政党领导职务的规定，从而打破了长期以来政权与政党相脱节的局限，为政府官员直接参加政党活动开了绿灯。这对“政权党”特别有利。修正案通过后，一大批政府官员和地方要员纷纷加入了“统一俄罗斯”党。

俄罗斯各派政党的发展变化很大，有的政党发展壮大了，更多的政党则是削弱缩小了。“统一俄罗斯”党是“政权党”，既有各级政府做后盾，又有广泛的群众基础，在俄政坛占据主导地位。该党不仅控制国家杜马（下院）和联邦委员会（上院）的多数席位，而且掌握多一半联邦主体的领导职务，党的队伍也发展很快。其他许多政党发生分裂，或者内部出现裂痕，出现新的分化组合，队伍逐步缩小。

“统一俄罗斯”党：“一股团结整个俄罗斯社会的力量，一股确保政治稳定和各项社会经济计划得以实施的力量”。2001 年 12 月 1 日，俄罗斯“团结”党、“祖国”运动和“全俄罗斯”运动正式合并为“团结—祖国”党，这三个组织的领导人绍伊古、卢日科夫和沙米耶夫当选为党的联席主席。2002 年初，“团结—祖国”党组建为“统一俄罗斯”党。

2003 年 12 月，“统一俄罗斯”党在第四届国家杜马选举中大获全胜，成为影响议会的核心力量。该党主席也为国家杜马主席格雷兹洛夫。

截至 2007 年 12 月第五届国家杜马选举前夕，“统一俄罗斯”党拥有党员 130 多万人，在全国各级立法机构中拥有 2000 多名议员，其中包括 246 名国家杜马议员，87 名联邦委员会（议会上院）议员，40 多名党员担任联邦主体的行政长官，500 多名党员担任市政机构领导人。因此，“统一俄罗斯”党又被称为“政权党”，完全拥护总统普京的各项方针政策。

“统一俄罗斯”党党章规定，代表大会是该党的最高领导机构，党内设最高委员会，最初由俄紧急状态部部长绍伊古、莫斯科市市长卢日科夫和鞑靼斯坦总统沙米耶夫三人组成。2002 年 11 月，“统一俄罗斯”党举行会议，重新组建最高委员会，增加俄内务部部长格雷兹洛夫为最高委员会成员，并成为该最高委员会唯一主席。最高委员会成员由代表大会成员以公开、简单多数票选出，任期四年。该职务一般由俄罗斯有名的政治和社会活动家担任。

中央政治委员会是党的两次代表大会期间的最高政治领导机构，由代表大会代表无记名投票选举产生，有 100 名成员，任期两年。总委员会是党的两次中央政治委员会会议期间的最高政治领导机构，由代表大会代表无记名投票选出，由 13 人组成，任期四年。中央执行委员会是党的常设集体领导机关，5 人组成，由代表大会代表无记名投票选出，任期两年。

“统一俄罗斯”党的成立是普京总统撮合的结果。2003 年 9 月 21 日，“统一俄罗斯”党召开三大，普京总统亲自到会祝贺并讲话，希望“统一俄罗斯”党“能够选用其在杜马选举过程中独一无二的资源”,“真正成为联合社会的工具”。

“统一俄罗斯”党能够进一步壮大的另一个重要原因，是该党打出了不同于俄罗斯政坛左翼和右翼政党的中间派旗帜，其基本的政治理念是不搞政治争斗，推行较为温和的路线。这些理念，同普京的治国理念是一致的，得到俄罗斯民众的支持与拥护，是“统一俄罗斯”党逐步壮大的基础。

经过前苏联解体以来从经济倒退到政治走向稳定和经济恢复的巨大变化，俄罗斯民众普遍希望国家政治稳定。选民投票支持“统一俄罗斯”党，实际上就是希望国家政局稳定，经济得到进一步发展，国家的现行政策能够得以延续。

2003 年 12 月，第四届俄罗斯国家杜马选举，“统一俄罗斯”党以超过 37% 的得票率胜出，比第二大党俄罗斯共产党得票率多出两倍多，成为第四届国家杜马的核心力量。

“统一俄罗斯”党在政治、经济、军事、社会等领域全力支持普京总统的改革计划，同时也得到普京和俄政府的信任和支持，故有“政权党”之称。而俄罗斯政府现行政策能够顺利推行，与“统一俄罗斯”党的合作和努力是分不开的。

第五届俄罗斯杜马选举于 2007 年 12 月进行。普京亲自挂帅“统一俄罗斯”党竞选。“统一俄罗斯”党把“普京计划，俄罗斯的胜利”作为竞选口号，普京不仅未反对该党以自己的名号进行宣传，而且正式选举之前，在多个场合呼吁民众支持“统一俄罗斯”党。

2007 年 12 月 8 日，俄罗斯中央选举委员会正式公布了第五届国家杜马选举结果，“统一俄罗斯”党的得票率为 64.3%，获得国家杜马 450 个议席中的 315 席。

“统一俄罗斯”党之所以在短时间内迅速崛起，并在俄罗斯政治权力格局中发挥重要的“可控”作用，从根本上说，主要得益于普京推出的“以法治党”和普京的个人魅力。

2005 年后，俄罗斯修改了《政党法》、《选举法》和《政府法》，进一步限制政党的组建，提高了进入国家杜马的门槛，禁止几个党派组成竞选联盟，允许官员参加政党活动。这些新的法律法规的实施扭转了俄政治斗争的无序状态，使之逐步转向规范化。俄罗斯政坛其他党派势力不断减弱。第五届国家杜马选举最终只有 11 个政党参选，比起第四届国家杜马选举时的政党和竞选联盟减少了一半多。

再就是“统一俄罗斯”党在 2003 年杜马大选中遥遥领先，该党获得了国家财政大量的资金支持，这为该党的发展提供了强大的财力。俄罗斯《政党法》不仅在资金方面的规定有利于“统一俄罗斯”党，而且在有关政党登记和管理方面对该党也大有裨益。很多力量小的社会政治团体难以登记为政党，这一部分政治资源极易聚集在大党的旗帜之下。

另一方面，国家杜马取消了以往半数代表由全国 225 个选区各选一名代表产生的选举方式，450 个杜马议员席位均按比例代表制选举产生。并且将政党进入杜马的得票率门槛从过去的 5% 提高到 7%。同时，还禁止多个党派组成竞选联盟参选，并据得票率在政党间分配杜马议员席位。在新的选举制度下，必然导致“大党更强，小党更弱”的政党格局，必然导致“统一俄罗斯”党一党独秀。

2007 年 12 月俄罗斯第五届国家杜马选举，有四个政党进入了俄国家杜马："统一俄罗斯"党、俄罗斯共产党、俄罗斯自由民主党和公正俄罗斯党。这四个政党在俄国家杜马的活动将对俄政治生活产生重要影响。

梅德韦杰夫接任俄罗斯总统后表示，"俄罗斯允许政权制度发生一定的改变，但俄将始终是一个拥有强大权力执行机构的总统制国家。""我们不一定要实行两党制，美国的两党制已有上百年的历史了。我们需要自己的体制，生活会让一切各归其位。重要的是存在行之有效的政党，重要的是政党领导人有魄力。"

在俄罗斯政治制度转型中，政党制度的转型是一个重要组成部分。其主要内容是从苏联时期的一党制转向西方式的多党制。普京执政以来，对政党制度进行了一系列改革，特别是《政党法》的制定和实施，使政党活动逐步走上正常的法制化轨道，政党在国家政治生活中的作用也有所提高。各类政党和政治组织经过重新组合，初步形成左、中、右三派政党组成的多党制格局。但是，与西方国家的多党制相比，俄罗斯的政党制度还并不成熟，仍然存在不少问题。

2007 年 12 月，俄罗斯舆论研究中心主任费奥多罗夫在接受媒体采访时提出，政党提取的不是蒸馏过的意识形态，而是某种"意识形态鸡尾酒"。特别是"统一俄罗斯"党，它的宣传攻势针对各阶层的选民，并力图覆盖各个角落，约 2/3 的人选择"统一俄罗斯"党。

把进入杜马的得票门槛提高到 7% 的规定，必然促进俄罗斯逐渐从多党制向少党制过渡。在多党高峰期过后，出现了通过合并使政党数量减少的趋势，这也是必然的。

俄罗斯政坛"一党"独秀的局面愈演愈烈。这一方面是出于防止出现俄罗斯版"颜色革命"的需要。另一方面是为了建立一个超级强大的政治力量，保证最高领导人的意志不打折扣地变为法律。

"我们需要自己的体制，生活会让一切各归其位"："可控民主"

"国家杜马"的称呼是从旧俄国套用过来的。1993 年 10 月俄罗斯发生"炮打白宫"事件后，叶利钦总统宣布废除苏维埃制度，建立新的联邦议会，其上院称“联邦委员会”，其下院即“国家杜马”。

俄罗斯虽然实行“三权分立”，但总统权力极大，议会权力很小，可称之为“总统集权制”或“超级总统制”国家。

按照宪法规定，政府由总统直接组建，国家杜马如三次拒绝通过总统提名的总理，或两次通过对政府的不信任议案，总统就有权解散国家杜马。

国家杜马要弹劾总统很困难，必须经过复杂的程序：国家杜马1/3以上议员“提议”；国家杜马专门委员会作出“结论”；国家杜马2/3以上多数通过“指控”；最高法院作出总统犯罪的“结论书”；宪法法院作出“指控符合规定程序”、罪行得到证实的“裁定”；联邦委员会（上院）2/3以上议员赞同。这样，弹劾才算通过。这样复杂和难度极高的程序，实际上使弹劾总统几乎成为不可能。

俄宪法规定：“国家杜马由450名代表组成”，“每4年选举一次”。另据俄国家杜马选举法规定，国家杜马的225名代表在全联邦选举中按党派原则产生，得票率5%以上的政党才能进入国家杜马，并按得票率分配议席。国家杜马另225名代表则在“单席位”选区的选举中由多数票产生，即在全国设立225个选区，每个选区产生一名代表。新的选举法还规定，从2007年开始，政党进入国家杜马的得票率提高到7%。

普京讲求的是实用和效率。民主首先体现为选举，这就是他要面临的统治或者治理国家的途径之一，同时必须可控制，特别是在俄罗斯这样的国家。

2003年12月，俄罗斯第四届国家杜马选举，成为他检验和考验“整党”效果的鉴证点，也成为他控制和掌握国家杜马的转折点。

2003年12月10日，俄中央选举委员会统计结果，俄共产党仅获约13%的选票，比上届减少近一半，丧失1995年以来议会第一大政党的地位；支持总统普京、自称中派力量的“统一俄罗斯”党独领风骚，获得约37%的选票，加上在地方选区选举中所获的105个席位，该党在杜马拥有的席位达到222个。

俄罗斯第四届国家杜马选举结果，重新勾画了这个国家政治版图，结束了10多年来俄政坛左右翼势力严重对立的格局，并使中派势力开始主导国家事务。

2004 年 3 月的俄罗斯总统选举,普京成为没有“对手”的连任总统,并在他的总统第二任期，顺利推进他的改革与复兴计划。

2007 年 12 月 2 日,“统一俄罗斯”党在俄罗斯第五届国家杜马选举中再次大获全胜。

普京已成为俄罗斯民众的“精神领袖”，他选定的俄罗斯总统接班人梅德韦杰夫，在 2008 年 3 月举行的总统大选中高票当选。

普京执政 8 年，“俄罗斯特色民主”包括民主制度、政党政治、选举制度等也基本成型和成熟。

“普京＋统一俄罗斯党”的“多党”整合：政党势能。2003 年 9 月 2 日，普京总统签署法令：俄罗斯第四届国家杜马（议会下院）选举于 12 月 7 日举行。俄各派政治势力角逐的序幕从此正式拉开。公开表示要参加杜马大选并组成竞选联盟的政治团体共有 10 个,主要是“统一俄罗斯”党、俄共、人民党、“亚博卢”民主党等。

2003 年 9 月 20 日，“统一俄罗斯”党举行第三次代表大会，会议通过了该党的竞选纲领，纲领重申该党是总统的支柱和总统政策的执行者，2004 年至 2007 年党的优先任务是建立“秩序、法制、发展和公正——和谐的文明社会”。该党提出力争在 2003 年大选中占据杜马中大部分席位 (60%)，并在总统的许可下组织政府，成为真正意义上的执政党。

俄共在经历了第三届杜马选举的艰难时期后，逐步转变为纯选举的政党，成为最民众化的政党之一，其目标定位趋于现实。从选举形势看，俄共的支持率仅次于“统一俄罗斯”党，排名第二。

民主右翼力量的走向令人关注，右翼力量能否建立统一的民主联盟一直是个热点问题。2003 年 9 月“右翼力量联盟”领导人涅姆佐夫在党的竞选大会上称，俄共是右翼力量的主要敌人，“统一俄罗斯”党是对手，自由民主党是主要的反对派。

俄中央选举委员会不断规范选举环境，还重新划定了选区。俄选民共有 1.07 亿,按 225 个选区平均分配,每个选区共有选民 47.85 万人。2003 年年初，俄中央选举委员会还花费 900 万卢布将 107 个政党的党纲在《俄罗斯报》上重新公布，以便让选民对政党的政治倾向和纲领有比较深入的了解。

鉴于以往选举中出现的某些政党利用公关手段互相攻讦，而使选民对选举态度冷淡的情况，为保证各政党平等竞争、诚实选举，俄中选委于2003年8月22日至27日，召集各准备参选的政党、媒体和从事选举活动的政治技巧专家代表，在马涅日广场签署了名为《社会条约——2003年选举》的文件。该条约只是“君子协定”，不具法律效力，签署条约的有关各方只负道义责任。在该条约框架下还设置了观察委员会，负责处理条约参与者的声明和申诉，然后把这些信息送到中选委。

2003年12月7日举行的国家杜马（议会下院）换届选举是2004年俄总统大选的前奏。

普京的选择是在法律允许的范围内采取高压方法，遏制挑战政权的任何政治势力。到法定的申请竞选俄国家杜马的最后期限，俄一共有18个党派和5个竞选联盟在选举活动中心登记。

民意调查结果显示，在这23个政党和竞选联盟中，只有5个政党有可能获得超过5%的法定支持率，它们是政权党“统一俄罗斯”党为20%，俄共为18%，自由民主党为7%，右翼力量联盟为6%，“亚博卢”为3%。

以“统一俄罗斯”党为核心的中派，即“统一俄罗斯”党再加上“人民代表”议员团和“俄罗斯地区”议员团的力量，提出在新一届杜马选举中要实现历史性的突破，赢得议会多数派。以俄共为代表的左派因不断受到当局和“政权党”的打压，加之内部自身的矛盾和分歧，其政治影响一直呈下降趋势。

为了确保杜马选举的绝对成功，普京对寡头在选举前进行了“无害化处理”。他坚决打压那些与自己对着干的寡头，将他们从政治领域中清除出去。特别是霍多尔科夫斯基，在杜马选举前公开插手国家杜马选举。普京坚定地说：“我不喜欢监狱和手铐，但商界影响太大，有时候也不得不采取这样的手段。”

2003年12月7日这天，俄罗斯各地的杜马选举投票，在平静的气氛中进行。48个国家及国际组织派出了1200名观察员，其中美国、德国和英国热情最高。杜马选举后尽管有个别观察员提出俄新闻不够自由等批评，但总体来讲，各国观察员还是认为此次选举的投票、计票是公正的。

统计结果显示，4 个得票率超过 5% 的政党进入杜马："统一俄罗斯"党大获全胜；俄共失去上届议会第一大党的桂冠，支持率较上届选举少了近一半；自由民主党和"祖国"竞选联盟分获 11.8% 和 9% 的选票。右翼力量联盟和"亚博卢"集团沦落到出局的尴尬境地。俄罗斯议会出现了没有右派代表的格局。

"统一俄罗斯"党得票率领先位居第二的俄共 20 多个百分点。

在叶利钦执政时期、普京的第一个总统任期内，俄共都是非常重要的政治力量。俄共多年来在议会内一直扮演"不妥协的反对派"的角色，是对总统的主要制约因素。

亲普京政党在杜马选举中控制了议会，从而结束了以往议会与总统对抗大于协作的局面。也就是说，普京已没有任何政治竞争对手，完全可以按照自己的政治设计来治理俄罗斯，他所面临的施政环境要比叶利钦时代好得多。

2004 年 3 月 14 日，俄罗斯第四届总统大选开始投票，这一天在横跨亚欧广阔的俄罗斯大地上，亿万俄罗斯选民走进遍布全境的近 10 万个投票站。

由于俄罗斯跨 11 个时区，当东部楚科奇和堪察加地区早晨 8 时投票站开始工作时，莫斯科才是前一天的夜晚 23 时，而当最东部结束投票时，最西部的列宁格勒投票才刚刚开始 2 小时，要到莫斯科时间第二天的 21 时才能结束。

2004 年 3 月 14 日当天，普京携夫人柳德米拉参加了投票。他从投票站出来的第一件事就是去俄罗斯备战雅典奥运会的拳击队训练基地视察——普京以自己的行动告诉选民：大选已经过去，新一届总统的工作已经开始！

几天后俄罗斯中央选举委员会公布了统计结果，普京以占选票 71.2% 的压倒性优势在第一轮总统选举中直接出线，连任总统。

这个结果并不让人感到意外。早在大选前夕，俄罗斯多数媒体就做了这样的判断："这是一场没有多少悬念的竞争"。

2005 年 4 月，普京在《国情咨文》中提出，"今后在地方议会选举中获得多数的政党，将有权提名联邦主体的领导人，最后由总统批准。"

于是，各派政党纷纷调整策略，加强对地方选举的参与力度。

“统一俄罗斯”党对此十分重视，并采取相应措施。该党把大批地方精英吸收入党，壮大自己的队伍，同时又派遣讲师团奔赴各地宣传党的纲领主张，争取选民支持。结果，该党在地方选举中一路领先。2005 年 11 月，该党在车臣议会选举中得票 61%，夺得 58 个议席中的 40 多个。2005 年 12 月，该党在莫斯科市议会选举中获胜，夺得 35 个席位中的 28 个。有材料说，在当年 20 个地区的议会选举中，该党在 18 个地区位居第一，在其余 2 个地区则名列第二。

其他政党在地方选举中的成绩都比较差。在车臣议会选举中，俄共得票 17%，分得 6 个议席；“右翼力量联盟”与“亚博卢”党联合得票 11%，分得 4 个议席。在莫斯科市议会选举中，俄共得票 16.75%，分得 4 个议席（这是俄共首次进入首都立法机关）；“右翼力量联盟”与“亚博卢”党联合得票 11%，分得 3 个议席。俄共在 20 个地区议会选举中的两个地区（涅涅茨自治区和科里亚克自治区）是得票第一。

俄罗斯第四届国家杜马选举结果，重新勾画了这个国家的政治版图：右翼势力未能获得法定的 5% 以上选票而首次被拒在议会大门之外；俄罗斯共产党的选票，比上届减少近一半，丧失 1995 年以来议会第一大政党的地位；支持普京、自称中派力量的“统一俄罗斯”党独领风骚。

这个选举结果结束了 10 多年来俄政坛左右翼势力严重对立的格局，并使中派势力开始主导国家事务。

一是右翼力量丧失人心。俄罗斯右翼力量的主要代表人物有盖达尔、丘拜斯、涅姆佐夫和亚夫林斯基等，他们都曾在俄政府中担任过要职。他们主持的经济改革在很多方面偏离了俄罗斯的国情，并没有带来经济的发展和人民生活的改善。

二是左翼力量遭遇外压内讧。俄共是在原苏共的基础上重建的，一直拥有相当稳定的支持者，主要是生活在社会底层的平民、老人、对当局不满的部分知识分子和青年。前三届杜马都由俄共推荐的人担任主席。然而，在杜马中俄共遭遇三次沉重打击：2002 年 4 月，“统一俄罗斯”党等中派组织联合剥夺了俄共成员担任的几个重要委员会主席的职务，从而大大削弱了俄共在杜马内部的影响；在这种形势下，俄共 2002 年 5 月作出决定，要求俄共成员谢列兹尼奥夫辞去杜马主席的职务。但是，谢列兹尼奥夫在拒绝这一决定后被开除党籍，此后他另立山头；俄共另一重要成员、著名经济学家格拉济耶夫因个人理念与俄共主要领导人发生分歧后出走，于2003年9月与杜马国际事务委员会主席罗戈津组建“祖国”竞选联盟，该联盟在这次杜马选举中获得的选票，不少来自原来支持俄共的选民。

此外，俄共几年来也未提出符合俄罗斯国情的发展纲领，仍一味反对当局的经济政策。在一些重大问题上，俄共开始同曾与之势不两立的右翼派别“亚博卢”党合作。另外，在俄共提出的前18名代表候选人中甚至有数名百万富翁。这样，由于阵线模糊不清，一些原来支持俄共的选民转而投票给了“统一俄罗斯”党。

三是中派党成为真正的“政权党”。有“总统党”之称的“统一俄罗斯”党，是联邦政府中的实权派和地方实力派在普京的支持下于2001年12月联合成立的。该党充分利用普京的威信竞选，提出“我们是总统支持者的党”和“我们是支持总统的党”的竞选策略。

2003年12月的俄罗斯第四届国家杜马选举影响深远。

俄历届议会选举往往都是来年总统大选的前奏。国家杜马选举实际也是对普京治国战略的一次全民公决，是对政权党实力的检验。

“统一俄罗斯”党依仗普京的支持，在2003年的国家杜马选举中，一举获得了305个议席，占据了国家杜马主席、第一副主席和六名副主席职位，垄断了杜马全部29个专门委员会主席的职务，形成了在国家杜马的绝对优势。“统一俄罗斯”党各级议员2000多名，成为俄罗斯最大的政党。

2006年11月26日，“统一俄罗斯”党在远东重镇克拉斯诺亚尔斯克举行了第六次代表大会，“统一俄罗斯”党主席、国家杜马主席格雷兹洛夫作了题为《从稳定到发展：“统一俄罗斯”党的政治优先方向》的政治报告，报告批评政府行政改革说得多、做得少，数十亿美元没有用于发展本国经济，国内生产总值翻一番和脱贫工作进展糟糕。媒体一致认为，“统一俄罗斯”党把注意力放在经济问题上，显示该党要在俄罗斯政坛上发挥重大作用。

“统一俄罗斯”党把工作重点放在地方选举上，采取了包括吸收地方行政长官加入该党和派讲师团到地方宣传党的意识形态主张等一系列重要举措，结果在地方选举中一路领先。在2005年11月27日车臣议会选举中，该党一举夺得58个议席中的40多个。12月4日，在被称为“2007年杜马选举的试探气球”的莫斯科市议会选举中，“统一俄罗斯”党夺得35个席位中的28个，奠定了一党独大的地位。

“统一俄罗斯”党已成为关键政治力量，从“争取权力的党成为真正的政权党”。

“统一俄罗斯党+普京”的“一党”独秀：宪政势能。2007年，俄罗斯进入了新一轮选举周期，2007年12月2日举行第五届国家杜马选举，2008年3月举行俄罗斯总统选举，而且是普京卸任总统，选举新一任总统。

在普京总统第二任期内，俄罗斯杜马通过了一系列法案，对《政党法》和《选举法》等法律作了修改，使政党体制发生了重大变化。如新法案规定，每个政党至少必须拥有5万名党员，比原先的标准提高5倍；从2007年起，杜马选举完全转到按政党名单进行表决的比例代表制；国家杜马选举废除原先的混合选举制；政党进入杜马的得票率门槛由5%提高到7%；废除选票中“反对所有候选人”的选项，公民在投票时必须选择支持某一政党或者候选人；不允许组织竞选联盟；取消对选举的最低投票率的限定；在地区立法会议选举中获胜的政党有权提名地区行政长官候选人，等等。

据俄罗斯联邦司法部负责政党注册的部门在2007年1月通报，在原先登记的政党中，有17个政党符合《政党法》修正案的要求获准重新注册：“人民党”、“民主党”、“统一俄罗斯”党、“和平与统一”党、俄共、“右翼力量联盟”党、“自由民主党”、“亚博卢”党、“俄罗斯爱国者”党、“绿色”生态党、“农业党”、“人民意志”党、“社会主义统一党”、“自由俄罗斯”党、“社会正义党”、“俄罗斯复兴党”、“公正俄罗斯：祖国、退休者、生活”。2007年2月16日，“人民党”宣布加入“公正俄罗斯”党。

其余的15个政党因不符合《政党法》修正案的要求而被撤销注册资格：“俄罗斯社会民主党”、“俄罗斯共和党”等。与2003年第四届杜马选举前的情况相比，俄罗斯的合法政党数量减少了约3/5。

2007年3月11日，俄罗斯在14个联邦主体举行了地方立法会议选举，其中包括莫斯科州、列宁格勒州、圣彼得堡市、达吉斯坦共和国等重要地区和城市的选举，这些地方选举实际上是 2007 年 12 月国家杜马选举的预演。

“统一俄罗斯”党继续保持第一大党的领先地位，成为“政权党”和“总统党”。2006 年 12 月 2 日该党召开第七次代表大会，通过了纲领性声明，宣布以“主权民主”为党的思想基础，并提出了今后 10 年复兴俄罗斯的发展战略。

普京公开表示坚决支持“统一俄罗斯”党。2007 年 2 月 1 日，他在克里姆林宫举行的大型记者招待会上承认：“我最直接地参与了‘统一俄罗斯’党的创建，帮助这个党站住了脚跟，帮助它建立和形成。”他认为，“最近这些年来，‘统一俄罗斯’党在俄罗斯的前进和发展中发挥了重要作用。”

普京对“统一俄罗斯”党的积极评价进一步提高了该党的民众支持率。“统一俄罗斯”党在杜马中拥有 311 位议员，占全体议员的 69.11%。“统一俄罗斯”党作为最大的政党，掌握了巨大的财政资源，为该党的竞选活动提供了充分的经费保障。该党中央执行委员会领导人安德烈·沃罗比约夫承认：“统一俄罗斯”党每年从国家预算获得 1.13 亿卢布财政拨款，还有党员交纳的 5000 万卢布党费。这是俄罗斯其他任何政党都无法相比的。

新组建的“公正俄罗斯”党自称“务实反对派”，支持普京总统，但反对“统一俄罗斯”党的政治垄断，奉行社会民主主义。2006 年 8 月 29 日，巴巴科夫领导的“祖国党”、佐托夫领导的“退休者党”和俄罗斯议会上院——联邦委员会主席米罗诺夫领导的“生活党”联合举行新闻发布会，公开宣布三党合并。米罗诺夫代表三党宣称，三党联合“将会改变国家的政治版图”，新党将成为“多数人的党”，“将会代表和保护劳动者、雇佣工人和退休者”，“我们支持总统提出的方针，支持总统提交联邦会议的国情咨文，但我们不同意‘统一俄罗斯’党的一党政治垄断”。当时米罗诺夫宣布新党的名称是“祖国、退休者、生活、信任联盟”。

2006 年 10 月 28 日，“祖国党”、“生活党”和“退休者党”举行代表大会，决定合并组建“公正俄罗斯：祖国、退休者、生活”党（简称“公正俄罗斯”党）。米罗诺夫当选该党主席，党的政治纲领是“劳动、家庭、公正”。

“公正俄罗斯”党是在克里姆林宫的直接策划和支持下建立起来的，目的是在议会中形成所谓“两条腿”：一条腿是由议会下院（杜马）主席格雷兹洛夫领导的“统一俄罗斯”党；另一条腿是由议会上院（联邦委员会）主席米罗诺夫领导的“公正俄罗斯”党。

2007年2月1日，普京在记者招待会上对“公正俄罗斯”党的成立表示祝贺，认为“统一俄罗斯”党与“公正俄罗斯”党之间的差别在于：“统一俄罗斯”党是自由主义的中右政党，而“公正俄罗斯”党是社会主义、社会民主主义倾向的政党。在他看来，这两个政党之间的斗争“是正常的、原则性的”。

2006年2月16日，以古德科夫为首的“人民党”宣布加入“公正俄罗斯”党。

2007年2月26日，“公正俄罗斯”党在圣彼得堡举行代表大会，通过了党的行动纲领。普京总统在致大会的贺信中认为：“公正俄罗斯”党参加国家政治生活“将有助于加强民主机制，发展俄罗斯的多党体制”。米罗诺夫在报告中强调，“公正俄罗斯”党以“新社会主义——21世纪社会主义”为指导，党的建立实际上打破了“两个垄断”，即政权党“统一俄罗斯”党的政治垄断和俄共对唯一代表劳动者利益的垄断。

“公正俄罗斯”党在81个联邦主体建立了分部，有1398个地方分部和2635个基层支部。在第四届国家杜马中，“公正俄罗斯——祖国（人民爱国联盟）”党团拥有29位议员，占全体议员的6.44%。

“统一俄罗斯”党和“公正俄罗斯”党都声称支持普京总统，但是又在一些问题上相互指责和争吵。俄罗斯许多评论家对“公正俄罗斯”党的“反对派”身份提出质疑，把该党称为“第二政权党”。

俄共主张“俄罗斯社会主义”，宣称“重建苏联”是党的主要目标，面临严峻挑战，仍是最大的左翼反对党。在俄共内部，由于对党的纲领和斗争策略问题存在严重分歧，多次发生分裂。

自由民主党鼓吹俄罗斯民族主义和排外主义，党内实行家长制领导，得到部分选民支持。该党自称“中右政党”，在杜马中对总统和政府提出的法案虽然有时提出异议，但在多数场合采取见风使舵的实用主义和机会主义立场，与“统一俄罗斯”党议员一起投赞成票，因此被俄共指责为“政权党”的同伙。该党在2006年8月1日的党员数量约11.6万人(但该党的官方网站宣称有50万党员)，86个地区分部，在杜马中的党团有33位议员，占全体议员的7.33%。

右翼自由主义政党四分五裂，但自由主义思潮在社会上仍有相当影响。获准重新注册的右翼政党主要有：以尼·尤·别雷赫为首的“右翼力量联盟”党、“亚博卢”党、以里亚夫金为首的“自由俄罗斯”党、以波格丹诺夫为首的“俄罗斯民主党”等。其他的右翼政党和组织没有获准注册，如以雷日科夫为首的“俄罗斯共和党”、以卡斯帕罗夫为首的“公民联合阵线”、以卡西亚诺夫为首的“人民民主联盟”等。

此外，其他社会民主主义政党和中左政党力量分散，在政治舞台上处于边缘状态。如谢米金领导的“俄罗斯爱国者”党、巴布林领导的“人民意志”党和绍斯塔科夫的“社会主义统一党”获准重新注册，它们在杜马中联合组成一个党团，拥有16位议员，占全体议员的3.56%。以普洛特尼科夫为首的“农业党”主要代表俄罗斯农村和农民的利益和要求，自2004年起，农业党逐渐转向与“统一俄罗斯”党合作的立场，但是党内对此存在尖锐分歧，一部分党员可能加入俄共，另一部分可能加入“统一俄罗斯”党。又如巴布林在2007年3月24日宣布，以“人民意志”党为核心的一些政党和组织联合成立了“人民联盟”党。

2007年12月8日，俄罗斯中央选举委员会正式公布了第五届国家杜马选举结果，“统一俄罗斯”党的得票率为64.3%，获得国家杜马450个议席中的315席。此外，俄罗斯共产党、自由民主党和公正俄罗斯党得票率分别为11.57%、8.14%和7.74%，分别在国家杜马中拥有57个、40个和38个席位。

“统一俄罗斯”党主要赢在“普京、民心、攻势”。

“统一俄罗斯”党以拥护总统普京为己任，普京执政8年来政局稳定、经济快速发展等积极因素对该党赢得民心非常有利。

自2007年11月初开始，在近一个月的时间内，各参选党派瞄准民众手中的选票各显神通，极力鼓动选民站在己方，但是“统一俄罗斯”党的竞选策略似乎更胜一筹。

“统一俄罗斯”党把支持“普京计划，俄罗斯的胜利”作为竞选宣传口号。从普京的电视讲话到莫斯科市长卢日科夫致市民的公开信，从繁华街头的竞选标语和招贴画到手机短信、电话提示，在该党声势浩大的造势下，的确影响到选票的流向。

2007年10月2日，俄罗斯《晨报》发表文章称，普京同意领衔“统一俄罗斯”党的参选杜马人员名单，这不仅仅是一个足以决定选举结果的轰动性事件，而且标志着一项旨在确保权力得以延续的总体计划开始实施。

2007年12月的选举成了对普京的信任投票。普京承担了“统一俄罗斯”党的“火车头”的职能，成为该党竞选获胜的保证，从而大大改变了竞选格局。

“统一俄罗斯”党已经渗透到各行政机构当中，这就像当年的苏共一样。普京说，“统一俄罗斯”党是“一股团结整个俄罗斯社会的力量，是一股确保政治稳定和各项社会经济计划得以实施的力量”。

还有人说，普京之所以亲自出马率领“统一俄罗斯”党参选，主要是因为如果不这么做，该党将无法成为议会的多数党。

2007年12月的国家杜马选举是2008年总统选举的最后一次预演，俄罗斯各路政治力量都不会放过这次重要的机会，纷纷调整策略、重组力量，力争通过杜马选举在国家立法机构中获得更多的席位。

2007年9月2日，普京总统在签署议会选举命令之后，肯定了俄罗斯致力于推动“多党体制”以及“正常的政治党派”的努力。支持普京的“统一俄罗斯”党始终把在杜马选举中获胜作为全党的工作目标。在“统一俄罗斯”党主席格雷兹洛夫2007年的一系列讲话中，充分而直白地体现了这个俄罗斯最大的党把执行普京总统的既定方针作为自己的纲领。

2007年10月1日，普京总统公开表示领导“统一俄罗斯”党参加杜马选举。这一行动巧妙地利用新修改的选举法关于作为某一党派非正式成员可以作为该党号召性人物参加杜马选举的法律空间，既大大提高了“统一俄罗斯”党参加杜马选举的影响力和竞选优势，也为自己在离开总统职位后是否进入更为广阔的政治空间留下了伏笔。

俄罗斯民意调查机构公布，“统一俄罗斯”党的支持率高达70%。但仅靠“统一俄罗斯”党一家的号召力毕竟有限。

早在2006年8月，普京总统先后会见了俄罗斯联邦委员会（议会上院）主席兼俄罗斯“生活”党主席米罗诺夫、俄罗斯“祖国”党主席罗戈津和俄罗斯“退休者”党主席等其他政党领袖，并支持这三个党联合成立一个新政党——“公正俄罗斯”党。

“公正俄罗斯”党在普京的支持下壮大起来，不仅成为控制国家杜马的第二道保险（“统一俄罗斯”党与“公正俄罗斯”党得到的支持率加起来达到71.9%），而且形成了对“统一俄罗斯”党未来可能一党独大的牵制。

俄罗斯和西方主要媒体均认为，“统一俄罗斯”党大胜在意料之中，这是普京个人的胜利，反映公众对普京及其施政方针的支持。

“统一俄罗斯”党主席、国家杜马主席格雷兹洛夫说：“选举是对普京路线的全民公决。选举确认，普京是俄罗斯的国家领袖。”

打造一个有利于既定的国家发展方略、通过和形成有效的国家立法支持，其实这是普京在为任期将满前在俄罗斯宪政政体上下功夫的深层原因所在。

“公正俄罗斯＋统一俄罗斯”的“两党”平台：民主势能。2008年7月3日，据俄罗斯《独立报》报道，俄罗斯总统梅德韦杰夫和总理普京非常关注国内“两党制”政治模式，已经开始分工合作，认真着手构建以“公正俄罗斯”党和“统一俄罗斯”党为基础的两大竞选平台。

这是“梅普组合”权力模式的新发展。

梅德韦杰夫总统与普京总理在“两党制”中的“职权范围”已经划分完毕，他们将分别负责推动“公正俄罗斯”党和“统一俄罗斯”党在未来政治舞台扮演新角色。普京作为“统一俄罗斯”党领袖具体负责该党的工作，梅德韦杰夫则把重点放在了议会上院议长谢尔盖·米罗诺夫领导的“公正俄罗斯”党上。

“公正俄罗斯”党成立于2006年10月，最初由俄罗斯“生活”党、“退休者”党和“祖国”党三个中左翼党派合并而成，全称“公正俄罗斯：祖国／退休者／生活”。2007年4月，俄罗斯人民党并入“公正俄罗斯”党，进一步增强了“公正俄罗斯”党的影响力。该党领导人为俄联邦委员会主席米罗诺夫。“公正俄罗斯”党的宗旨是推动解决俄罗斯众多社会问题。2007年12月，“公正俄罗斯”党在第五届国家杜马选举中获得 450 个议席中的 38 席，成为俄罗斯第四大党，党员人数超过 43 万。

2008 年 4 月 25 日，“公正俄罗斯”党在莫斯科克里姆林宫大会堂召开了第三次全国代表大会。米罗诺夫再次当选党主席。他在阐述党的纲领时指出，只有社会主义能够成为俄罗斯的未来方向。

2008 年 6 月 30 日，俄罗斯联邦委员会主席、“公正俄罗斯”党领袖米罗诺夫公开表示，该党成员利用参加国际组织“社会党国际”的机会提升俄罗斯地位。

“社会党国际”组织由来自全世界 170 个社会民主党组成。同日当选为新一届社会党国际主席的帕潘德里欧对“公正俄罗斯”党加入该组织表示欢迎。

2008 年 7 月，俄罗斯总统府和政府着手做“公正俄罗斯”党和“统一俄罗斯”党领导层的工作，调整和改变“公正俄罗斯”的组成结构和领导层结构，以有利于构建俄罗斯“两党”平台。

俄罗斯媒体指出：“现在一切都已尘埃落定，‘公正俄罗斯’党未来命运将变得更好。”这涉及“两党”相互竞争的问题，也就是通过双重努力推动国内现有政治体制的转变。

实际上，2008 年 6 月 29 日，梅德韦杰夫总统就已公开宣布，非常希望能够领导一个属于自己的政党。而“统一俄罗斯”党此前受到威胁：“如果不改变现状，那些能够赢得民心的重要法案的提议权，将被‘公正俄罗斯’党人分走。”

卡内基莫斯科中心科学理事会成员阿列克谢·马拉申科说：“受到威胁的不是整个‘统一俄罗斯’党，而是该党最高层的 30 个左右的人。普京对他们的萎靡不振、缺少创造性、不得民心以及不可依赖感到非常不满。”

俄罗斯构建“两党”平台的理论和实践源自西方国家的“两党制”。所谓“两党制”是指一个国家内，政治上存在着举足轻重而又势均力敌的两个政党，它们通过控制议会的多数席位或争取总统选举的胜利，用轮流上台的方式交替组织政府。但并不是说实行“两党制”的国家内只存在两个执政党。

“两党制”最初产生于英国，当今世界实行“两党制”的国家有英国、美国、加拿大、澳大利亚、新西兰等。最有代表性的是英国和美国的“两党制”。

英国是内阁制国家，“两党制”主要表现为两大党靠竞选争夺下议院议员席位，获多数席位的政党为执政党，其领袖担任内阁首相，组织对议会负责的内阁，不仅掌握行政权力，而且掌握立法权力。另一大党作为法定的反对党而存在。

美国是总统制国家，“两党制”主要表现在总统选举上，竞选获胜的政党为执政党，失败者为在野党。美国“两党制”到了19世纪50年代，才形成共和党和民主党的对立。两党在议会中席位的多少与执政党和非执政党的地位无关。执政党虽然掌握行政权，但不一定同时掌握立法权，具有立法权力的议会下议院的多数席位很可能被在总统竞选中失败的另一党占有。此外，美国的“两党制”组织结构松散，没有严格的投票纪律。

实行“两党制”的国家，通常是每隔几年进行一次议会选举或总统选举，由在议会中获得多数议席或当选为总统的一个政党组织政府，成为执政党；竞选失败的另一个政党成为反对党，不参加政府，只监督或牵制执政党的活动。

在“两党制”的国家，有时还有其他政党，但因势力很小，一般不影响两党轮流执政，也很少可能成为执政党，但在两大党力量平衡，在两大党由谁执政的问题上也起重要的影响作用。

俄罗斯的政党制度十分特殊。1993年制定的俄罗斯联邦宪法明确规定，俄罗斯政党制度原则上是多党制。然而，从俄罗斯的政治结构及其实际运行来看，俄罗斯应该属于“无执政党的政党政治”国家。

一方面，在俄罗斯的国家政治生活中，的确存在着政党和政党体系，具备现代政党政治的基本特征。

另一方面，政党在俄罗斯的政治生活中又处于边缘地位，发挥着有限的作用，而且没有任何一个政党可以被冠以执政党的称号。第一，执掌国家最高行政权力的总统是超党派的。无论是前任总统叶利钦还是继任总统普京，他们既不是哪个党派的成员，也不是靠哪个党派的运作和强有力支持才当选的。他们由民众直接选举产生。第二，俄罗斯的政府也是超党派的。在俄罗斯议会中获胜的政党没有组阁权。联邦政府总理由总统提名，国家杜马表决通过，就可以走马上任。国家杜马中的政党虽然可以否决总统提名人选，但是这就会冒着国家杜马被总统解散的危险。

2007年以来，俄罗斯展现出一个新政党制度的雏形，即“两党制”的形态已经初具规模，“统一俄罗斯”党和“公正俄罗斯”党作为克里姆林宫支持的两个政党，“统一俄罗斯”塑造出中右翼政党的形象，“公正俄罗斯”党打出社会民主主义的旗号。“统一俄罗斯”党获得所有议员席位中的60.5%，并在总共14个选区中的13个选区获得党派得票第一位。“公正俄罗斯”党在剩下的斯塔夫罗波尔边疆区中领先，并以11.7%的总席位数紧跟获得12.5%的俄罗斯共产党而位居第三。

被俄罗斯媒体广泛认为是“公正俄罗斯”党成立背后的“操盘手”、俄罗斯总统办公厅副主任苏尔科夫在选举之后声称：作为一个健康民主制度基础的稳定的主导政党体系在俄罗斯已经开始形成，这一次没有重大意外的选举和过去动荡不定的选举结果相比恰恰是俄罗斯政党制度走向成熟的标志。

2007年俄罗斯国家杜马选举后，是发展新生的“两党制”，还是形成以“统一俄罗斯”党为主导的“1+3”模式，始终是国际媒体和政治分析的一个焦点。

2008年7月初，俄罗斯提出构建以“公正俄罗斯”党和“统一俄罗斯”党为基础的两大竞选平台。显然，普京一直在思考“我们将自主决定在民主道路上前进的方位和进程”。

但是，无论是实践怎样的政党、民主、宪政模式，一切都将围绕有利于或者促进“政治稳定和俄罗斯复兴”。

“可以有秩序而无自由，但不可能有自由而无秩序”

早在2000年普京就认为俄罗斯的自由和民主超越了社会现实：“俄罗斯的民主事实上是从上面来的，这是一。在历史范围最短的时期内我们根本改变了整个政治和社会经济制度，这是二。我们所以能迅速地做到这一点，仅仅是因为首先用法律甚至是命令实行了自由和民主。在这样做的时候，我们有时急剧地超越了社会适应这些自由的能力……”

2004 年普京又指出："绝对的民主概念是不存在的。当然，有一些不能不遵从的民主基本原则。但是如果没有达到一定的经济发展水平，要想保障这些民主原则是不可能的。"普京的看法代表了俄罗斯人对民主认识的质的进步。

既然民主制已不可更改，那么为了避免重蹈民主制引发政治动荡的覆辙，就必须对民主加以约束。同时，在民主政体前提下，任何形式的集权都只能是相对的。

俄罗斯著名政治学家米格拉尼扬等人认为，在俄罗斯这样的具有极权主义传统的国家，建立民主政治体制需要很长的时间，走向民主化不可能一步到位。如果"立即建立民主制度，我们就把社会体系给完全破坏了，正如同从一个桶上取掉桶箍一样"，必然会导致国家的失控和混乱。

基于这样的理论，米格拉尼扬主张，俄罗斯的政治现代化必须分两步走：先从极权主义制度到权威主义制度，然后才能过渡到民主政治阶段。

"主权民主"是俄罗斯从全球化背景下国际政治的现实以及俄国内政治需要出发而提出来的。是为了掌握国际政治斗争中的主动权，反映出俄企图恢复前苏联时期所具有的在国际舞台上的意识形态吸引力，意味着俄正寻求自己的"软实力"。

"主权民主"反映了俄罗斯一定社会发展时期的政治现实，反映出俄政治精英为俄未来民主政治发展的一种探索，但它毕竟是一种过渡性政治形式，有可能成为发展民主的通道，也有可能成为拥有主权但缺乏民主的权威主义统治的掩饰物。

俄罗斯特色民主"路线图"。叶利钦为现代俄罗斯设计了西方式民主政治制度。他让俄罗斯进行了近 10 年的民主制的政治运作，在俄罗斯的历史上首次长期实践了议会政治；尽管也存在各种各样的问题，但为俄罗斯实现真正意义上的现代国家奠定了基础。

叶利钦曾在《总统笔记》中这样坦露心声："我确实想创造一个政治家正常地、文明地、平静地离开政治生活的先例。"叶利钦提前把国家权力以民主的方式、按照宪法程序顺利、和平地交给了普京。

叶利钦时代，总统与杜马的关系是激烈对抗的。在 1995 年底的议会选举中，以俄共为首的左翼反对派政党获得胜利，在议会中占据了绝大多数议席，事实上控制了议会，使叶利钦签署的许多政令和法律议案无法通过，1998 年叶利钦对基里延科的总理提名两次遭到国家杜马否决，国家杜马还屡次以弹劾总统相要挟。

1999 年末普京执政前夕的俄罗斯国家杜马选举使形势完全改观，尽管俄共仍成为议会第一大党，占据了按比例制方式 225 个议席中的 67 个议席，但是位居第二的坚决支持普京的“团结”联盟紧随其后，获得 64 个议席，如果加上也是普京重要盟友的基里延科和涅姆佐夫领导的右翼力量联盟的支持，俄共就失去了左右议会局面的机会。

2003 年 12 月 7 日，俄罗斯新一届议会选举，共有 23 个政党及竞选团体的候选人参加角逐，从“团结”联盟发展成“团结党”并与“祖国”和“全俄罗斯”合并而成的“统一俄罗斯”党，稳坐杜马第一大党的席位，获得了超过 2/3 的议席。总统和议会之间新型关系的形成，使普京推行的任何方针政策都能顺利获得通过。

前苏联解体以后，尽管宪法确立了俄罗斯多党制原则，但是没有一个专门规范政党行动的政党法。转轨之初以至于整个 20 世纪 90 年代俄罗斯政党林立，政党活动非常活跃，党际斗争也非常激烈，但是国家还没有形成一个能够发挥作用的政党体系。普京上台以后逐渐对俄罗斯的政党制度进行了改造，提出要在俄罗斯实行有两三个和四个政党参加的多党制，把政党活动纳入法制轨道，在议会中形成支持政府的稳定多数派。

普京通过制定、修改《俄联邦政党法》的措施，对俄罗斯政党政治的全面整肃，有效地化解了府院之争，将俄罗斯政坛上的各大主体——政府、议会、各联邦主体、各主要政党和媒体悉数控制在手中，在宪政体制的格局内一种中央集权的垂直的国家政权体系得以确立，一种权威主义的治国模式——“可控民主”制度基本形成。

“可控民主”作为转轨之初特定的国内国际环境下，为有效地促进经济发展、保持政治稳定和打击恐怖主义而采取的过渡形式，作为俄罗斯强国路途中的一个步骤，应该说是基于俄罗斯历史文化传统和现实状况的一种合适的选择。

2005 年春天，俄罗斯官方更把这种“可控民主”演绎成“主权民主”。“主权民主”依然是“可控民主”，但却是普京对国家控制的进一步强化和延伸，可控不只是控制国内的政治秩序，还不允许西方的染指，同时，也是对国内意欲倚仗西方势力伺机而动的反对派提出警告，进一步压缩反对派的活动空间。

从叶利钦时期的“自由民主”到普京时代的“可控民主”再到“主权民主”，反映了俄罗斯在民主制度发展过程中正在做适合本国国情、追求国家利益的逐步调整。当然，在这一过程中，伴随着总统和中央集权的加强。

2007 年 12 月，俄罗斯第五届国家杜马选举，普京的“统一俄罗斯”党已完全控制和掌握。俄罗斯的权力交接，完全按照普京设计的“路线图”推进。

“通过改变国家机器中的成分和部件达到控制的目的”。前苏联解体后，自由主义一度成为俄罗斯政治文化的主流，俄罗斯独立后迅速引入了自由民主的政治体制。

在自由主义的激发下，俄罗斯社会普遍认为任何权力集中或与之类似的体制必然阻碍国家的发展，俄罗斯应该尽快、永远地跳出集权主义或权威主义的深渊，迅速地民主化是使俄罗斯在很短的时间内实现繁荣和发展的唯一正确的道路。

然而，在实践过程中，自由主义释放的能量使俄罗斯的政治发展陷入了严重的困境。在出现无政府主义政治动荡的情况下，俄罗斯对西方的自由民主进行了深刻的反思，西式自由民主失去了其号召力。人们对社会生活的动荡十分厌倦，强烈要求政治发展的有序化，要求加强国家权威和恢复社会秩序。

普京执政以后，逐步形成了俄罗斯特色的民主——“可控民主”，即指国家大权相对集中在总统手里，使总统权力凌驾于其他社会权力之上，成为民主的操控者。

——确立总统权力、强力部门和行政系统的整体性强势地位。确立“可控民主”首要的是突出总统权力，但仅凭总统权力是不够的，没有其他权力的配合，总统将陷入孤军作战的境地。在各种力量中，普京首先赢得了强力部门和行政系统的支持，从而使以总统为核心的国家执行权力成为一个强大的整体。

——坚决打击任何对总统权力和国家权力的挑战。普京对车臣恐怖主义、对寡头干政行为、对地方分立主义、甚至对那些有可能坐大的反对派政党，均采取了毫不留情的坚决打击政策。普京一贯的政策是要加强中央权力，而不允许削弱中央权力，他对一些势力借着民主方式挑战总统和中央权力，始终抱有高度警惕。

——运用总统的影响力控制议会。在俄罗斯多次选举中，选民往往无视政党的纲领、而以总统的态度为转移，这表明俄罗斯民主的不成熟。普京充分利用了这一点，在议会选举中以总统身份对选民施加影响。同时，以总统为核心、得到强力部门和行政系统全力支持的权力中心的形成，也促进了议会成员的依附。

——为打击行动尽可能披上合法的外衣。当政治问题变为法律之争，普京便巧妙地转移问题的性质，转移了人们的注意力。普京的打击行动有两个特点：一是在经济问题上大做文章，这已是屡试不爽的武器；二是以是否反对总统权力划线来确定打击目标。从形式上看，普京遵循了司法程序，运用的是法律手段，但在实际上，由于司法权力对总统权力事实上的屈从，进入司法程序只是为普京的掌控披上合理合法的外衣。

——控制媒体，使反对意见难以表达。由于普京政权控制了大多数媒体，反对派对普京的批评，学术界一些涉及敏感问题的争论性意见，均很难在主流媒体上得到反映。对舆论的控制，使普京的一些有法律争议的做法得到掩饰，如 2002 年 10 月政府动用毒气解决发生在莫斯科的人质事件，无辜死难者家属对政府的谴责和赔偿要求，均被主流媒体冷处理。

普京推行“可控民主”在俄罗斯拥有稳固的民众基础，再次印证了民族国家的生存利益高于民主制度建设的利益，“可以有秩序而无自由，但不可能有自由而无秩序”。

“可控民主”被有的俄罗斯学者称为“准民主”或“民主的非民主形式”，与民主的本义不相符。民主要求的是少数对多数的服从，坚持的是三权分立和权力制衡原则，反对任何不受制约的政治力量的存在。“可控民主”设置一个凌驾于民主之上的控制者，这个控制者就是也只能是宪法赋予超大权力的总统，从而把民主置于某种力量控制之下。

“可控民主”是俄罗斯条件下的一种政治折中。“可控”与“民主”不可能自动地合而为一，要实现这种统一必须借助一定的手段。

“可控民主”的建立，为普京解决俄罗斯社会的矛盾和问题提供了政治条件。但是，“可控民主”毕竟属于一种刚性结构。任何一种结构都会沿着特定的方向释放其功能，否则就会有自我爆炸的危险。如中央与地方的矛盾。从前苏联时期到叶利钦时期，再到普京时期，俄罗斯走了一个从中央集权到地方分权、再到中央集权的轮回；又如“可控民主”使俄罗斯的发展更多地取决于总统个人，他所犯的任何错误都会给社会带来影响，增加了政治上的变数。

实际上，普京在推行“可控民主”的同时，也不否认民主政治的发展方向。普京多次重申，俄罗斯已经是一个初步具备民主制度的国家，俄酝酿的各项改革不会超出现行宪法范畴。

从民主的更为广泛的含义看，俄罗斯已打破原来高度集权的政治体制，立法、执法、司法相互制衡分权制的机制已经确立，多党制已经建立，议会已经成为政党参政、议政的主要途径。可以说，通过全民公决确立的宪政民主作为俄罗斯的立国之基，已经不可动摇。

俄罗斯向宪政民主的转型已经不可逆转。

“可控民主”的提法最初是西方和俄罗斯自由派媒体对普京选择的民主类型的一种讥讽。2005 年总统国情咨文发表后，俄罗斯的一些知名学者和政治家把普京的政治体制进一步解读为“主权民主”，即根据本国的历史、地缘政治、国情和法律，由本国自主确定的民主模式。

以美国为首的西方国家不满于俄罗斯走“脱离西化的道路”，指责俄罗斯政府“压制民主，控制传媒，强化警察、军队等国家机器，损害人权，打压反对派，破坏司法独立，压制非政府组织，阻碍他国的民主化进程……”认为俄已经偏离了“民主的发展轨道”，“在民主上退步，在恢复苏联传统”，甚至不惜给普京扣上“独裁、专制”的帽子。

面对西方的“民主攻势”，俄罗斯也不甘示弱。2007 年 7 月 12 日，普京在接受美、加、法三国媒体采访时表示，俄罗斯的民主模式秉承了民主的基本原则和价值观，并强调俄选择民主道路是“自愿的，并没有外界的强制力量”。

在2005年的国情咨文中普京强调："俄罗斯将就如何贯彻自由和民主原则做出自己的独立决定，这必须从本国的历史、地缘政治及其他国情出发。作为一个主权国家，俄罗斯能够也将自主地决定发展民主道路的一切时间和期限、决定推进民主的条件。"

2007年7月，在八国峰会期间的记者招待会上，布什与普京就民主问题的交锋引起国际舆论的很大反响。普京说："我们绝对不需要伊拉克式的民主。"

西方国家一方面通过支持原苏联地区的"颜色革命"来挤压俄的活动空间，另一方面也以树立民主样板来影响俄内部发生改变。普京指出："一是民主是不能输出的，民主是一国社会内部发展的产物；二是在当今对国际法的遵守是至关重要的问题，只有如此才能建立起民主的世界秩序。"普京认为，不应把民主问题作为外交手段，以此来干涉别国内部事务和政策，特别是不允许利用民主问题来企图从外部操纵作为一个大国的俄罗斯。

2007年5月18日，布什总统宣布，美国将建立一支旨在支持世界范围内"民主发展"的"民主别动队"，充分开展"政治民主援助计划"。2007年7月13日，正值八国首脑峰会即将召开之际，俄"公民阵线"领导人卡斯帕罗夫及前政府总理卡西亚诺夫等人举行"另一个俄罗斯"集会，宣称"莫斯科已经成为全世界专制力量的大本营"。对此，俄罗斯议会和当局一方面表示抗议，另一方面组织亲政府的青年组织"我们"在会场外示威。

经过公开交锋和暗中较量，俄罗斯在与西方的"民主"之争中逐渐由被动变主动，初步赢得了"有建设俄罗斯式民主的权利"。

"我们将自主决定在民主道路上前进的方位和速度"。普京在国情咨文中强调："俄罗斯自我选择了民主，我们将自主决定在民主道路上前进的方式和速度。""俄罗斯必须根据自己的国情，根据宪法和法律，独立地选择国内民主的发展道路，不能从外部向俄罗斯输入民主。"

如果说，"可控民主"的提出与实施，更多的是立足和针对俄罗斯国内的政治改革、发展与稳定，那么，"主权民主"的提出，更多的是俄罗斯在全球化背景下，对"可控民主"的内涵与外延的拓展、丰富。

"主权民主"的实质是：既考虑民主的"普世价值"，又强调民主的自主选择；既借鉴西方的“三权分立”，又强化以总统制为核心的中央集权；既实行“多党政治”，又推动事实上的“一党执政”。

普京受到俄罗斯民众的欢迎，原因是普京努力塑造一种新的政治认同。这一前苏联时期的政治认同源于沙皇时代的专制主义传统、苏联时期留下的遗产，包括在国外的大国地位和在国内的社会安全遗产。这一认同甚至还源于斯大林时期对于秩序的强调，以及俄罗斯潜意识下的民族共识这样一些方面。

从哲学上来说，民主为一个集体中的绝大多数人提供了可以表达其偏好的手段，而自由则主要关注的是个人自由产生的、无害他人的偏好，这种偏好可以不受他人的限制，不论是来自国家或是来自民主的绝大多数人的限制。

从历史方面来说，民主是在确定无疑的自由主义制度架构，即市场经济、法治和受到制约的国家权力中形成的。

俄罗斯在上世纪 90 年代的经历及其后果，是由于试图移植自由主义的价值观但却没有考虑由此带来的制度和社会伴生物所造成的。

普京治下的俄罗斯是一种带有个人魅力、建立在公民投票基础之上的“民主”。在这种民主体制下，国家建立选举制度，将行政权力与大众监督以及制度化责任制分割开来。在这一进程中，国家有能力压制反对力量及其来源。

现代意义上真正的民主，不仅是指绝大多数人与领袖人物之间观点短时间内的一致，更为重要的是，第一，保留有某些自由主义特点的有效的民主制度（如法治）；第二，同样也保留有某些自由主义特点的有效的民主价值观（例如对于少数人的宽容），现代意义上真正的民主应在上述两点之间保持一致。

俄罗斯历史学家史蒂芬·卡特金认为：“对于成功的国家建设而言，自由比民主更为重要——自由的秩序包括强大的议会，能够控制财政、颁布一系列稳定的法律，还包括具有权威性的司法机构，对议会的法律进行解释和裁决，同时还包括始终如一地执行法律法规的高度专业化的行政部门。而这一切都要考虑到公民组织的影响。换句话说，自由不是指摆脱政府，而是指忠实、严格地执行公共管理职权。”也就是说，在法律所确定的限制范围之内，不管这种限制是什么，自由意味着有效的政府，甚至不仅仅指民主的政府。

普京对于自由的抑制并不一定带来反民主的结果。

对于尤科斯事件，俄罗斯一家权威的民调显示，仅仅只有 8% 的俄罗斯人认为这是对民主的威胁。民调同时显示，超过 70% 以上的俄罗斯人同意政府对媒体进行审查。

普京成功地把总统的权力集中，但政府的宪法基础变窄了。

自由与民主时常处于相互冲突的状态之中。即使是在西欧与北美，成熟的自由与民主形式也都经历相当艰难与复杂的历程。因此，俄罗斯的自由与民主的形成比西欧与北美更加复杂、更加艰难，也更加具有自身独有的特点。

绝对强力

"只有先存在权威，而后才谈得上限制权威。"

普京的中央集权更多地具有进化和净化性质。也就是以强化总统制为特征，以垂直权力体系来加强中央权威，以可控民主、主权民主，从"政治技术"上把叶利钦留下的"瓦砾"整合在一起，让这个曾经在剧变中失控并导致危机的国家恢复秩序。

普京利用一切合法的手段团结了所有主流的政治力量，在三权分立的基本框架内将它们全部置于自己的意志之下。

俄罗斯这样一个处于社会转型期的国家，为了"复兴俄罗斯、重返强国前列、实现帝国梦"，不得不对各种资源进行合理调配和相对集中使用，而这一任务只能由国家政权来承担。

俄罗斯宪法赋予总统超大的权力，这成为普京最大的资源。需要做到的是使总统权力超越国家政权体系（行政、立法、司法）之上，形成凌驾之势，即在不改变现有国体的情况下实现权力向总统的集中，实现总统相对集权统治。如"削藩"，最大限度地遏制地方政治势力；"肃寡"，最大限度地打击胆敢向克里姆林宫示威的寡头；"强权"，最大限度地突出国家行政权力系统的有效性和控制性。

普京不是在"拆"或者"建"国家机构，而是通过改变国家机器中的成分和部件达到"控制"的目的；也不是寻求一个国家机器与另一个国家机器相对峙和平衡，而是将所有国家机器都串联起来形成政治合流。

“核心是建立强有力和行之有效的垂直政权体系”：中央集权

俄罗斯自建立伊始就是一个超级的中央集权国家。这一点已深深地根植于俄罗斯的遗传密码、传统及其民众的思想之中。

伊凡三世是俄罗斯中央集权国家奠基者，彼得一世是中央政府的治理权威，十月革命的伟大实验是前苏联中央的绝对权威。

普京在《千年之交的俄罗斯》中就讲过，强有力的国家政权体系是秩序的源头和保障，是任何改革的主要倡导者和主要推动力。

“需要多少主权，就可以得到多少主权”：分权泛滥的恶果。俄罗斯的专制制度始于16世纪，在其历史的演变中，它经历了沙皇专制、党派专制和总统专制三种类型。

总统专制始于苏联后期戈尔巴乔夫的创设，形成于1991年之后叶利钦执政时代，在近20年的运行过程中又体现出三种不同的含义，即戈尔巴乔夫时代的集体领导制、叶利钦时代的个人独权制和2000年后普京的个人魅力时代。

与其他联邦制国家相比，俄罗斯的联邦制有其特殊性，这首先表现为它的联邦主体最多——有89个联邦主体，而这些联邦主体的的结构形式又十分复杂，分为共和国、边疆区、州、联邦直辖市、自治州和自治专区6种类型。

1993年12月12日，俄罗斯联邦举行全体公民投票，通过了俄罗斯独立后的第一部宪法。同年12月25日，新宪法正式生效。这部宪法确立了俄罗斯实行总统制的联邦国家体制。

俄罗斯联邦制始于前苏联剧变和解体这一特殊的历史过程，在很大程度上是对前苏联时期高度集权有名无实的联邦体制的反动和颠覆。因此，不可避免地走向另一个极端——地方权力过大、中央与地方关系处于混乱无序状态。当时，在“自由”、“民主”旗号下联合起来的俄罗斯“民主派”正忙于同掌握着苏联联盟中央权力的苏共进行夺权斗争。

为了对联盟中央施加压力，已夺得俄罗斯领导权的叶利钦向其管辖下的俄罗斯各联邦主体许诺：联邦主体“需要多少主权，就可以得到多少主权”。这客观上刺激了俄罗斯联邦内一些地区民族分裂主义、地方分离主义倾向的发展，使俄罗斯国家体制的形成过程困难重重。

前苏联解体后，俄罗斯独立初期激烈的政治斗争更使国家体制受到严峻的挑战。趁国家上层忙于对抗、斗争，出现“权力真空”之机，许多地方当局开始公开与联邦中央政府争权，出现了两种倾向：一是一些共和国试图走脱离俄罗斯而“独立”的分离主义道路，主要表现在鞑靼斯坦、车臣等共和国；二是一些以俄罗斯人为主体的州、边疆区不满自己与其他共和国“不平等”的地位，自行宣布“升格”为共和国，出现了所谓“共和国化”进程。

1992 年至 1993 年俄罗斯两大权力机关严重对立、激烈对抗期间，叶利钦忙于国家上层争斗，无暇顾及地方事务，斗争双方甚至试图借助地方势力向对手施加压力。中央政权受到削弱，陷入混乱，造成“权力真空”。作为集权主义的对立面，地方分离主义迅速膨胀起来。

为阻止民族分裂主义和地方分离主义倾向的进一步发展，消除民族分裂主义隐患，安抚地方精英，叶利钦时期联邦中央采取了与各联邦主体签署条约的方式化解矛盾。联邦条约成为在国家体制方面对宪法的补充，最终俄罗斯以“条约——宪法”式联邦形式确立了联邦国家体制。它由 1992 年 3 月 31 日俄罗斯联邦总统与除车臣和鞑靼斯坦两个共和国之外的联邦主体签署的联邦条约，以及 1993 年 12 月 12 日经全民公决通过的《俄罗斯联邦宪法》所构成。此后，为解决联邦制的问题，以联邦中央与鞑靼斯坦签署分权条约为开端，又启动了联邦国家权力机关与联邦主体国家权力机关签署划分管辖对象和职权条约这样一种机制，联邦中央开始分别与各联邦主体签署这种分权条约。

在整个叶利钦执政时期，除了维护国家统一、打击民族分裂主义势力这一重要任务之外，在中央与地方关系方面反映出来的问题还包括民族关系问题（俄罗斯族与少数民族之间关系、当地不同少数民族之间关系），地区社会经济发展不平衡问题以及联邦中央与地方精英之间的关系问题。

影响全局的关键，是联邦中央与地方精英之间的关系问题，即中央政府对地方行政的领导问题。

叶利钦执政期间，俄罗斯政治斗争持续不断，各派政治力量势均力敌。为了政治斗争的需要，叶利钦对地方精英和企业精英（寡头）采取了宽容、安抚和拉拢的策略，以换取他们对其统治的支持。这在1996年6月至7月第二次俄罗斯总统选举前后表现得尤其明显。

叶利钦时代后期，叶利钦始终牢牢地控制着政权，娴熟地驾驭着复杂的政治斗争局势，但他对“地方精英”的控制能力却日渐衰弱。俄罗斯地方精英、各路“诸侯”开始形成气候。最突出的是谋求“独立”、实际脱离中央控制的车臣共和国、沙米耶夫集团控制的“独立王国”鞑靼斯坦。

由俄罗斯人掌权的地方集团也开始尽可能地谋求“独立自主”，自行其是，比较有代表性的包括莫斯科市的卢日科夫集团、滨海边疆区的纳兹德拉坚科集团、斯维尔德洛夫斯克的爱德华·罗塞尔集团、涅姆佐夫控制的下诺夫哥罗德集团、上院（联邦委员会）议长斯特罗耶夫控制下的奥廖尔集团，等等。

所有地方利益集团都在最大限度地摆脱中央的控制。不同地区的地方势力自发地组成了不少“自愿结合的”跨地区组织，陆续出现了由联邦主体组成的地区联合会。例如，以圣彼得堡为龙头老大的“西北联合会”，以莫斯科为中心的“中部地区联合会”，围绕着奥廖尔州和沃罗涅日州形成的“黑土带联合会”，“北高加索共和国、边疆区、州联合会”，“大伏尔加河流域联合会”，“乌拉尔地区联合会”，“西伯利亚协议跨地区联合会”以及“远东联合会”等等。这些自发的联合趋势有加强地区经济合作的积极意义，同时又为“地方精英”的“独立自主”提供了可能性，其发展势头一旦失控，便会偏离联邦中央规定的轨道，这不能不使中央政府忧心忡忡。

叶利钦时期，俄罗斯的政治体制是以总统与各种利益集团之间“自由妥协”为基础的，企业精英、地方精英等各种利益集团在政治、经济上支持总统和政府，以此换取了对资源的控制和处理地方事务的自主权。尤其是经过地方与中央讨价还价，最终迫使叶利钦总统同意地方行政长官由当地选民直接选举产生，使地方行政长官获得了权力来源的“合法性”，使中央政府无法有效地控制他们。

叶利钦时期形成的联邦体制存在着明显的缺陷，具体表现为：

第一，许多地方权力机关藐视联邦宪法和法律。截至1999年，俄罗斯各个联邦主体地方立法机关制定的地方法律中约有1/3违反了联邦法律，对联邦统一的政治法律空间构成威胁。

针对俄罗斯许多地方的法律违反联邦宪法的状况，普京指出："重要问题在于所通过的法律是否符合宪法。俄罗斯有1000多部联邦法，共和国、边疆区、州及自治区的法律也有数千部。许多可以引起异议的法律或从俄罗斯宪法角度来说根本无权通过的法律就会成为一个具有法律和政治意义的危机问题。这个问题将直接影响到国家宪法的安全、联邦中央本身的行为能力和管理国家的能力以及俄罗斯领土的完整性。"

第二，地方选民的积极性普遍不高。各联邦主体的法定投票率都很低，一般为25%。仅以滨海边疆区为例，该边疆区共有登记选民150万人。在2001年6月边疆区行政长官的选举中，参加投票的人数为223410人，低于登记选民总数的15%。没有达到当地法律所规定的25%的投票率，而且在参加投票的选民中，10%的人投了反对票。

民族地区的选举问题更为突出。选举中地方领导人的个人素质与才能明显让位于民族属性，而实质上常常是地方家族势力之间的争夺。显然，经过这种普选产生的地方负责人，实际上仅得到当地少数居民的支持。一些地方领导人与当地媒体、当地寡头甚至犯罪组织相互勾结，愚弄选民，操纵选举。收买选票、营私舞弊的现象时有发生。而选举产生的地方行政长官在处理当地事务中独断专行，不受或很少受到联邦中央、地方立法机关的制约，形成一个个权力中心，甚至"独立王国"，联邦中央政令不畅。

第三，不同党派之间在地区层面也展开激烈的权力争夺。政治斗争影响到地区的稳定，导致俄罗斯地方政权呈现出"红区"（俄共势力范围）、"白区"（"政权党"势力范围）、"灰区"（第三力量势力范围）等多种色彩共生并存的政治局面。地方精英集团之间的政治斗争时有发生，围绕着经济利益的争斗更是频繁发生，影响了地方的政治稳定和社会经济发展，对此联邦中央无能为力。其中突出的是，1997年至1998年远东滨海边疆区行政长官纳兹德拉坚科与滨海边疆区首府符拉迪沃斯托克（海参崴）市长切列普科夫之间爆发激烈的争权斗争，叶利钦总统曾派第一副总理涅姆佐夫到当地协调解决问题未果。

在叶利钦时期，地方势力为所欲为，甚至进行公开的对抗。在此期间，他们至少掀起两次对抗中央的大浪潮。

第一次发生在1991年至1993年。当时除车臣以外，雅库特、鞑靼、图瓦等一批自治共和国也声称要独立，斯维尔德洛夫斯克州和滨海边疆区等许多地方则宣布要建立自治共和国。在1993年6月至7月的制宪会议上，各自治共和国坚决要求未来的新宪法规定它们是“主权共和国”，各个州和边疆区则要求享有同自治共和国一样的权利。当时，国内出现12个不受中央控制的经济独立自主地区，有30个联邦主体拒绝向国库缴纳税款。一时间，整个形势变得十分严峻。后来，叶利钦挟“炮打白宫”的余威，采取软硬兼施的策略，其中包括采用经济制裁的办法，暂时遏制了地方势力的攻势。

第二次发生在1998年8月金融危机之际。当时，各地方利用危机形势，纷纷采取自救措施，加强独立地位，摆脱中央控制。加里宁格勒州宣布实行“紧急状态”；斯维尔德洛夫斯克州宣布“冻结物价”；摩尔曼斯克州宣布直接对外，要求国外支持；雅库特共和国宣布控制黄金生产，限制向联邦政府和国家银行出售黄金；列别德领导的克拉斯诺亚尔斯克州宣布决不再向联邦中央提供任何资金；库兹巴斯州威胁说，如果不偿还5个月的拖欠工资，将封锁铁路干线；萨拉托夫州甚至提出要发行地方货币。

一时之间，地方主义甚嚣尘上。后来，由于普里马科夫政府的措施得当，才化解了危机的形势。普里马科夫由此得出结论：必须加强垂直领导，使联邦中央有权解除地方长官的职务。但这个主张遭到叶利钦总统的否定。

在普京上台前后，地方主义表现得十分严重，许多地方实际上成了“独立王国”。如在鞑靼共和国和萨马拉州，许多居民只知道有沙伊米耶夫总统和季托夫州长，不知道还有俄罗斯总统；在巴什科尔托斯坦共和国，总统拉希莫夫实行“铁拳统治”，他直接控制4万人的警察部队，并自行任命法官和检察官。

各地方的违法现象也相当严重。除乌德穆尔特共和国以外，其余20个共和国的宪法都程度不同地违反俄联邦宪法，有的甚至包含“国家主权”的内容。普京说：“地区通过的1/5的法律文件违背国家基本法。共和国宪法和州章程同俄罗斯宪法有分歧，俄罗斯各边疆区和州之间建立起贸易壁垒，或者更糟，竖起边界界碑。要知道，这是令人发指的事实。”此外，许多地方领导人还随意增加新的税种来补充地方财政，并把所有自然资源都看做是本地的财产。

由于普京在1998年就曾出任过主管中央与地方政府关系问题的俄总统办公厅第一副主任，因此深知如果不处理好中央与地方之间的关系，那将非常糟糕。

普京认为，“俄罗斯需要一个强有力的国家政权体系，也应该拥有这样一个政权体系。”显然，普京最关注的是国家政权是否有效能，政令能否上通下达。

普京强调，“在俄罗斯建立强大的国家政权，即是指建立一个民主、法制、有行为能力的联邦国家。”

普京指出，必须完善联邦体制。“我们建立了一些权力的‘孤岛’和某些权力的‘小岛’，但没有在这些权力孤岛之间架设任何桥梁。”

“利用国家政权的力量高屋建瓴地解决复杂的社会矛盾”。普京接替叶利钦正式就任俄罗斯总统后，迅即开始了一整套以加强国家权力为核心的政治体制调整、改革，而首先便是对国家垂直权力体系，即俄罗斯的联邦制的调整。

1999年8月，普京一出任总理，先是平息达吉斯坦叛乱，随后进行车臣战争，目的就是要割除毒瘤，维护国家统一，树立中央权威。同时，这也是“敲山震虎”，为了遏制地方势力的发展。

普京是“怀着加强中央集权的抱负入主克里姆林宫的”。

在中央与地方关系上，普京强调，经济纪律、统一的法律制度、中央和联邦主体彼此负责，是俄罗斯民族政策的三个最重要的组成部分。要使“地方从属于中央”，让地方“完全独立是不可能的”，核心是建立行之有效的垂直政权体系，加强中央对地方的宏观领导。普京的所有政治主张几乎都是围绕着强化国家政权体系这一中心展开的。

问题的关键是地方领导人的态度。普京经过深思熟虑，在和26名最有影响力的地方领导人会晤后，选择了另外一个最激进但也见效最快的策略。

从2000年5月中旬开始，普京从四个方面实施和推进“中央集权”。

1. 勒令地方修改法令。2000年5月11日，普京致信巴什科尔托斯坦共和国总统，要求重新修改该共和国的宪法，使其符合俄联邦宪法。同日，普京发布总统令，宣布取消印古什共和国总统和阿穆尔州州长的一系列命令，理由是这些命令违反联邦法律。6月27日，俄宪法法院作出裁决，宣布废除6个共和国宪法中的“主权”条款，以及拥有境内矿藏及自然资源的条款。

2. 建立7个“联邦区”，任命总统“全权代表”。2000年5月13日，普京发布总统令，在俄罗斯建立7个“联邦区”，将俄罗斯联邦各共和国、边疆区和州按地域划分为：以莫斯科为中心的中央区，以圣彼得堡为中心的西北区，以顿河罗斯托夫为中心的北高加索区，以下诺夫哥罗德为中心的伏尔加河沿岸区，以叶卡捷琳堡为中心的乌拉尔区，以新西伯利亚城为中心的西伯利亚区和以哈巴罗夫斯克为中心的远东区等，这7个“联邦区”的划分刚好同7大军区相吻合。

随后，普京为每个联邦区任命了总统“特命全权代表”，让他们负责协调处理地方与中央的关系，保障和监督总统政令在各联邦主体的执行，主要是加强中央对地方的控制。任命的7个总统代表有5人是强力部门的将军。有人说，普京企图依靠强力部门的亲信来加强中央集权。2000年12月下旬，普京又决定把总统办公厅地区管理总局2/3的职权移交给联邦区的全权代表。

每个联邦区的全权代表，要使国家元首能在相应的联邦区范围内履行宪法职能，直接隶属于总统并向总统汇报工作。全权代表接受国家元首的任命，任职期限由国家元首决定，但不超过总统任职期限。

全权代表有四项主要任务和13项职能。四项任务是：第一，在联邦区内组织执行俄罗斯内外政策基本方针；第二，监督俄联邦宪法和联邦最高权力机关决议的执行情况；第三，确保总统在联邦区干部政策的实施；第四，定期向总统报告联邦区内国家安全问题、社会经济和政治局势情况。

全权代表最重要的职能是协调联邦权力机关的地方机构执行联邦法律、总统命令和政府决议；协调护法机关的工作，评估它们的工作情况，并向总统提出相应的建议；监督遵守俄联邦宪法以及有关自由和人权的联邦法律；参与联邦主体国家权力机关的工作，其中包括，在必要的情况下在州杜马和政府就有关地方和中央利益的问题发表讲话；协商联邦权力机关驻地方代表的主要干部任命；参加拟订地区发展纲领。全权代表无权干预地区首脑的职权。只有法律和赋予他们的权限才是全权代表的工作依据。

普京表示，将幅员辽阔的俄罗斯划分为七大行政区并且委派专员负责每一个行政区是为了更好地加强地方和中央政府的联系，这对于横跨欧亚大陆、涉及11个时区、由89个地区组成的俄罗斯联邦来说尤其必要。而且，这7位特使的办公地点设在俄联邦安全委员会内，而不是下放到基层政权，以免造成令出不一的不利局面。

3. 改组联邦委员会（上院）。2000年5月13日和5月18日，普京向联邦议会提交了一整套有关改革联邦体制的法律草案，其中包括《联邦委员会组成原则修正法案》、《俄罗斯联邦主体国家立法与执行权力机关基本原则的修改与补充法案》和《俄罗斯联邦地方自治设置原则的修正法案》。

普京的目的十分明确，即削弱地方领导人的实权，改变中央对地方事务进行管理的失控局面，将管理国家各级权力机关的主动权掌握在联邦中央，尤其是总统的手中，消除大量地方法规严重违反联邦宪法和联邦法律的现象，为建立一套有效的国家垂直权力体系奠定必要的法律基础。

俄罗斯宪法规定，杜马经选举产生，联邦委员会则由代表权力机关、执行权力机关及立法权力机关的代表组成。这些代表一般都由各地区的一把手、行政长官、共和国总统或地区议会领导人担任。对于这一状况，普京认为，这将导致各地行政长官和共和国领导人既是执行权力机关的代表，同时又是联邦委员会成员，那些议员成为了自己应当执行的法律的起草者。这违反了权力分开的原则。各地区领导人应当集中精力解决本地区的具体问题。而立法工作则应由其代表负责，但要在常任和专业的基础上进行。于是他提出联邦委员会议员由地方选派，为长期专职职务，联邦主体的行政长官不再兼任此职。

4. 中央有权解除地方长官职务，有权解散地方议会。普京提出的法案明确规定：一是执行解除地区领导人职务和解散违反联邦法律的立法机构的规定。如联邦主体领导人及地方议会不遵守联邦法律，总统有权解除领导人的职务和解散地方议会。二是如果国家总统在一定条件下可以解除地方领导人的职务，则地方领导人也应当享有解除其下属权力机关即地区、和市镇的领导人职务的权力。普京认为，连俄联邦总统违反宪法都可以被解除职务，地方领导人当然更应如此。同时强调，地方领导人也有权解除下属机关领导人的职务。普京的这一措施，对地方势力构成强大的制约。

普京的上述改革举措，自然引起了联邦委员会和地方长官的不满。地方行政长官可以容忍总统取消他们颁布的某些法规乃至让七个联邦区的“将军长官”凌驾于自己之上。但是，他们无论如何都没有理由支持总统剥夺其联邦委员会成员的资格，因为这实际上是使他们失去了成为全国级政治家的机会，并使他们失去了议员的豁免权，而且随时有被总统解职的危险。

库尔斯克州州长鲁茨科伊担心地说，“如果各地区领导人都不再是议会的代表，他们将成为普通的管家，任何一方警察都可对他们进行调查”。

长期担任鞑靼斯坦共和国总统的沙伊米耶夫更是公开表示：“如果触犯了现有的自由程度，将会引起公开的对抗，因为我们的社会已经不是原有的社会。”

上院主席斯特罗耶夫两次发表文章，提出不同意见。他说：总统令的一些内容“与宪法不相符”，“不能赞同”。

许多地方领导人尤其反对改组上院，反对剥夺自己上院议员的资格。莫斯科市市长卢日科夫说:总统的提案违反宪法,是“任意性决定”。印古什共和国总统阿乌舍夫说：除了选民，谁都无权解除地方长官的职务。

寡头政治家别列佐夫斯基甚至发表一封公开信，指责普京违反宪法，违反民主原则，是历史的倒退。他甚至宣布退出国家杜马，放弃议员资格，对普京的集权倾向表示抗议。

但普京的这些措施得到了以“团结”运动和俄共为主的国家杜马的支持。2000 年 5 月 31 日，国家杜马一读通过了联邦委员会组成程序法。6 月 23 日国家杜马以 308 票赞成、86 票反对的压倒多数通过了剥夺地区行政长官在联邦委员会席位的法案。该法案规定，联邦委员会的代表们从2001年1月1日起将由两名地区代表取代，其中一名由地方领导人委任，另一名则由地方议会选举产生。

2000年6月28日，联邦委员会对该法律草案进行表决。心怀不满的联邦委员趁势发动反攻，只见托木斯克州议长马尔采夫一手用拳头敲打着桌子，一手晃动着俄联邦宪法，大声喊道："这是我的位置，我是根据宪法赋予的权利占据这个位置的。"结果，联邦委员会以129票反对、13票赞成的表决结果否决了该法律草案。普京削减地方长官权力和设立"垂直权力机构"的计划遭到严重挫折。

由于地方领导人组成的上院，对普京的提案进行顽强的抵制，拒绝加以通过。最后经过三次反复，于2000年6月30日，国家杜马呼吁两院和总统代表三方成立协调委员会，对立法提案进行协商和修改；7月19日，国家杜马通过修改后的提案；7月26日，上院通过修改后的提案。前后经历了70天的反复折腾。

与此同时，立法提案的内容也作了重大修改。普京本来提出，上院议员不再由地方领导人兼任，要通过选举产生。同时规定，新的上院在2001年2月1日以前建立。经过多次讨价还价，最后通过的法案规定：地方执行机关派驻上院的代表，由地方长官自主任命和"召回"，条件是地方议会反对的议员不超过2/3；新的上院议员，推迟到2002年1月1日以前产生。这就是说，新的上院议员基本上由地方长官委派，新的上院的成立时间也推迟了10个月。这就使普京的改革计划在时间上受到重大的损失。

许多地方领导人认为，上院的改组降低了自己的地位，因此强烈要求新建一个国务委员会，使他们仍然能够参与国家大事的讨论和决策。出于安抚的考虑，2000年7月29日，普京批准成立俄联邦国务委员会的建议，随后在9月1日，宣布成立由一些联邦主体的首脑和议长提出的联邦国务委员会，同时批准了联邦国务委员会条例。俄联邦国务委员会由普京任主席，每三个月举行一次会议。这只是一个"协商性机构"，其主要任务是讨论重大国是问题，向总统提供建议和意见。尽管如此，它把89个联邦主体的行政长官都吸纳在内，卢日科夫、沙伊米耶夫和雅科夫列夫等7人还成为主席团的成员。通过这个机构，地方领导人可以同普京经常见面，参加全国性重大事务的讨论和解决。这实际上是普京对地方领导人退出上院的一种补偿。

普京加强中央集权的改革取得初步的胜利：地方权力自行其是的倾向得到了控制，地方精英被“驯服”，车臣等民族分离主义受到了遏制。

“构建以总统为核心的垂直权力体系”。2000 年开始的联邦制改革还只是普京整个联邦制改革的第一步。2004 年 9 月 1 日，在北奥塞梯共和国别斯兰市第一中学发生了造成重大人员伤亡的人质事件。

普京借推出“反恐新政”，开始了俄罗斯联邦制改革的第二步，也是最重要的一步。主要有两条：一是要改变现行地方领导人的直接选举制，用任命俄政府总理的方式替换全民投票选举制，在总统提出地方行政长官人选后再经过地方立法机关表决通过。二是将俄国家杜马（议会下院）的混合选举制度（450 名议员的一半按照政党比例分配，一半由各大选区选举产生）改成单一的政党比例选举制。单席位选民区和相应的无党派自荐候选人将不复存在。国家的政治资源将集中在几个政党手中。

显然，这并不是对别斯兰人质事件的反应，而是联邦制改革酝酿已久的重要步骤。别斯兰人质事件只不过是为普京提供了出台一系列政治体制改革措施的契机。

国际舆论指出，这实际上是另一种形式的“先发制人”，通过集权中央，从法统上预防俄罗斯地方政府再出现第二个车臣。地方行政长官的任免权力收归中央后，一旦发现地方政府出现分裂主义的苗头，中央可以迅速撤换地方行政长官。避免由地方选民选出的行政长官自行宣布独立后，再由中央宣布其非法而出兵平叛这样的尴尬局面再次出现。

别斯兰事件是普京就任俄罗斯总统以来，特别是第二个任期内普京新政的一道分水岭，对普京和俄罗斯而言都是一个重要的转折点。

普京一直希望建立一个合理的政治体系，在其第一任内通过改组联邦委员会（议会上院）、扶持组建“统一俄罗斯”党控制国家杜马（议会下院）、组建 7 个联邦大区等综合举措，初步建立以总统权力为核心的垂直权力体系，基本扭转了叶利钦时期府院两派严重对立、地方诸侯权力膨胀、各级工作互相扯皮、国家实力不断下降的局面。

普京虽然依靠这些措施实现了对多数地方的控制，但仍有不少地方领导人自恃背后有广泛的民意支持，对中央政令不理不睬。如何有效控制地方，确保中央和地方关系的平衡，一直是摆在普京面前的一道难题。普京的一名手下表示，总统办公厅酝酿地方行政长官选举改革方案已经不是一天两天了，普京早就着手改革联邦体制了。恐怖袭击只不过给这些理念赋予了新的含义，并为它们的实施提供了更广阔的政治天地。

改革引起了俄罗斯国内外广泛关注。反对者认为，普京的改革是从联邦制向极权制过渡，是“民主的倒退”，是“重返苏联时代”；赞同者认为，普京的改革是符合加强联邦中央政权的总方针的，对保障国家正常发展和防范恐怖主义极为必要，与民主无关。

与2000年的联邦制改革措施相比，改革更涉及地方精英的切身利益，但并未像2000年那样受到联邦委员会和地方领导人的不满和强烈反对。

2004年9月13日，普京在俄联邦政府扩大会议上公布了国家权力体系的新一轮改革计划。同年底，俄罗斯议会上下两院根据普京的提议，通过了《俄联邦主体立法和执行权力机关组织总原则联邦法》和对《俄联邦公民选举权和全民公决权基本保障联邦法》的修改法。2004年12月12日普京签署了上述法案。

普京新一轮政治改革措施中最重要、最关键的一条，是改革各联邦主体执行权力机关的组建方式。

普京改变地方最高行政长官的直接选举制度，用任命联邦政府总理时所采用的方式来替换全民投票选举制。各共和国、边疆区和各州的最高行政长官在形式上由地区立法机关选举产生，但俄联邦总统将负责向地方立法机关提名候选人。地方行政领导人的免职制度也将与此相似，总统下达免职令，地方议会批准总统的决定。普京说，他最不愿意涉及的就是这个体制。但问题在于这种体制的效率。俄罗斯不少联邦主体，特别是民族共和国的选举往往是按民族属性举行的。

普京认为，选举按民族原则进行，只是一种表面现象，实际上是地方领导人为争夺影响力而进行的经济斗争。如果追求俄联邦各个主体的民族单一性，国家就会卷入一场无休止的冲突。因此，新的地方权力机关产生的方式可以保障地区利益和全民族利益的平衡。

实际上，新的政权组成方式就是要让地方领导人服从总统的任命。尽管地方议会参与确定地方行政长官人选过程能保留某些选举的成分，但显然，地方议会的投票结果将不具有实际意义。无论在何种情况下，地方议员只能选举由总统提名的候选人。

另外十分明显的一点是，与地方最高行政长官协商确定联邦部委在地区分支机构的领导人人选的制度也因没有意义而被取消。原则上说，这一模式的实施使各地区和联邦的共管领域丧失了存在的必要，联邦与其主体之间的现行权限划分制度也将被取消。换句话说，各联邦主体将变成单一制国家的行政单位。

普京认为，俄罗斯执行权力机构并未根据联邦宪法规定形成一个统一的整体。因为地区领导人是直接选举的，所以只要地区一开始选举领导人，联邦一级政权就会想这是一块被人切去的“蛋糕”，联邦政府无法对它施加影响，既不能任命也不能撤销。于是在地方上又建立了一个并行的联邦行政体系，而这个体系的效率并不高。因此，必须改变现行地方领导人的直接选举制，用任命俄政府总理的方式替换全民投票选举制。

普京提出的第二项重要措施是议会选举改革。

俄罗斯议会采取的是既按党的系统、又按地区选举的混合法。普京提出必须在比例选举的基础上产生最高代表机构。议员（国家杜马和地方议会的议员）将只按政党名单来选举，议会席位全部按政党比例来分配。他认为，在缺少发达公民社会和多党制的情况下人们只能在喜欢的人、不喜欢的人或者更加喜欢的人中间做出选择，而不是对思想和政治观点作出选择。按党的名单选举，是让所有希望从事国家政治活动的人不给自己的活动加上宗教或者民族色彩，而是通过合法的政治组织，通过政党来开展活动。

总的来看，普京以别斯兰人质事件为标志，加快了推进以加强反恐为主轴，以强化自上而下垂直权力体系为核心的内部制度改革。

俄罗斯一些政治家、政治学家和宪法专家围绕联邦制、多党制、选举制等宪政问题发表了不同的看法。

反对者认为：由总统任命地方行政长官的做法完全违宪，这将剥夺公民的权利，意味着地方当局将最终隶属于联邦中央，这会抹杀联邦自身的含义。俄罗斯的国体是联邦制，而非单一制国家，现在总统提出的是所有地区整齐划一的模式，这违反了联邦制原则。联邦当局参与地方权力机构的组建，侵犯了联邦主体的专有权限，联邦主体权力机关的组成是地方的特权。按政党名单选举杜马议员的做法则会将选民和议员割裂开来。选民对单席位候选人十分熟悉，因为他们个个都是知名人士。普京的计划是作为反恐措施提出的，其中包含着官僚主义的逻辑，认为控制得越严，整个系统就越容易控制。这样的情况是从来没有的，前苏联的例子就能作证。相反，恐怖组织是灵活多变的，它拥有错综复杂的管理网络，只有灵活权力体系才能战胜恐怖组织，在僵硬的垂直权力体系下，国家可能对它束手无策。普京的改革只会使政权机器瘫痪，实际上是在扼杀地方政治家，扼杀政治精英产生的基础，而从联邦制向极权制过渡，无疑是政治自杀，也是普京执政以来犯下的最大的错误。

赞同者则认为：普京的改革是符合加强联邦中央政权的总方针的。但是这同民主毫无关联，不少民主国家的地区领导人都是任命的。1994 年至 1995 年，叶利钦也任命过州长。这没有违反宪法，宪法中根本没有提到地区领导人的选举程序。从权力划分原则角度说，这可能同美国的模式稍有不同。从别斯兰事件可以明显地看出地方当局有错，也无力应付反恐局面，社会也在更大的程度上愿意支持过去曾被视为损害地方当局独立性的建议。普京以全联邦的政党为基础来建立一个全新的国家政权体系，俄罗斯的联邦制不应理解为由地方上的头目把自己的意志强加给国家权力机关。任命州长是一项积极措施，它可以避免民族头目和胆大妄为的寡头对联邦权力机关讹诈。如果加上补充措施，那么取消单席位选区也算是一种不错的做法，如果取消单席位选举，仅按党派选举，就应当降低进入杜马的门槛，这样就会有助于发展正常的多党制。

俄罗斯媒体普遍认为，通过这一改革，普京在“垂直行政体系”基础上平行构建一个“垂直立法体系”，并借助两个“垂直体系”实施国家管理，完成了普京的“中央集权”政治构架。

俄罗斯《政治》杂志撰文指出，普京由此重新构筑整个俄罗斯联邦制度，进一步加强以总统权力为核心的国家垂直权力体系。

普京新一轮政治改革也引起了欧美等国的关注。

2004 年 9 月 14 日，美国国务卿鲍威尔称，俄罗斯总统普京建议对选举法进行修改是“部分民主改革的倒退”。甚至美国总统布什也在普京宣布政改措施两天后打破沉默，“伟大的民主国家应该在中央政府和地方政府之间保持权力的平衡。”

哈佛大学俄罗斯和欧亚研究中心副主任戈德曼认为，普京对俄罗斯政治体制进行彻底改革，目标是使权力集中到克里姆林宫手中。不论普京的动机如何，这一举措标志着俄罗斯民主制度倒退了一大步。

美国的俄罗斯问题专家迈克尔·麦克福尔认为，普京显然已经得出这样的结论：民主是软弱的，而独裁方能显示出力量。普京甚至用不着改变宪法就可以实现自己的计划，他拥有一切权力。

俄罗斯则对欧美的批评进行了猛烈回击。2004 年 9 月 15 日，俄罗斯外长拉夫罗夫在出席独联体国家外长会议期间对鲍威尔的谈话予以反驳。他强调，普京推行的政改是俄内部事务，将履行所有必要的法律程序，在俄宪法框架内予以实施。美国在“9·11”后也采取了自由社会并不完全认同的非常强硬的措施。

“中央给地方多少权力，地方拿多少权力”。普京对联邦制的第一次改革，不仅有效地制约了地方势力，也加强了中央集权，维护了国家统一。但是，普京的主张并未全部实现，他只达到了部分目的。例如，地方行政长官由当地选民选举产生的做法依然保留了下来。而所谓中央有权解除地方行政长官职务的规定，因为附带种种条件，其威力也不是很大。

普京对联邦制的第二次改革，特别是俄各联邦主体的高层领导人必须由总统提名，然后经地方议会选举产生。这无疑是决定性的一步。这就为俄实现真正的中央集权创造条件，并引起俄联邦体制以及中央与地方关系的重大变化。

可以说，普京彻底改变了叶利钦时期中央向地方领导人让步换取地方精英支持、保持国家统一和政局稳定的治国方略。普京的联邦制改革核心是“削藩”——加强联邦中央的权力，将地方领导人的职权范围严格限定在管理当地地方事务上，并接受联邦中央的监督。同时，改变联邦委员会组成法，使联邦委员会朝着建成职业化的国家立法机构方向发展。

可以说，普京对待议会上下两院——联邦委员会和国家杜马的态度与叶利钦时期明显不同。叶利钦是利用上院来制约下院，而普京则是团结、依靠下院，集中力量解决国家垂直权力体系方面的问题以及上院本身存在的问题。这显然是由于俄罗斯政治力量对比发生了有利于总统和政府的变化，普京得到国家杜马中绝大多数议会党团的支持，可以着力解决联邦体制问题。叶利钦时期在中央与地方关系上的最大失误就是未建立和健全中央统一的协调机制，导致地方权力的肆意膨胀，中央政令下达不畅，难以形成全国统一的经济与法律空间。联邦中央多次推行的社会、经济改革计划均因地方贯彻不力而中途夭折。俄罗斯社会要求改变这种现状的呼声越来越高。普京推行的联邦体制改革得到社会广泛支持。国家杜马多数党团在整顿国家秩序方面与普京政府积极合作，这与叶利钦时期形成鲜明对照。

联邦制改革实现了原则性和灵活性的高度统一。与叶利钦时期联邦中央对地方事务放手不管或者确切些说是想管又缺少手段，特别是对地方精英一味迁就、放纵的做法不同，普京不再被“民主”束缚手脚，而以核心为总统集权的“可控民主”作为对包括联邦制在内的政治体制进行调整、改革的着眼点，以恢复并强化法律秩序的严肃性为目标，以行政权力为动力，通过法律手段实现了“削藩”。一是以总统令的方式宣布设置联邦区和任命驻联邦区全权代表，使联邦中央拥有了对地方当局进行控制的行政管理机制，成为普京管理国家和推行其他联邦制改革措施的直接保障。二是将裁定地方领导人、地方议会违宪行为的权力收归联邦中央所有，建立了联邦中央约束地方精英的法律干预机制。三是将地方领导人的影响力限制在处理地方事务上，削弱了地方精英干预、影响联邦中央的能力，同时使议会上院——联邦委员会成为真正意义上的立法机关。四是改变地方行政长官产生方式的改革措施，从而最终触及了中央与地方关系方面最核心的问题，事实上掌握了地方行政长官的任免权，而掌握了“地方大员”的任免权，也就为中央集权奠定了坚实的基础。

经过普京第一个总统任期内对俄罗斯联邦制的调整、改造，俄罗斯的联邦制已经发生明显的变化。“过去俄罗斯个别地区实际上不受俄联邦法律的制约，我们消除了这种绝对无法接受的局面。现在对于俄罗斯联邦的所有地区来说，俄罗斯宪法和联邦法律至高无上已成为生活的准则。”而普京在第二个总统任期推出的改变地方行政长官产生方式的改革措施，进一步强化了联邦中央对地方权力的控制，对地方精英形成强有力的威慑作用和实际影响力。

俄罗斯联邦制改革的总趋势是，中央集权前提下的中央与地方分权制度。

普京的联邦制改革方向是要实现国家统一的管理或治理。

按照联邦制的传统定义，与单一制国家由中央政府掌握国家一切大权，而将一部分权力委托地方政府行使所不同，联邦制国家中央政府的权力是地方政府所让予并以宪法规定者为限，宪法未明确规定的以及未禁止各联邦主体行使之权力仍保留于各联邦主体。

显而易见，经过普京改革的俄罗斯联邦制在很大程度上已经发生了质的变化，开始向着中央集权的方向发展。在这种中央集权背景下，权力的来源发生了变化，中央与地方分权制度的原则也发生了根本改变：不再是地方“需要多少权力，就可以拥有多少权力”，而是中央给地方多少权力，地方拿多少权力。俄罗斯地方将在很大程度上听命于中央，受控于中央。

从普京执政以来俄罗斯政治领域内的诸多变化看，地方分权主要体现在经济方面，即给地方以更多的经济自主权，为地方经济发展创造更大的活动空间。而在政治方面，由于联邦中央，特别是总统掌握了对地方立法的监督权，对地方行政长官的任免权而使得集权倾向更为突出。

在“法律专政”下建立强大的国家

叶利钦时代曾造就了一个寡头阶层，极少数寡头拥有了俄罗斯近70%的财富，而民众则感到今不如昔。普京对于这些寡头的看法更类似于普通的俄罗斯人，他认为，这些寡头只不过是阴谋控制政治权力的团伙。

当选总统后，普京就明确警告当时俄罗斯的21名著名寡头，大企业家和大资本不能干预政治，政权也不干预企业界的经营活动。对极少数控制媒体并转向政治反对派的寡头，他用铁拳痛击。

古辛斯基、别列佐夫斯基、霍多尔科夫斯基等寡头“巨无霸”都先后被普京赶下了政治经济舞台，甚至赶出了俄罗斯。

叶利钦时代的俄罗斯政治失控是造成其经济改革难以取得成效、社会动荡不安的重要原因。在2000年的总统竞选中，普京向俄罗斯百姓承诺，要“在法律专政”下建立“强大的国家”。

普京强调，实行“法律专政”不是要扼杀民主，而只是要执行法律，让这个曾经在20世纪90年代的剧变中失控并导致1998年危机的国家恢复秩序。

“寡头干政”是上世纪90年代俄罗斯政治的一大“怪胎”。在俄罗斯社会转型过程中，伴随着休克疗法特别是私有化的推进，从前苏联权势集团中蜕化出来的一批精英阶层迅速实现了对国家财富的合法占有甚至是掠夺，形成一个庞大的寡头集团，并日益渗透到国家经济、政治和文化传媒等广泛的社会领域。

如果寡头们只是埋头经济，不干预政治，也许普京还会与他们相安无事。但随着这些寡头们经济实力越来越强，甚至能控制国家的经济命脉的时候，他们的欲望也越来越大，试图攫取国家职能。这就让普京不能坐视不管、无动于衷了。

2000年6月，普京政权迫使工矿业大亨波塔宁向国库上缴1.4亿美元的罚金，以惩罚其在私有化进程中的压价行为。

2000年6月，俄罗斯总检察院以诈骗和盗窃罪将号称俄传媒“龙头老大”、“七寡头”之一的古辛斯基拘捕。2003年又将古辛斯基、传媒和汽车工业巨头别列佐夫斯基驱逐出境。

2003年5月，霍多尔科夫斯基在莫斯科一家法庭就商业诈骗、偷税漏税、伪造文件等7项指控接受了审判。

曾经在叶利钦执政时代搞私有化时造就的、颐指气使、操纵政权的俄罗斯寡头，都成了普京政府的主要整治对象。

在普京一套凌厉的组合拳的痛击下，不仅将试图挑战政权的寡头们的气焰被彻底打压下去，终结寡头政治，而且通过法律、经济渠道进一步控制了更多的资产。

普京打击寡头有一个明确的政治规则，那就是专门针对那些敢于干涉政治的胆大妄为者。俄最大的传媒帝国的领头羊古辛斯基最终远避以色列。古辛斯基赖以批评政府的主要阵地——独立电视台也被政府收购。叶利钦时代最能呼风唤雨的寡头别列佐夫斯基逃往伦敦申请政治避难，而且在克里姆林宫的压力下被迫卖掉了他控制的最有影响力的公共电视台。这样，俄罗斯最具政治影响力的三家电视台——俄罗斯电视台（本来就是百分之百国有）、俄罗斯公共电视台和独立电视台都掌控在了国家手里。曾为俄罗斯首富、年轻的尤科斯石油公司总裁霍多尔科夫斯基也因为经济犯罪，而要在西伯利亚的监狱中度过他漫漫的九年刑期。对霍多尔科夫斯基的打击还加强了国家对战略资源的控制。

普京要求既得利益者必须服从法律，接受法律的统治。他警告说，“有人趁着水浑，摸到了不少鱼，但是他们不能希望水一直这样浑下去，不能拒绝我们把水净化的行动。”

“寡头干政”：叶利钦留下的特殊“遗产”。1991 年的圣诞节，飘扬了 70 年的苏联国旗徐徐落下，取而代之升起的是俄罗斯三色旗。此后长达 9 年的叶利钦时代里，俄罗斯沦为二流国家，GDP 下滑到世界第 16 位；国内贫富差距严重，社会动荡不安。但是，少数的寡头家族，则以令人难以想象的速度成长起来。他们积聚了大量财富，权焰熏天，这就形成了俄罗斯特有的“寡头干政”。

前苏联解体后，俄罗斯走上“休克疗法”式的改革之路，大致用 5 年时间就完成了社会财富的重新分配，极少数人迅速垄断了国家的经济命脉。

这场变革是以俄罗斯特有的方式进行的。闪电式的私有化迅速塑造一个私有者阶层，同时，社会财富迅速积聚在少数人手中带来的另一个后果是社会利益分配失衡和随之而来的社会不稳定。1993 年 10 月的炮轰白宫事件就是其结果之一。

为了防止原有体制“卷土重来”，俄罗斯在改革过程中实质上是“任命”了一些金融寡头，把利润丰厚的国家燃料和原料工业低价出售给“指派”的资本家。改革方案的设计者之一丘拜斯在 2002 年曾直言不讳地说，当时 95% 的任务是政治方面的，只有 5% 是经济方面的。于是由 7 个最富有的金融寡头组成的“反共联盟”控制了 70% 的国内总产值，控制了传媒系统和全部的政治生产工艺。1996 年俄总统选举前，时任总统叶利钦的居民支持率只有 4%，而其竞争对手共产党人久加诺夫的支持率却高达 30% 至 40%。

1996 年 3 月的一天，叶利钦秘密召见了七个人，即别列佐夫斯基、古辛斯基、霍多尔科夫斯基、斯摩棱斯基、维诺格拉多夫、马尔金、弗里德曼，后来他们被称为“七寡头”。此外，还有统一电力公司总裁丘拜斯、助选有功而被封为俄政府第一副总理的波塔宁等等，也是具有指标意义的寡头。

这些寡头背后都是巨大的集团公司：别列佐夫斯基的西伯利亚石油集团，私人家产 30 亿美元；犹太后裔古辛斯基的大桥集团，私人资产 4 亿美元；卖假酒起家的霍多尔科夫斯基，拥有“梅纳捷普”联合体，个人资产 152 亿美元；波塔宁的奥涅克辛姆银行，总资产达 380 亿美元；此外，还有阿文和弗里德曼的阿尔法集团、阿列克别罗夫的卢卡伊尔集团、斯摩棱斯基的首都储蓄银行。

俄罗斯《晨报》报道，“俄罗斯寡头”和当年的“普鲁士道路”一样，成了一个指采用非常规手段发财致富的专用概念。这些俄罗斯新贵们一定程度上演绎了一场只有史书中才能看到的资本“原始积累”活剧，短时间内积攒起亿万身家，在俄罗斯政商两界呼风唤雨，对世界经济也拥有巨大的影响力。

其中人们最熟知的“七寡头”金融工业财团，分别由别列佐夫斯基、波塔宁、古辛斯基、霍多尔科夫斯基，阿文和弗里德曼、斯摩棱斯基等创立和领导。

别列佐夫斯基：1946 年生。他前后控制了俄罗斯民航和汽车工业以及俄罗斯一系列重要的新闻媒体。别列佐夫斯基两次从政，1996 年 10 月至 1997 年 10 月担任俄罗斯安全会议副秘书；1998 年 4 月被任命为独联体执行秘书。

波塔宁：1961 年生。依靠金融业起家的这位俄罗斯富翁自 1990 年以来建立了一个由工业公司、银行和媒介组成的商业帝国。

古辛斯基：1952 年生，是犹太后裔，曾是俄罗斯传媒和银行业巨头。

他于上世纪 80 年代末 90 年代初开始起家，当时正值前苏联解体和国内形势剧变之际，他领导下的俄罗斯“桥”新闻媒介控股公司控制了俄国内许多重要电视台和报纸的大部分股份，其中包括俄著名电视频道独立电视台和莫斯科回声电台以及新闻杂志《总结》周刊等。

霍多尔科夫斯基：1963 年生。霍多尔科夫斯基是俄罗斯的首富，拥有俄第二大石油公司——尤科斯石油公司 36.3% 的股份，价值约为 70 亿美元。2003 年 8 月，俄反垄断政策部批准尤科斯石油公司与俄第五大石油公司西伯利亚石油公司合并。合并后的尤科斯——西伯利亚公司成为俄罗斯第一、世界第四大私营石油公司。

阿文和弗里德曼：阿文曾在盖达尔政府中任外贸部长，后来他与弗里德曼一起开办了阿尔法银行，接着形成了以该银行为中心的阿尔法集团，其中包括俄罗斯最大的水泥公司——阿尔法水泥公司、最大的石油和石油制品出口公司——阿尔法埃科公司。

斯摩棱斯基：他创办的首都储蓄银行是全俄八大银行之一，除了银行业外，他还从事建筑、石油和有色金属的开采加工、装甲运钞车制造等行业。1996 年 11 月他在争夺全俄第五大银行——农工银行的控制权中取得了胜利，从而进一步加强了自己在金融界的地位。

人们都认为 1996 年是俄罗斯寡头集团势力成长的关键年份。叶利钦总统由于受到实力雄厚的俄共的挑战，急于寻求政治和经济支持以确保大选胜利。而羽毛渐丰的寡头们更害怕俄共领导人的上台会威胁到他们的既得利益，也想通过掌握影响政治的渠道确保未来的生机，于是，俄罗斯出现了典型的政商结合控制国家权力的一幕。

1996 年总统大选后，金融寡头及其代表纷纷进入总统办公厅、政府和各部委。大资本把一个人送上总统宝座后，也控制了俄罗斯的政治进程。

据英国《金融时报》透露，俄“七寡头”暗中成立的“重新塑造自己国家前途的联盟”，为叶利钦竞选总统提供了大约 300 万美元的经费，等于法律规定的每个竞选者的全部竞选经费的总额。“七寡头”还开动他们掌握的宣传机器大造舆论，造谣攻击反对派候选人，为叶利钦出了大力。别列佐夫斯基在一次谈话中得意地说：“俄罗斯的商人们对叶利钦总统取得胜利起了决定性的作用。”

叶利钦当选后，当然对作出“贡献”的寡头投桃报李：别列佐夫斯基、波塔宁都被任命为显赫一时的高官。到普京执政前，俄罗斯政府接连换了四届总理，每一届政府组成的台前幕后都少不了寡头们的参与。

寡头们无一例外地积极干政，他们与叶利钦家族紧密结合，如同抽水泵一样深入俄罗斯国民经济体系，榨取超额利润。“七寡头”之一的别列佐夫斯基，身兼数学家、金融家、媒体大亨、“政坛鬼才”等身份，同时也是俄罗斯公共电视台最大的股东和实际控制者，利用媒体为叶利钦竞选服务。叶利钦则为其逃避海关关税、非法剥夺竞争对手参与拍卖权力、串通银行泄漏对手信息等提供方便。

莫斯科甚至流传这样的笑话：“别列佐夫斯基在俄罗斯政府和总统办公厅开了职业介绍所，谁要想进入俄罗斯政府当副总理、部长或到总统府当官，必须要经过别列佐夫斯基的职业介绍所同意才行。”无怪乎，美国历史学家保罗·克勒布尼尔科夫称他为“克里姆林宫的红色教父”。

杰里帕斯卡身为叶利钦外孙女婿，是全俄罗斯最年轻的寡头，掌管着世界上第二大铝业公司——俄罗斯铝业公司，控制着全俄80%的铝业生产。后来他又收购了俄最大的手纸生产厂，以至于人们戏称“俄罗斯人的屁股现在都由杰里帕斯卡负责了”。

他们代表的是新生俄罗斯金融资本与国家权力的结合。与欧美等产业革命时期崛起的老牌财团、日本明治维新后发展起来的大财阀相比，叶利钦时代的俄罗斯寡头，向世人进一步展示了权力与金钱高度结合的威力。

普京能够顺利赢得2000年大选，据说也得到金融集团的大力支持，别列佐夫斯基等人还恃功邀赏，希望在普京治下能够继续得到关照，但是，他们显然打错了算盘。

普京上台之后，俄罗斯坊间流传着一个有趣的故事。故事说，普京上大学时叶利钦恰好是他的班主任。这个班很乱，叶利钦想管好但却力不从心，他悄悄把普京拉到身边，“我老了，该下课啦。你是我刚刚提拔的班长，这个班就靠你了。你会柔道，会有一番作为。但是，我培养的那几位班干部，你可千万不要去碰他们。不管他们干什么，都由他们去吧。反正大学只有四年时间，一转眼就毕业啦！”

为了表示对“班主任”的尊敬，故事里的普京也只好点头答应。当然，还有一些人对普京并没有好感。“班干部们”为了继续维护垄断利益，起来挑战普京。普京当然明白，这些贵族并不是想当鞋匠，而是想当总统，更想做沙皇。

1999年底，叶利钦离开俄政治舞台，把权力“交给”了年轻的普京。据媒体透露的消息，叶利钦离开克里姆林宫前，要求普京在两年之内不要动他留下的班底。

已经习惯与对俄政治和经济决策进行控制的金融寡头集团企图对年轻的新领导人采取“一如既往”的策略。

但是，不摆脱“寡头”的控制，普京在政治上只能是一个傀儡。而且，在贫富悬殊的俄罗斯社会，寡头集团势力遭到88%的普通人反感。

普京显然不能追随叶利钦，从当政的第一天起，他就在努力摆脱叶利钦留给他的这份不平凡的“遗产”。

“将未来的政治危险扼杀在萌芽状态”。寡头们有一个天生的致命弱点。他们聚集资本的过程伴随着无数违法行为，包括私有化过程中的某些做法和逃税等等。他们之所以要控制政治决策过程，从某种意义上说是为了保全自己。

普京2000年上台后曾和寡头们达成一个不成文的协定，亿万富翁们可以保留他们在叶利钦时代获得的一切，但此后不能再干涉政治并且必须合法纳税。但俄罗斯的寡头们有恃无恐，反而变本加厉地干预政治。

1998年3月至1999年5月俄政府的三次更迭都与金融寡头的幕后操纵有关。别列佐夫斯基在普京当选为总统后还自豪地对外宣称，自己“在宣布普京为叶利钦接班人和总理人选等问题上，发挥了极其重要的作用”。并夸口说：“几乎所有的政治家都有自己的身价，他们差不多都被我收买了。”

同时这些寡头控制的经济部门也越来越多。据别列佐夫斯基估计，包括俄罗斯“七寡头”在内的金融工业集团已控制了俄罗斯经济的近50%。

俄罗斯寡头新贵的穷奢极侈，同平民百姓的贫苦形成了巨大反差，令有良心的俄罗斯人都感到痛心疾首。

面对这种情况，普京发誓要“让人民过上好日子”，并坚定地表示，政府惩治金融寡头的行动“今后再也不会回头”！

寡头们原以为“普京之所以说要摆脱寡头，是因为他必须这样对选民说……但要摆脱寡头是不可能的”。的确，前俄总理普里马科夫也曾努力打击金融寡头，结果却被叶利钦和金融寡头搞下了台。普京被认为是“忠于叶利钦的人”，何况金融寡头还大撒金钱支持过他竞选。

但普京上任后立即与寡头们划清界限。那些以前是克里姆林宫常客的“寡头”们因此感觉到了从没有过的失落，有的干脆成了地地道道的反对派。

普京决心打击寡头。

2000 年 6 月 13 日，俄罗斯总检察院以诈骗和盗窃罪将号称俄传媒“龙头老大”、俄“七巨头”之一的古辛斯基拘捕。证据是，1996 年底古辛斯基的“大桥”集团在购买国家电视公司“圣彼得堡第十一频道”70% 股份的时候只花了 25 万旧卢布。合同签署 12 天后，该频道的负责人在芬兰的个人账户上就出现了 100 万美元的好处费，这笔钱的曝光使俄罗斯检察机关认定古辛斯基在其他地方有类似的侵吞国家财产的犯罪行为。被捕后的古辛斯基立即被押往莫斯科条件最恶劣的布德尔卡监狱。

此事在俄政坛立即引起轩然大波。紧随其后，数名金融寡头连遭传讯，一场普京和俄金融寡头的殊死争斗由此拉开帷幕。

反寡行动先拿古辛斯基开刀。普京主要是想告诫那些处处跟政权过不去的大小政客好自为之。

古辛斯基是俄罗斯媒体大亨、“大桥媒体集团公司”的老板。该集团控制着俄罗斯颇有影响的独立电视台、“莫斯科回声”电台、《今日报》和《总结》周刊。在 1999 年的国家杜马选举和 2000 年的总统选举时，一向精明过人的古氏却看错了方向，把宝押在了与叶利钦积怨颇深、且雄心勃勃要接管叶氏政权的普里马科夫——卢日科夫竞选联盟上。其时，该集团利用手中控制的数家媒体，历数叶利钦总统执政十年来的种种失误。一时间，叶氏及其“家族政治局”的声望扫地，陷入十分被动的局面。

在普京任代总统期间，支持率居高不下。而此时古辛斯基利用自己控制的媒体向当局发动了猛烈攻击，指责俄最高当局在车臣等问题上的政策，在报道车臣战争时经常突出消极面，暴露当局的失误。1999年在莫斯科等地连续发生了数起恐怖爆炸案件，居然有传闻说俄特工部门参与了这些爆炸事件，古氏手下的媒体于是对此进行大肆渲染，使得这种说法被西方利用，用以攻击俄当局，使俄在车臣问题上陷入被动局面。还百般责难强力部门无能，践踏人权，滥杀无辜，甚至在总统竞选期间利用电视披露普京在彼得堡市政府工作时所谓的金融违法行为等。

当普京成为总统后，古辛斯基仍顽固不化地继续与克里姆林宫唱反调。他频频利用手中的媒体对普京改革国家权力机构的措施大肆攻击，指责他加紧“复辟专制制度”，“压制言论自由”，并跑到西方国家游说西方媒体对俄采取的各项内政外交政策施压，使普京难堪。

普京总统对此极为恼火。因此，就把古辛斯基作为首选打击对象，通过手中掌握的大量证据让检察机关追究“大桥媒体集团公司”的金融诈骗行为。

据古辛斯基执掌的“大桥”集团公司人士透露，其实早在1999年春天，总统办公厅就曾向古辛斯基施压，迫其移居国外。总统办公厅主任沃洛申在时任总理斯捷帕申的办公室里半开玩笑半认真地对古辛斯基说，“让我们替你偿欠款，再给你1亿美元，条件是你在总统大选前必须移居国外。”但古辛斯基未予理睬。总统大选期间，俄上层又向“大桥”集团施压，要求其偿还4600万美元的贷款。2000年3月，俄上层权力机关走廊里开始风传要把独立电视台从“大桥”集团分离出去。5月11日，俄执法部门强行搜查了“大桥”集团的几间办公室。5月17日，俄中央银行在“大桥”银行掺沙子，任命了临时负责人。此后不足一个月，古辛斯基就身陷囹圄。6月16日，蹲了三天大牢的古氏被取保候审，假释出狱。此后，古辛斯基隔三差五就得去总检察院受审。

在古辛斯基被捕的同时，其他“寡头”也受到了普京的打击。

2000年6月20日，莫斯科检察院上诉仲裁法庭，要求重新审核波塔宁的俄国际集团公司收购诺里尔斯克镍公司38%股份的合法性。波塔宁于1997年出资1.7亿美元收购了世界第二大产镍企业诺里尔斯克镍公司，据估计，该公司的实际价值应为3.1亿美元，就是说，收购差价竟达 1.4 亿美元。波塔宁因支持叶利钦竞选有功曾被任命为政府副总理，有人揭发他正是利用手中的权力达成了这笔交易。

2000 年 6 月 27 日，“阿尔法”集团下属的秋明石油公司被警方搜查。7 月 11 日，俄总检察院强行调阅了俄石油天然气公司的文件。7 月 12 日，俄税务总局对伏尔加汽车公司逃税案展开调查。该公司 1999 年年产“拉达”轿车 65 万辆，却虚报产量为 20 万辆，从而大量逃税。它的后台老板就是在叶利钦时代呼风唤雨的俄头号金融和工业寡头别列佐夫斯基。

普京在行动，寡头们也没闲着。他们在惊恐不安中等待着机会。

2000 年 8 月 12 日，“库尔斯克”号核潜艇沉入海底，俄罗斯举国关注。寡头们感到机会来了，立即抓住普京对这一灾难的处理情况，利用他们控制的电视台和报纸大肆向普京身上泼脏水。别列佐夫斯基扬言要为遇难者家属捐钱，事后证明，他并没有捐。这时，普京说话了：“对这种慈善行为，我们赞成，最好卖掉地中海岸边的别墅。但接下来的问题是：他们是从哪里得到这么多钱的？”这对普京来说真是雪上加霜。

2000 年 10 月 26 日，普京在接受俄罗斯和法国媒体记者采访时说：“他们希望保持现状，而在我看来，这种现状对国家是危险的，对人民是有害的。”“国家手里握着一根橡皮警棍。我们只是牢牢地把它抓在手里，让人们不可小看它。等我们真被惹恼的那一天，我们会毫不犹豫地使用它：决不允许要挟国家！”

2000 年 11 月 13 日，俄联邦总检察院采取进一步行动，正式指控古辛斯基非法获取 3 亿美元贷款和 50 亿卢布借款，但作为被告的古辛斯基却未在指定时间出庭，其律师也拒绝透露他的去向，俄总检察院于次日宣布在全国范围内通缉古辛斯基。12 月 12 日，古辛斯基在被他称为“第二故乡”的西班牙落网。

2001 年 1 月 5 日，俄罗斯联邦副总检察长科尔莫格洛夫表示，俄总检察院继续对古辛斯基进行刑事调查。另一方面俄有关部门开始清算古辛斯基的“大桥”媒介控股集团公司的国内外财产，彻底搞垮这一专门与政府唱反调的独立媒体。

反寡头行动的二号目标是俄媒介、金融、政治寡头别列佐夫斯基。2000 年 11 月 2 日，俄总检察院开始传讯别列佐夫斯基，指控他的罪名是：

他控制的两家在瑞士注册的公司内外勾结，把俄罗斯航空公司在境外的几亿美金款项清洗并据为己有。该航空公司的总裁就是叶利钦的女婿奥古廖夫，如果深挖到底，必然牵扯到叶家的人。普京不会不知道，当年普里马科夫恰恰是在这个问题上翻了船。

别列佐夫斯基仗着和叶利钦家族的渊源，有恃无恐，公然拒绝回国接受传讯，并向媒体披露了一条爆炸性的新闻——他曾用俄罗斯航空公司瑞士公司洗的黑钱，赞助普京竞选总统和组建“团结联盟”。

别列佐夫斯基气急败坏，不惜公开自己的无耻行为来向普京身上泼脏水，他甚至断言：“普京的总统任期最多一年，长不了。”

这时候，普京的威望已经很高，“库尔斯克”号核潜艇沉入海底这一悲剧性事件虽然在开始时让他很被动，但他能迅速处置，并对家属进行安抚，无疑又给他挣得很多印象分。

但由于别列佐夫斯基的特殊身份，对付他的最好办法就是把他逐出国外，并造成强大的震慑压力，使其不敢再跑回来兴风作浪。普京密会叶利钦，取得叶利钦对处置别列佐夫斯基的支持。

联邦司法部门依法查封了别列佐夫斯基在莫斯科的国家别墅和挂着政府牌子的汽车，实际是把他轰出国外。很显然，普京是放了他一马，没有对他穷追猛打。

普京还通过法律手段向“七寡头”发动“逼债行动”，削弱其在俄政治经济生活中翻云覆雨的能量。

反寡的第三号行动，就是“一箭数雕”的尤科斯事件，将俄罗斯不可一世的寡头霍多尔科夫斯基逮捕入狱，彻底打垮“干政”的俄罗斯寡头们。

普京对寡头采取了“打击”、“规制”和“利用”三种政策。

从“打击”的层面，普京以打击极少数敢于直接干政的寡头为主。标准和规则是，谁干政就打击谁；谁与当局对着干就惩罚谁。普京对寡头的红色底线就是，反对寡头从政。寡头越过政治这条红线，普京就会采取强硬措施。以打击少数寡头的经济违法犯罪行为，给寡头们上奉公守法的“示范课”。

普京打击寡头最鲜明的特点，就是“修理”那些干政乱政的寡头，而“修理”的方式毫无例外地从“经济问题”入手。这表明普京对阻止寡头干政已经有一套比较成熟的想法。如打击霍多尔科夫斯基，从战术上看实际上是政治上的“先发制人”，将未来的政治对手遏制在刚露头阶段，将未来的政治危险扼杀在萌芽状态，最大限度地减少未来可能付出的政治代价。

从“规制”的层面，包括清点国家资产、保障平等的竞争条件、打破寡头垄断、“等距离原则”、发展中小企业、制订相关法律法规等。普京强调，“任何人必须尊重法律，任何触犯法律的行为都将受到司法制裁。”法律专政是普京“整治”寡头的首要工具。

从“利用”的层面，普京对那些不干政的寡头，采取利用和安抚的政策。因为寡头对俄罗斯政治、经济和社会都在产生着深刻的影响，普京需要利用这些金融工业集团来振兴俄罗斯。事实上，许多军工、能源和原材料部门的寡头受到普京支持得到了发展。

普京打击寡头有一个鲜明的特点，即打击的都是那些干政乱权的寡头,而打击的方式毫无例外地是从“经济犯罪”入手来解决寡头的“政治野心”。

经过整肃，“七寡头”该跑路的跑路，该坐牢的坐牢。

那些迅速转向的寡头还有“好果子”吃。曾有叶利钦“提款机”之称的阿布拉莫维奇，在叶利钦退位后高唱颂歌，赞扬普京是俄罗斯最需要的领导人，组织“团结”党为普京的总统选战助阵。由于积极参政，他被奖掖当了楚科奇自治州行政长官，他还注资 5930 万英镑收购了英超足球劲旅切尔西俱乐部 50.9% 的股权，继续过着“政商两栖”的美日子。总统办公厅副主任苏尔科夫深得叶利钦的赏识，曾接受弗里德曼的邀请出任阿尔法银行第一副总裁，与霍氏的私交甚好，但他“把上级领导的愿望当做军事命令”，继续做着克里姆林宫的“首席政治谋士”。

“尤科斯事件”标志着普京放弃了叶利钦构建的领导模式，即在对立帮派之间搞平衡的判官角色。总统选择了传统的管理制度，其实质在于，社会、经济和政治阶层完全受政权的控制。

从经济发展看，寡头垄断经济已经成为俄罗斯市场经济发展的障碍。“寡头资本主义”在俄罗斯确立的时间是 1996 年年初，1997 年是俄罗斯寡头政治繁荣时期。到 1999 年年底，在俄罗斯形成了大约 50

家所有权及领导组成成分和形式各不相同的最大商业集团，控制了国家 60% 至 80% 的经济潜力。无疑，打破寡头经济垄断是关系俄罗斯国家长期发展战略的大问题。

从政治本性看，寡头不可能放弃政治图谋。普京的目标是绝不允许寡头干政。而俄罗斯的寡头们则非常清楚，保护自己私有财产的最好办法就是最大限度地参政和干政，在政治上构筑安全网。

从根本意义看，普京若从维护政权尊严和国家利益的角度，就必然与寡头发生政治、经济上的冲突，相互妥协与合作的利益契合点不多，回旋余地不大。

叶利钦与寡头的关系是控制与被控制的关系，即寡头控制政权与政权被寡头控制的关系。

在第一任期，普京与寡头的关系是控制与反控制的关系，即呈现出寡头力图控制普京而普京反对寡头控制的问题；在第二任期，普京与寡头的关系呈现出统一和归并的局面，即普京运用各种措施和手段，将寡头集团归并到政权的掌控之下。

普京与寡头的关系，只要涉及到俄罗斯发展的政治危机与经济风险，普京是绝对不允许的。

打击“寡头干政”尽管受到西方一些媒体和国际舆论的诟病，但是普京的支持率并未受到影响，其主要原因是老百姓看到了他复兴俄罗斯的决心。

“可控契机”：全面控制国家战略资源。普京和寡头之间的斗争，除了政治因素外，还涉及国家对战略资源的控制问题。

统计数字很能说明问题。2003 年 9 月，俄罗斯石油日产量已达 930 万桶，创下俄罗斯的新纪录，可以与世界最大石油生产国沙特一争高下。俄罗斯已探明的石油储量占世界第 6 位，天然气储量占世界第一位，能源产业作为国家经济支柱，对俄经济发展具有强劲拉动作用。石油在俄罗斯经济复苏中的作用可以说是至关重要的。现在，石油和天然气供应已占据了俄罗斯政府收入的 40%，能源公司更代表着股票市场上 75% 至 85% 的资本。

石油产量的增加本应让国库更加充实，但俄罗斯国库却还是空荡荡的。俄罗斯的石油工业早在 20 世纪 90 年代的“私有化”运动中大部分卖给了私人，现在俄政府只控制着本国石油工业的 7%。因此，当 2003 年还未过半的时候，俄罗斯的石油公司已经把近 69 亿美元的纯利润装进了自己的腰包，政府却被“晾”在了一边。这样的事情并不会让俄罗斯人感到奇怪，因为这已经是十几年来公开的秘密。

普京显然早就认识到了这一问题的严重性，也不想让这一问题久拖不决。从第二任期起，他开始下大力气整合国内石油市场，争夺国家在石油产业上的“主导权”。

普京明白，石油等自然资源是国家天然的竞争优势，要合理利用这一优势，加速俄经济发展模式的转型。

在普京的授意下，俄政府重新修订了《俄联邦 2020 年能源发展战略》，在强调大幅增加能源生产和出口的同时，还特别指出要大力发展石油和天然气储运设施，改建和新建石油天然气运输管道，保持国家对运输管道的绝对控制权，并实现国家对外汇收入、国内石油市场和出口市场的有效调控。从中可以看出，普京控制俄石油市场的决心是多么坚定！

与此同时，普京还采取一系列行政手段来加强国家对能源产业的控制。“尤科斯事件”公开后，政府紧急修补了尤科斯所钻的法律空子，提高了石油的生产税率，并通过增加赋税来有效地干预石油工业。随后，普京又剥夺了地方州长控制当地能源资源的权力。

普京一直希望建立一个囊括天然气和石油产业的国营能源生产公司，以抗衡那些国际能源巨头。“尤科斯事件”发生后，有 70% 的俄罗斯民众对普京将尤科斯重新国有化表示了支持。

2004 年，普京公开表示支持“俄气”以 70 亿美元购入俄罗斯石油的计划，但这一计划遭到了克里姆林宫内部另一集团的坚决反对，从而重创普京的方案。克里姆林宫因而改变主意，决定以俄罗斯石油收购尤科斯，建立石油行业一个新的龙头。这一说法在后来尤科斯的核心资产“尤甘斯科”被拍卖后获得了证实。拍卖结束后不久，俄罗斯石油公司就以全部股份收购了拍卖中的胜利者“贝加尔财团”，而俄罗斯石油公司的新任董事会主席正是普京的总统办公厅第一副主任谢钦。这是精心设计的一个方案，这个方案终于让普京向控制石油工业的过程迈出了重要的一步。

收回尤科斯主要的原油生产单位后，俄政府能控制的石油生产份额已经上升至18%。当然，更重要的是普京要通过尤科斯案件以儆效尤，给俄国的能源寡头们上一课。

尤科斯事件标志着一个新时代的到来。由普京支持的俄强力派人物将试图垄断政治生活，并对社会生活进行更加柔性的控制，同时对国家事务进行完全的控制。

2004年8月初，普京签署了一项命令，限制对549家具有战略意义的企业进行私有化，标志着俄罗斯国家对战略资源实行全面控制。

——加速组建国家控股的大型石油天然气垄断企业。2004年9月14日，普京同意了总理弗拉德科夫的提议，决定让俄罗斯天然气垄断企业——天然气工业股份公司和100%国家控股的俄罗斯石油公司合并，组建俄能源领域的“航空母舰”。此后不久，这两家公司正式互换股票，俄罗斯石油公司成为天然气工业股份公司下属的子公司。

——委派“亲信+得力干将”直接管理战略行业。时任总统办公厅主任的梅德韦杰夫从2002年起就一直担任天然气工业股份公司的董事会主席。2002年6月，伊万诺夫出任重要的军工集团阿尔马斯——安泰防空武器康采恩董事会主席。2003年4月，普京的外事顾问普里霍季科当选为战术导弹武器集团董事长。2004年6月，总统办公厅副主任谢钦入主俄罗斯石油公司董事会，总统顾问舒瓦洛夫任俄罗斯铁路公司董事。9月8日，总统办公厅副主任苏尔科夫正式担任石油产品运输公司董事长。总统办公厅主任顾问什科洛夫和专家局局长德沃尔科维奇都是石油运输公司董事会成员。别斯兰事件后，普京的另一名顾问维·伊万诺夫开始担任俄国家民航公司董事会主席。

——通过政府干预和立法手段加强国家对战略资源的监管。2004年9月15日，俄自然资源部长特鲁特涅夫透露，该部将在两个月内制定开发东西伯利亚和远东地区的国家地质勘探战略规划，从政策层面对上述地区丰富的油气资源勘探予以引导。2005年，俄从预算中拨出150亿卢布用于勘探新的资源产地，比2004年增长两倍。与此同时，俄自然资源部正在修订新的《矿产资源法》，将对开采许可证发放和开采权竞标等加强管理，以便更有效地对油气等资源的开采和运输进行监督。

——限制外资参与俄战略资源项目。俄自然资源部将于近期研究取消“TNK—BP公司”控股的露西亚石油公司对科维克金气田项目的开采许可证。俄还考虑重新审查迄今发给国内外公司的1.6万份油气开采许可证，重新安排从美孚公司手中收回的“萨哈林—3号”油气田开采权。俄明确宣布，外资对俄战略资源的投资必须是勘探、开发和深加工的“一条龙”服务，而且重点是开发北极和远东等不易开发地区的油气资源。

普京从不间断打击俄罗斯的“寡头”，并从早期的打击在政治领域的“干政”寡头，逐步转向打击在经济领域的“行业垄断”寡头。

2008年8月14日，俄罗斯联邦反垄断局裁定，俄冶金巨头梅切尔公司操纵国内焦炭销售价格的指控成立，该集团因此被巨额罚款，同时必须“大幅度”降低对国内钢铁企业提供焦炭的价格。

俄罗斯联邦反垄断局在一份声明中说，梅切尔公司歧视消费者，在焦炭市场上形成垄断，违反了俄罗斯有关公平竞争的法律。

梅切尔公司是俄最大焦炭生产商，包括它在内的三家冶金巨头的焦炭产量超过全国总产量的50%，对焦炭价格的影响举足轻重。总经理伊戈尔·久津是该企业的大股东，在《福布斯》杂志的俄罗斯富豪榜中排名第12位。

2008年7月24日，担任俄罗斯总理的普京，在下诺夫哥罗德举行的冶金工作会议上对梅切尔公司及其大股东久津提出了严厉批评，并要求联邦反垄断局和总检察院调查委员会调查梅切尔公司的价格政策。

普京总统第二任期以后，俄罗斯国内市场上冶金工业用的焦炭价格快速上涨，这不仅引发了下游企业的不满，更影响到俄罗斯钢铁市场的混乱，甚至威胁到俄罗斯经济的正常运转。而梅切尔公司正是冶金工业用焦炭过高国内售价的最大推手。

就在普京公开批评梅切尔公司后的几天，俄政府的反垄断调查扩大到了另外两家冶金行业巨头——叶夫拉兹集团和拉斯帕德斯卡亚公司。

抑制国内日益严重的通胀已成为普京政府面临的一项重要任务。据俄经济发展与贸易部公布的数据显示，到2008年7月中旬，俄国内通胀率已达到8.5%。在国内民众对消费品价格飞涨结果不满情绪上升的压力下，普京政府反通胀的态度也显得更加的凌厉，其所能运用的政策筹码也不断加重。

2008 年 7 月 29 日，普京称俄罗斯在抑制通货膨胀过程中要采取多种手段，特别是那些有利于国家经济增长的措施。俄罗斯政府对梅切尔公司的调查正是在这一背景下实施的。显然，政府希望通过“打压”行业巨头降低焦炭等原材料的价格，进而缓解俄国内日益严重的通胀问题。

继“尤科斯案”之后，梅切尔公司一案再一次表明俄罗斯的反垄断战略，即对那些在市场上占据垄断地位或者支配地位的企业，它们的市场行为会受到政府更为严格的管制。

梅切尔矿山冶金公司的情况同“尤科斯案”有相似之处。从 2003 年的“尤科斯案”到 2008 年的“梅切尔案”，俄罗斯众多利益集团的垄断经营已成为经济的大碍。“垄断”破坏了社会的公平公正，孳生了腐败，阻碍了新科技的发展应用，削弱了国家和企业的竞争力。和许多国家一样，俄罗斯的能源业，电力、石油天然气、水利和一些基础设施企业都存在着程度不同的垄断。如果不是通过竞争来扩展市场，提高效益，而是力图控制价格，扩大权利，排挤对手来谋取企业利益，其结果，虽使他们一时称霸了国内市场，却变为竞争中的懦夫。垄断不仅使国家和人民付出了沉重代价，也危害了企业自身。遏止垄断，建立公平的市场竞争，正是普京政府振兴俄罗斯经济的必由之路。

显然，普京力图从经济上完成对“寡头资本”的重新洗牌，使寡头从根本上服从国家利益的需要。

“强大而稳定的权力是国家秩序的源头和保障”：国家威权

苏东剧变以后，俄罗斯的当政者在寻找“国家思想”的定位坐标过程中经历了几次变化：先是“自由主义”、中经“欧亚思想”、最后落脚在“强国主义”上。

总统办公厅副主任苏尔科夫说，就普京个人的思想观念看，既有自由主义的痕迹，又有集权主义的烙印，即认同于民主主义，又追求俄罗斯大国主义。毫无疑问，强国思想对普京的执政理念有巨大影响，普京的目标是要复兴俄罗斯成为一个“体面的大国”。

同时，普京复兴俄罗斯大国地位也有广泛的群众基础，俄罗斯人民族自尊心强，更倾向于从维护民族尊严和民族利益角度看待国家的定位。

强大的国家观念在俄罗斯人心目中根深蒂固。俄罗斯历代统治者中，凡是能够导致国家强盛者都有较高声誉。

“国家学派”的代表人物卡维林和契切林认为，俄罗斯国家在民族形成中起着领路人的作用，是历史的主体和动力，国家是“超阶级”的机构，能够调节社会关系，只有国家强大，民众才有安全感。

为实现复兴俄罗斯的强国战略，普京提出一整套政治策略：以强化总统制为特征，以可控民主、主权民主、垂直权力体系来加强中央权威，从“政治技术”上把叶利钦留下的瓦砾整合在一起。

梅德韦杰夫成为普京总统接班人，人们开始高度关注“梅普组合”。作为一个靠集权强势治理政坛的强人政治家，普京在不改变游戏规则的情况下如何完成角色转换，实在是对他个人的一大挑战。

“国家至上”。普京执政 8 年，俄罗斯国家形态与治理更加突出“国家主义”，以民主形式实现中央集权，找回了俄罗斯国家自主性。

俄罗斯回归“国家主义”治理。“国家主义”是以国家为本位的主义。近代西方国家主义理论兴起于 16 世纪文艺复兴后的意大利，由马基雅维利首先提出。马基雅维利将国家看做纯粹的权力组织，主张建立强大的中央集权国家。

俄罗斯是一个具有显著的国家主义政治文化传统的国家：国家政权的专制主义形式、人民的集体主义心态、个人较小的经济自由范围、社会服从于国家。

俄罗斯国家主义认为，强有力国家的存在和以国家作为社会生活的中心是俄罗斯的传统与优势；强调俄罗斯文化中的集体主义精神以及由此产生的对国家权威的崇尚；主张发挥国家在社会生活中的调节作用，建立个人与国家有机统一基础上的强国。主张强力国家的人认为，“俄罗斯人民历史上就形成了对国家主义思想的喜好。只有强有力的国家政权才能够在进化的轨道上控制社会的发展。”

普京是国家主义传统的积极倡导者，他的国家主义治理思想包括四个方面的含义，一是唤醒人民的国家意识，二是建立强势中央政府，三是发挥国家在社会经济生活中的调控作用，四是增强综合国力和提高国际地位。

俄罗斯国家主义传统的回归，既有直接的社会政治因素，又有深刻的历史文化基础，还有复杂的国际背景。

从社会政治方面看，国家主义回归直接与自由主义者改革失败，导致俄罗斯国力下降，民众生活水平下降及法律和秩序失控有关。由于西方化的社会转型尝试遭到失败，俄罗斯社会开始重新思考国家在转型中应该发挥何种作用，由此产生了以国家利益名义加强政府行为能力的动机。国家主义强调国家的作用，就是要清除上世纪90年代激进改革时期轻视国家、弱化国家作用倾向的影响，摆脱国家面临的灾难性危机。

从历史文化方面看，俄国历史上具有国家主义的政治文化传统。正如许多俄罗斯学者和思想家所指出，在俄国历史发展过程中，国家及其权力具有头等重要意义。无论是斯拉夫派还是西方派均强调国家的作用，认为国家、政权及其活动是俄罗斯历史进程的主导力量，是俄国历史的神圣遗产。千百年来，俄罗斯人形成了自动交出个性自由和责任，服从集体、国家、政权及其代表者的倾向，强大的国家观念根深蒂固。

从国际背景看，前苏联分裂后，西方不仅有口惠而实不至，而且加紧对俄战略遏制，广大俄罗斯人感到数十年来从未有过的屈辱和压力。俄罗斯思想界开始从各个方面对西方的自由主义展开批判。哲学家巴纳林指出，西方的整个战略明显地不对称，它们在有意地把极端颓废的自由主义输出到俄罗斯，而为自身的需要则保留着具有动员能力和攻击性的新保守主义方针，这里面包含着西方国家的险恶用心。在此背景下，旨在建设“有行动能力的联邦国家”的国家主义容易获得俄社会民众的支持。

国家主义既有别于自由主义，也有别于民族主义。

国家演进的历史过程，即便是同一类型的国家，有的成功有的失败，即使是不同类型的国家，却可能产生相同的行为方式，从而形成同一范畴的国家形象衍生出多元化的国家形态，比如俘获型国家、勾结型国家、掠夺型国家、失败国家、依附性国家、自主性国家、工具型国家，等等，其中每一种国家形态的周期性与相对性决定了上述形形色色的国家形态又是有联系的，甚至可以转化。

戈尔巴乔夫“新思维”指导下的改革，导致的是一个“失败型国家”，叶利钦“新自由主义”下的俄罗斯是一个具有勾结性和掠夺性的“依附性国家”，普京的国家主义式的“俄罗斯思想”所形成的是一个典型的“自主性国家”。

“失败国家”。国家的基本目的是国家安全、国内秩序、基本福利和社会正义。换句话说，当一个国家不能提供前三项基本功能时，这样的国家就是失败国家。

“依附性国家”。在《资本论》中，马克思明确指出国家相对于经济关系是“依附关系的政治形式”。因而，马克思的这一国家观可以被看做是“依附性国家”，即作为“政治形式”的国家依附于在经济上居统治地位的那个阶级并为其服务。比较制度分析学派提出的“勾结型国家”和规制理论提出的“俘获型国家”，其实都和“依附性国家”理论有着异曲同工之妙。简单地说，勾结型国家或俘获型国家是一种强强（政府＋财团）联合，必然会对人民和社会实行掠夺，因而勾结型国家又会演变为掠夺型国家，结果是干扰和阻碍市场的成长与经济的发展。因为依附财团而导致的国家俘获是俄罗斯转轨的第一阶段即叶利钦时期的国家的突出特点。

“自主性国家”。西方新马克思主义者波朗查斯认为，国家的存在是为了维护其所运转的社会制度，因而国家具有“相对自主性”。哈佛大学教授斯考波尔认为，国家的基本目的是维护秩序和国家安全。这就意味着，国家有时会以统治阶级的利益为代价而向被统治阶级让步，国家甚至会和被统治阶级一道而遏制统治阶级的利益。安全的需要意味着国家安全战略目标和行为原则有可能直接威胁着统治阶级的利益。

“国家自主性不是任何政府系统固定的结构特征。它可以被获得也可以被失去。”这一经验性论断正是为俄罗斯所量身定做，在前苏联——俄罗斯转轨过程中，一个强国家在失败以后，“自主性国家”消失了，但是最终却被普京找回来了。

普京的“国家威权”找回俄罗斯“国家自主性”。面对一个治理失败的国家，普京的首要任务是国家的制度建设。普京的目标是恢复俄罗斯的大国和强国地位，而其中的关键路径是利用俄罗斯传统思想中的具有民族主义色彩的国家主义。正如他在1999年底发表的施政纲领中提出的“俄罗斯思想”，其中包括“爱国主义”、“强国意识”、“国家观念”和“强有力的国家政权体系”。

普京执政以后，迅速地展开了加强国家权力体系的控制，同时，经济上进行着分权改革，给地方更多的行政管理权和经济自主权。这样，普京时期的俄罗斯形成了政治单一制和经济联邦制的二元化结构。或者说，俄罗斯是一种法理意义上的联邦制，而在程序上和事实上是单一制。

——国家主导下的国家与社会关系。叶利钦的遗产之一是对立性的“国家——社会”关系以及因为国家的依附性而导致的社会力量左右国家的态势。到普京上台后面临的另一个问题是周边国家的“颜色革命”对俄罗斯带来的政治压力。面对这些遗产和新的压力，普京以强悍的手段重新规制国家与社会关系。首先是对媒体的控制，使其不得对重大突发事件随意报道，不得对政府随意批评。其次是对寡头势力的打击，禁止其在政治领域中发挥作用。再次，对非政府组织的规制。非政府组织在“颜色革命”中起着关键作用。2005年1月，国家杜马通过了关于非政府组织法的修正案，规定如果这些组织的活动不符合宪法，威胁俄罗斯国家利益，政府将取消这些非政府组织。

——国家主导下的政党政治。叶利钦时期是一个无执政党的政党政治的政治制度，这显然不符合代议制民主的基本要求。普京把建立新型的政党政治当做其任内的主要任务。为此，通过并修订《俄罗斯政党法》，使政党数目大大减少。与此相适应，改革国家杜马选举办法，将“混合选举制”改变为“比例代表制”，取消独立候选人，选民只能以选举政党候选人的方式参与议会选举。这些改革规范了政党的组织方式，并形成了“政权党”即“统一俄罗斯党”主导国家杜马的格局，从而消除了长期以来的府院之争，国家意志能够更加顺畅地成为国家政策。

——政府主导下的政治与经济关系。“私有化”是叶利钦留给俄国人的梦魇。但是私有化并没有完成，到2000年底，俄罗斯国有企业虽然占企业总数的比例只有 11%，但仍然有 1 万家，而普京将其减少到 2000 家左右。普京不是要停止私有化，而是要规范私有化的方式。值得注意的是，在继续私有化的过程中，重新国有化也在进行。普京第二任期一开始，俄罗斯的主要行业出现了重新国有化的现象，比如对尤科斯石油公司、西伯利亚天然气公司和古塔银行的国家收购。对霍多尔科夫斯基的打击使很多企业主不得不以低廉的价格向政府出售其股份。重新国有化使政府几乎在每个重要战略领域都建立了一个大型国有控股企业，大大强化了国家对经济的主导作用。

——政府主导下的舆论环境。大众传媒对人们的意识产生着不可忽视的影响。而在上世纪 90 年代的俄罗斯，在某种意义上说，谁控制了传媒，谁就控制了政治进程。1996 年俄罗斯总统选举前夕，在叶利钦的支持率只有 5% 的情况下，以金融寡头为主的利益集团利用所控制的传媒把叶利钦推上总统宝座。当时 7 个金融寡头几乎控制了国家的经济命脉。金融寡头在把叶利钦送上总统宝座的同时也控制了俄罗斯的政治进程。资本控制传媒的意图非常简单，它要维护自己的利益并无限地扩大这种利益。普京入主克里姆林宫时，俄罗斯传媒已经彻底被收买，一部分被金融寡头收买，一部分被西方势力收买，成了资本和西方势力的代言人。

国家是秩序的维护者，规则的制定者和实施者，必须具有自主性。国家只有自主性才享有将意志变为现实的能力，

戈尔巴乔夫的“根本性改革”其实就是在打碎自己赖以生存的国家机器，而叶利钦因走向自由主义而无法建立强大的国家政权，只能在依附他人中走向失败。

普京正确地认识到，强大的国家权力体系是俄罗斯复兴唯一可以依赖的资源。

第二部分　博弈

——危机与转机的黄金中点

危机是政治家常态化的困境甚至绝境，一个政治家之所以伟大就在于能够把握“危机即转机”。因此，政治与其说是妥协，还不如说是博弈，这也是“转机”的核心与实质。

政治博弈有零和博弈和非零和博弈。零和博弈是参加者一方所得为另一方所失。非零和博弈是一方参加者的所得不再恰好是另一方所失。它们不完全是敌对的，而且可能某一结局比另一结局更佳。非零和博弈又分为消极和积极的。消极的是指参与者每一方都追求全面胜利，结果是输家多于赢家甚至皆输；积极的是指参与者各方讨价还价的“妥协”，结果是赢家多于输家或者共赢。

《俄罗斯报》在普京卸任前刊文指出：普京总统最主要的政绩在于化解了俄罗斯所面临的系统性危机。系统性危机之所以可怕，是因为它能够摧毁社会生活的所有基本元素。经济危机蔓延至社会领域，而社会危机又导致政治动荡，从而形成连锁反应。

普京最擅长积极的“非零和博弈”，时刻准备对付突然事变，但又不走极端。面对“北约东扩”、“反导条约”合围俄罗斯，面对“恐怖危机”、“颜色革命”侵扰俄罗斯，面对“格俄冲突”、“能源冷战”袭击俄罗斯，普京灵活运用“柔道”、“霸道”、“诡道”的博弈谋略、策略、攻略，显现“智者”、“强者”、“王者”的气魄、气势、气度，实现了“利用紧急状况发展本国”的转机。

智者柔道

柔道博弈更多的是防御性的，展现的是灵性、智慧和技巧。

“柔道不是简单的体育运动，而是哲学”。进攻与防守是矛盾的统一体，特别是处于劣势、弱势时，只有也只能在防守成功的基础上才能实现进攻。

俄罗斯与美国等西方国家的矛盾，实质属于崛起与反崛起、遏制与反遏制、演变与反演变的“战略博弈”。

2008 年 10 月 7 日，在普京的生日这一天，根据《同普京学柔道》一书拍成的教学片在圣彼得堡举行发行仪式。

这部教学片是 2005 年 12 月普京在圣彼得堡为青少年柔道运动员举办的大师班讲座拍摄的。

普京对柔道“情有独钟”。他曾说过：“当我一踏上柔道垫，感觉就像回家一样。”

普京从 11 岁开始学习桑勃式摔跤，后来又对柔道产生了浓厚兴趣，曾多次获得圣彼得堡市柔道冠军。普京说，每天早上起床后，他都要做 30 分钟的体操，然后游泳 20 分钟，晚上下班后也会设法抽出一个半小时健身，不过他最擅长的是柔道，且是黑带的高手。他说：“当我和别人练习柔道时，感觉好像是和自己的亲人在一起。”在访问日本时，他还特意和日本的柔道高手切磋技艺。除了是一名实战高手，普京还亲笔著书，阐述自己的柔道理论。2002 年，普京所著的《柔道：历史、理论和实践》一书在俄罗斯首次发行。2005 年 12 月，普京又因柔道获得新头衔——欧洲柔道协会名誉主席。

普京从柔道中体会出的哲理是：不管对手有多强大，只要你掌握技巧，抓住对手的破绽，就能借势击倒对手。“柔”是为了“克刚”，退让是为了取胜。

当上总统之后的普京，不仅将柔道作为增进和到访国关系的重要方式，还将柔道的哲理运用到外交安全问题的处理上，并因此获得了巨大的成功。

普京深知俄“并未失去成为伟大国家的潜力”，他隐忍退让是为了俄罗斯崛起。

“斗争实践中允许妥协让步，但前提是为了最终胜利”

普京把柔道描述为一所教授“勇气、诚实和尊严”的学校，在这所学校“自信受到高度重视，要坚定果断、要有耐心、要尊重长者、队友和对手”。在柔道里，“最宝贵的不是体力，而是人的品质”。

普京在治国理政上也深谙柔道软硬兼施、借力打力的精髓。正如他经常说的，“斗争实践中允许妥协让步，但前提是为了最终胜利。”

尽管普京接任总统时，俄罗斯的国际地位有所下降，地缘政治环境还在恶化，对国家的安全威胁依然严重，但俄罗斯还拥有多种多样的外交资源，没有完全丧失可以利用的对外活动空间。

2005 年 2 月，布什在与普京会晤前指责俄罗斯“民主倒退”，会谈期间继续给普京上民主课，还要将“民主”引向摩尔多瓦、白俄罗斯等俄周边国家。面对布什露骨的干涉，普京没有直接反驳，语气含蓄。

普京此举并非“示软”，而是有谋略。对普京而言，俄罗斯的核心利益是发展。为达到这一目标，普京自上台以来，就持续不断进行“战略收缩”，收拾起北极熊的爪牙，尽量向各方示好。用他自己的话概括，就是“保持大国间的战略平衡”，争取经济、技术和贸易方面的好处。

普京“柔道”式的博弈谋略与策略，源自他对俄罗斯与外部世界特别是与西方世界的互动，精准把握相互之间的“矛盾点”和“契合点”。

2008 年 1 月，普京任命了他的长期朋友、柔道高手瓦西里 · 舍斯塔科夫为国家新闻中心主任。

俄罗斯与西方国家在一些政治外交问题上认识不同，而且立场强硬，因此时常遭到西方媒体指责和攻击。比如科索沃问题、伊朗核问题和美国计划在东欧部署导弹防御系统问题等。俄前特工利特维年科在英国遭下毒身亡，引发外交后遗症，俄英关系跌至低谷。俄罗斯官员说，成立国家新闻中心目的在于改善俄罗斯的国际形象，强化对外宣传。

英国《卫报》形容说，普京部署了一件对抗西方媒体的新武器。

“双刃策略”：把车臣分裂“扔上”国际反恐“战车”。从俄罗斯在车臣发动军事行动的第一天起，就承受着来自西方的巨大压力。第二次车臣战争初期，对于俄军在车臣的军事行动，西方社会算是默认了。但随着俄军在车臣战场上频频告捷，一些西方媒体大肆渲染，称轰炸造成大量平民伤亡和引发了“难民潮”，车臣境内出现了“人道主义灾难”。车臣分裂分子也大造舆论，企图将高加索问题国际化。西方国家领导人也开始坐不住了，接二连三地发表讲话，要求俄罗斯停止车臣战争和“种族清洗”，呼吁俄与车臣当局恢复政治谈判。

普京一边毫不留情地打击和消灭“车独”武装和恐怖分子，一边则同美国等西方国家做毫不退让的较量：“你们无权因车臣问题批评俄罗斯……我们必须制止恐怖主义的‘毒瘤’渗透到俄罗斯。”俄决不同匪徒和凶手谈判，要彻底肃清匪徒武装，消灭恐怖分子，或把他们绳之以法。在俄的坚持下，欧安组织首脑会议宣言中只“轻描淡写”地涉及了车臣问题。俄舆论认为，俄在与西方近距离的交手中，“先赢了伊斯坦布尔一局”。

1999 年 11 月 27 日，国际货币基金组织总裁康德苏警告说，“假如世界各国不满车臣战事而反对俄罗斯的话，国际货币基金组织就不能继续向俄罗斯提供经济援助”。

1999 年 12 月 6 日，克林顿再次针对俄罗斯的车臣策略，发出了他最强烈的批评。欧盟外长亦在一项声明中谴责俄罗斯，并表示正考虑拒绝与莫斯科签署若干合作协议。已获俄罗斯同意即将造访车臣的欧洲安全合作组织秘书长沃勒贝克，也敦促莫斯科不要执行其最后通牒。

英国外交大臣库克说：“假如俄罗斯不尊重基本的人道准则，西方就不会继续援助俄罗斯。”法国总统希拉克说，解决车臣危机的唯一办法是通过政治途径。时任意大利总理达莱马也严厉批评俄罗斯对车臣的战争，说这场“令人恐惧和无法接受的”战争必须停止。

埃及的穆斯林领袖瓦塞勒撰文呼吁伊斯兰国家抵制俄罗斯，以报复其在车臣的行动。伊朗外交部长哈拉齐警告说，车臣的暴力行径在伊斯兰国家引起了“不安”。

北约秘书长罗伯逊警告并敦促俄罗斯听取国际社会要求其保持克制的呼声。

但是，普京的态度毫不让步。他说：“车臣是俄联邦不可分割的领土，必须不惜代价地对车臣叛匪重拳出击，毫不手软，一打到底。”他反对向西方压力和“车独”分裂恐怖活动进行妥协退让：“我们要什么？是要微不足道的西方贷款，还是要保住大片领土？”他表示，俄军歼灭车臣恐怖分子的决心决不会动摇，“哪里有匪徒，我们就打到哪儿。如果在厕所里抓到了匪徒，就直接把他塞进便池里。”

2001 年 6 月 18 日，美国等西方国家针对普京对“车独”叛匪的谴责和对反恐剿匪的加强，马上批评俄对车臣“用武过多”。美国和西方国家还在 2001 年联合国人权会议上提出了谴责俄政府在车臣问题上违反了人权的提案，而这个反俄提案竟然得到了通过。

普京对此极为气愤，他忿忿地说：“真的，我现在已经厌倦了一遍一遍地向西方舆论解释我们的车臣政策。”

2001 年 9 月 7 日，普京表示，只要车臣分离分子承认并遵守俄罗斯宪法，所有的武装分子无条件交出武器，并交出所有有血债的主要匪徒，俄政府可以与他们接触和谈判。

而普京此话说过仅四天，就发生了“9 · 11”事件。由此在全世界范围内掀起了一场把美国也牵连进去，并以美国为首的反国际恐怖主义浪潮。

对于世界形势的这种变化，2001 年 9 月 21 日，普京在接受德国记者采访时说：“不应当得出这样的结论，即在莫斯科炸毁大楼的是争取自由的战士，而在其他国家搞这种活动的人是恐怖分子。其实他们都是犯罪分子。”接着，在 10 月 3 日的记者招待会上普京再次表示：车臣武装分子同国际恐怖主义的联系是很明显的，“他们的特征完全一样”。他提醒人们注意恐怖分子在莫斯科炸楼房和在美国不久前的“9 · 11”恐怖行动的类似之处。

“9·11”事件发生后，普京是第一个向布什发去慰问电的外国元首，当时人们普遍认为，普京在抓住这个有利时机，改善俄美关系，重新树立俄罗斯的世界大国地位。

但是人们低估了普京。这就如同下棋，局外人只看到了下一步怎么走，而普京却看到了以后的好几步。普京希望俄罗斯得到的并不仅仅是俄美关系的改善这个孤立的目标。普京有更重要的目的，那就是让俄罗斯在车臣、加入 WTO、北约东扩和反导等问题上同时获益。

车臣问题一直困扰着俄罗斯，令普京头痛不已。一方面，车臣战争不断损耗着俄罗斯的国力，拖累着俄罗斯的经济发展。在 2000 年，俄政府向车臣剿匪军队拨款不少于 250 亿卢布，约占当年俄联邦军费的 20%。

“9 · 11”事件发生后，普京马上对恐怖袭击进行了谴责，把俄境内发生的恐怖事件与制造“9 · 11”事件的恐怖分子联系起来，声称车臣恐怖分子与“9.11”事件有染。这样，普京终于把车臣扔上了恐怖战车，使包括美国在内的西方国家无缘再以车臣问题相要挟。

普京深知，美国建立的不是长期的反恐怖联盟，而是临时的战术联盟，一旦反恐怖告一段落，俄美在利益上的冲突就会重新显现出来。

进入 2002 年后，随着反恐的进一步深入以及倒“萨”的需要，美国不得不宣布“车独”武装为恐怖分子。

普京在车臣问题上同西方的斗争取得了胜利。

2002 年 10 月 23 日，莫斯科人质事件发生后，美英法德等西方大国的首脑纷纷来电表示谴责。10 月 30 日，丹麦政府在俄罗斯的强大压力下，拘捕了正在哥本哈根出席“世界车臣大会”的扎卡耶夫。

2003 年 5 月 31 日，普京和参加圣彼得堡建市 300 周年庆典的欧盟首脑举行会晤，并签署了《联合声明》。

2003 年 12 月 18 日，普京通过电视直播节目与民众进行直接对话时说，车臣问题的根源是国际恐怖主义。普京有意将车臣恐怖组织与国际恐怖组织归结在一起，利用对俄罗斯有利的国际环境，在对外政策上做有利于俄罗斯全民反恐的策略调整。

别斯兰人质事件发生后，俄罗斯采取了种种反恐措施，但还是挡不住西方如潮水般的批评和指责。法国《费加罗报》对俄政府在人质事件中的表现提出种种质疑；英国《星期日泰晤士报》、《金融时报》指出，俄罗斯对车臣恐怖分子实行的强硬政策效果不大，普京需要考虑一种“政治解决的方案”……

普京从容应对，他在人质事件后会见西方记者时说："你们觉得不能和畜生做交易，我们为什么要和屠杀儿童的人谈判？没有人有权对我们进行道德说教，让我们和杀害儿童的人谈判！"

打击国内民族分裂和反恐是一个长期的过程。普京在这个问题上所展现的特质，越来越赢得俄罗斯的外交尊严和国际舆论的尊重，也赢得俄罗斯民众的信任和支持，不仅赢得 2000 年的俄罗斯总统选举和 2004 年的竞选连任，同时也成为俄罗斯新的精神领袖。

"软硬策略"：同独联体国家的"以空间换时间"式合作。独联体对俄罗斯来说是有着直接政治、经济、文化、军事及其他方面特殊利益的地缘战略区。前苏联解体后，俄罗斯战略防御空间大大缩小，防御能力严重削弱，加上国际恐怖主义、民族分裂主义和宗教极端主义三股恶势力严重威胁着俄罗斯和独联体其他国家的安全。而美国等西方国家利用俄罗斯与独联体国家间的矛盾，排俄、弱俄，不断向独联体渗透，使独联体内离心倾向和亲西方因素不断增长，俄罗斯在独联体的地位不断削弱。因此，确保在独联体的主导地位，维持地缘政治空间优势是俄罗斯外交的主要任务。

针对西方大国对独联体地区的渗透使独联体的离心倾向日益加剧的情况，普京对独联体的政策作出适当调整，以乌克兰、白俄罗斯、中亚和外高加索地区各国为重点，俄对独联体各国的外交政策分为几个层次有条不紊地展开，积极建立"战略关系"、"伙伴关系"和"特殊关系"。

首先，对左右摇摆的乌克兰，俄恩威并重，努力将其拉入军事联盟。乌克兰一心想融入欧洲，但又无法摆脱与俄罗斯的联系。由于双边债务、黑海舰队和克里米亚半岛的归属等一系列悬而未决的问题使乌克兰与俄罗斯有着千丝万缕的割舍不断的联系。

其次，对有"西靠"倾向的土库曼斯坦和乌兹别克斯坦两国，普京则全力拉拢，使其回心转意，重归于俄的怀抱。宣誓就职后，普京首先出访乌（兹别克）、土（库曼）两国。在乌兹别克斯坦，俄乌达成部署联合防空系统的协议。在土库曼斯坦，俄土达成了未来 30 年内土每年向俄出口 500 亿立方米天然气的原则性协议。

再次，对阿塞拜疆、格鲁吉亚等明显"西靠"的国家，俄既打又拉，使其收敛“西靠”势头。俄一方面威胁要对格、阿实行签证制度，以阻止格、阿在俄侨民向自己的国家大量汇款，断其重要财路；另一方面，俄在阿、格各自的领土纠纷中承诺扮演公允的角色。

最后，对与俄关系最紧密的白俄罗斯和与俄关系比较友好的哈萨克斯坦、吉尔吉斯斯坦、塔吉克斯坦、亚美尼亚等国家，俄通过经济和安全合作，进一步巩固关系，使其进一步依附于俄。2000 年 5 月 24 日，独联体集体安全条约国俄罗斯、白俄罗斯、哈萨克斯坦、吉尔吉斯斯坦、塔吉克斯坦、亚美尼亚六国在比什凯克举行会议，签署了集体安全体系基本措施计划和军事合作协议，协同作战以对付日益猖獗的国际恐怖主义、宗教极端主义和民族分裂主义活动。2000 年 10 月，俄、白、哈、吉、塔 5 国还建立了欧亚经济共同体。

俄对独联体各国的外交政策突出了重点，从过去强调全面合作过渡到重点发展经济合作，整个独联体范围内的军事合作也过渡到以双边和多边军事合作为主。

对独联体离心倾向严重的国家或者对俄罗斯怀有敌意的国家，特别是“古阿姆集团”国家，普京实行了积极的外交政策，改善关系。

“古阿姆集团”最初是由乌克兰、摩尔多瓦、格鲁吉亚和阿塞拜疆四国为了讨论欧洲常规军事力量条约的侧翼限制问题而于 1996 年建立的。1997 年以后，该组织成员之间的合作范围逐渐扩大到解决地区冲突、确保能源供应线路的安全、建立亚欧运输走廊和开发里海能源等问题，而且该组织成员国为了维护自身利益而利用该组织同俄罗斯抗衡的意图也越来越明显。1999 年 4 月，“古阿姆集团”四国以及乌兹别克斯坦的领导人利用在华盛顿参加北约成立 50 周年庆典活动的机会，举行会议并吸收乌兹别克斯坦为该组织的正式成员。

美国对“古阿姆集团”及其成员国的活动给予了积极支持。2000 年，美国承诺拨出 3700 万美元用于支持“古阿姆集团”，并允诺在 2001 年向格鲁吉亚提供 1200 万美元的军事援助。

乌克兰是“古阿姆集团”中综合国力最强的国家，也是美国渗透的重点。乌在能源方面对俄有很大的依赖性，它所需要的石油的 90% 和天然气的 75% 要依靠俄供应，这成为俄制约乌的重要杠杆。多年来，乌克兰同俄罗斯因为黑海舰队的分割和塞瓦斯托波尔军港的归属问题争吵不休，两国在经贸领域内也摩擦不断。普京在总统选举结束后不久，即对乌克兰进行了访问，同库奇马总统就乌偿还欠俄债务、俄黑海舰队驻乌基地、俄乌军事和军技合作等一揽子问题进行了讨论，稳住了俄乌关系。2000 年内，俄与乌克兰之间进行了六次首脑会晤，双方在经济和军工生产方面签署了不少重要协议，双方将加强在太空、宇航领域、飞机制造的长期合作，俄对乌的影响明显增强。

随后，乌克兰 2004 年爆发“橙色革命”，在美国等西方国家的步步进逼下，俄罗斯不得不从无奈转向退守。这种“天鹅绒”般的“颜色革命”，此前，2003 年在格鲁吉亚爆发，此后，2005 年在吉尔吉斯斯坦爆发，并蔓延到白俄罗斯、哈萨克斯坦等民主选举的中亚国家和地区，让普京和俄罗斯特别被动。

在对乌兹别克斯坦的关系上，普京别具匠心，把就职总统以后的首次出国就定在乌兹别克斯坦，扩大了两国在经贸关系和军事技术方面的合作。普京抓住国际恐怖主义、宗教极端势力和民族分裂势力在乌兹别克斯坦等中亚国家进行武装侵扰，对中亚各国的安全构成威胁的时机，向这些国家提供军事援助，使这些国家迅速向俄罗斯靠拢。1999 年退出了《独联体集体安全条约》的乌兹别克斯坦改变了态度，参加了俄、哈、吉、塔等国的联合军事演习，两国关系也逐步得到改善。

“9 · 11”事件后，美国对中亚地区展开频繁的外交活动，以取得中亚国家对美国打击塔利班的军事行动的支持。同时，俄罗斯、中亚等国对美国行动的支持程度，也在相当大的程度上决定了美国对阿富汗实施军事打击的规模和力度，从而影响到中亚地区在未来美国战略中的地位。而俄罗斯欲借反恐契机改善同美国关系，因而，俄罗斯在这一问题上对美国的合作态度，成为美国驻扎中亚地区的有利因素。

虽然一开始俄罗斯军方强烈反对美国军队进驻前苏联国家，明确表示反对利用独联体中中亚成员国的领土对塔利班进行可能的军事行动。但俄罗斯的政策随后发生了重大的变化。2001 年 9 月 24 日，普京总统在对全国发表的电视讲话中表示，俄罗斯将开放空中走廊，供美国在反击恐怖主义行动中运送人道救援物资。一旦美国对阿富汗展开攻击，俄罗斯可能参加“搜寻和救援行动”。普京还明确表示，中亚各国也不排除允许美国对阿富汗采取军事行动时使用它们的空军基地的可能。“我们已同中亚盟国协调这一立场。它们表示赞同并且不排除提供空军基地。”这份声明的意义非同寻常，它反映出俄罗斯在美国军事打击阿富汗问题上的立场出现重大变化，同时也为中亚其他国家支持美国的军事进入铺平了道路。随后，乌兹别克斯坦、哈萨克斯坦、塔吉克斯坦和吉尔吉斯斯坦以及土库曼斯坦等国相继表示向美军开放空中和地面走廊，以支持和配合美军在阿富汗的军事反恐行动。

美军在阿富汗的军事行动很快结束，但是美军并未随后从中亚和独联体国家撤出，美国在这一地区积极谋求“长期军事存在”以及对这些国家所施加的影响，使俄在处理独联体事务时增加了难度，但俄在独联体内部仍起着主导作用。2002 年俄罗斯同独联体国家双边和多边会晤频繁，拉近了双方的关系。

格鲁吉亚与俄罗斯由于潘基西峡谷问题一度关系剑拔弩张，普京通过与格鲁吉亚总统谢瓦尔德纳泽会晤使两国关系柳暗花明。潘基西峡谷是格鲁吉亚与车臣接壤的山区，1999 年第二次车臣战争后，大批车臣非法武装分子逃匿至此，并不时对俄发动袭击，这是导致车臣问题久拖不决的重要原因之一。俄方多次要求与格方联合清剿潘基西峡谷的车臣非法武装，但格对俄存有戒备之心，因此一直对俄采取不合作态度。普京任俄罗斯总统后，格方一再谴责俄军轰炸潘基西峡谷，侵犯其领土主权，两国之间的隔阂进一步加深。但由于俄军在车臣不断遭受重大损失，俄罗斯对潘基西峡谷问题态度日益强硬，普京威胁“不惜以军事手段”解决潘基西峡谷问题。面对俄罗斯的强大压力，格鲁吉亚不得不适时做出妥协。

2002 年 10 月 6 日，俄罗斯总统普京与格鲁吉亚总统谢瓦尔德纳泽达成一项协议，格方将向俄引渡被其拘捕的 13 名车臣非法武装分子，而俄方则保证不对格境内的潘基西峡谷进行轰炸。

普京在任俄罗斯总统的第一任期，暂时放弃俄罗斯在中亚的部分传统优势，以换取美国等西方国家的合作，无论是从俄罗斯的外交总战略来看，还是从中亚局部战略来看，都是比较合适的。对内有利于获取西方外援，争取国家尽快复兴，对外则减少了对中亚国家的安全责任，吸引外资共同开发中亚和里海的资源。这从“颜色革命”的蔓延态势可以折射出俄罗斯对独联体国家的外交“妥协”，被称为“以空间换时间”的战略博弈。

“黑马策略”：在棘手问题的“死胡同”突出奇兵。普京执政开始，就沿用俄罗斯“黑马外交”的传统，多次于关键时刻在国际热点上“投棋布子”，是其“积极参与”外交政策的反映。

2003年12月5日至6日，普京对土耳其进行为期两天的正式访问，这是自1972年以来俄罗斯（包括前苏联）领导人首次访问土耳其，被外界称为一次具有历史意义的访问。

普京突破30多年的障碍对土耳其进行“破冰”之访的目的究竟何在；而在访问土耳其之前，普京刚刚结束了“非常友好”的印度之访；结束土耳其访问的第二天，普京又在克里姆林宫迎来了伊拉克临时政府总理阿拉维的到访；再加上普京对乌克兰大选的表态明显与美国和西欧的对立，更加深了三方关系的复杂。一系列频繁的外交活动，越来越显示出俄罗斯意图复兴的雄心壮志。

普京土耳其之行的一大重点就是要解决土耳其利用博斯普鲁斯海峡牵制俄罗斯石油运输的难题。解决这一问题在某种意义上也是与美国抗衡的重要方面。

土耳其对俄罗斯的安全而言是极其重要的，令俄罗斯头疼的车臣反动势力与土耳其有千丝万缕的联系。

俄罗斯一直希望土耳其阻止其国民加入车臣分裂分子的行列，并且切断对车臣叛军的经济支持。根据土耳其警方发布的公告，普京访问前夕，土耳其伊斯坦布尔警方已逮捕了被认为与“宗教恐怖组织”有所关联的12名疑犯，包括9名车臣人与3名属于车臣后裔的土耳其人，这些人将在土耳其募集的资金送往国外支持恐怖分子。土耳其政府似乎以此来向普京表明合作反恐的诚意。

普京表示，将会拓展“新的视野”，特别是在商务经济领域。然而，土耳其方面存在一道阻碍俄罗斯石油向外运输的关卡——博斯普鲁斯海峡。普京土耳其之行的目的之一就是要解决土耳其利用博斯普鲁斯海峡牵制俄罗斯石油运输的难题。对于俄罗斯而言，石油的输出是能源外交成功的保障，解决这一问题对于俄罗斯富国强民的策略也是必不可少的一步，在某种意义上也是与美国抗衡的重要方面。

博斯普鲁斯海峡是欧亚大陆的分界线，也是连接黑海与地中海的唯一通道。对于俄罗斯而言，博斯普鲁斯海峡是通往世界石油市场的重要通道，这条石油运输线被喻为“俄罗斯神经”。

博斯普鲁斯海峡的石油运输线成为俄罗斯和土耳其外交方面的敏感问题。普京访问土耳其的重要商讨内容之一就是劝说土耳其政府批准俄罗斯在其境内建石油管道，为俄罗斯打通通向地中海的石油运输大门。

普京擅长在国际格局中“投棋布子”，也就是“黑马外交”。

2006 年 2 月 9 日，正在西班牙访问的俄罗斯总统普京表示，俄罗斯准备邀请哈马斯领导人访俄，希望通过与哈马斯对话来阻止巴以冲突的进一步恶化，寻求中东和巴以问题的解决方案。

普京说：“哈马斯是通过民主、合法的选举上台的，我们必须尊重巴勒斯坦人民的选择，必须为巴勒斯坦人民、国际社会和以色列找到解决问题的办法。”

俄罗斯的这个态度立刻在国际社会引起广泛关注，也让美国和以色列十分震惊。国际舆论评论，这是普京在外交“棘手”问题上、在矛盾各方走入“死胡同”时，以“黑马”方式杀出的外交策略。

作为中东和平进程一方的以色列和长期主控这个进程的美国，一直对哈马斯抱有排斥态度。而该组织在巴勒斯坦选举获胜后，美以顿时陷入两难境地，对巴以问题未来走向也就难免一筹莫展。其实，哈马斯的状况也未尝不是如此——彻底放弃原来立场难得巴人支持、继续既有路线又难得国际社会承认；僵局打不破，哈马斯自身的地位也就难堪。此时普京灵活的立场不仅对哈马斯是个喜讯，也大有改变长期在中东和平进程中被边缘化的俄罗斯地位的意味。

虽然还不能判断未来俄罗斯在中东问题上的分量能有多大提高，但俄哈对话一启动，俄罗斯在此热点问题上的态势就多少会有改变。

2007 年 10 月 16 日，普京的专机抵达德黑兰梅赫拉巴德机场，此行的主要目的是参加里海沿岸国家峰会，此外他还与伊朗总统内贾德和伊朗最高精神领袖哈梅内伊举行会谈。此外，他还邀请伊朗总统内贾德访问俄罗斯。

媒体称普京的这次伊朗之行是历史性访问。

普京访问伊朗是前苏联领导人斯大林 1943 年在德黑兰同美国前总

统罗斯福以及英国前首相丘吉尔举行会晤后，60 多年来俄国领导人第一次访问伊朗。同时也是自 1979 年“伊斯兰革命”以来第一位访问伊朗的克里姆林宫领导人。

就在普京造访伊朗前夕，俄国媒体报道了在他访问德黑兰期间，有人密谋用自杀式炸弹袭击者暗杀他的消息。这使普京的这次伊朗之行更加引人关注。而普京对暗杀传闻不屑一顾，淡化处理了刺杀威胁。他说，如果每一次威胁以及保安人员的每一项建议他都那么在意的话，那他就永远也离不开家门了。

普京抵达德黑兰后开始对伊朗进行为期一天的访问。普京要和伊朗领导人讨论伊朗核计划，以及俄罗斯正在帮助伊朗建设的布什尔核电站问题。双方还要签署俄罗斯向伊朗出售武器的协议。

普京在德黑兰同时还出席里海周边国家的一次峰会。环里海国家由俄罗斯、伊朗、阿塞拜疆、土库曼斯坦和哈萨克斯坦组成。在峰会上，这 5 个国家的元首通过了一项联合声明，强调里海地区国家应加强在能源、交通运输、生态环保等领域的合作。普京强调在里海地区不应该使用武力。普京说：“我们说，某一个里海国家不应该把自己的领土提供给第三国用来攻击另一个里海国家。”普京还同土库曼斯坦总统别尔德穆哈梅多夫会晤，双方要讨论建设经过俄罗斯天然气管道问题。

这是 2002 年在土库曼斯坦首都阿什哈巴德举行了第一次环里海国家峰会后所举行的第二次环里海国家峰会。前苏联解体后，环里海国家立刻出现了里海水域边界线划分问题。在划界问题上，5 个环里海国家的立场存在着各种分歧。俄罗斯政治学者马拉申科认为，里海水域划分问题十分复杂，这次峰会不可能有任何进展。

在普京访问伊朗之前，普京分别会晤过美国国务卿赖斯和国防部长盖茨以及法国和德国领导人，普京将如何转达西方世界对伊朗核计划的不安，在核问题上普京究竟能对伊朗领导层施加多大的压力和影响，也成为人们关注的焦点。

此前，美国国务卿赖斯批评普京将过多的权力集中在克里姆林宫，“任何一位总统的权力都可能阻碍民主的发展”。

俄罗斯政治学者马拉申科认为，普京的伊朗之行主要是为了给西方脸色看。他说：“在某个方面，这是一次象征性的访问或是哗众取宠式的公关性的访问，它主要是向西方展示，俄罗斯同伊朗的关系很好。”

普京在德黑兰与伊朗、阿塞拜疆、哈萨克和土库曼斯坦领袖举行里海国家峰会，强调里海国家不应被用作攻击沿海邻国的军事基地，显然是指美国企图利用阿塞拜疆作军事基地攻打伊朗，因为俄传媒揣测美国可能想就此事与阿塞拜疆谈判，但阿塞拜疆已经否认。普京反对外国利用里海国家进行军事行动，显然是回应以美国为首的西方国家不排除攻打伊朗的方案。

西方国家一直在推动对伊朗实施更多制裁，美国拒绝排除动用武力的可能性。俄罗斯则愿意跟德黑兰举行对话，并且愿意继续运用外交手段。

2007 年 10 月 16 日，普京与另外 4 个里海国家发表声明，支持伊朗有权发展核能。普京和其他与会领袖呼吁在安全和经济问题上加强合作，内贾德认为有助于“避开敌意势力”。

美国媒体报道称，关于伊朗核问题，布什原本与伊朗举行谈判，但毫无进展，德黑兰当局的态度丝毫没有软化，使美伊对谈陷入僵局。布什现已放弃与伊朗经由对话而解决两国纷争的任何希望。为了营造“攻伊有理”的气氛，布什政府已把攻打伊朗说成是“反恐”，而不是过去所说的“阻止核武扩散”。

报道说，布什政府可能动用空军和海军对伊朗进行“外科手术式打击”，而美国参谋首长联席会议已指示海军做好准备。美国已做通新上台的英国首相布朗和法国总统萨科奇的工作，这两人已向白宫表示支持轰炸伊朗，伦敦尤为积极。

普京冒着生命危险造访伊朗意义重大，既支持了伊朗，同时巩固了俄罗斯在海湾和中东地区的地位，体现了俄罗斯的大国风度。

据俄新社报道，在俄罗斯历史上，国家元首遇刺屡见不鲜。19 世纪 70 年代末至 80 年代初，主张采取极端措施策动革命的人民意志党曾多次组织刺杀沙皇亚历山大二世。1881 年 3 月 1 日，沙皇遇刺身亡。1918 年 8 月 30 日，列宁在莫斯科的一家工厂向工人发表演说时，遭恐怖分子袭击，身中两弹，造成重伤。此后的苏联领导人斯大林、勃列日涅夫、安德罗波夫和戈尔巴乔夫都曾经是被暗杀的目标。

普京总统也曾多次面临被刺杀的威胁。

1999年秋天，车臣恐怖分子宣判普京“死刑”，并称悬赏250万美元暗杀普京。2000年2月24日，普京赴圣彼得堡参加前市长索布恰克的葬礼。事后，俄联邦总统保卫局新闻发言人宣布，因采取了“非常规安全措施”，安全机关成功地挫败一起针对普京的有组织的刺杀阴谋。

2000年8月中旬，在乌克兰的雅尔塔计划举行独联体国家领导人非正式会谈。乌克兰安全部门在此期间宣布挫败了一起试图刺杀普京的阴谋，并逮捕了四名车臣人和几名阿拉伯人。关于这次事件前后的细节至今没有解密。

2000年9月11日，总统车队在莫斯科市库图佐夫大街的凯旋门附近发生车祸，警卫乘坐的一辆轿车与一辆拉达汽车相撞，没有造成人员伤亡。事后调查表明，车祸事件并非预谋的暗杀。

2002年5月31日，在莫斯科市中心的阿尔巴特广场，一辆大众轿车撞入总统车队，肇事司机当场身亡，车队的警卫人员受伤。事后调查表明，这次车祸也是由于违反交通规则、超速驾驶造成的事故。

2001年10月16日，阿塞拜疆政府首次披露恐怖分子企图刺杀普京的消息。与“基地”组织和本·拉登有密切关系的一名伊拉克公民在阿富汗恐怖分子营地受训后，与车臣恐怖分子建立了联系，并预谋在普京出访阿塞拜疆期间，刺杀普京。阴谋被挫败后，该名恐怖分子被阿塞拜疆当局逮捕并被判处10年徒刑。

2003年，伦敦警方逮捕了两名与刺杀普京阴谋有关的人员，没有透露事件的具体细节。

俄联邦安全总局局长尼古拉·帕特鲁舍夫称，2006年俄罗斯安全机关成功地挫败了数起针对普京的刺杀阴谋。恐怖分子曾计划在圣彼得堡八国峰会、俄罗斯—欧盟峰会期间在圣彼得堡、索契和萨马拉等地刺杀各国政要。

在黑海经济合作组织2007年伊斯坦布尔峰会期间，恐怖主义组织再次策划针对普京的暗杀行动。土耳其安全机关在伊斯坦布尔展开了大规模的搜查行动，结果逮捕了五名与“基地”组织有关联的恐怖分子，其中一人为车臣人。

普京总统当政以来，各类恐怖主义、极端主义组织纷纷将袭击矛头对准普京，企图通过刺杀手段达到政治目的。

2007 年 10 月 14 日晚间，正在德国比斯巴登访问的普京将出席在威赫特沙夫特饭店举行的晚宴，并在那里会晤德国总理默克尔。宴会前，有记者询问普京，如何看待有关策划刺杀他的消息。普京很不以为然地挥挥手说道："以后再说吧。"

与冷战时期"凡是不利于对手的，就是有利于自己的"概念不同，普京坚持和平与稳定有赖于合作与对话，主张在多边合作基础上构建控制世界进程的可靠机制，而不是以某种好恶划线。因此，俄罗斯一些"突出奇兵"的做法，究其目的而言，就是通过形成参与国之间不同利益的制衡、利用各种矛盾，凸显俄罗斯的战略作用。

"强硬与抗衡是必要的，但不必走向绝路"

1941 年 11 月，入侵苏联的法西斯德国军队逼近莫斯科，由哈萨克人组成的潘菲洛夫近卫步兵师在阿拉木图集结后开赴战场。在莫斯科保卫战中，政治指导员克留奇科夫率领 27 个勇士与德军坦克部队激战 4 小时，击毁敌军坦克 18 辆，最后全部壮烈牺牲。

激励勇士们英勇战斗的是克留奇科夫诗一样的口号："俄罗斯虽然幅员辽阔，却已无路可退，因为我们身后就是莫斯科！"

这句话鼓舞过无数红军战士和俄罗斯人。

当北约东扩不断向俄罗斯逼近，这句话同样在普京的心头挥之不去，并体现在俄罗斯反制北约东扩的战略和策略上。

北约全称北大西洋公约组织，1949 年 4 月 4 日成立，共有 16 个成员国。北约成立时的宗旨是使各成员国"在集体防务和维持和平与安全方面共同努力"，其矛头实际上是指向社会主义国家。为此，在苏联的倡议下，欧洲几个社会主义国家，于 1955 年 5 月 14 日在华沙成立了华沙条约组织，与北约相抗衡。

在冷战时期，北约作为一个集体防御联盟，与华约对抗，其最主要的任务是对付苏联的威胁。同时，北约还是维系欧美关系极为重要的纽带，是美国有效参与欧洲事务的重要场所。

20 世纪 80 年代末、90 年代初，世界格局发生了重大变化，东欧剧变，苏联解体，冷战结束。一个更重要的标志性事件还是与北约相抗衡的华约解散了，前苏联驻东欧国家的军队先后撤回本土。但是，冷战并没有完全灰飞烟灭，因为华约所对抗的北约依然继续存在，并且中东欧国家从自身安全利益出发，还纷纷要求加入北约，因为它们担心俄罗斯将来可能会施加压力，把它们重新纳入俄罗斯的势力范围。

美国和西方国家为了巩固和扩大冷战后的胜利成果，在政治上、军事上防止俄罗斯东山再起，一致赞同保留和扩大北约。1991 年，北约组织同它的东欧前对手开始了对话，成立了北大西洋合作委员会。这一机构建立后，原华约中的东欧国家以及从前苏联独立的一些国家纷纷加入该委员会，使双方合作进入了一个新阶段，并为北约的生存注入了活力。

1994 年 1 月，北约 16 国领导人在布鲁塞尔召开了苏联解体后的第一次首脑会议，正式作出了北约东扩的决定，如此种种喧嚣和行动极大地刺激了俄罗斯安全的敏感神经，因而俄罗斯与美国的矛盾与斗争成了北约东扩最主要的“伴生物”。

北约成立后，为了战略上的需要曾先后进行了多次扩充。1952 年 2 月 18 日，土耳其和希腊加入北约。1955 年 5 月 5 日，联邦德国加入北约。1982 年 5 月 30 日，西班牙加入北约。

20 世纪 90 年代，随着华沙条约组织的解体和冷战的结束，北约迅速调整战略，以“全方位应付危机战略”取代“前沿防御战略”，通过北约东扩竭力向中东欧和前苏联地区拓展影响。

从 1992 年起，波兰等东欧国家相继提出加入北约的请求。1995 年 9 月 28 日，北约正式公布东扩报告。1996 年 12 月 10 日，北约在布鲁塞尔举行外长会议，主要讨论了北约东扩、同俄罗斯关系和北约内部改革等问题。

1997 年 7 月 8 日，北约马德里首脑会议正式决定，接纳波兰、匈牙利和捷克三国加入北约。1999 年 3 月 12 日，上述三国正式成为北约新成员，从而使北约的成员国增至 19 个。

从北约成立开始，前苏联领导人始终保持警觉和警戒的态势。但随着苏联解体和东欧剧变，俄罗斯实力下降，对来势汹汹的北约东扩，只能处于守势，甚至是劣势。普京上台后，对北约东扩，态度强硬，在无奈中显示了俄罗斯的尊严。

2004 年 11 月，随着拉脱维亚、爱沙尼亚、立陶宛、斯洛伐克、保加利亚、罗马尼亚和斯洛文尼亚 7 国加入北约，北约成员国从 19 个增加到 26 个。

北约的势力范围对俄罗斯形成了包围和钳制之势。但是，俄罗斯的国力、实力、军力已大为增强，对北约东扩，也从坚守转向反击。尽管这样的反击相当有限，但普京已让北约感到了硬度。

2008 年 4 月北约峰会前，布什力挺乌克兰和格鲁吉亚加入北约。然而峰会结果仅接纳克罗地亚和阿尔巴尼亚入盟，而将乌克兰和格鲁吉亚暂搁一边。

北约东扩与俄罗斯反制的角力、较量远未结束。

“我们已无路可退，因为身后就是莫斯科！” 北约曾被称为北大西洋联盟或北大西洋集团。1949 年 4 月 4 日，美国、加拿大、英国、法国、比利时、荷兰、卢森堡、丹麦、挪威、冰岛、葡萄牙和意大利等 12 国在美国首都华盛顿签订了北大西洋公约，宣布成立北大西洋公约组织，简称北约。北大西洋公约共 14 条，其宗旨是缔约国实行“集体防御”，任何缔约国同他国发生战争时，成员国必须给予帮助，包括使用武力。

北约的最高决策机构是北约理事会。理事会由成员国国家元首及政府首脑、外长、国防部长组成，常设理事会由全体成员国大使组成。总部设在布鲁塞尔。希腊和土耳其于 1952 年、联邦德国和西班牙分别于 1955 年和 1982 年加入该组织。

20 世纪 90 年代，随着 1955 年 5 月成立的华沙条约组织（华约）的解散和苏联的解体，欧洲的政治与安全形势发生了巨大变化，北约开始向政治军事组织转变。

1990 年 7 月，北约第 11 届首脑会议在伦敦宣布冷战结束。1991 年 12 月，北约在罗马首脑会议上决定与部分中东欧国家成立北大西洋合作委员会。自 1992 年起，波兰等东欧国家相继提出加入北约的请求。同年，北约批准了一项原则，允许它的军队离开成员国领土到其他地方参与维和行动。当年年底，北约便决定以军事力量介入南斯拉夫危机。

1994 年 1 月，北约布鲁塞尔首脑会议通过了与中东欧国家以及俄罗斯建立“和平伙伴关系”计划，12 月开始向波黑派出维和部队。

“和平伙伴关系计划”的主要内容包括：一、北约正式邀请前华沙条约组织国家和欧洲中立国家参加“和平伙伴关系计划”，在军事演习、维和、危机控制等方面进行合作和政治磋商；二、伙伴国可向北约总部派出联络员；三、伙伴国必须承认西方的民主、人权标准，并尊重现有边界。

这是北约成立45年来首次提出向东扩展的举措。共有30个中、东欧国家和俄罗斯以及欧洲中立国家签署加入这一计划。它们是：波兰、匈牙利、捷克、罗马尼亚、立陶宛、爱沙尼亚、乌克兰、斯洛伐克、保加利亚、拉脱维亚、阿尔巴尼亚、摩尔多瓦、格鲁吉亚、斯洛文尼亚、阿塞拜疆、芬兰、瑞典、土库曼斯坦、哈萨克斯坦、吉尔吉斯斯坦、俄罗斯、乌兹别克斯坦、亚美尼亚、白俄罗斯、奥地利、马耳他、马其顿、瑞士、爱尔兰和克罗地亚。其中波兰、匈牙利和捷克1999年3月正式加入北约后退出该计划。

1996年6月，北约公布了《东扩计划研究报告》。1997年5月，取代北大西洋合作委员会、旨在加强北约同欧洲和欧亚大陆的非北约成员之间的安全关系的“欧洲—大西洋伙伴关系理事会”正式成立。1997年7月马德里首脑会议决定首批接纳波兰、捷克和匈牙利加入北约。

1997年5月30日，“欧洲—大西洋伙伴关系理事会”在葡萄牙的辛特拉正式成立，取代1991年12月成立的北大西洋合作委员会。它增加了强化的北约“和平伙伴关系计划”的内容，加强北约同欧洲和欧亚大陆的非北约成员之间的安全关系。

“欧洲—大西洋伙伴关系理事会”在布鲁塞尔北约总部设立常设秘书处，委员会成员国的外长和国防部长每年各举行两次部长级会议。理事会成员为北约19国和27个伙伴国。

2003年6月，北约成员国国防部长会议决定通过精简军事指挥机构提高北约的应变能力。根据计划，北约的军事指挥系统分为战略指挥部、战区指挥部和战术指挥部三个层次。

在战略层次，北约欧洲盟军司令部和大西洋盟军司令部将合并为盟军作战司令部，它将是北约“唯一的”最高军事行动指挥部，总部设在比利时的蒙斯市。另外，北约将建立一个职能性的盟军改革司令部，负责促进和监督军事改革，目标是加强培训、改善军事能力、检验和发展军事原则、通过实验评估新概念。该司令部的总部设在美国弗吉尼亚州的诺福克。

在战区层次，将已有的五个战区司令部精简为两个常设联军司令部，直属盟军作战司令部。这两个战区司令部一个设在荷兰的布仑森，另一个设在意大利的那不勒斯。

在战术层次，将已有的 13 个下级作战司令部精简为 6 个，它们分布在德国、英国、西班牙和土耳其等国，隶属于上述两个常设联军司令部。

2004 年 3 月 29 日，随着向保加利亚、爱沙尼亚、拉脱维亚、立陶宛、罗马尼亚、斯洛伐克与斯洛文尼亚 7 国正式打开大门，北大西洋公约组织的成员国总数达到了空前的 26 个。

尽管莫斯科发出了不满、甚至带有威胁意味的信号，但北约却并不掩饰继续扩张的计划。

这些北约“新生”都推行亲美路线。在伊拉克战争中，它们不顾法德等大国的反对，敢于站在美国一边。特别是罗马尼亚和保加利亚都“信守诺言”为美军提供了军事基地，而在国际刑事法院引渡嫌疑犯的问题上，罗马尼亚更是率先表示支持美国。为此，美国非但邀请北约成员国波兰参与伊拉克的维和行动，而且还扬言要把北约总部迁往罗马尼亚。

2004 年 4 月 2 日，在华盛顿举行的庆典仪式上，布什意味深长地表示：“北约的大门将一直敞开，直到整个欧洲实现自由与和平的大团结。”

美国的北约雄心显然不会收敛。有了 1999 年东扩波兰、匈牙利和捷克和 2004 年东扩 7 国的“成功”经历，美国对东扩抱有着欧盟和俄罗斯所难有的热望。

由于恐怖主义和大规模杀伤性武器阴云笼罩，美国越发意识到，自己无力“照顾”世界上的所有地区，无论是从财力还是军力上来说，美国都希望得到北约的分担。

在“9·11”事件发生之后，美国驻北约大使尼古拉斯·伯恩斯说，“北约需要苏醒过来。它应当去出问题的地方”。这意味着北约的存在价值将体现在美国的全球军事战略之中。

2002年，美国国防部长拉姆斯菲尔德提出了建立一支有2.1万人组成的新北约快速反应部队的计划。该计划在当年的布拉格峰会上获得通过。与其说提出这一动议的前提是反恐，不如说这支技术先进、行动灵活、部署迅速、协作能力强、后勤供给有保障的“北约快速反应部队”(NRF)，由海、陆、空各兵种组成，可按照北大西洋理事会的决定迅速奔赴任何地方的NRF将成为维护美国利益的“世界宪兵”。

2004年接纳七个小兄弟，北约内部不无异议。很多人认为，其象征意义大于实际意义。新入约的那几个国家除了坐享其成，不会太有作为。用西方媒体的话说，美国在大洋彼岸看着北约“前进”的同时，加里宁格勒的周边国家却要面对来自这里的安全威胁。

在加里宁格勒，除了部署有俄罗斯的战术核武器外，还有大规模的有组织犯罪活动，包括艾滋病和患病率均居欧洲之首等诸多社会问题。因此，北约东扩首先带来的将是加里宁格勒问题。确切地说，它现在已处在接近北约的中心地带。此外，北约新成员国罗马尼亚的东边是新兴国家摩尔多瓦，它是俄罗斯的被保护国，2000多名俄罗斯士兵借着防止摩尔多瓦再次发生内战的名义继续驻扎在那里。

2004年，北约完成二次东扩使欧洲陷入与俄面对面对抗的局势之中。

拉脱维亚等波罗的海国家加入北约后，美国的军事基地已直抵俄罗斯北部边境，中东欧地区也不再是美俄双方的军事缓冲地带，如果北约继续东扩，北约的军事触角将伸向俄罗斯“柔软的腹部”。由此，被北约紧密包围的态势使俄罗斯感到了深深的不安。

冷战结束多年之后，北约在要求俄罗斯减少驻格军队的同时，却在扩张自己的“势力范围”。对此，俄罗斯前国防部长伊万诺夫2004年2月在慕尼黑国际安全问题会议上对北约发出了警告。

有历史学家警告美国，历史上很多低估俄罗斯国家抱负与实力的国家都曾付出过惨痛的代价。就在北约实现东扩的同时，俄罗斯连续举行了一系列规模宏大的军事演习，意在向世界表明，俄仍是一个不容轻视的核大国。而从地缘角度来看，俄罗斯拥有从芬兰边境横跨到符拉迪沃斯托克的广袤土地，它不仅是一个欧洲大国，还是一个亚洲大国。向南看，它是一个中东大国，向东看，它则是一个太平洋沿岸大国。

一个不容忽视的事实是，普京时代的俄罗斯与叶利钦时代有很大不同——显示出了重新崛起的强大潜力和势头。

1996年以后，每年的北约峰会上，北约是否将继续东扩和如何东扩的问题都引人注目。

当俄罗斯还未从重返西方文明怀抱的美梦中完全清醒过来时，北约却已决定迈开向东挺进的步伐。这就使俄政府顿陷困境，一时感到手足无措。1993年8月，俄总统叶利钦访问波兰时还曾表示支持波兰加入北约，然而不到一个月，叶利钦在得悉美国政府正在积极推动北约扩展时，便又致函克林顿总统，明确反对北约东扩，认为此举意在孤立俄罗斯。此后，俄罗斯反对北约东扩的立场越来越坚定，语调也越来越强硬。

同时，自1994年起，俄罗斯又一改以往在巴尔干事务中所持的消极态度，开始积极支持南联盟，从而使自己在波黑战争结束后，得以在那里派驻一支为数两千人、但不受北约领导的维和部队。

然而由于经济的急剧衰退，俄罗斯的国内生产总值一度仅与荷兰相当，再加上车臣战争的困扰，因此面对北约的步步紧逼，俄罗斯只得且战且退，甚至退而求其次，试图通过与北约妥协和合作的途径来延缓北约东扩的进程。

1994年俄罗斯加入北约倡导的和平伙伴关系。1997年俄罗斯先后与北约进行6轮艰难的谈判。俄国先要求西方保证不在北约新成员国领土上建立新的军事基地和部署核武器，并要求北约在第一轮扩大后，即不再继续扩大，至少不再扩大到苏联共和国，如波罗的海三国。

但俄罗斯的要求事实上一一被西方拒绝。为安抚俄罗斯，西方邀请俄罗斯参加七国会议。1994年1月，北约布鲁塞尔首脑会议正式通过北大西洋公约与中东欧国家以及俄罗斯建立“和平伙伴关系计划”。

1995年9月28日，北约正式公布《东扩计划研究报告》，俄罗斯强烈反对。

1996年5月31日，俄罗斯宣布正式加入“和平伙伴关系计划”，并签署了俄罗斯和北约的《双边军事合作计划》。

1997年5月27日，俄罗斯与北约签署《北约与俄罗斯相互关系、合作与安全基础文件》。文件申明建立由北约秘书长、俄罗斯代表和北约成员国代表组成的俄罗斯—北约常设联合理事会。此后，俄在北约总部派驻了常驻代表，北约在莫斯科设立了联络处。

1999 年 3 月 24 日，北约不顾俄罗斯的强烈反对，悍然对南联盟实施大规模空中打击，俄被迫中断了同北约的正常关系。同年 9 月，俄驻北约总部代表恢复工作。

但北约未作任何实质性让步，俄罗斯依然处于弱势地位。

"尽一切可能折中斡旋"。1999 年 3 月，北约的第一次东扩，有三个国家加入了北约——捷克、匈牙利、波兰，或者说，是美国的战机和英国的坦克在无形中、兵不血刃地向前推进了 700 公里。这使得北约可以将自己的鼻子捅到前苏联的边境，这对于北约的战略意义十分重大。

第一次东扩就是以美国等西方国家在收获久违的"冷战果实"。而 2004 年北约第二次东扩,则"该果实"更为丰硕,7 个原华约国家的加入，完成了对俄罗斯的钳形包围。

北约第二次东扩把欧洲的形势和地缘政治完全地改变了。

在俄罗斯南边——

斯洛伐克：原捷克斯洛伐克的加入，给欧洲进攻俄罗斯联邦铺平了道路。根据原先的战略地图，欧洲的坦克是"不可能"直接打到苏联的。如果攻打苏联，则先要征服苏联的卫星国。而捷克及斯洛伐克的加入，给这个"不可能"修葺了"途径"。其地理位置决定了斯洛伐克的重要性，今天德国的坦克，可以直接开到苏联国家的边境。

罗马尼亚：根据历史原因，罗马尼亚在第二次世界大战中加入了德国纳粹的阵势，60 万大军直接打到了苏联的斯大林格勒，之后在历史的进程中它成为了苏联的"铁哥们"。就是这个"铁哥们"，现在成为了北约的"马前卒"，就这么一进一反使得北约实力大增。其实以上两个国家加入北约最重要的意义是告诉世界，从这一刻起黑海已经不是"俄罗斯湖"了。

在俄罗斯北边——

俄罗斯"飞地"加里宁格勒：作为军事重镇的加里宁格勒属于俄罗斯联邦，但由于立陶宛、爱沙尼亚、拉脱维亚加入北约，俄罗斯联邦军队，哪怕是陆军也好，还是海军也好，都需要绕一个大弯才能支援它。就是这么一个小小的“飞地”，它竟然驻扎了几万俄罗斯精兵，在这块飞地上，还驻扎着俄罗斯波罗的海舰队的司令部。从北约这次东扩开始的那天，加里宁格勒就开始了“最不好过的日子”，处于战略包围下的加里宁格勒就这么眼睁睁地看着北约的F-16从比利时一直飞到立陶宛。波罗的海三小国的加入，最终使北约割裂了俄罗斯波罗的海防御体系，一分为二的海岸线使得加里宁格勒和圣彼得堡的海军首尾不能接应，完成了对俄罗斯在该海域的战略包围，达到了几乎报废俄罗斯半个波罗的海海军力量的目的。

圣彼得堡：这个英雄城市在第二次世界大战中活活饿死100多万人就是没有投降的城市却落为了众矢之的。打一个比方，北约如果哪天与俄罗斯开战，就是位于爱沙尼亚的大炮就能轰击圣彼得堡，连导弹都省了。

新的北约东扩使得俄罗斯落入了一个钳形攻势中。

解体后的苏联，不但丧失了自己的卫星国，而且在“东扩”中它丧失了自己的加盟共和国，标志着“独联体”在军事战略中已经名存实亡。

1999年12月，普京上台后，一方面表示可与北约共同合作，建立一个全欧洲的单一安全体系，显示其灵活性；另一方面又频频举行大规模军演，向西方大国示威，这种政策收到了一定效果。

2000年2月16日，普京和北约秘书长罗伯逊商定，俄罗斯将与北约恢复接触。

2001年5月23日，俄国家杜马（议会下院）通过了关于反对北约东扩的决议。9月26日，北约19国国防部长同俄国防部长举行会议，双方表示要在全球反恐怖主义斗争中紧密合作。10月3日，普京在布鲁塞尔第8次欧俄首脑会晤时表示，俄罗斯希望北约发生转变，成为一个“更具政治化”的组织。11月23日，普京在克里姆林宫会见北约秘书长罗伯逊。普京主张大力提高俄同北约的伙伴关系水平，但明确表示俄不准备加入北约。12月7日，“北约—俄罗斯常设联合理事会”举行外长会议。会议声明指出，北约和俄罗斯决定建立一个新的合作机制，内容包括磋商、合作、共同决策以及协调行动和联合行动。声明还表示，北约与俄罗斯已经加强了在反恐怖斗争中和在其他领域内的合作。

2002 年 5 月 28 日，北约和俄罗斯首脑会议在意大利首都罗马举行，与会首脑签署了成立新的“北约—俄罗斯理事会”的文件《罗马宣言》。

2002 年 5 月 14 日，北约 19 个成员国外长和俄罗斯外长在冰岛首都雷克雅未克举行了“北约—俄罗斯常设联合理事会”会议，各方代表通过了建立双方新型关系的文件，就建立“北约—俄罗斯理事会”达成一致，以“北约—俄罗斯理事会”取代“北约—俄罗斯常设联合理事会”，以平等合作的“20 机制”取代“19 + 1 机制”，并在军控、打击恐怖主义、处理地区危机等领域以“平等的伙伴关系”进行合作。

新的理事会中，各理事国以字母顺序排列，俄罗斯在葡萄牙和西班牙之间，所有 20 个理事国都可以自由表明自己的立场。而在常设联合理事会中，北约以一个集团的身份参加会议，北约各国的立场在参加会议前就协调好了，俄罗斯仅在某些安全领域的问题上拥有参议权，没有决定权。

新理事会规定，每一个北约成员国如果感到让俄罗斯知道某一议题的情况会对本国利益有害，它们就可以否决这一议题，使之无法在理事会上讨论。新理事会的初步议题是：反恐怖主义、防止大规模杀伤性武器扩散、军控、海上搜寻和救援、各理事国军方之间的合作、军事改革以及民间紧急事件应对策划等。

2004 年 3 月 29 日，北约东扩迈入一个新的阶段。

北约在 2002 年 11 月举行的布拉格首脑会议上，决定吸收斯洛伐克、斯洛文尼亚、保加利亚、罗马尼亚以及波罗的海三国为北约新成员。2004 年 3 月 29 日，上述 7 国正式加入北约的仪式在华盛顿举行，使北约成员国由 19 国扩大至 26 国，并将触角延伸到了俄罗斯边境；4 月 2 日在布鲁塞尔的北约总部举行了 7 国加入北约的升旗仪式。

2004 年 3 月 29 日，波罗的海三国与东欧四国正式加入北约的这一天，比利时空军 4 架 F-16 战机飞抵立陶宛佐克尼艾空军基地，开始执行北约保卫 3 个波罗的海国家领空的巡逻任务。3 月 31 日，丹麦的 4 架“F-16”飞机、机动雷达装置、机场保卫人员、服务人员和 100 名丹麦军人抵达立陶宛。这将成为北约驻波罗的海国家的第一个常设基地。

2004年4月2日，北约举行立陶宛、拉脱维亚、爱沙尼亚、罗马尼亚、保加利亚、斯洛伐克和斯洛文尼亚等七个新成员国的升旗仪式。

俄罗斯西北方向的三个独立国家成了北约成员国。加里宁格勒州被北约从波兰和立陶宛方向紧紧夹住。南部，罗马尼亚和保加利亚的加入，加上原先的老成员国土耳其，从军事政治意义上看，是从黑海方向包围俄罗斯。这不能不引起俄罗斯政治与军事领导人的忧虑。有消息指出，俄罗斯曾抗议北约计划将立陶宛当成空中巡逻的基地，并扬言以加强核武军备作为回应。

北约东扩和欧盟东扩的势头让俄罗斯感受到了最多的是地缘政治边缘化的威胁。从苏联解体开始，俄罗斯就开始被地缘政治边缘化，被从欧洲中心地带边缘化。北约东扩、前南危机和车臣危机都加剧了这一趋势。尤其是前南危机，从南斯拉夫分裂到波黑内战，从科索沃战争到2000年米洛舍维奇下台，俄罗斯一步一步从欧洲后撤。而美国正积极向独联体渗透，独联体国家的离心倾向加剧，都使俄罗斯进一步面临地缘政治边缘化的危险。

这样的战略态势，对于一直认为自己是传统欧洲大国和世界强国的俄罗斯来说很难接受。

2004年4月2日，普京在结束与来访的德国总理施罗德会谈后举行的记者招待会上说，俄专家正在仔细研究北约基础设施向俄边境移动的情况，并将对本国军事政策作出相应的修订。他说，国际社会受到的威胁并不会因为北约东扩而消失。俄罗斯与北约的关系取得了积极发展，希望双方的所有问题都能在“俄罗斯—北约理事会”框架内得到解决。

此前的3月30日，俄罗斯波罗的海舰队司令瓦卢耶夫已对新闻界宣布，波罗的海舰队将加强战备值勤以应对北约东扩。他说，随着北约战机飞抵立陶宛，随后就可能部署空军、海军甚至陆军部队。在波罗的海国家军事实力加强的情况下，俄罗斯将不得不采取应对措施。

俄罗斯外交部发言人正式宣布：“北约扩大无疑涉及俄罗斯的政治、军事利益，并在一定程度上涉及经济利益。这迫使我们最严肃地对待。”

俄罗斯国家杜马“祖国”议员团领导人罗戈津认为：“应该加强俄

罗斯在加里宁格勒的部队。不是在那儿搞经济特区，而是搞军事特区。”

俄罗斯前空军总司令阿纳托利·科尔努科夫认为：“对北约的飞机应该采取果断措施，一旦越境，无论什么情况都应该将其击落，相关文件允许这样做。”

2004 年 3 月开始，俄罗斯在一系列地区举行了军事演习，参加演习的有数个空军团、防空兵团、海上区舰队近 2 万军人以及集体安全条约缔约国武装力量的部队。规模最大的是科斯特罗马近郊的演习。北高加索动员了 1000 多名后备军，进行了实弹战术演习。在加里宁格勒特区，出动了波罗的海舰队的军舰、海军陆战队、侦察兵和炮兵。空军也参加了演习。里海舰队也进行了演习。军事演习不仅在俄罗斯的南部、中部和西部举行，也在有俄军驻扎的其他国家全线展开。

俄频繁进行军事演习，就是为了回击北约东扩。

2004 年 10 月 28 日，据俄罗斯新闻网援引法国《世界报》报道，很少有拉脱维亚人会注意到，该国生产香脂的著名大型企业不久前被俄罗斯所控制，而另一种黑色燃料——石油的供应也完全依靠俄罗斯，同时其他两个波罗的海国家爱沙尼亚和立陶宛，在能源方面也依赖俄罗斯。

报道指出，俄罗斯在三个前苏联加盟共和国的经济影响远不止这些。那些没有在国内取得成功的俄罗斯投资者认为三个波罗的海地区国家未来是非常有发展前景的，因为这三个国家从 2004 年春天起就加入了欧盟和北约。波罗的海国家与上述组织的一体化并没有使它们与莫斯科的复杂关系正常化，相反不久发生的事件还进一步证明，莫斯科试图在未来向这些国家施加更大的影响力，巩固在这些国家内部的地位。

为此，克里姆林宫为扩大在波罗的海国家的影响力使用了多种手段：莫斯科向维尔纽斯提出加里宁格勒州问题，该地区位于欧盟国家、波兰和立陶宛间，俄罗斯对这一地区采取比较灵活的政策；俄罗斯向立陶宛和爱沙尼亚提出生活在那里的少数俄罗斯人的问题；莫斯科当局多年来拒绝与这两个国家签署边境协议。此外，间谍事件，即从 2004 年 2 月起波罗的海国家共驱逐了 9 名俄罗斯外交官，以及俄罗斯军机经常侵犯爱沙尼亚领空事件也是俄罗斯所使用的手段之一。

此外，俄罗斯的影响也渗透到几家波罗的海国家银行、房地产领域和海港，其中就包括里加港，通过这个港口俄罗斯向外出口谷物和钢铁等产品。同时，这一地区的铁路运输也处在俄罗斯人的控制下。

立陶宛保守党主席库比留斯称："随着普京再次当选俄罗斯总统，我们看到俄罗斯试图在波罗的海国家达成自己政治目的的野心。"

俄罗斯控制波罗的海三国能源，也是为了反制北约东扩。

北约在连续两轮东扩后，攻势仍然咄咄逼人。

2006年，继美国计划在东欧部署导弹防御系统之后，北约又继续东扩。

2006年4月10日，美国总统布什签署《北约自由统一法案》，从而使美国支持北约东扩行动的法案正式成为法律。美国此举随即受到俄罗斯的强烈批评。

2006年11月，美国参议院批准了支持阿尔巴尼亚、克罗地亚、格鲁吉亚、马其顿和乌克兰尽快加入北约的法案，并且允许美国向上述5国提供必要的军事援助，使其军队达到符合北约标准的水平。由于北约再次东扩涉及格鲁吉亚和乌克兰两个独联体国家，俄方反应相当激烈。

一直处于守势的俄罗斯为改变日益被动的战略困境，开始了新一轮的防守反击。

2006年2月16日，俄罗斯空军总司令米哈伊洛夫大将访问吉尔吉斯斯坦。米哈伊洛夫与吉尔吉斯斯坦国防部长伊萨科夫在吉首都比什凯克举行会谈，双方就俄驻吉的坎特空军基地达成了新协议。新协议允许吉国防部使用基地用于空中运输，规定俄军将在基地培训吉空军飞行员等。米哈伊洛夫主动向俄媒体透露，俄计划增加坎特基地的驻军人数和飞机。吉方则表示扩大驻军"完全是俄方的权利"。扩军计划落实后，俄将进一步巩固在中亚战略方向上的军事存在。

一位吉资深学者对记者说，"美国欲借强大的经济实力从中亚地区挤走俄罗斯，从而实现其战略意图。俄只有拿出逆水行舟的勇气才能避免陷入美国和北约方面的'合围'。"

紧接着，米哈伊洛夫在访问吉尔吉斯斯坦结束后举行的记者招待会上披露，俄罗斯将在白俄罗斯建立新军事基地。此言一出，语惊四座。

因为就在几天前，俄副总理兼国防部长伊万诺夫还宣布与北约建立了互信和伙伴关系，但事实表明，俄试图建立与北约针锋相对的新军事组合。

根据俄罗斯与白俄罗斯2005年达成的协议，2006年3月俄最先进的“C-300”防空导弹系统开始部署白俄罗斯，俄军两个营将驻扎在白西部。这些新型导弹将对准白西部领空并使白防空导弹系统辨认和摧毁目标的能力提高一倍。

作为俄罗斯西部抵御北约的最重要的战略屏障，白俄罗斯对俄罗斯具有非常重要的地缘政治和军事意义。

专家分析，俄罗斯加强境外军力有三个目的：

一是为了恢复原有的战略缓冲区。北约、欧盟双双东扩，乌克兰爆发“颜色革命”后，白俄罗斯成为俄罗斯西部边界唯一的“缓冲区”，因此有必要加强在白俄罗斯的军事存在。

二是对北约蚕食俄传统势力范围的防守反击。北约已构筑起北起波罗的海，经黑海、中东地区，东南连接中亚的“弧形战略防线”。罗马尼亚众议院批准了建立美军基地。尽管吉尔吉斯斯坦政府提高美军基地租金，但美仍然坚持在吉驻军。北约还对乌克兰和格鲁吉亚加入北约的政策积极扶持，并加强“弧形带”的前沿军事力量。俄对外情报局局长谢尔盖·列别杰夫公开表示，外国军队部署在俄周边的军事基地对俄构成了威胁。

三是掌握欧亚地缘政治板块未来走向的主动权。俄在中亚战略方向上，有坎特空军基地和驻塔吉克斯坦的军事基地，南部战略方向上是驻格鲁吉亚、亚美尼亚和乌克兰的军事基地。在西部方向上，俄只在白境内有两处雷达站，相对较弱。但在苏联时期，这里和北约直接对峙，是军力最强的地方。俄在吉扩充军力是为了将以美国为首的北约在中亚的影响削弱至最低。俄在白俄罗斯建军事基地则是为了弥补整体战略部署中的明显不足。

2006年11月23日，俄空军总司令米哈伊洛夫大将和白空军与防空军司令帕非罗夫中将宣布，俄白两国防长在布列斯特举行的独联体和集体安全条约组织成员国防长会议上签署协议，正式建立俄白地区统一防空系统。

2006年12月，为应对北约东扩，反击波兰部署48架美国F-16战机，俄罗斯和白俄罗斯决定正式建立统一防空导弹系统，在白俄罗斯西部部署4个S-300防空导弹营，把俄战略空间向北约边界推进400公里。

在北约加速东扩之后，俄白立即决定加深军事一体化，最终达成协议。帕菲罗夫中将指出，统一防空区司令有权自主、灵活地决定使用白俄兵力兵器，不需事先征得俄白最高领导层的同意。

俄罗斯军事专家称，统一防空系统建成后，俄白西部战略方向防空边界向北约的东欧盟国方向推进了400公里，空中目标拦截边界推进150公里。

北约在波兰部署F-16战机的同时，还在高加索地区积极活动，计划吸引乌克兰和格鲁吉亚入盟，进一步逼近俄罗斯后院。

俄军总参谋部的官员称，新组建的南方地区司令部将包括现在的伏尔加河沿岸——乌拉尔军区大部和北高加索军区所在地区。司令部所在地将选择在萨马拉市，这里一度是苏联伏尔加河沿岸军区司令部的所在地。

对于加快步伐组建南方地区司令部，俄军总参谋长巴鲁耶夫斯基表示，南部地区是俄面临威胁最大的地区，尤其美国和北约在高加索地区的活动日益活跃，因此加强该地区军力是当务之急。根据俄国防部的决定，俄军将打破现有的六大军区建制，按地域原则和战略方向组建三个地区联合作战司令部，分别为南方地区司令部、东方地区司令部和西方地区司令部。

据俄媒体报道，为改变愈加被动的战略处境，一直处于守势的俄罗斯准备大幅增加军费，打造一体化独联体防空系统，加强境外驻军，开始新一轮防守反击。

俄罗斯副总理兼国防部长伊万诺夫在接受媒体采访时说，2007年俄国防开支将达到创纪录的8200亿卢布，这是俄罗斯连续第6年大幅增加军费，其中3000亿卢布将用于改善军队装备。

分析人士认为，扩大独联体国家防空系统的打击与侦察范围，就等同于扩展俄战略空间。

在走出去的同时，俄军也扩大了与北约的联系。2006年2月中旬，俄罗斯黑海舰队与北约军舰在地中海进行联合演习，“携手”对抗来自空中与海上的攻击。这是2005年11月“北约—俄罗斯理事会”会议通过2006年联合计划后的一次具体行动。

北约与俄罗斯虽然表面走得较近，但背后的角力非常激烈。俄罗斯既不能阻止北约在欧亚大陆立足，也无力阻止美国和北约向中亚和外高加索地区“输出民主”，插手改造独联体各国的政治体制。

北约的历次东扩都对美俄关系产生负面影响，因为每次东扩在延伸北约触角的同时，都会压缩俄罗斯的战略空间。

俄罗斯反制北约东扩的策略：“防守反击”。2007年2月9日，第43届慕尼黑安全政策会议开幕。俄罗斯总统普京、德国总理默克尔、美国国防部长盖茨等40多个国家的约250名高级官员与会。会议议题涉及北约的全球扩张、俄罗斯与西方的关系等重大国际安全问题。普京在会议上说：“美国在各个方面都逾越了它的国界。”他还对北约东扩提出了批评，还抨击了有关在波兰和捷克建立美国导弹防御系统的计划。

分析人士指出，美国在东欧建立反导弹防御系统尤其让俄国感到愤怒；与此同时，普京与世界上很多国家一样，对美国感到不安。

《俄国与国际事务》的主编卢基扬诺夫指出，“普京发出了一个消息，那就是俄国在任何方面都是一个强大的国家。”

俄前总理普里马科夫曾言：“在北约扩展问题上，有两条‘红线’是不能越过的……波罗的海国家和其他原苏联共和国加入北约是我们所不能接受的。”然而，现实的情况是，北约东扩已明显超越了这两条红线。面对“再也无路可退”的局面，俄方一再声称将“极为严肃地”对待这一问题，甚至以频繁的军事演习、表示修改军事战略回应北约东扩。

联系到普京在北约东扩问题上的一系列表态，人们不能不认为，俄罗斯这一“严肃”态度的背后，有其象征性的一面，也有其策略性考虑。毕竟，俄在立场上明确反对北约东扩，但抵制方式和力度是有限的，只能停留在口头，不会使用强硬措施，其很大程度上只是对国内民众有一个政治交待。

北约东扩极大地挤压了俄罗斯战略空间，给俄国家安全带来了潜在威胁。1999年东扩就使俄丧失了700至900公里的战略纵深；2004

年东扩由于波罗的海三国加入北约，俄西北边境失去了所有缓冲地带，从而面对北约直接的军事压力。而新一轮东扩，北约更是将边境推进到俄罗斯大门口。

面对不断被挤压的战略空间，受国力所限，俄外长也不得不指出："我们不赞成北约东扩，但我们无法阻止这一进程。"

更重要的是，俄罗斯对西方巨大的利益需求，限制了抵制北约东扩的现实可能性。

俄国家杜马国际事务委员会第一副主席斯卢茨基指出，美国试图借此破坏独联体内部团结，并最终达到使这一组织消亡的目的。

法国国际关系研究所所长德蒙布里亚尔撰文指出，俄罗斯正在重返国际舞台，普京在慕尼黑安全会议上批评欧美的讲话以及反对在北约新成员国境内部署导弹防御系统的态度，都说明俄罗斯受辱的时代已经过去。随着综合国力的进一步增强，俄罗斯将会伺机反击。

作为一个成熟的政治家、一个务实的外交家，普京对北约东扩"象征性抵制"，主要出于以下考虑：

一是此时的北约已经不同于彼时的北约。北约东扩对俄罗斯国家安全构成了潜在威胁，但普京对此有着客观的认识。一方面，北约防御性军事联盟的性质并没有变，在俄罗斯不挑衅的情况下，北约很难有理由对俄采取军事行动；另一方面，"9·11"事件后，美国赋予北约反恐新使命，这也使得北约不会把主要矛盾对准俄。可见，北约东扩所带来的俄战略空间被挤压的后果，在很大程度上失去了军事意义。

二是普京对俄的综合国力有着理智的判断，"安心于俄在当今所处的地位，不再抱有超级大国幻想"。俄罗斯首要国家利益是经济利益，实现经济利益一方面离不开西方的"众多源泉"，俄也必须集中精力解决国内经济的诸多老大难问题。强硬抵制北约东扩无疑会牺牲俄的经济利益。

三是作为克里姆林宫的实用主义政治家，普京认为，同西方对抗与俄罗斯民族的根本利益是相违背的，俄罗斯要实现现代化，需要西方金融和技术方面的支持，只有重返欧洲，俄才能实现民族振兴；而重返欧洲必须得到西方的认同。对于西方执意而为的北约东扩，俄罗斯自然不可以做出现实的抵制。

俄罗斯地处欧亚两个大陆，军事力量强大，且又拥有数千枚核武器，任何国家都不可能真正地对俄罗斯构成威胁。与其同北约进行对抗、竞争，还不如改善和发展同北约的关系，这样既可以获得和平环境，又可以从西方国家获取资金和技术援助，这不仅有利于国内经济的发展，同时也有利于恢复和提高俄罗斯的大国地位。

有鉴于此，普京开始抛弃一味硬顶的方式，以退为进，争取参加北约，从内部化解北约东扩对俄罗斯造成的威胁。“9 · 11”后，恐怖主义成了世界各国的共同敌人，普京聪明地抓住了这一机会，主动、积极地改善、发展同美国和同北约其他国家的关系。政治上，他表示坚决支持美国和英国联手进行的反恐怖战争；在军事、技术上，他向美国提供情报，并允许美国使用中亚前苏联共和国的基地。

对普京的上述表现，美国总统布什和英国首相布莱尔深受感动。

俄罗斯为何策略性向北约靠拢?

俄罗斯向北约靠拢，可以与北约分享对欧洲和世界安全事务的领导权，并获得更多的经济、技术援助，争取欧美国家、特别是欧洲国家能减免俄罗斯的庞大债务。北约改善与俄罗斯的关系，可以拉住俄罗斯共同打击恐怖主义。

2008 年 4 月北约峰会前，布什力挺乌克兰和格鲁吉亚加入北约，甚至为此专门造访基辅，为乌克兰助威。然而峰会结果仅接纳克罗地亚和阿尔巴尼亚入盟，而将乌克兰和格鲁吉亚暂搁一边。

乌克兰吃“闭门羹”首先是因为国内大多数居民均反对加入北约；其次是因为自 2004 年底所谓“颜色革命”以来，乌克兰政局一直动荡不定；再次是俄罗斯持强烈反对态度，普京甚至当着乌克兰总统尤先科的面称，如乌克兰加入北约，则将把核弹瞄准乌克兰，为此许多北约国家都认为当前接纳乌克兰不合时宜。

2008 年 4 月 3 日，普京得到了两个消息，一喜、一忧。好消息是，当天，德、法不顾布什力挺，拒绝了在此次峰会上吸纳乌克兰和格鲁吉亚加入北约“成员国行动计划”。坏消息是北约无视俄罗斯的强烈反对，决意要在波兰和捷克部署反导系统。

2008 年 4 月 4 日，普京与北约首脑举行北约—俄罗斯理事会 90 分钟的闭门会议。会后，普京单方面召开新闻发布会，抨击欧美在北约东扩、东欧反导上的立场。

北约在本次峰会上正式邀请巴尔干地区国家克罗地亚和阿尔巴尼亚加入北约；当马其顿在取得希腊的谅解、解决加入的名义后，也能很快被接纳；至于乌克兰和格鲁吉亚，北约称两国“终有一天”会被接纳。这表明，北约不会放弃东扩计划，只是前进步伐时快时慢。

普京不接受如此现实，称“出现在我们边境的强大集团将被俄罗斯视为直接的安全威胁”。

军事战略定律是：一方战线向前推，距离对手的战略中枢越近，可利用的攻击手段和反制手段也就越多，攻击和反制成本也就越低。

北约向东推进，与俄罗斯近在咫尺，这会造成和加剧双方攻击手段和攻击成本上的不对称、反制手段和反制成本上的不对称。简言之，是双方力量上的不对称，俄罗斯的安全局势也就为之生变。

当然，俄罗斯向北约作出的让步，到底是卧薪尝胆还是战略转移，恐怕东西方都不能轻易作结论。

普京强烈反对北约东扩。俄要发展与复兴必须面向欧洲。而北约东扩将把俄推向欧洲的最深处，不仅卡住了俄向欧洲发展的战略咽喉，而且把北约的军事力量直接推进至俄罗斯的家门口，对俄构成直接的现实威胁。

美国“虚实结合”对付俄罗斯，批判普京“专制独断”、“民主倒退”、“恢复帝国”。

2007年4月，美国国务院2007年至2012年外交政策战略计划出笼，批评俄罗斯强化中央集权，对经济干预过多，限制新闻自由，利用能源控制邻国，向伊朗、叙利亚和委内瑞拉等“邪恶国家”出售武器……对俄罗斯当局“劣迹”的指责，达到了苏联解体以来的顶峰。

美国对俄穷追不舍，俄罗斯忍无可忍。

普京历来看重硬实力，信奉“铁棍横扫，无招可挡”。

2008年6月2日，俄罗斯总理普京在接受法国《人道报》采访时说，北大西洋组织东扩就是在欧洲建立新的分界线。

普京在回答记者有关乌克兰和格鲁吉亚加入北约和对俄罗斯产生威胁的问题时说：“我们首当其冲反对北约整体上的扩张，原则上反对。”

普京认为，北约的扩张只能是在欧洲建立新的分界线，新的柏林墙，这一次是无形的柏林墙，但是更危险。

俄罗斯同北约的关系，虽然已不能用“非敌非友”、“斗而不破”来概括，但也不至于斗得你死我活，两败俱伤。双方仍有妥协和合作的余地，为了自身安全，也为了经济利益。跟北约这个爱恨纠结半世纪的老敌手，俄罗斯还得长期周旋。

“尽量不把鸡蛋放到一个篮子里”

面对经济全球化热浪，经受美国单边主义冲击，俄罗斯处于弱势地位，普京韬光养晦、绵里藏针的柔道战略颇为行之有效。

普京最擅长在适当的时机出来收拾残局。俄罗斯在恢复元气之前，鉴于相对削弱的实力，加上固有的大地理跨度，促使它在世界各种力量中心之间灵活周旋，尽量付出较小代价，建立对自身有利的力量平衡。特别是随着经济逐渐复兴和综合国力有所增强，外交与安全的博弈战略越来越多地体现攻守兼备的色彩。其特点表现为：

一是务实性。普京说过，制定外交安全政策“国内目标高于国外目标”，“应以明确优先方向、务实主义和提高经济效率为基础”。同时他还指出，俄罗斯在国际舞台上的威望以及俄国内的政治与经济形势，都取决于“在多大程度上文明而有效地利用自己的外交资源”。

二是平衡性。平衡政策的出发点是国家利益最大化。普京认为，只有准确地估量国情，全面地审视本国所处的国际环境，遵循平等、互利、双赢的原则，才能借助和调动一切有利因素，为本国的发展谋取最大限度的好处。

三是兼容性。普京认为，冷战结束后，世界上已经出现了俄罗斯和美国可以齐心协力解决许多当代经济性和安全领域问题的条件。普京的主张是“坚决地但是决不发生对抗地维护自己的利益”。

四是隐蔽性。俄罗斯尽量收敛大国欲望，少说大话，多做实事。普京指出，俄罗斯外交的中心任务之一是“促进国外积极地看待俄罗斯，而目前这方面的情况远不是很好”。普京的雄心壮志丝毫不减，他坚守上台时的诺言，“唯一现实的选择是做强大而自信的国家”。

“俄罗斯不是我们的敌人，而是我们的朋友”，“朋友之间也可以有分歧”。说这话的，不是别人，恰恰是美国总统布什。

欧盟对外关系委员会一份长达 65 页的报告说，俄罗斯变得更强大，不那么合作而且更不妥协了。普京正以一种分而治之的政策对欧洲占了上风。

英国《金融时报》认为，西方必须拒绝普京“对昔日苏联空间的要求”，借石油和天然气价格上涨的东风，普京让国家重获自尊和力量。

美国《纽约时报》的评论指出，“俄罗斯的混乱对所有人来说都是灾难”。

2008 年 5 月，俄罗斯科学院院士德米特里 · 科瑟列夫总结普京总统 8 年任期 :“有人爱俄罗斯，有人不爱俄罗斯，有人帮助她扩大影响，有人抗拒这种影响，但如果说上世纪 90 年代无人倾听莫斯科在解决世界诸多危机上的声音的话，那么，现在的一切恰恰相反。”

普京经常能在国际舞台上做到“语惊四座”。

从表面上看，似乎俄罗斯受到了来自多方面的挑战。但是，擅长于纵横捭阖之术的普京经常以一物降一物的方式，利用周边地区利益格局的分润，在各大力量之间兵来将挡、水来土掩，多年来也成就了一番大国气派。尤其是在普京执政时期，充分运用俄罗斯得天独厚的能源为武器，以实用主义路线引领，以独特的风格和精明的谋算活跃于国际平台，获得了世人的高度关注。

第一，冷战结束以后逐渐得到双方确认的“非均衡关系”正在从模糊走向清晰。从前苏联时期平起平坐的超级大国，到基本接受美国一家超越各国实力之上的客观现实，对于俄罗斯来说，既是痛苦，但也是其摆脱“帝国”包袱的一个过程。普京是完成这一过程的关键人物。“9 · 11”之后的美俄合作，特别是“反导协议”的中止是这种情结的具体表征。

第二，如果说，若干年来美国的对外政策是逐渐明确地走向单边主义的话，那么，普京则是以相当富于特色的“边缘路线”在与美国周旋。换言之，俄美关系中的单边主义与“边缘路线”相辅相成，成为当前美俄关系的又一鲜明特征。

普京“边缘主义”的要领在于 : 强敌当前，既是动员一切资源，不失时机地与美国抗衡，但随时准备在明显不利于己的情况下作出尽可能体面的妥协；既是积极运用国际纷争与各方立场对比中的所有差异来进行“寻租”和确立自己的立场，同时也尽一切可能折中斡旋，来赢得施展自身影响的空间。

普京的果断谋略与其大国情怀使他经常能够在外交逆境中转危为安。

普京与布什的角力博弈折射“智者柔道”的背影。2008年4月6日，索契，黑海之滨，在这个美丽的旅游胜地，普京最后一次以俄罗斯总统的身份与布什会面。从2001年至2008年的7年时间里，普京与布什一共见了28次，只有英国前首相布莱尔与布什拥有更高的会见记录。

为了这次黑海之滨的非正式会晤，布什在小城索契待了两天。普京发表了“乔治和我”的演讲，布什做了友好无拘束的致辞。在俄罗斯民间舞蹈的节拍里，两人的总统友谊曲终人散。

2000年，普京从叶利钦手中接过俄罗斯的指挥棒；2001年，布什执政，两人的执政期几乎平行。

他们都是强人，都在2008年结束总统任期。但两人在国际、国内的名声变化却差别巨大。布什总统在国内支持率连连下跌，在国外得罪人众多，第一任期连续发动战争，第二任期忙着修补和盟友们的关系；而普京则依据国力审慎地处理外交事件，在国内支持率高得惊人。

布什和普京两位总统本质上有诸多相同之处，布什以自己的牛仔风格领导美国打了两场战争，而普京则用强力回应西方的挑战。在内部事务方面，布什利用“9·11”后的爱国主义成立国土安全部，扩大了情报部门的权力；而普京则让霍多尔科夫斯基这样的石油大鳄锒铛入狱，毫不留情，把石油的控制权收归国有。布什对外宣称要么支持我，要么反对我，以单边作风而闻名；普京则勇敢地把一面旗子插到北极的冰层下，宣称那是俄罗斯的领土，并派出轰炸机到英国边境示威，派出侦察机到美国的航母上空盘旋。

布什和普京的任期内，也是美俄关系相对较好的时期。美国受恐怖主义的困扰无暇他顾，不得不求助于盟友和大国的默许；而俄罗斯急着重建社会经济，不愿树敌，战略上的需求迫使两国尽量以协商的方式处理纠纷。两人幸运地赶上了这段历史机遇期，也较为明智地处理了分歧。

美俄首脑之间总是出现奇特的化学作用，从罗斯福和斯大林、尼克松和勃列日涅夫到克林顿和叶利钦，他们都曾有过不错的私交。个头一样高的克林顿和叶利钦甚至在一次招待会上脱下鞋子比谁的脚大。不过，他们都没有达到普京和布什的亲密程度。

普京也因为与布什成为了朋友，得到了实质性的收获。俄美签署了新的《削减进攻性战略武器条约》，并发表了美俄新型战略关系的联合声明，宣告俄美两国已成为“伙伴和朋友”。而俄罗斯与北约之间新建立的“20合作机制”，使俄在一系列事关国际安全问题上得以在某种程度上参与北约的讨论或决策，成为双方讨论欧洲共同安全制度的新框架。尽管彼此的地位并不对等，俄罗斯毕竟在北约主导的欧洲安全架构中找到了自己的位置。

更重要的是，普京获得了国内改革的宽松环境。

进入2006年，西方对于俄罗斯的指责明显增多了。俄乌、俄白天然气纠纷的背后，一个主张能源外交的“新帝国”已经若隐若现。国际能源市场石油价格的不断上扬给俄罗斯带来了源源不断的石油美元，使得俄政府彻底还清了苏联时代遗留的债务，俄罗斯外债总额减少了2/3。恢复了攻击性的俄罗斯，让西方世界感到了不安，“那些对于人权和民主的伤感又回来了。”

普京的朋友布什率先表达了对俄罗斯“偏离民主轨道”的担心，同时刻意延缓俄罗斯加入世界贸易组织（WTO）的步伐。俄罗斯原本想利用G8峰会东道主的身份争取美俄签署WTO协议的期望落空了。

于是，圣彼得堡出现了前所未有的场面。美联社做了如下描述：布什和普京的握手进行得很快，而两人的合影也“缺少点亲热劲”。不仅如此，在两人共同举行的记者招待会上，布什在回答一位记者提问时说：“我对普京总统说了我们的想法，希望推动一些国家在制度上的改变，就像伊拉克那样。现在伊拉克有新闻自由和宗教自由，我们国家的人民希望俄罗斯可以做同样的改变。”普京一反国际惯例，当即反驳道：“我可以非常坦白地告诉你，我们肯定不想要伊拉克那样的民主。”布什的脸腾地一下就变红了，尴尬地笑着说：“那就等着瞧吧。”

普京的反击并不仅止于此。他开始与布什的敌人加速发展关系，同伊朗发展核能合作，率先“认可”朝鲜的核武国家身份，同委内瑞拉签署10多亿美元军售合同，举行针对北约的联合军事演习，还宣称将“动用核武器”应对外来侵犯。

布什则全面恢复了过去的传统。2007年1月，美国以防范伊朗为名，向波兰和捷克提出就部署导弹防御系统问题恢复谈判。无论美国如何解释其意图，俄都将美国此举视为对俄最大的现实威胁。

2007年7月，布什又为普京开创了先例，他首次邀请外国元首到父母家做客。普京不仅享用了龙虾大餐，还乘坐老布什亲自驾驶的游艇出海钓鱼。但布什家族的热情款待显然不能等同于实质性的回报。并不意外地，普京没有如布什所愿在反导系统问题上让步。

直到两人最后一次会晤前，俄美关系已经跌入冷战结束以来的最低点。他们在索契签下的《俄美关系战略框架宣言》，只不过是重复了7年前已经说过的话：俄美互相将对方视为战略威胁的时代已经终结；双方愿意摒弃冷战思维，将俄美关系从战略竞争转变为战略合作关系，共同应对全球挑战；双方将本着相互尊重的精神，针对有争议的问题进行对话，寻求解决办法。

“总统间的友谊是好事，但只有当它被一些法定的双边协定巩固后才是。”莫斯科战略研究和分析所主管古瑟伊诺夫说。

普京和布什的友谊开始于一段不平等的国家关系。2001年，布什开始领导一个“自信的国际巨人”。相比之下，普京接手的是一个没落的超级大国。7年后，国力此消彼长。于是，俄美关系，连同领袖的私人情谊，都回归其本应有的面目。

布什和普京跳完了最后的探戈，转身而去。

未来几年的美俄关系如何，令人难以猜度。俄罗斯国力明显上升，美国经济呈衰退迹象，此消彼长，战略对比发生变化。绝不会屈居人下的俄罗斯势必会在国际争端中更多试探性地进攻，更加地强硬，而美国也绝不会允许俄罗斯再度崛起，美俄之间是不是真的爆发新冷战，成为国际战略研究者们最为关心的话题之一。

两人在索契的会面，算是最后的探戈，路透社的一幅构图简单的照片意味深长：布什和普京在甲板上凭栏而立，目视前方，背后是苍茫的大海和一艘前进中的轮船。

强者霸道

霸道博弈更多的是进攻性的，往往带着一种雷厉风行的豪气、唯我独尊的英气和君临天下的霸气。

“除非迫不得已，绝对不要惹麻烦，但如果事情发生了，你必须视作没有退路一样，斗到底。”

普京的搏斗作风，带有明显的甘愿冒风险和让人感到出其不意的特点，“他可能从两个方向摔倒对手，就像一些拳击手知道如何利用他的左右手那样。”

美国著名时尚杂志《名利场》评出了2008年100名世界最有影响力人物榜，普京首次登上榜首。

《名利场》评估是否能进入一百位世界最有影响力人物榜的因素有财富、影响力、视野、博爱、X因素。普京入选理由有三点：

一是仍处于权力高峰，成功“重塑”俄罗斯。这是普京首次登上这个全球性的权势榜。《名利场》杂志在给出普京名列榜首的理由时称：“在任俄罗斯总统8年后，普京仍处于他的权力高峰，他的支持率超过了80%，他通过巨额能源收益重振了经济，来自俄罗斯自然资源的巨大收入使他还清了俄罗斯的巨额外债、重建了俄罗斯军力、恢复了俄罗斯的自豪感、重新在国际事务上强势地发挥影响力。”

二是强人风格彰显“霸气”。在2008年8月俄罗斯与格鲁吉亚的冲突中，俄罗斯态度强硬，成为总理的普京“霸气”再现。普京不但谴责美国政府为了帮助共和党总统候选人麦凯恩在2008年选战具有“竞争优势”而挑起格鲁吉亚冲突，还批评欧洲在俄格冲突问题上持双重标准，而且听命于美国。

三是智勇双全。2008年8月31日，普京精彩地向世界展示了他冷静、英勇的一面。当天，普京访问西伯利亚虎保护区时，一只老虎突然跳出陷阱，扑向附近的电视台工作人员。此时，普京迅速拿起麻醉枪向猛兽射去一支麻醉剂，工作人员这才脱险。在虎中弹入睡后，普京还亲手为老虎戴上装备全球定位系统的项圈，以便科研人员监控它的动向和健康状况。普京"打虎"的英雄壮举迅速被国际媒体争相报道，其强硬作风和"铁腕"总理的形象再次得到强化。冷静、英勇、有胆量也许就是《名利场》评选标准中所指的X因素。

普京的妻子柳德米拉在传记中称，普京是一个不折不扣的大男子主义者："他的权威有时像他的拥抱，会让你喘不过气来。"

"当风暴来临的时候，我们的任务是将它拒之门外"

2000年的3月，俄罗斯大地上传诵着一个悲壮故事。为了阻止3000多名车臣匪徒突围，90名俄罗斯空降兵战士在车臣乌鲁斯克尔特地区阻击了三天三夜。

90名官兵视死如归，直至打完最后一发子弹，流尽最后一滴血。当匪徒黑压压地冲上他们阵地的时候，连长在步话机中喊出了最后一句话：向我开炮……

这个真实的故事，后来被写成报告文学《连队消逝在天际》。根据这个真实的战例所拍摄的电影《风暴之门》引起全球军界、军人的轰动！

2000年3月初的俄罗斯大地，依然白雪皑皑，寒气逼人，但是人们无法安坐在温暖的家中享受温馨，整个俄罗斯人民眼在流泪，心在流血！为失去钢铁般的勇士而悲哀。

连长叶夫图欣中校牺牲后不久，他的同胞弟弟——俄北海舰队海军陆战队副营长叶夫秋欣少校，经普京特批调入空降兵部队，重新组建那个在天际消失的英勇连队！

普京发表现场电视讲话："你们是俄罗斯国家的英雄！你们是俄罗斯公民的骄傲！愿你们的英名与俄罗斯大地世世代代同在……"

车臣叛军与俄罗斯政府军的常年战争一直是神秘和遥远的，而这部电影就将这个局部战争的细节平铺直叙地摆在了观众眼前。影片真实表现了车臣叛军的组织性、对战争的专业性和哈萨克军人的凶残本性，确实让人佩服当时普京总统对待车臣叛军决绝的魄力。

“当风暴来临的时候，我们的任务是将它拒之门外。”这是电影《风暴之门》的主题。

普京在2002年出版的一本政治自传中，曾生动地讲述了自己童年的故事。在圣彼得堡自家简陋的公寓里，他看到一只走投无路的老鼠，那只老鼠危险而疯狂地攻击任何靠近它的人。从此，年幼的普京得到的一个教训是：“绝对不要让自己陷于困境。”

多年之后，普京从叶利钦手中接过“日渐消瘦”的俄罗斯时，他又一次想起了童年时的故事。此时的俄罗斯，就像一只茫然四顾的老鼠，绝望地在奔向西方频频受挫中寻找新出路。

普京就任总统后，车臣非法武装以每年数百起的速度频繁制造恐怖事件，包括震惊世界的莫斯科轴承厂文化宫剧院人质事件、别斯兰学校人质事件等。对此，普京的态度是以眼还眼，以牙还牙，显示了统一俄罗斯的尊严。

普京打击车臣分裂和恐怖主义的政策和行动：一是坚决打击、决不妥协；二是加强军事清剿的同时谋求政治解决的途径，实施“以车制车”的战略；三是对内强化反恐措施；四是拒绝西方的指责，谋求反恐国际合作。

2007年10月18日，普京在“与总统连线”的电视直播中指出，在世界上恐怖事件增多的趋势下，俄罗斯恐怖事件数量大为减少，证明反恐工作有所成效。

俄罗斯联邦安全总局局长尼古拉·帕特鲁舍夫指出：“世界每年发生1.4万多起恐怖事件。2005年俄罗斯发生了257起恐怖事件，2006年为112起，2007年前8个月俄罗斯共发生25起恐怖事件，我们不能说不会发生多起恐怖事件，但我们提高了打击恐怖主义的效率。”

俄罗斯的“不稳定因素”并不是什么新问题，而是老大难，一波未平一波又起。幸而普京到底是克格勃出身，以铁的手腕排除了政治异己，把俄罗斯各种“不稳定因素”消灭在萌芽状态。

“要把恐怖分子溺死在马桶里！”第二次车臣战争的正面战争虽然在2000年已告一段落，但车臣的非法武装并没有完全清除干净，还有包括500多名外国极端分子在内的数千名武装叛乱分子进入山区与俄军长期对抗。

这些“车独”武装分子训练有素，装备精良，凶狠残忍，他们的任务除了与进山围剿的俄军打游击战外，主要是组织小股力量进行破坏、暗杀和劫持人质等恐怖活动。从车臣战事结束后，他们的恐怖袭击活动没有停止过一天。

俄罗斯发生的恐怖袭击事件绝大多数都与车臣恐怖分子有关。

2002年12月27日，车臣“人体炸弹”驾车撞向格罗兹尼市政府总部，炸毁了四层办公楼，造成80多人死亡。

2003年3月1日，车臣临时政府领导人卡德罗夫的车队在格罗兹尼遭到车臣叛匪袭击，4名保镖和3名警察在交火中身亡。

2003年5月12日，两名恐怖分子驾车冲进车臣一个区政府办公大院，引爆炸药造成52人丧生，300多人受伤。

2003年6月5日，在与车臣交界的俄罗斯北奥塞梯共和国莫兹多克市北部郊区，距俄一大型空军基地6公里处发生了自杀性爆炸事件。一名身上绑满炸药的“黑寡女”快步走近一辆运送40名俄空军机械师和家属的车辆，造成至少15人死亡，12人受伤。

2003年7月5日，莫斯科一年一度的摇滚音乐会——“羽翼”摇滚音乐会在莫斯科市区西北的图什诺机场举行，现场聚集了3万多名观众，两名“黑寡女”引爆了捆在身上的炸药，炸死17人，杀伤40多人。

2003年7月17日，与车臣交界的达吉斯坦共和国一所警察局遭到汽车炸弹袭击，停放在附近的车辆也被大火吞噬，爆炸造成了3人死亡，20多人受伤。

一系列恐怖袭击表明，尽管在车臣境内的大规模正面军事冲突基本结束，但是一场恐怖与反恐怖之间的较量还在车臣，甚至俄罗斯全境展开。

普京说：“作为总统，作为国家元首，作为一个誓言带给国家安全的人，作为一名俄罗斯的普通公民，我别无选择。”

普京在各种场合多次重申，俄政府绝不向车臣武装分裂分子做任何让步，决不与其进行任何谈判，并声明“俄罗斯决不会与恐怖分子做什么交易，也决不会屈服于任何敲诈勒索，俄政府将战斗到底”。

2002年10月23日傍晚的莫斯科市秋风萧瑟。在莫斯科东南区杜布洛夫卡大街上的音乐厅建筑物上，几个用巨大的拉丁字母制作的灯箱广告闪着红蓝交错的灯光——“NORD—OCT 音乐剧”。

这里一直在上演一部在莫斯科颇受欢迎的美国音乐剧《东南风》。此时巨大的剧场里座无虚席，1000 多名观众大都是住在附近街区里的莫斯科市民。

2002 年 10 月 23 日 21 时 30 分左右，就在音乐剧第二幕将要结束之时，一个大汉在 50 多名穿着传统的伊斯兰黑色长袍，蒙着脸，挥舞着手枪，身绑炸药的女恐怖分子——“寡妇军”的簇拥下突然出现在舞台，宣称接管了整个音乐厅，全体观众及 100 多名演员和文化宫的工作人员已成为了他的人质。

恐怖分子疯狂地叫嚣道：“俄罗斯军队必须在一周内撤出车臣，并要释放所有被俘的车臣战斗队员。否则，我就要引爆莫斯科轴承厂文化宫大楼”。并警告说，如果警方敢采取强硬手段，那么他们每“牺牲”一人，就杀死十名人质作为抵偿。

事件发生后，莫斯科警方、内务部和“阿尔法”特种部队马上赶到了现场，并将事发地区周围的街道严密封锁。在米尼科夫大街及其周围的街区，布满了上千名荷枪实弹、身穿迷彩防弹背心并且头戴钢盔的军警。在临近剧院的高层建筑物上，也安排下了狙击手以防不测。几十辆装甲车和消防车、医疗救护车停在街道两边待命。在剧院外围街道上，警方设置了几道警戒线，阻止行人通行，只允许军警车辆、消防车和医疗救护车辆进出。

“紧急情况指挥中心”在距剧场不足 500 米的地方临时组建起来。随后“阿尔法”成员化装成工人，在剧场附近以挖凿排污和供暖管道为掩护监视恐怖分子的行动。

当晚 23 时恐怖分子在近两个小时中陆续释放了近 20 名儿童和人质中的高加索人，并再次扬言，如果当局采取行动，他们就要炸平文化中心大楼。

正准备出访德国和葡萄牙，并随后前往墨西哥参加亚太经合会议的普京总统闻讯后立即取消了计划，责令莫斯科警方立即在出事现场成立指挥部，由俄联邦安全局副局长普罗尼切夫负责解救人质的行动，莫斯科内务总局局长普罗宁坐镇指挥。

同时普京连夜召集了包括俄罗斯联邦安全局、内务部、俄南部联邦区、军队等部门的最高级别官员共同举行紧急会议，商讨解救办法。在会上普京没有像其他一些国家的元首那样，抚慰人质和受害者的家属，做出“俄将争取使人质安全获释”的承诺，而是强调了俄罗斯长久以来执行的“决不向恐怖分子妥协”的政策。

因为普京深知，如果政府妥协，让绑匪的目的得逞，那么将刺激更多的绑架事件。普京这样做的另一个原因则是因为他的克格勃经历使他接受到的都是有关“国家利益至上”的教育和培训，而非一些传统政客所接受的拉拢民心的观点。

另外，在与国内各相关部门通力协作的同时，普京还积极寻求全球范围内的舆论支持。普京还要求俄各方也展开积极的营救活动。

据一名被释人质透露，恐怖分子在剧院内的座椅、柱子、墙壁、走廊和自己身上都绑上了炸药。

被劫人质给普京写信，希望俄军不要动武，并从车臣撤出。人质家属也上街游行，要求俄政府接受绑匪要求，停止车臣战争。全国电视台公布了人质要求普京结束车臣战争的呼吁：“我们要求您做出明智决定，结束战争。我们厌倦了战争，希望和平。”

国家杜马召开紧急会议，杜马主席谢列兹尼奥夫强调，应同绑匪进行谈判。戈尔巴乔夫也出来说话，主张通过谈判解决人质危机。许多国家纷纷发表声明，在谴责车臣恐怖分子的同时，希望人质危机和平解决。

但普京不为所动，仍然坚持强硬立场，并力主采用铁腕手段。普京宣布，俄政府决不向绑匪妥协，决不向车臣叛乱武装让步，决不让俄军撤离车臣。唯一的让步是“如果释放全部人质，可免绑匪一死，并将他们送出俄罗斯国土”。

俄罗斯国家杜马也起草了一份呼吁书，要求车臣劫匪保持克制，不要感情用事，不要随意伤害无辜的人质。俄罗斯联邦委员会也宣布了一份致世界各国议会的公开信，要求共同谴责令人发指的绑架人质事件，并且配合俄罗斯共同解决此次人质危机。

2002 年 10 月 24 日下午 4 时左右，一向与车臣部族头领保持良好关系的俄国家杜马议员卡伯松，在国际红十字会两名代表和一名英国记者的陪同下，走进被恐怖分子劫持的剧院，开始与恐怖分子接触。

恐怖分子同意释放 3 名儿童人质，并带给政府释放人质的谈判条件。

10 月 25 日早晨 6 时 30 分，7 名男女人质被释放。中午 12 时 30 分，包括一名瑞士女孩在内的 8 名 8 至 12 岁的儿童被释放。但绑匪原先答应释放所有 75 名外国人质的诺言没有兑现。

10 月 25 日晚上 7 时，普京总统再次召开强力部门负责人会议，说这次危机的当务之急是“确保人质的生命安全”，并授权总统驻南部联邦区全权代表卡赞采夫担负这一重任。在摸清情况后，普京命令“阿尔法”特种部队做好突然袭击的准备。

10 月 25 日午夜，俄罗斯著名的车臣战地女记者波利特科夫卡娅被任命为绑匪头目巴拉耶夫和当局的调停人，并进行了面对面的会谈。

10 月 26 日凌晨 2 时 30 分，救护人员从剧院救出了被击伤的一男一女。3 时 30 分，巴拉耶夫提出的“最后期限”已到，于是他开始枪杀人质。一些人质见后试图逃跑，“寡妇军”马上举枪射击。顿时，剧院内的枪声和爆炸声响成了一片。最后 8 名人质成功逃脱。

10 月 26 日 5 时 30 分，“阿尔法”特种部队开始发动袭击。他们从通风管道向剧院内施放了大剂量的“神秘气体”——一种强烈麻醉剂，并用炸弹在大楼墙壁上炸开一个大洞。冲入了剧院的“阿尔法”特种部队与“寡妇军”展开了激烈枪战。激战中“寡妇军”引爆了一些被绑在支撑天花板支柱上的炸弹。

经过数分钟的战斗，包括绑匪头目巴拉耶夫在内的 30 多名绑匪被击毙。特种部队士兵无严重伤亡。

10 月 26 日 7 时，爆炸声和枪声沉静下来。7 时 10 分，特种部队士兵将活着的绑匪押出剧院，许多被救人质也陆续离开。7 时 25 分，安全部队彻底控制该剧院，所有人质已经被解救。官员后来宣布：750 名人质被救，34 名绑匪被击毙。

这起历经 57 小时，震惊世界的事件至此总算落幕。

2002 年 10 月 26 日晚，普京亲自到斯克利福索夫斯基医院看望获救人质，并逗笑了一名刚刚恢复知觉的获救人质。

莫斯科人质危机的圆满解决，使普京再次成为一些媒体瞩目的焦点人物。他在处理绑架问题上的方法独树一帜，其强硬的态度得到了不少评论人士的肯定。据民意调查，有 85% 以上的俄罗斯公民对普京所采取的行动表示赞同。

这次解救人质虽然获得成功，但并非十分圆满，其间也出现了重大纰漏，主要是因为施放“神秘气体”。普京虽然强调，最重要的任务是保护人质的生命安全，但整个过程仍然导致128名人质死亡，还有500多名人质受伤，必须住院治疗。虽然有人说，人质死亡不超过20%，解救行动就算成功，但128名人质的死亡终归非同小可。

2002年10月发生的“莫斯科人质事件”，是历史上最大规模挟持人质事件。其间，不仅700多名人质及其亲友历经60小时的煎熬，普京也面临上任两年半来最艰巨的考验。

普京的危机处理能力也受到全球瞩目。他的强硬处理手法虽然令100多名人质死亡，但国际舆论普遍持赞赏和支持态度，甚至连以往一向偏袒车臣的美国，也一反常态，不但没有说三道四，而且还公开拒绝指责俄罗斯使用毒气，显然，这与全球范围内的反恐大环境有关。

普京在这场危机处理当中最大的成功之处在于，他一开始即将反叛军归类为恐怖分子，进而将俄罗斯与车臣的冲突提升至由美国主导的全球反恐战争。换言之，日后他再出兵车臣必然是以对抗恐怖主义为名，一旦师出有名，西方舆论也不敢大加讨伐，普京将再有机会重申他的强硬立场。

综合来看，普京身为俄罗斯总统，在人质危机处理上，可谓赢得战术性的成功，以卓越的军事攻坚，化解可能的重大伤亡。然而在整体战役布局上，“攻心”方面欠缺即时回应的力道，而其管理体系未能因应环境，做好监控，也暴露了一些“预防危机能力不足”的弱点。还好在大气候上，普京抓住了“全球性反恐”的主轴，在战略上算是聪明之举。

“如果今天不动手，明天损失会更大”。莫斯科人质事件发生后，普京宣布要“以牙还牙”，不仅拒绝马斯哈多夫的和谈建议，而且下令停止执行逐步撤军计划，在车臣展开大规模的清剿行动。

尽管普京的强硬立场占了上风，俄当局限制了媒体对反恐和车臣问题的报道和争议，政治解决车臣问题的呼声暂时又被压了下去，同时也使得车臣战争进一步激化，而且延伸到了俄罗斯的首都。

2004年5月9日上午，俄罗斯车臣共和国首府格罗兹尼市中心的狄纳莫体育场内人头攒动，车臣纪念苏联卫国战争胜利59周年的庆祝仪式即将在这里举行。10时30分，卡德罗夫总统和俄罗斯驻北高加索集群司令巴拉诺夫上将一行，刚刚走到主席台中央坐定，只听到“轰”的一声巨响，主席台中央的要员席刹那间塌下一个巨大的黑洞，棕色的浓烟腾空而起，几个人瞬间就不见了！车臣总统卡德罗夫、国务委员会主席伊萨耶夫等6人当场被炸身亡。俄军驻北高加索集群司令巴拉诺夫上将等50多人受伤。

这是向刚刚宣誓进入第二任期的俄总统普京公然挑衅，使俄政府在国内和国际上的形象受辱。

2004年9月1日10时，一伙不明身份的武装恐怖分子进攻并占领了北奥塞梯第一中学，将参加开学典礼的约1200名师生和家长扣作人质。

9月1日13时，普京从俄黑海海滨城市索契返回莫斯科，在机场立即召开了俄强力部门领导人参加的会议。

9月1日15时45分，恐怖分子通过手机发出威胁：如果一名武装分子被打死，他们将杀死50名儿童；如果1人被伤，则将打死20名儿童作为报复。

9月1日18时50分：俄罗斯就最近发生的恐怖事件紧急呼吁召开联合国安理会会议。

2004年9月2日5时，联合国安理会强烈谴责恐怖分子在北奥塞梯扣押人质的行径。

2004年9月2日，遭绑架人质的家属发表公开信，希望普京总统尽量满足恐怖分子要求，不要用强烈手段处理此案，以免造成人质严重伤亡。

普京说：“同这样的人没有什么好谈的，应当同他们进行战斗！”

9月3日13时15分，特种部队冲进学校解救人质；16时俄军几乎完全控制学校。

9月4日，俄媒体发布新闻，在这次人质事件中27名恐怖分子被打死，3人被活捉。人质中至少有250人死亡，704人受伤，其中259人是儿童。俄特种兵有10多人战死，18人负伤。

9月4日凌晨，当别斯兰市第一中学内的枪声停息才几个小时，普京就在第一时间出人意料地火速飞抵现场。他下令关闭北奥赛梯共和国边界，搜捕一切与劫持人质事件有关的人员。普京下飞机后，立即乘坐一辆小型巴士，径直朝当地最主要的医院驶去。普京在医院逐一察看了除重症病房以外的所有病房。他脸色严峻，停下来摸了摸一名受伤儿童的头部和一名妇女受伤的胳膊。普京说："全俄罗斯都与你们同悲痛。"

9月4日晚18时，身着黑色西服、系黑色领带的普京总统出现在俄罗斯千家万户的电视屏幕上。他悲愤地说："俄罗斯多次遭遇过恐怖袭击，但是屠杀弱小儿童这种灭绝人性的惨案却史无前例。俄罗斯别无选择，一旦向恐怖分子屈服，将出现更为惨烈的冲突。这是一场残酷的战争，历史告诉我们战争不会很快结束，我们必须找出更有效的应对方法。"

一些国外媒体纷纷将矛头对准了普京，认为正是其车臣政策的失误导致了恐怖活动的泛滥。别斯兰人质事件后，俄罗斯为抢占舆论先机，立即要求联合国安理会紧急开会谴责恐怖主义。

普京强调，"我们对于国家乃至全球范围内凸现的复杂性和危险性没有充分认识和理解，进而在一些事件中，我们的反应不够灵敏，我们表现出了虚弱，由此，虚弱的民众挨打了。"俄罗斯别无选择，因为一旦向恐怖分子屈服将会出现更为惨烈的冲突。

普京动员处于"普遍危险"之中的所有民众共同"反恐"。

2004年9月11日，俄罗斯总统府新闻局宣布，解除北奥赛梯共和国内务部长赞季耶夫和安全局长安德列耶夫的职务。

这是一场俄罗斯版的"9·11"事件，这是一场真正意义上的反恐战争。

事发后，普京坚持不与恐怖分子谈判的立场，获得了大多数俄罗斯及车臣民众的认可，因此来自民众方面的压力甚小。

"绝对不要让自己陷于困境"。这个世界只有一个普京，这个世界也只有俄罗斯一个国家的突发事件是如此频发、如此举世震惊。虽然，不能说没了普京，俄罗斯就会陷入无限深重的灾难，但是，有了临危不乱、处事果决的普京，俄罗斯人已能平静地背诵着《圣经》、理智地对待一切有可能发生的事情。

普京可以说是位“救火总统”：成名来自于“救火”，上台也与“救火”有关。

普京担当“消防队员”，可以说是在其总理任期内开始的。

1999 年 9 月，由车臣武装叛匪头目巴萨耶夫和国际恐怖分子哈塔普精心策划的恐怖行动，一时间震惊了俄罗斯朝野。这群杀人如麻的恐怖分子，先是策划了对邻近的达吉斯坦共和国的武装进犯，试图建立所谓的大伊斯兰共和国，之后又在莫斯科和俄罗斯南方的几座城市，致使几百名无辜平民死于非命。

当普京目睹莫斯科接连发生两座居民楼爆炸案的惨景之后，从牙缝里冒出“要把恐怖分子溺死在马桶里！”俄罗斯民众的精神为之一振！此时是普京担任俄罗斯总理的第二个月。

2001 年的俄罗斯被空难笼罩。7 月 3 日晚俄罗斯远东城市符拉迪沃斯托克（海参崴）的航空公司的一架图 –154 客机在即将中转的过程中失事坠毁，机上共有乘客和机组人员 140 多人。这是俄罗斯近年来最严重的一次客机坠毁事件。普京下令成立一个由副总理率领的特别调查委员会，以调查这起飞机失事的原因。10 月 4 日，一架由以色列飞往新西伯利亚的俄罗斯班机由于乌克兰军事演习失误，在黑海上方坠毁，机上 78 名乘客及机组人员全部丧生。普京在坠机事件发生后，立刻在克里姆林宫召开紧急会议，并委任安全理事会主管领导一个调查团，调查坠机事件。

2002 年是车臣制造灾难的一年。俄罗斯一架米 –26 军用直升机被车臣武装分子击落，100 多名士兵死亡。莫斯科“人质危机”事件则是美国“9 · 11”事件后世界范围内最大规模的恐怖主义事件。普京没有像其他一些国家的元首那样，抚慰人质和受害者的家属，做出“俄将争取使人质安全获释”的承诺，而是强调了俄罗斯长久以来执行的“决不向恐怖分子妥协”的政策。12 月 27 日，车臣恐怖分子制造俄车臣共和国政府大楼爆炸案，酿成了 72 人死亡、100 多人受伤的惨剧。

爆炸持续到了 2003 年。5 月 12 日，1 名车臣恐怖分子驾驶装有炸药的卡车，强行闯入纳德捷列奇诺耶区政府大院并引爆了炸药。这一事件造成 50 多人死亡 200 人左右受伤。普京在克里姆林宫召开的紧急会议上告诫与会的政府高官 ：“我们坚决不允许这样的事件重演，绝对不允许！”

2003年9月29日，俄罗斯克拉斯诺达尔边疆区在事先未向乌方通报的情况下，单方面开始在刻赤海峡朝乌克兰宣称拥有主权的图兹拉岛方向修建堤坝，乌克兰对俄方的施工行为提出了抗议，并在岛上部署了边防部队，两国关系出现危机。由于乌克兰与俄罗斯关系特殊，为防止刻赤海峡危机进一步升级，乌克兰总统库奇马主动给俄总统普京打了电话，磋商如何解决当前危机。普京表态极为关键，他答应让俄方停止筑坝工程，并表示俄罗斯无意破坏乌克兰的领土完整。2004年1月23日至24日，普京对乌克兰进行工作访问，两国正式走出刻赤海峡危机。

时间跨入2004年，恐怖事件依然接二连三：莫斯科地铁发生爆炸、莫斯科德兰士瓦水上乐园发生屋顶坍塌事故、莫斯科地铁人体炸弹袭击事件……

2004年8月24日至9月3日这12天，对于俄罗斯来说，无疑是一场挥之不去的噩梦。

2004年8月24日，俄两架民航客机遭恐怖分子袭击坠毁。8月31日，车臣“黑寡妇”又在首都莫斯科地铁站制造了人体炸弹袭击事件。

2004年9月1日至3日北奥塞梯1000多名师生被恐怖分子劫持，300多人遭匪徒杀害，其中至少有150多名是儿童。

对这些恐怖危机事件的处理，充分体现了普京的大将风度，为他再一次赢得了俄罗斯人民和世界的认可。

普京强调，“俄罗斯多次遭遇过恐怖袭击，别斯兰人质事件是对全体俄罗斯人民的挑衅，是对整个国家发动的进攻。俄罗斯一旦向恐怖分子屈服，将出现更为惨烈的冲突。”

普京在经历了一系列危机事件后，进一步强化危机处理机制、强力部门和反恐力量的建设。

所谓危机处理机制，就是以担负危机处理职能的国家政治机构为核心，在社会系统其他重要因素影响下，按照相应组织结构运作从而对危机事态进行预警、应对和恢复的组织体系。这个组织体系包括危机处理的中枢指挥系统、危机处理的支援和保障系统（危机的直接处置机构）和危机处理的信息处理系统。

俄罗斯总统在国家政治结构与危机处理中发挥着决定性的作用，而普京在危机中反应快速、行动果断，表现出了高超的危机处理能力。特别是在最佳时机果断下令特种部队出击，击溃恐怖分子，避免人员更大的伤亡。

俄罗斯联邦反恐危机处理机构，由总统统一领导，联邦政府是领导反恐、保障反恐所需的强力、资金、资源的主要主体。直接参与反恐的联邦执行权力机关主要有：俄联邦安全局、俄联邦内务部、俄联邦对外情报局、俄联邦保卫局、俄联邦国防部和俄联邦边防局等。

2004 年 12 月 20 日，普京在庆祝联邦安全机构工作人员日的讲话中称，俄罗斯在 2004 年遭受了“史无前例的恐怖袭击”，“只有一个强大的国家，并且得到全体俄罗斯社会的支持，才能战胜恐怖主义”。

2004 年 12 月 23 日，普京在俄罗斯年度记者招待会上声称，2005 年，俄罗斯将集中主要精力打击恐怖主义。

2005 年 1 月，俄罗斯杜马以 385 票对 47 票的压倒性多数初步通过一项新的反恐法案，赋予克里姆林宫极大的权力，包括在恐怖袭击威胁下，宣布全国进入紧急状况，限制自由言论，钳制通信和审查新闻媒体。新法案还创立了与美国相同的 3 级公共警报体制。

通过新反恐法案，无疑加大了俄罗斯境内的反恐力度，并使俄政府在危机时刻有效地控制和管理事态的进展，如稳定社会情绪，引导社会议论，从而使安全机构能够不受干扰地按制定的方案解决问题。

法案的顺利通过，也说明反恐举措得到了俄罗斯人民与社会的支持。

普京还下令成立一个强大的中央反恐部门。他说：“我们需要一个单一的机构，既可应付恐怖袭击，亦可主动出击，消灭国内外藏匿的罪犯。”

普京还强调加强国际合作共同反恐。

2004 年 10 月中旬，“北约—俄罗斯理事会”会议在罗马尼亚布拉索夫举行，讨论加强反恐合作。与此同时，“欧盟—俄罗斯外长会议”在荷兰海牙举行，会议决定进一步加强欧盟和俄罗斯在反恐领域的合作与交流。普京和加拿大总理发表反恐合作联合声明说，俄加两国坚决支持在世界各地打击各种形式的恐怖主义。

2006年2月16日，普京签署了《关于打击恐怖主义措施的命令》，决定成立全国统一的国家反恐委员会，以协调各联邦执行权力机关、各联邦主体执行权力机关及地方自治执行权力机关的反恐活动，并向总统提出相关的反恐建议。命令同时规定，成立国家反恐委员会下属的联邦指挥部。在俄罗斯联邦各主体成立相应的反恐分委会和地区反恐指挥部。

2006年7月4日，普京再次命令，解除了六大联邦区调查局局长的职务，通过强力部门的大换班加大反恐力度。

与此同时，普京要求俄国家杜马修改《反恐法》，不仅仅是为了震慑恐怖分子，而是实实在在地向境外恐怖分子下达追杀令。

普京经常说，"这是一场残酷的战争，我们必须找出更有效的应付方法。拖延意味着巨大的危险。"

曾执教普京15年的柔道教练拉克林回忆说，普京的搏斗作风带有明显的甘愿冒风险和让人感到出其不意的特点，"他可能从两个方向摔倒对手，就像一些拳击手知道如何利用他的左右手那样。"

据普京的同学和老师回忆说，孩提时的普京外表脆弱，但内心坚强，从来不害怕挑战比自己强大的对手，从不畏惧任何挑战。在普京加入克格勃后，他吃惊地发现，上司教给他的格斗哲学，跟他自己在街头巷斗中总结的并没有什么两样，"除非迫不得已，绝对不要惹麻烦，但如果事情发生了，你必须视做没有退路一样，斗到底。"

由于危机具有突变性和紧迫性，许多既定的原则和立场都必须与现实对应。在这方面，普京可谓身手敏捷，能迅速权衡得失，作出最有效的反应。

纵观普京任俄罗斯总统8年，几乎圆满地完成了处理所有突发危机事件的考验。所有的突发事件不仅没有给普京带来难堪，甚至还让他的威信大增。

普京同样赢得了各国的普遍尊重和支持，而顺理成章的，打击车臣分裂主义活动与美国打击基地组织便同样成为了世界反恐运动的重要组成部分。

普京用沉着、坦白、果敢，为俄罗斯造就了一把遮挡"急风暴雨"的安全伞。

“一旦你下决心打这一架，那你就一定要坚持到最后”

当成功和失败的机会各占一半时，是最难下决心的，因为很少有人敢于对失败负责。而在议会体制培养出的政治家中，除了态度暧昧外，西方传统政治生活中的另一特色是妥协。

俄罗斯人在经历了苏联解体、经济崩溃、国际地位下降、国内民族危机等一系列重大事件之后，迫切需要一位强有力的领导人。在等待和寻找了许久之后，俄罗斯人和叶利钦都几乎同时发现了“新大陆”，在普京身上，人们见到了一个年轻、自信的人，他不但未被任何东西玷污，而且不怕承担责任，他展现的品质正是人们很想在国家领导人身上见到的那些品质，而且人们已经渴望很久了——那就是坚强的气势、决心、态度和行动。

一般来说，在需要的场合和需要的时间出现的人才有魅力。俄罗斯人认为，普京恰好是这样的人。

“敲山震虎”：俄乌斗“气”一役的实力锋芒。2005 年 12 月，俄罗斯与乌克兰就提高俄向乌提供的天然气价格问题出现争议。乌克兰 2005 年是按每 1000 立方米 50 美元的价格购买俄天然气的。俄天然气工业股份公司要求乌方按每 1000 立方米 230 美元的市场价格购买。乌克兰则希望分阶段提价，以减少对国内相关行业造成的冲击。俄方多次表示，如在莫斯科时间 2005 年 12 月 31 日 24 时之前双方达不成协议，俄将切断对乌方的天然气供应。

乌克兰每年天然气消费量约为 800 亿立方米，其中 250 亿立方米来自俄罗斯。但是，俄每年通过乌克兰天然气管道向欧洲出口 1120 亿立方米天然气，乌收取过境费。根据双方以货易货的贸易方式，俄每年要向乌提供 170 亿立方米的天然气代替过境费。此外，乌每年还按优惠价格从俄购买 80 亿立方米的天然气。

2006 年 1 月 1 日凌晨，乌克兰拒绝俄罗斯提出的 2006 年天然气供应和运输最新建议。

2006 年 1 月 1 日零时，俄罗斯天然气控制站正式停止了向乌克兰供应天然气。

面对俄罗斯可能采取的“断气”措施，乌克兰做了相应准备。2005年12月30日晚，乌克兰总统尤先科在接受乌克兰电视台采访时说，乌克兰与土库曼斯坦已经达成协议，土库曼斯坦将自2006年1月1日起以每1000立方米50美元的价格一年内向乌克兰供应400亿立方米天然气，因此乌将不存在天然气短缺问题。

天然气大战是乌俄关系现状的一个缩影，折射出的是两国关系趋冷的现实。

2005年底乌克兰大选期间，反对派发动所谓“颜色革命”。得到西方支持的尤先科获得胜利，俄罗斯力挺的总统候选人亚努科维奇失利，乌俄关系骤冷。

正是在这种情况下，俄罗斯变过去的慷慨优惠为施压，其实质还是打“能源牌”，力图保持在独联体的传统优势。

俄罗斯切断乌克兰天然气供应的行动立刻在东欧和西欧引发了一场政治和经济危机，它突出了能源供应在权力政治中所发挥的关键作用。

乌克兰试图在乌俄天然气争端中获得西方支持的努力也是一个高风险的赌博，这一赌博可能会使其被孤立、其工业遭到瘫痪性的打击。

俄罗斯2006年首次成为八国集团主席国，普京想让能源安全成为年度峰会的主题。俄罗斯天然气股份公司的行动，使西方的批评者更加确信俄罗斯不具备成为八国集团主席国的资格。

尽管俄乌之间进行了数个月的谈判，普京还就此发出过警告，但商人们和西方政府，仍视俄罗斯将供乌天然气价格提高四倍是有预谋的，等同于敲诈。这使欧洲进一步加大对俄罗斯能源的依赖度持怀疑态度。

事实上，对于俄罗斯来说，它的行动可能会导致像阿拉伯世界1973年石油封锁行动一样的灾难，石油封锁行动使西方和美国决心减少对阿拉伯石油的依赖程度。

俄乌争端的核心在于双方都非常厌恶对方。许多俄罗斯人仍对失去乌克兰感到不快，而许多乌克兰人仍对俄罗斯过去的统治非常不满。

俄乌天然气冲突有许多政治因素在起作用，并涉及欧美俄各方的利益。从俄乌“斗气”中显而易见：俄罗斯越来越把能源牌当做牵制西方国家的一个重要政治筹码，这也是俄罗斯行之有效的外交策略。毕竟俄罗斯是世界天然气储量第一大国，许多欧洲国家不得不依赖于俄罗斯的供气，一旦西欧国家得罪俄罗斯或让俄罗斯感觉到逼人太甚，那么俄罗斯就会通过断气还以颜色。同样，乌克兰地处欧洲大陆腹地，其战略地位十分突出，假如它完全倒向西方，将对俄罗斯的周边安全构成威胁，这是俄罗斯不得不考虑的战略问题。

从俄罗斯方面看，通过“天然气之争”旨在实现如下目标：一是通过能源优势实现强国目标。2006 年 1 月 1 日起，俄开始成为八国集团主席国，俄总统普京已把能源安全确定为八国集团领导人“圣彼得堡峰会”的最主要议题，通过对乌“祭刀”，显示俄能源外交实力。二是震慑独联体离心倾向。在全球化和地区一体化背景下，独联体成员国却渐行渐远。俄此举在于警告它们，俄今后将不再为“反俄”国家输血。三是遏制乌克兰“西化”步伐，尤其是阻止乌加入北约。俄期望让乌认识到“加盟入约”、疏远俄将付出高昂代价。四是提高经济利益。按每千立方米 230 美元的欧洲市场价格，俄每年可多收入数十亿美元。五是在一定程度上控制乌的经济命脉。俄天然气工业总裁米勒曾暗示，如果乌同意俄企业参与管理乌境内管道，则俄不排除继续以优惠价向乌供气的可能性。

俄罗斯与乌克兰之间的“天然气危机”，看起来只是某种商品的定价问题，实际上却是两国地缘政治地位演变的结果，隐藏着外交与战略较量。

乌克兰认为，“天然气之争”是新的“民族独立保卫战”。乌之所以这一次在天然气问题上表现十分强硬，一来是由于乌克兰把守着俄罗斯向欧洲出口天然气的咽喉要道，二来欧盟从俄罗斯进口的天然气约占其天然气购买总量的 30%，几乎都要途经乌克兰境内。

这场纠纷还涉及第三方，那就是欧盟。欧洲天然气供应因这场争端出现短缺。

2006 年 1 月 4 日，在俄罗斯和乌克兰就天然气供应发生争端、僵持三天后，双方终于就俄方通过管道向乌克兰提供天然气达成一项为期五年的协议。

这一场表面上看来纯属价格争议的商业纠纷，却成了 2006 年初举世关注的国际政治头条新闻。

根据协议，两国将由俄罗斯通向乌克兰的天然气资源交给一家名为“俄乌能源”公司的中介公司。俄罗斯天然气工业股份公司将以230美元／千立方米的市场价向“俄乌能源”出售天然气，而乌克兰国家天然气公司则以远低于市场价的每千立方米95美元的价格向“俄乌能源”购买天然气。

与此同时，俄方将以每百公里每千立方米1.60美元的价格，向乌方支付通过乌境内管道输往欧洲天然气的过境费——较原本1.09美元的价格上涨了47%。

俄罗斯在可利用资源有限的情况下，会将其手中的牌实现效率最大化。

俄罗斯选择在2006年新年伊始，借乌克兰天然气问题发难，也是给西方发出信号：俄罗斯有足够资本可以跻身于大国集团行列，对国际经济的发展施以更加强大的影响。

尽管俄乌都声称协议是己方的胜利，但仔细解读之下，可以发现俄罗斯才是赢家。

协议中最关键的中间商“俄乌能源”公司是一家成立数十年的专门从事离岸能源交易的公司。俄天然气化工股份公司间接持有其一半股份，另一半则为奥地利一家银行持有。“俄乌能源”主要通过利用前苏联各成员国市场间的价格差盈利。

表面上看，“俄乌能源”公司当了冤大头，但实际上，230美元的单价是针对来自俄罗斯质量更高的天然气。《纽约时报》当日报道指出，来自土库曼斯坦和哈萨克斯坦天然气的单价分别仅为50美元和60美元。由于国际天然气市场总体看涨，此次230美元的单价将保持五年不变，所以，“俄乌能源”完全可以将230美元的俄优质天然气以未来更高的价格放到国际市场上出售，而把质量较差的混合天然气出售给乌方。因此，乌过去以50美元就能购得的俄优质天然气质量，远非现在以95美元购得的混合气可比。

其次，乌方最初坚持每千立方米75至80美元的单价，最后95美元的报价显然突破了乌方的谈判上限；另外，乌方获得的涨幅高达47%的过境费也并非此次谈判所得——早在2005年的过境费谈判中，俄方还价已达 1.75 美元，而此次 1.60 美元的过境费较当初还少。

手中握有能源武器的俄罗斯处于强势地位。

乌克兰每年从俄进口 250 亿立方米的天然气，占全国消费量的 1/3，还有 1/3 分别来自土库曼斯坦和乌克兰国内，而来自土库曼斯坦的天然气依然要经过俄罗斯境内。此外，俄罗斯计划铺设经过波罗的海海底的天然气管道，以此绕过乌克兰，直接向欧洲供气。所以在天然气问题上，乌克兰没有太多可讨价的砝码。而俄选择在欧洲的严冬停止供气，无疑彻底压弯乌克兰本已不硬的脊梁。在乌克兰经济增长率从 2004 年 12% 急剧下滑到 2005 年 4% 的情况下，俄的断气行动将对乌克兰国内局势产生重大影响。

通过短短两天的停气，俄罗斯再次提醒整个欧洲——到底是谁掌握着欧洲能源的命脉。在俄罗斯暂停供乌克兰天然气后，欧洲各国出现程度不同的天然气压力下降的情况。尽管各国都分别制定了应急措施，包括动用本国储备、扩大从挪威和英国北海进口天然气的数量等等，但欧盟总体对俄天然气的依赖使得断气成了不可承受之痛。

“针锋相对”：俄英外交交“恶”升级的霸气锋芒。2007 年 7 月 16 日，英国宣布驱逐四名俄罗斯外交官，理由是俄罗斯方面没有对利特维年科的死亡作出适当的回应。

利特维年科曾是俄罗斯联邦安全局的一名特工，2000 年的时候因政治原因举家叛逃到英国，并于 2006 年获得英国公民身份。2006 年 11 月 1 日，利特维年科在伦敦市中心的一家日本餐馆用餐后感到身体不适并入院治疗，11 月 23 日不治身亡且死因不明，拉开了俄英外交战的序幕。

2007 年 5 月 23 日，英国当局指控曾在苏联克格勃任职的俄商人卢戈沃伊下毒所致，要求俄罗斯将其引渡到英国受审，但遭俄方拒绝。

2007 年 7 月 16 日，英国宣布，由于俄罗斯拒绝向英国引渡涉嫌毒害俄前特工利特维年科一案的卢戈沃伊，英国将驱逐 4 名俄外交官。

同日，莫斯科立即还以颜色，驱逐 4 名英国外交官。俄外交部发言人指责英国当局此举是精心策划的“挑衅行为”，将利特维年科案政治化，目的是为了给拒绝引渡两名遭到俄方通缉的嫌疑人寻找借口。这两人指的是遭俄方通缉的寡头别列佐夫斯基（被指控阴谋发动政变以及挪用国企资金）与车臣非法武装头目扎卡耶夫。

2007 年 7 月 23 日，英国首相布朗展现强硬态度，要求俄方引渡嫌疑人。

2007 年 7 月 24 日，普京谴责说，英国建议俄方修改宪法以允许引渡中毒案嫌疑人的作法是“殖民心态”作祟。“他们忘了，英国不再是殖民大国，俄罗斯也从未是他们的殖民地。”

两国争执愈演愈烈，进而相互驱逐外交官，关系降到冰点。其实，俄英之间一直麻烦不断，而起诉、引渡卢戈沃伊不过是最新一起。

2000 年 11 月的一个晚上，莫斯科一个酒吧里，刚上任不久的俄罗斯总统普京邀请到访的英国首相布莱尔喝啤酒，当时温馨的场景和两位领导人灿烂的笑容似乎让人感到，这次“约会”能够为两国关系带来丰硕的果实。

自此以后，两国关系不断升温，首脑互访频繁。然而，这一趋势自 2002 年开始出现逆转，当时双方就伊拉克问题产生严重分歧。此后两国间龃龉不断。

英国与俄罗斯为了特工谋杀案僵持不下，表面上是管辖权之争，但其背后隐藏的是俄罗斯与西方关系的广泛的国际问题。

2007 年 12 月 12 日，俄罗斯外交部宣布说，英国文化协会设在俄罗斯境内的文化中心不具备法律地位，还从事商业活动并拒不缴税；同时还进行间谍活动，为此，要求英方从 2008 年 1 月 1 日起关闭在俄罗斯境内的文化中心。12 月 14 日，俄外长拉夫罗夫也指出，由于英国采取了一系列恶化俄英双边关系的不友好举动，俄方冻结了与其签署文化活动协议的谈判工作。

对于俄罗斯的决定，英国驻俄罗斯使馆表示：“所有英国文化中心均依照俄罗斯法律开办与运营，俄方要求关门毫无理由。”

2008 年 1 月 3 日，俄罗斯外交部发言人卡梅宁反驳说，因为英方此前采取了驱逐俄外交官、中止两国简化签证制度谈判等破坏双边关系的举动，两国相关协商工作已冻结。

2008 年新年过后，英国设在俄罗斯圣彼得堡和叶卡捷琳堡市的文化中心仍在继续工作，俄罗斯外交部召见英国驻俄罗斯大使时指出，英国的行动是对俄罗斯的挑衅，并威胁说要将英国文化中心的所有人员全部驱逐出俄罗斯。

2008 年 1 月 15 日，英国文化协会有关人员被俄罗斯安全部门一度扣留后，俄英之间的争执骤然升级。英国立即发出外交抗议、紧急召见俄驻英大使，表示“完全不能接受”俄罗斯的“恐吓”。

英国外交大臣米利班指责，俄罗斯政府一手策划了该行动，并且是对英国的“恐吓行为”、“与大国不相称的”。而俄罗斯外长拉夫罗夫则回应说英国在搞殖民主义，摆出了毫不妥协的架势。

2008 年 1 月 20 日，英国媒体率先报道“英国将大规模驱逐俄罗斯外交官”的这个消息在几个小时内传遍了全世界，它把本就十分紧张的英俄关系推上了悬崖。媒体称，被逐的俄罗斯外交官多达 34 名，而俄驻英外交官才 35 人，驱逐的理由是“参与了间谍活动”。

俄国家杜马议员称，“这是英国在两国关系史上一种最为疯狂的行为，将标志着俄在英国的所有外交工作全部中止。俄方将采取同样的反击措施。”

同一天，俄罗斯“政治”网站称，这是英国对俄罗斯恐吓英国文化委员会办事处工作人员的报复行动。同时也是对普京拒绝引渡杀害利特维年科主要嫌疑人进行报复。

自冷战以来，驱逐外交官的动作，成了反映两国外交关系的晴雨表。如两国关系恶化，一方驱逐另一方的外交官，另一方也会“以眼还眼，以牙还牙”，针锋相对。

当英国 10 多年来又一次做出驱逐外交官的决定时，让人想到的是过去两国间互相驱逐外交官的事件：

1971 年，英国驱逐 105 个前苏联官员；1985 年，两国互相驱逐了 25 名外交官；1994 年，两国又相互驱逐 1 名外交官；1996 年，俄罗斯先驱逐了 9 名英国外交官，作为报复，英国又驱逐了 4 名俄罗斯外交官。而过去历次驱逐行动，都跟间谍特工有关。

驱逐外交官的事件又一次发生，也是因为特工，不过却是一个不同版本的故事。

俄罗斯积极准备 2008 年 3 月的总统大选，需要对西方强硬来体现自己的大国实力与地位，以焕发民众的国家自豪感。

俄英冷战后的紧张关系，可追溯到俄罗斯反普京的寡头别列佐夫斯基和车臣分离主义头子扎卡耶夫获得英国的政治庇护。由于英国对超过20名俄国反政府人士提供政治庇护，伦敦也成为像上个世纪20至30年代的巴黎一样的流亡海外俄国人的活动中心，甚至被莫斯科当做是一个危险的反俄策源地。

俄英纠纷折射了西方和俄罗斯之间脆弱的政治信任。利特维年科案加深了西方对俄罗斯的负面印象，而俄罗斯认为，英国则利用利特维年科案进一步“妖魔化”俄罗斯。正是这种互不信任使英文化协会驻俄机构问题染上了浓浓的“政治色彩”。

在俄罗斯，因违反交通法规被警察进行适当的处罚是正常的，英国文化协会的人没有外交豁免权，因而俄警方这么做从俄罗斯法律角度讲是合法的。但这个事情放在俄英关系恶化的大背景中，就远不是醉没醉酒那么简单。俄警方的处置方式显得尤为严厉，不排除是对英方的一次“特殊照顾”。这是日趋紧张的俄与西方关系的一个缩影，也是前苏联解体以来退让和屈辱一度成为其代名词的俄罗斯外交重新显露独特锋芒的标志之一。

繁荣的经济让俄罗斯发现自己相对实力和绝对实力都很强大，因而说话办事的底气都越来越足。

在俄罗斯的所有西方主要伙伴中，美国太过强大以至于它不敢完全得罪；德国因在施罗德时期一度梦想德俄能源合作而与俄保持了亲密关系；法国在密特朗时期虽然是美国的坚定支持者，但也是俄国潜在的盟友；只有英国永远是俄国的老对手，从19世纪帝国主义欧亚大角逐的竞争者，到前苏联时期冷战的始作俑者，再到普京执政时期成了俄罗斯反政府力量的新庇护者，英国作为敌人的形象在俄罗斯人心目中始终没有多大改变，甚至其军情六处也被认为是克格勃有史以来最难对付的对手。

从这个意义上讲，英国成为俄罗斯强势外交的一个试验靶子，俄对英强硬是在向整个西方世界和国际社会发出信号：俄罗斯的利益必须得到尊重。

“见缝插针”：援助冰岛“国家破产”的地缘锋芒。2008年9月15日，以美国雷曼公司破产倒闭为标志，由华尔街引发的全球“金融危机”愈演愈烈。

2008年10月13日，环球股市经历“黑色一周”，累计跌两成，蒸发6万多亿美元。全球股市的大幅动荡，迫使至少7个国家暂停股市交易，包括俄罗斯、比利时、冰岛、巴西、巴基斯坦、印尼、泰国等。

冰岛，是一个遥远的国度。上世纪90年代中期，冰岛股票市场繁荣刺激银行业快速发展。金融危机爆发前，冰岛金融机构展开海外并购热潮，触角伸至整个欧洲。这一发展策略使冰岛成为全球人均国民收入最高的国家之一。

冰岛只有32万人口，2007年GDP达193.7亿美元，人均GDP位列世界前四位。冰岛的福利十分完善，并因为高收入、高福利而被称为“世界上最幸福的国民”，2007年还被联合国选为全球最适宜居住的国家。

然而，冰岛银行业发展与实体经济发展不协调，投资也过多集中于高风险领域。冰岛的银行效法其他国际投资银行，在国际资金市场大量借入低利短债，投资高获利长期资产，次级按揭资产便是其中一种。

2008年9月，随着金融危机爆发，全球银行业借贷利率上升、资本流动性骤减，冰岛银行业顿时陷入困境。截至2008年10月9日，冰岛前三大银行机构均由政府接管。三家银行所欠债务共计610亿美元，每名冰岛公民身负20万美元债务。实际上，冰岛外债总额高达1000亿欧元（约1383亿美元），相反冰岛央行的流动资产却只有40亿欧元。冰岛GDP为193.7亿美元，而银行资产是其9倍。

2008年上半年，冰岛三大银行的资产达到1280亿美元，超过了其2007年GDP的11倍。以有限的财力，冰岛政府接手银行资产的烂摊子面临的财政压力之大可想而知。所以一旦出现问题，政府根本没法救，只好马上宣布面临破产。

2008年10月6日，冰岛总理盖尔·希尔马·哈尔德通过电视讲话，对全体国民发出警报：“同胞们，这是一个真真切切的危险，冰岛的国民经济将和银行一同卷进漩涡，结果会是国家的破产。”

除了银行业，一些新近获得按揭贷款的冰岛家庭也开始陷入困境。由于这些贷款是以国外货币的形式贷出，随着冰岛克朗价格下降，冰岛人手里的房产已经转为负价值。

冰岛由此成为欧洲继爱尔兰、德国、奥地利、希腊和丹麦后，又一个为储蓄存款作保的国家。

英国50万个人储户在冰岛的网络银行有45亿英镑存款，全国各地的45个地方政府在冰岛银行存款达8.6亿英镑。自冰岛银行出现危机后，英国政府频频与冰岛政府接触，敦促冰岛归还英国储户的钱，财政大臣呼吁冰岛财长给英国储户与冰岛人同等的保护。而冰岛政府却表示无意保障这些存款。

2008年10月13日，在冰岛宣布对其最大的三家银行进行接管后，英国私人储户、公司、市政委员会、警察部门、慈善组织存在冰岛银行的200亿英镑被冻结。根据英国政府的担保，大多数私人储户将能得到赔偿，但是这一规定并不适用公共机构和慈善组织。有消息说，由于被高利率所吸引，英国100多个市政委员会在冰岛银行存有10亿英镑的税款。英国伦敦警察局也是一个大输家，它在冰岛的银行存有2000万英镑。数十个慈善组织也受到了危机的影响，它们的投资额达2.3亿英镑。

冰岛在技术上已经是一个破产国家，共欠世界350亿英镑，也就是说每个冰岛人均欠11.6万英镑。英国方面非常担心他们的钱要不回来了。

英国首相布朗说："这个问题是冰岛政府造成的。我们正在采取法律措施来处理转移英国钱财到冰岛的做法，我们计划冻结一些冰岛公司在英国的资产，这是冰岛政府的责任。"

而冰岛总理哈尔德对西方国家未提供足够援助感到失望，他威胁要"结交新朋友"，这显然是指俄罗斯。

2008年10月7日，冰岛政府宣布向俄罗斯请求40亿欧元的紧急贷款以避免国家破产。当日，俄罗斯副总理兼财政部长库德林宣布，莫斯科积极对待这一申请。

2008年10月9日，俄罗斯《观点报》报道，俄罗斯可能同意向冰岛提供40亿欧元贷款，这则消息表明莫斯科准备积极参与调解世界经济危机，成为世界经济的一张保险单，而不只是买单者，从而在全球经济舞台上扮演更为独立自主的主导角色，此举必将对拒绝资助冰岛的欧洲国家产生巨大的心理影响。

国际媒体非常关注俄罗斯决定帮助冰岛的消息，开始猜测俄方此举会得到哪些益处。英国《金融时报》认为，冰岛虽然不会因此成为俄罗斯军事基地所在国，但是冰岛并不掩饰对其西方盟国拒绝资助其摆脱当前金融危机的巨大失望。

俄罗斯在冰岛实际上没有经济利益，40亿欧元的贷款对具有巨额石油美元收入的俄罗斯来说不算什么，但是对冰岛来说却是一笔巨款，超过了其国民生产总值的1/4。

俄罗斯帮助北约成员国克服经济危机肯定是想谋取更大的地缘政治利益，表明俄罗斯准备积极参与世界金融体系的重建。

俄罗斯政治局势中心对外政策问题专家沃伊科认为，莫斯科准备在世界金融危机调解过程中先在欧洲舞台打出一张关键的牌。

2008年10月8日，俄总统梅德韦杰夫谈到了调解金融危机和建设泛欧军事与金融安全体系的问题，以此表明俄罗斯有经济和政治实力对抗全球威胁，从而对美国救市之举做出回应，表明俄罗斯正努力在世界金融舞台上扮演独立自主的角色，在世界经济舞台上起到更大的主导作用。

路透社认为，西欧国家出现经济问题后一般“想都不用想”就会寻求国际货币基金组织援助，冰岛做法“罕见”。俄罗斯缘于近年凭借能源贸易积累了大量外汇储备，向冰岛提供援助并非难事。

冰岛1949年加入北约，地理位置重要。它1951年与美国签订防务协定，美军1961年进驻冰岛，设立空军基地。两国2006年达成协议，美方撤出在冰岛的空军基地，结束在冰岛数十年的军事存在。

冰岛系北约成员国，而俄罗斯与西方国家关系现阶段陷入低谷，冰岛求助俄方一事的地缘政治涵义“显而易见”。

“进攻是最好的防御”

如果第一任期内，面对“泥足巨人”般的俄罗斯，普京更多地着眼国内稳定。那么，第二任期，普京开始更多地展现“大国品牌”般的俄罗斯，或者说，从柔道博弈转向霸道博弈，特别是在国际政治格局中越来越坚硬。

“核武攻略”：俄罗斯的先声夺人核威慑。1991年以来，俄罗斯的核战略经过几次重大调整，从“不首先使用”、“不承诺不首先使用”逐步演变为“先发制人”的核打击战略。

2000年，俄罗斯新国家安全构想和新军事学说一出台立即震惊了全世界。一些西方国家对俄新国家战略和新军事学说，双双强调核武器和核力量的使用感到万分震惊。

普京奉行“现实遏制”军事战略,其实质就是“核遏制”战略或“加强核遏制”战略。2000年年初，为进一步明确战略核力量在维护21世纪国家安全中的突出地位，普京首次将“保留首先使用核武器的权利”作为条文颁布,正式提出了“核遏制”战略。它强调俄奉行核威慑政策，实施“先发制人”的核打击原则,以“核还击——迎击”为主要作战样式，以提高战略的主动性和适应范围。在俄及其盟国遭到常规武器进攻时，俄也有权首先使用核武器实施打击。

普京始终强调 :“核武器过去是、现在和将来依然是保障国家安全的主要基础”。

核战略历来是苏俄军事战略的基础。苏联时期，战略火箭军是受到头等重视的军种,由此制定的核战略是“给敌人以毁灭性打击”的“先期威慑”战略。苏联依靠对美国和西方形成压倒优势的核武器，警告他们不要轻举妄动。苏联领导人赫鲁晓夫宣称苏联的核武器能给对手以毁灭性的打击，同时也宣称在一场核大战中没有赢家。

1985年3月，戈尔巴乔夫执政，提出了改革与新思维，修改其进攻性的军事战略为“纯防御”军事战略，其中，核战略思想也由“先期威慑”转变为“后发制人”。

前苏联解体后，俄罗斯作为主要继承国，为巩固国家安全，抵御美国和西方对俄的军事压力，叶利钦宣布战略核力量是俄国防的基础，放弃“不首先使用核武器”的承诺。

俄罗斯拥有仅次于美国的战略核力量，其核武器的数量居世界第二位。

普京执政后重新制定了《俄罗斯联邦军事学说》，明确宣称俄奉行“现实遏制”核战略。2003年10月2日，俄公布了《俄罗斯联邦武装力量现代化学说》，首次明确提出了“先发制人”的战略思想，包括使用核武器并且是首先使用核武器。

俄罗斯先发制人的核战略，既适用于核战争，也适用于常规战争；既适用于以核武器对付拥有核武器的国家，也适用于以核武器对付无核敌对国家。根据这一战略构想，如果敌人对俄罗斯及其盟友构成重大威胁，比如俄罗斯在世界重要地区的利益没有得到尊重或邻国的社会动荡影响到俄罗斯自身的安全，俄罗斯便可在这一地区采取军事行动，其中包括使用核武器。

2003 年 7 月 31 日，普京在俄罗斯第一颗原子弹的诞生地——萨罗夫市会见核研究科学家，强调核武器过去是、现在仍然是保证俄安全的基础，俄应继续保持核大国地位。

2003 年 10 月出台的《俄联邦武装力量发展的紧迫任务》规定了俄战略遏制的基本任务：在平时，防止出现针对俄或其盟友的任何武力压迫和侵略；在战时，通过威胁使用或直接使用常规或核毁伤兵器，迫使敌人停止军事行动，以防止侵略升级。

2006 年 5 月，普京在发表年度国情咨文时说，保持核威慑以及“战略力量平衡”是俄罗斯核政策的中心任务。

海陆空“三位一体”的核威慑力量是俄罗斯与美国保持战略平衡的关键性因素，在常规军事能力已经落后于美国的情况下，俄罗斯近年加大了核武器进攻、突防等技术的改进力度，以抗衡美国的现实军事压力。

但随着时间的推移，俄军的现役战略核导弹大多进入“老龄”阶段，在 2010 年后，大部分的现役战略导弹将达到最高服役年限。在这次演习中，俄海基战略核力量 3 次发射导弹失败就暴露了俄军战略核遏制盾牌上的漏洞。在无法得到充足的资金保障的情况下，在美国撕毁《反导条约》、计划部署国家导弹防御系统有意降低核门槛、甚至暗示要恢复核试验的新形势下，俄罗斯核遏制战略的可靠性受到了越来越大的挑战。

为确保核遏制的有效性，俄计划通过以下措施维持最低限度的核遏制能力：一是采取各种技术措施，延长现役战略导弹的使用期限；二是继续装备新一代战略导弹系统；三是开发导弹突防技术，采取非对称措施，保持战略领域的平衡。在经济许可的条件下，不排除发展导弹防御系统；四是缩短战略遏制力量的使用准备时限，确保控制和制导系统、通信系统和设备的稳定工作；五是开发并扩大战略核力量控制系统的太空部分——航天器集团。

2006 年 5 月，普京在发表年度国情咨文时说，保持核威慑以及“战略力量平衡”是俄罗斯核政策的中心任务。接着，俄罗斯推出战略核力量发展规划，提出在今后十年乃至更长的时间内，通过改装现役的陆基、海基、空基战略武器，提升其作战能力，以保持足够的战略威慑力量，以应对可能出现的军事威胁。

2006 年 12 月 14 日，普京视察白杨 –M 导弹部队，显示了俄高层对战略核力量的高度重视，也引起了西方媒体关注。

俄对外政策委员会主席科尔图诺夫同时撰文公布了俄罗斯战略核计划，强调俄罗斯必须继续保持与美国形成的特殊核战略均衡，维持其在全球的政治地位。

文章指出，在 2012 年之前俄战略核力量应该包括：陆基洲际弹道导弹约 600 枚；具有发射潜射弹道导弹能力的核潜艇 12 艘；可携带核武器的战略轰炸机 50 架；潜射弹道核导弹 1200 枚。

军事专家评论，俄高官“泄密方案”所涉及未来核武器的数量，显然有“缩水”成分，不过即使俄 6 年后保持文中所说 1800 枚海基和陆基核导弹，导弹质量也远远超过现在的数千枚，仍然足以维护俄罗斯核大国的地位。

时任俄罗斯国防部长的伊万诺夫，也公开谈论俄核战略部队的一些数据以及装备更新的详情，这在国际上引起极大的关注。

俄罗斯公开自己的核威慑实力，显然是做给美国和北约看，以此显示俄有足够的实力捍卫自己的国家。

俄罗斯决策者认为，俄罗斯有能力使用核武器对全球任何一个地点发动进攻。核力量是使俄罗斯跻身于世界最有影响力的国家行列的重要因素之一。坚持先发制人的核打击理论，是保障俄罗斯国家安全和利益的有效途径。

2008 年 8 月，格俄南奥塞梯武装冲突后，俄罗斯军事动作频频：进行弹道导弹试验；战略轰炸机恢复战斗值班；潜艇极地争夺，令世界侧目。诚然，俄罗斯将大笔的石油美元用来发展军力，固然有俄军事机器年久失修以及美国战略围困的内忧外患，但重军尚武的民族特性是俄军事战略抉择的深层原因。

2007年是俄罗斯军队重拾信心的一年，针对美国步步为营的战略包围，俄实施了一系列针锋相对的军事行动。先后进行了新式远程弹道导弹的试射；战略轰炸机恢复了战斗值班；俄罗斯潜艇以迅雷不及掩耳之势在冰冻北极插上了自己的钛合金国旗。石油美元支撑下的俄罗斯正向外界展示一个强有力的新形象。

历史上的俄罗斯始终是一个尚武的民族。从1700年到1870年的170年间，俄国共进行了38场战争，其中有106年时间是处于战争中。如果从15世纪建国算起到20世纪80年代，它则进行了共计46场战争，其中只有3场是自卫性的。

与此同时，从莫斯科公国建立到彼得大帝时期，400年的时间里俄罗斯的领土扩大了400倍。15世纪中叶俄罗斯中央集权制国家建立时，其领土面积是280万平方公里，到19世纪末，已扩大到2200余万平方公里，横跨欧亚大陆，囊括了大小100多个民族。

战争和准备战争是俄罗斯历史和人民生活中最重要的内容和不可分割的部分。可以说，俄罗斯崛起的历史几乎就是一部战争史，几乎90%以上的时间是在进行战争。

连年的战争史已使尚武的传统渗透到俄罗斯民族的血液中。据统计，莫斯科有历史博物馆90多个，其中27个军事历史博物馆被列为国防教育场所，长年对外开放，免费参观。在莫斯科街头几乎随处可见战争英雄雕塑和纪念碑，以此作为尚武精神传承的媒介之一。俄罗斯是一个崇尚英雄的民族。在俄罗斯各地城市的主要广场、公园、街道、湖畔都建有反映不同历史时期重大事件的纪念碑和英雄雕像，镌刻着国家对民族英雄的记忆，斯大林格勒、库图佐夫大街等类似的以军事家命名的地名称谓今天依然随处可见。

前苏联解体后，俄罗斯经济陷入了困顿，财政吃紧，国防经费直线下降，军队建设受到了很大影响。但即便如此，俄罗斯仍不忘尚武精神的国民教育。在经济十分困难的1995年，俄罗斯不惜投入巨资修建了规模宏大的莫斯科卫国战争中央纪念馆，以翔实的文字、丰富的图片资料和大量实物，再现了前苏联人民以鲜血和生命捍卫国家尊严的英雄主义气概和爱国主义精神。

“重军尚武”，成为俄罗斯民族永远的魂；“强者霸道”，渗透俄罗斯复兴奔涌的血。

“反导攻略”：“绝对安全”与“绝对不安全”。1999 年 3 月，美国国会参众两院通过《NMD 法案》，从此反导问题始终是俄美关系中难于化解的矛盾。2002 年 5 月，俄美元首莫斯科会晤后一度掩盖了双方反导矛盾。2007 年 1 月，美国宣布计划在捷克部署远程雷达系统、在波兰部署导弹拦截系统，俄美反导博弈升级，再次成为双方关系持续恶化的导火索。

美国导弹防御计划从 20 世纪 50 年代中后期起步，已经历了半个多世纪的发展演变。在“冷战”时期的美苏核对抗阶段，美国相继开发、研制了“奈基—宙斯”系统、“哨兵”系统和“卫兵”系统，以对抗苏联的核攻击。

20 世纪 70 年代初，美苏之间的核力量形成了“相互确保摧毁”的战略均势，导弹防御系统便成为双方军备竞赛的重点，但当时双方都深感技术上的不甚成熟和经济上的不堪重负。于是，1972 年，美苏达成《反弹道导弹条约》，试图通过限制导弹防御系统使双方核战略平衡态势稳定下来。1976 年，美国宣称关闭“卫兵”导弹防御系统，却开始了非核弹道导弹防御技术的研究。

20 世纪 80 年代初，里根政府上台后，为与苏争夺战略优势，于 1983 年 3 月，提出了“战略防御倡议”计划，俗称“星球大战计划”。由于这一计划过于庞杂，耗资惊人，多数技术尚处于实验阶段，1989 年，老布什总统就任后，将该计划调整为“有限防御计划”，即“智能卵石”计划。前苏联解体后，该计划自然搁浅。

克林顿就任美国总统后，于 1993 年 5 月宣布停止执行“星球大战计划”，取而代之的是“弹道导弹防御”计划。该计划包括战区导弹防御系统（TMD）和国家导弹防御系统（NMD）。TMD 用于保护美国海外驻军及相关盟国免遭导弹威胁，NMD 用于保护美国本土免受导弹袭击。前者是使一个地区免遭近程、中程或远程弹道导弹攻击的综合性武器系统，后者则是保护美国全境不受任何弹道导弹攻击的战略防御体系。

1994 年 6 月，美国防部成立“弹道导弹防御体系办公室”，统筹建立 TMD 和 NMD。

1996 年初，克林顿政府把“国家导弹防御系统”计划由“技术准备计划”改为“部署准备计划”，即“3 + 3”计划。该计划决定，在前 3 年发展 NMD 所需的各种技术和进行综合试验，后 3 年随时部署 NMD。

1999 年 3 月 17 日和 18 日，美国国会参、众两院相继通过了建立“国家导弹防御系统”的法案，该计划终于以法律形式得到确定。1999 年 10 月，美国军方对用于“国家导弹防御系统”的导弹拦截技术进行首次试验，并获得成功。

2000 年 9 月，由于对“技术和实用效能”缺乏“足够的信心”，克林顿总统宣布，暂不部署“国家导弹防御系统”。

但克林顿时期，美国的战区导弹防御系统在东亚地区有了实质性的进展。美国以朝鲜导弹威胁为名，首先于 1994 年与韩国达成协议，开始在驻韩美军基地部署“爱国者”导弹。此后，又说服韩国建造用于导弹防御的雷达基地。1998 年，美国与日本达成协议，共同研发战区导弹防御系统。并随着美日军事一体化进程的加快，融入美国导弹防御系统成为日军建设的重要内容，于 2008 年 3 月底前，建立起一套完整的弹道导弹防御系统。

小布什总统上台后，谋求建立一体化的导弹防御系统，遂将战区导弹防御系统和国家导弹防御系统合二为一，统称导弹防御系统。“9 · 11”事件发生后，美国本土安全成为当务之急，布什政府乘机加快了研制和部署国家导弹防御系统的步伐。

“国家导弹防御系统”的主体是陆基导弹拦截系统。布什总统上台，即加快了研制和部署国家导弹防御系统的步伐，并将拟议中的美国导弹防御系统扩展为由陆基、海基和空基拦截导弹组成多层次防御体系；并谋求建立一体化的导弹防御系统，将克林顿时期的“战区导弹防御系统”和“国家导弹防御系统”合二为一，统称导弹防御系统（MD）。

由于国家导弹防御系统违反了美国和苏联于 1972 年签署的《反弹道导弹条约》（《反导条约》），布什政府先是寻求修改这一条约，遭俄方拒绝后于 2001 年 12 月决定单方面退出。2002 年 6 月 13 日，布什政府正式退出《反导条约》。

2002 年 12 月 17 日，美国总统布什宣布，他已经下令军方着手部署导弹防御系统，以预防大规模杀伤性武器造成的“灾难性破坏”。根据美国国防部同日公布的初步导弹防御系统计划，美国军方将在 2004 年底以前在阿拉斯加州格里利堡基地部署 6 枚陆基拦截导弹，在 2005 年底以前在该基地再部署 10 枚，在加利福尼亚州范登堡空军基地部署 4 枚，另有 20 枚“标准 –3 型”海基拦截导弹将部署在三艘装备有宙斯盾系统的军舰上，100 余枚空基“高性能爱国者 –3 型”导弹将在全球范围内部署，以拦截中短程弹道导弹。

2004 年，美国军方在阿拉斯加州的格里利堡基地和加利福尼亚州范登堡空军基地开始部署远程导弹拦截装置，正式启动了美国的导弹防御系统。并计划到 2007 年前导弹拦截装置总数达到 20 个。

此外，美国计划到 2011 年，在波兰建成 10 个用于导弹拦截的战略导弹发射装置，而在捷克建成先进反导雷达系统。与美国合作导弹防御系统的国家还包括英国、澳大利亚、丹麦、法国、德国、意大利、以色列、印度、日本、荷兰以及乌克兰。

自 1999 年 10 月至 2005 年 2 月，美国军方对国家导弹防御系统的陆基导弹拦截技术进行了 10 次试验，其中 5 次成功，5 次失败。海基导弹防御系统的开发与试验进展缓慢，空基导弹防御系统则更加遥不可及。

虽然美国寻求海外反导基地的理由是为了防止朝鲜和伊朗的导弹袭击，但其现有的部署格局完全是针对俄罗斯的导弹攻击轨迹的，这也是此次在东欧部署引起俄罗斯强烈反对的原因。

俄罗斯意识到，美国在反导问题上的所作所为对国际战略格局的影响深远：给全球战略稳定造成隐患；冲击地区安全；美国广泛动员澳大利亚、以色列、英国等盟国参与，还拉拢印度等国家参与，由于耗资巨大，成效难断，必将导致内部纷争；增加美对外政策的进攻性。

美国在东欧部署反导系统的计划并很快开始就此问题与波兰和捷克开始相关磋商，引起了俄罗斯的强烈反应。

2007 年 4 月 26 日，普京总统在其 2007 年度《国情咨文》中再次指责美国，并宣布延缓俄罗斯执行该条约是恰当的决定。

2007 年 6 月，在八国峰会召开前夕，普京在回答媒体记者有关反导系统问题的提问时就谈到了他的忧虑，包括欧洲裁军、全球“核平衡”、俄欧沟通困难等。

面对俄罗斯的强烈反应，布什政府一方面在2007年5月中旬加紧与捷克政府举行有关会谈，并派出了雷达专家进行选址工作，在波兰就建立导弹拦截基地举行双边谈判；另一方面，布什政府开始与俄罗斯就反导问题举行高级别会晤。

在美方咄咄逼人的攻势和变本加厉举动的压力下，俄罗斯的立场开始由“积极防御”转为“主动出击”。主要是为了促使美国放弃在东欧建立反导基地的计划，先后提出了多种变通方案。

2007年7月14日，普京在莫斯科主持国家安全会议。俄罗斯总统新闻局当天说，总统普京已经签署命令，决定俄罗斯暂停执行《欧洲常规武装力量条约》以及与其相关的国际协议。

《欧洲常规武装力量条约》是1990年由北约16个成员国和华约6个成员国签署的，是二战后两大军事集团签署的第一个常规裁军条约。它限制了包括坦克、装甲车、火炮、作战飞机和直升机5大类“进攻性”重型装备的数量，把从大西洋到乌拉尔山脉的欧洲广阔地域列为限制区，并规定了4个层次的军备限额。

随着苏联的解体，该条约在1999年被修改。2004年俄议会上下院分别批准了这个文件，但北约国家以俄罗斯未从格鲁吉亚和摩尔多瓦撤军为由拒绝批准该协议。

2007年7月初，小布什把普京请到了他们家族位于缅因州肯尼邦克港的夏日别墅做客。但是这场美妙的盛宴并没有达到布什希望的效果。

2007年7月4日，俄罗斯前国防部长、时任第一副总理伊万诺夫在电视讲话中说，如果华盛顿执意在捷克和波兰建立反导系统，那么莫斯科将会在俄西部部署新式导弹。

俄罗斯海军总司令马索林元帅也宣布，俄海军将在今后20年内组建6个航母攻击群。这6个航母攻击群将分别配属给俄海军最重要的两个舰队——北方舰队和太平洋舰队各有3个。这样，俄海军拥有的航母数量将超过前苏联时期的水平。

2007年7月至8月，俄美就反导基地问题进行了两轮磋商，但美方并不放弃其在东欧的计划。

2007 年 11 月上旬，俄罗斯国家杜马和联邦委员会分别通过了暂时中止执行《欧洲常规武装力量条约》的决议。11 月 22 日，美国向俄政府提交的有关文件使俄方更加失望，因为美国的立场被认为比“2+2”会谈时还要倒退。

2008 年于 8 月 14 日，美国和波兰签署了在波兰境内建立反导基地的协议。根据协议，美国将在波兰部署 10 个导弹拦截装置，并帮助波兰提升防务能力。此前，美国和捷克已于 7 月 8 日签署了在捷克境内建立反导雷达基地的协议。这两个配套的反导基地协议，被视为美国从军事上进逼俄罗斯的又一个重大战略部署。

在 20 世纪下半叶的冷战中，美国获得世界唯一超级大国地位。为了长久甚至永远保持这一独尊的霸主地位，美国制定了不允许出现任何可能对美国构成挑战的国家和国家集团的战略。而苏联的继承者俄罗斯与原苏联相比，国土面积减少 500 多万平方公里，人口从近 3 亿减少到不足 1.5 亿，经济总量还不足美国的 1/10，国民生活水平和美国相去甚远。俄罗斯多年来实行了战略大收缩，对美国本不构成威胁。

但是，俄罗斯在地理上仍然是世界大国之一，是自然资源最丰富的国家，也是全球第二军事大国。美国担心俄罗斯复兴后再与其一争高低，因此，美国奉行遏制和削弱俄罗斯的政策，表面上同俄罗斯建立“战略伙伴关系”，实际上视俄罗斯为潜在对手甚至潜在敌人。所以，美国一方面同俄罗斯当局频繁打交道，要按美式民主、自由制度改造俄罗斯，在国际事务中配合美国解决美方关切的问题，否则，就给俄罗斯扣上“民主倒退”、“专制”等帽子。

另一方面，又利用北约东扩和东欧国家防范俄罗斯的心理，不断采取军事步骤来挤压俄罗斯的战略空间。

第一步，违背关于华约解散、北约也解散的承诺，华约解散后，北约不仅不解散，反而扩大到前苏联所有东欧盟国，这一步已经完成；第二步，不顾俄罗斯划定的北约不能东扩到前苏联境内的“红线”的要求，北约已吸收前苏联波罗的海三国加入，这一步也已经完成；第三步，违背关于不在东欧新成员国部署军队、不建立军事基地的承诺，北约空军基地延伸到前苏联加盟共和国立陶宛，这一步也已经完成；

第四步，不顾俄罗斯反对吸收独联体成员国加入北约的立场，力争尽快吸收乌克兰和格鲁吉亚加入北约，这一步正在进行中。

前苏联时期，苏联主导的华约在军队数量和常规武器数量上，都对美国主导的北约拥有优势。而现在，华约成员国均反目加入了北约，俄罗斯的军队已从过去的400多万减为110多万，无论军队数量和常规武器装备数量都已不如北约，核武器也不拥有优势，而且北约已扩大到俄罗斯的边境。

在这种情况下，美国还要在北约机制之外与东欧国家签订双边协议，在这些国家建立美国的军事基地。此前，美国分别与罗马尼亚和保加利亚达成了在这两国境内建立美国军事基地的协议，并在捷克和波兰建立反导基地。这样，除北约的基础设施扩大到东欧国家外，美国还将在东欧拥有4个军事基地。这等于利用双重机制挤压俄罗斯。因为美国虽然主导北约，但按规定，采取行动之前须与基地盟国磋商，万一有的盟国提出异议甚至不同意，美国的行动自由就要受到限制。而单独与东欧国家达成建立军事基地的协议，美国的行动自由就大得多。

捷克位于东欧中部，罗马尼亚和保加利亚地处东欧南部的黑海之滨，波兰位于东欧北部的波罗的海之滨。美国在东欧拥有这4个军事基地后，就可从东欧的中部和南北三个方向直面俄罗斯。

鉴于美国和北约对俄罗斯拥有地缘政治优势和一定程度的军事优势，美国在东欧建反导基地的真实目的实在不能实话实说。因此，从一开始就宣称是为了应对来自“无赖国家”伊朗的导弹威胁。伊朗对美国的“抬举”默不作声，而俄罗斯则从一开始就大声反对。因为俄罗斯认为，从技术上伊朗目前没有能将导弹发射到东欧的能力，而且今后即使有这种能力，伊朗与东欧国家也没有理由发生军事冲突。所以，俄罗斯认定，美国在东欧建反导系统是针对俄罗斯的。

美俄围绕在东欧建美国反导基地的针对性问题，在美国与捷、波签署协议后仍是各执一词。

美波协议签署当天，白宫发言人佩里诺重申，“美国反导系统不是针对俄罗斯的。部署导弹防御设施的目的是保护欧洲盟国不受无赖国家的威胁，包括来自伊朗的导弹威胁。”

第二天，即2008年8月15日，俄罗斯总统梅德韦杰夫说，“在波兰部署美国导弹防御系统的协议是直接针对俄罗斯的。”他表示，如果俄罗斯公民或军队遭到攻击，俄罗斯“将作出类似在格鲁吉亚采取的军事行动一样的反应”。同一天，俄罗斯副总参谋长诺戈维岑也说，“波兰因为同意部署美国反导系统将百分之百面临自己遭打击的危险。”

美国在东欧部署反导系统，除军事目的外也有其政治意图。那就是从心理上使俄罗斯增加不安全感，从经济上拖俄罗斯的后腿，从而阻止或延缓俄罗斯的复兴。而俄罗斯也看清了美国在东欧建立反导系统这一战略部署的真实意图，因此，在宣布要在技术上和军事上采取对应措施外，也一再宣布俄罗斯将不会被拖入与美国的新的军备竞赛中，还一再宣称要同美国发展合作关系。美国也表示了要发展与俄罗斯关系的愿望。如何在相互掣肘的战略格局下发展双方关系，将是俄美在新形势下面临的共同难题。

尽管俄美都不愿回到“冷战”，但双方在导弹部署问题上矛盾不断升级，有可能引发新的军备竞赛，全球战略平衡将会因此受到威胁。

“冷战攻略”:没有实力的愤怒毫无意义。高加索如同俄罗斯的“后院”，过去300年来，西方势力一直觊觎这一地区。

上世纪90年代俄罗斯独立以后的十几年来，外高加索出现了与俄罗斯公开作对的格鲁吉亚，这使西方特别是北约有了着力点。北约海军很希望尽快进驻格鲁吉亚的波季军港，建立起东扩登陆高加索并从侧翼牵制俄黑海舰队的桥头堡。

高加索地区面积狭窄，而且多为连苍鹰都飞不过去的崇山峻岭，俄军无法在陆地有效地展开攻击兵力，反而会受到山地游击战的困扰。因此,俄军自然把眼光投向了紧密相连的黑海。而黑海舰队“以海制陆”的濒海作战新理念，则成了21世纪俄罗斯重新掌控外高加索的新战略、新模式。

2008年8月26日，俄总统梅德韦杰夫签署命令，承认南奥塞梯和阿布哈兹独立。俄驻北约大使也发表声明，俄与北约的伙伴关系将“冻结半年”，并警告如果北约对两个地区采取军事行动，将被视为“对俄宣战”。面对俄罗斯这一强硬举动，西方国家不仅“冰雹般地谴责”，还再次将目光投向了黑海，企图凭借北约海军联合远征舰队对俄黑海舰队的优势，以云集在格鲁吉亚沿海的战舰群压迫俄罗斯从高加索撤军。

当天夜里，格鲁吉亚沿海海面映出了黑黝黝漂浮的10艘舰影，其中包括旗舰美海军“惠特尼山”号指挥舰、“伯克”级宙斯盾驱逐舰“麦克福尔”号、美海岸警备队的大型远洋巡逻舰“达拉斯”号，德国海军123型导弹护卫舰“吕贝克”号、西班牙“胡安·博本海军上将”号宙斯盾导弹护卫舰以及波兰的“普拉斯基将军”号导弹护卫舰等。

这支北约特混舰队实际上构成了一个完整的远征打击群。而且，另外还有多达8艘的美欧战舰马不停蹄地赶往黑海，其中包括美海军“硫磺岛”号大型两栖攻击舰。从实力上看，搭载超过200枚“战斧”巡航导弹和“捕鲸叉”反舰导弹的北约特混舰队已严重威胁到俄黑海舰队。因此，俄高度关注事态的发展，谴责北约以军演和向格方提供人道主义援助物资为幌子，在黑海大规模集结海上力量，干预俄罗斯内部事务，大搞恫吓俄方的“炮舰外交”。

已被逼到墙角的俄罗斯无路可退，只能鼓起勇气绝地反击。

2008年8月27日凌晨，形势开始发生逆转。俄黑海舰队旗舰、号称“航母杀手”的“莫斯科”号导弹巡洋舰率领另外4艘舰艇驶出塞瓦斯托波尔军港，在海面上摆开阵势，开始了包括导弹试射在内的“真刀真枪”对抗演习。娴熟的战术队列转换、准确的舰炮射击、激烈的电子对抗等，令美德等国的战舰只能远远躲在一边，偷窥俄海军的黑海大演兵。随后“莫斯科”号巡洋舰编队赶赴阿布哈兹水域，执行海上安全巡逻使命，防止武器偷运，并提供人道主义援助。

俄武装力量副总参谋长诺戈维岑也于当日发出严重警告：北约舰队无权在黑海水域停留，这是俄方一贯的原则性立场。同时俄海军司令维索茨基上将宣布，所有正在地中海巡弋的俄战舰与潜艇全划归黑海舰队指挥，这包括了“库兹涅佐夫”号航母、5艘护航的驱护舰和4艘核潜艇，这无疑又大大增强了当前黑海舰队的实力。

北约舰队的18艘驱护舰驶抵距俄罗斯海岸仅150公里的濒海区域，对俄方的导弹威胁近在咫尺，但俄黑海舰队有能力抵御西方的特混舰队，因为俄海军拥有让西方害怕的多种型号的超音速反舰导弹。鉴于在这一水域的俄军预警机、岸基雷达和舰载雷达探测的距离可达300至400公里，所以对于黑海地区集结的北约舰艇来说，黑海显得过于狭小，而这正是俄海军发动反舰导弹饱和攻击的理想化海战场所。俄海军上将称，20 分钟即可歼灭北约舰队。因此，西方国家海军不得不有所顾忌。

与此同时，俄罗斯正加紧用一系列军事行动回应西方的谴责。

2008 年 8 月 28 日，俄军宣布将在阿布哈兹和南奥塞梯建立 3 个新军事基地。同日，俄防空兵击落一架进入阿布哈兹的格军无人侦察机。当日，俄战略火箭军还从普列谢茨克试验场发射了一枚白杨 -M 洲际战略导弹，准确地命中了 8000 公里外的目标，并且这一弹道导弹携带了最新的突破反导系统的干扰设备。因此，这次试射成功大大提高了俄军对抗西方围堵俄罗斯的导弹防御系统的砝码，是此次俄罗斯强硬反击西方的最强有力的战略反击行动之一。

当美国将反导系统部署到俄罗斯家门口之际，当俄罗斯面临高加索持续动荡、北约东扩步步紧逼之时，人们看到了一个“强者霸道”的布局。

其实在普京担任总统和武装力量总指挥时，就看到了重振俄海军对遏制西方围堵具有决定性的战略反击作用。他指出，“俄罗斯在世界各大洋，其中包括黑海和地中海的地位已遭到明显削弱，已经出现被挤出欧洲南翼的危险趋势”，“黑海舰队的危机状况应尽快加以扭转，以捍卫高加索的利益”。

在俄海军坚决的反击下，西方舰队开始退缩。原打算驶入俄军控制的波季港的美国“麦克福尔”号驱逐舰、“达拉斯”号巡逻舰非常低调地停靠在了巴统港的码头，美海军发言人称这样做的目的是为避免与俄海军发生正面冲突。

2008 年 8 月 28 日，北约也作了掩耳盗铃式的澄清：当前在黑海集结的众多战舰与格鲁吉亚局势无关，只是美国、西班牙、德国、波兰举行的例行性黑海演习的继续。

西方媒体惊呼看到了一个“俄国的复活”和“新冷战”。

2008 年 9 月 10 日，北约宣布结束 4 艘战舰在黑海的 18 天“日常”训练，并将撤回地中海。俄罗斯谴责这是造成格鲁吉亚地区冲突的西方军力集结的一部分。

同日，两架俄罗斯战略轰炸机大摇大摆地飞到属于“美国后院”的委内瑞拉境内，被认为是对美国的“公然示威”。

委内瑞拉总统查韦斯提到俄轰炸机的到来表现得兴高采烈，他的话也很刺激："美国的霸权一去不复返了。"

据美联社报道，俄罗斯国防部证实，这两架图－160战略轰炸机飞越北冰洋和大西洋13个小时的行程中，北约战斗机一直以"相当靠近的危险距离"进行了跟踪飞行。

俄罗斯武装力量空军总司令助理德里克当日表示，在飞越冰岛和挪威附近空域时，北约F－16战机对俄轰炸机实施了两次拦截，"但并没有与俄轰炸机发生'危险接触'"。

这是俄军战略轰炸机"冷战"后第一次在西半球部署。莫斯科战略分析研究所负责人科诺瓦罗夫说："这是俄罗斯能让事情不好办的一个样板。你们派战舰到黑海来，我们就把轰炸机送到你们家门口。"

西方的孤立手段撬动了俄罗斯国内民族主义的情绪。

2008年9月10日，俄罗斯国防部长、总参谋长与国家杜马议员举行了秘密会谈，提出俄罗斯军费开支应当达到占GDP的3%以上。国家杜马副主席日里诺夫斯基表示，"我们的军方需要多少资金，我们就给多少，我们现在资金充足。2008年预算盈余高达2万亿卢布，稳定基金和储备基金都有钱。"

2008年9月11日，俄《独立报》报道说，俄从石油出口获得的利润占到了其总出口的40%，油价越高，获得的收益越多，俄罗斯所执行的国际政策就越强硬，而进行经济改革的可能性反而在减少。

《华盛顿观察》网站发表了一篇美国学者的文章，该文结合2000年至2007年世界油价波动分析了克里姆林宫在这段时间与其他国家的关系，结果表明油价越高，俄罗斯对与其他国家的利害关系考虑得越少。反之，油价降低、能源出口收益减少，莫斯科会表现出对西方的最大信任度和对不破坏世界秩序的努力。

正如普京经常强调的："没有实力的愤怒毫无意义。"

王者诡道

诡道博弈更多是布局性的，特别是那种置于绝地而后生的胆魄和气势。

“问题不在于你有什么牌，关键在你怎么样出牌”。

普京用其一系列“大胆”、“出格”的举动振奋了军队的士气，激发了全俄罗斯的民族自豪感，同时也为自己赢得了巨大的政治筹码。

“普京秀”如同电影蒙太奇，在“造势”的背后，折射的是领袖的神秘魅力。

孙子兵法的开篇《始计篇》写道：“兵者，诡道也。”曹操注：“兵无常形,以诡诈为道。”说的是战争是一种诡诈多端、复杂多变的“游戏”。

“危机即转机”。这句话说起来容易，做起来难。

与8年前，即1999年8月初任俄罗斯总理的普京发动第二次车臣战争比较，8年后，即2008年8月再任俄罗斯总理的普京，在南奥塞梯冲突问题上的处置，完美演绎了“俄罗斯利剑出鞘，又适可而止”的布局，我们看到了普京从“柔道”向“诡道”的转变。

普京解散政府或解职总理的象征意义：在最关键的时候“出牌”

叶利钦时代，国际舆论称他为“换总理就像换衬衣”一样，特别是1999年，连续换了5位总理，直到普京任总理、代总统和总统。

普京总统8年任期，充分运用“超级总统制”的行政运作，在恰当的时机、以恰当的方式，解散政府内阁或解除总理职务，或者是彻底告别叶利钦时代、或者是表明推进改革和反腐败的决心、或者是精选接班人等，都收到“可控”权力布局的预期效果。

解散卡西亚诺夫政府：彻底告别“叶利钦时代”的标志。2004 年 2 月 24 日下午，包括俄罗斯两个官方电视台突然中断正常节目，直播普京的电视讲话。一脸严肃的普京出现在屏幕上。“根据俄罗斯《宪法》第 117 条，我今天决定解散政府”。普京表示，这一决定与对当前政府工作的评价无关，他对俄罗斯政府的工作“从整体上是满意的”。普京宣布：任命原副总理赫里斯坚科为代总理，留任官员在新政府组成前继续履行职责。

卡西亚诺夫作为前总统叶利钦时代的重臣和金融寡头的关系很密切，曾为此公开批评普京。2003 年 10 月底，与卡西亚诺夫和霍多尔科夫斯基关系同样密切的沃洛申，被普京解除了总统办公厅主任职务，当时人们就在预测什么时候轮到卡西亚诺夫。

《经济学家》分析，普京称这一决定是为了强调他将带领俄罗斯人民在总统选举后走什么样的道路，向选民强化自己的强硬和强势总统的形象，以及谁才是俄罗斯真正的掌权者。

俄罗斯智囊机构“政治技术研究所”所长伊戈尔·布宁说，普京在大选之前解散卡西亚诺夫政府，主要目的是彻底与其前任叶利钦断绝联系，在选举前赢得更多选民支持。俄民意调查显示，2004 年俄罗斯总统选举前，普京的民众支持率已接近了 80%，蝉联总统可谓胜券在握。

不过更多的专家认为，普京此举是为了推进改革，因为他认为卡西亚诺夫未能快速推动改革和促进经济充分增长。

普京的决定着实让俄罗斯为之一震。

2004 年 2 月 25 日，为了缓解其解散政府命令的急迫性，普京与被解散政府的成员举行了会晤。普京作出了两种解释：一方面是出于行政原因，包括将“给予国家杜马以充分时间来选择国家总理”，但有分析人士对这个理由不甚认可，尽管普京强调将在宪法和国会多数派的基础上决定新的政府组成。另一方面即在俄大选到来之前，俄选民应对自己的选择有清醒的认识。虽然大选前普京的民众支持率已然很高，但他仍希望获得尽可能大的权力范围，以在其第二届任期中推行有难度的经济改革。

普京不同寻常地在大选前夕突然解散政府，一方面从大选考虑，显示其当选后的改革思路，彻底断绝与其前任叶利钦的联系，赢得更多选民支持，争取高票连任总统；另一方面表明实行经济“新政”的决心，迎合俄罗斯日渐兴盛的强国主义思潮，争取实现在2010年之前国内生产总值翻番的目标。

俄罗斯舆论普遍认为，总统的决定是“符合宪法和合乎逻辑”的。俄实业界普遍希望保持与现政府成员的对话，希望政府继续推进军事、社会、医疗、金融、税收和退休金制度等一系列改革，实现国内生产总值翻一番。

普京解散卡西亚诺夫政府具有象征意义。

卡西亚诺夫，1957年12月出生在莫斯科州一个知识分子家庭。上个世纪80年代，卡西亚诺夫在前苏联国家计划委员会任职。1991年苏联解体后，他平步青云，担任了多个经济金融方面的职务。1999年12月31日，叶利钦辞职，普京担任代总统并任命卡西亚诺夫为第一副总理。那时，卡西亚诺夫成为俄罗斯第二号实权人物。2000年春普京当选总统后，卡西亚诺夫被任命为总理。

卡西亚诺夫担任总理后，俄经济连续3年出现增长，国内生产总值累计增长20%，居民实际收入增长30%。他的政绩连普京都不能否认。

解散卡西亚诺夫政府虽事出突然，却也早在意料之中。卡西亚诺夫是叶利钦时代的留任总理，和因为“尤科斯事件”而辞职的前总统办公厅主任沃洛申一样都属于叶利钦政治体系。

普京刚上任时，曾与叶利钦有过私下协议，即不要大规模撤换叶的人。因此，他在第一个总统任期内，还只是逐步疏离与叶利钦家族的关系。国际舆论认为，在普京第二个任期到来的时候，采取如此手段，就是想在新任期之前先解决这个遗留问题。

卡西亚诺夫和普京之间最大的分歧点——经济改革，是导致卡西亚诺夫下台的直接原因。普京一直强调经济发展提速，而卡西亚诺夫则认为短期难以实现这个目标。政府作为执行机构在经济改革上行动迟缓，这与普京提出在新任期内加速改革的口号背道而驰。舆论认为，普京已对此无法容忍。

新任命的代总理维克托·赫里斯坚科，1957年8月生于俄罗斯车里雅宾斯克市。早年毕业于车里雅宾斯克工学院和俄罗斯联邦政府下属的国民经济学院，并获经济学副博士学位。

赫里斯坚科曾长期在车里雅宾斯克市和州政府任职，有丰富的地方工作经验。他 1990 年进入政坛，1997 年 7 月担任财政部副部长。1998 年 4 月，出任政府副总理——俄罗斯第三号人物。

2004 年 3 月 5 日，普京在任命赫里斯坚科代总理 6 天后，就把他拉下了，同时提名连“政坛百强榜”都进不了且远在布鲁塞尔的弗拉德科夫为总理。3 月 9 日，普京作出大幅度改组政府的决定，把 24 个部级机构整合为 15 个，30 名阁员精简为 17 名。

“技术总理”弗拉德科夫总理职位更迭：改革和反腐“符号”。“1000 个俄罗斯人中 998 个不知道他是谁。”这是俄共主席久加诺夫对弗拉德科夫的评价。

这位不为人所知的人，1950 年 9 月生于俄罗斯萨马拉州，1972 年从莫斯科机械学院毕业后到苏联对外经济联络委员会工作。苏联解体后，他于 1992 年任俄罗斯外经贸部副部长，1997 年任该部部长，1999 年任贸易部长。

普京就任总统后，弗拉德科夫于 2000 年 5 月被任命为联邦最高决策机关安全会议第一副秘书，2001 年任联邦税务警察局局长。2003 年，政府机构改组，税警局撤销，弗拉德科夫出任俄驻欧盟部长级全权代表。

普京让弗拉德科夫任总理，绝非随心所欲。为履行 2003 年作出的“在议会多数党基础上形成政府”的承诺，他先定总理人选，再征求“统一俄罗斯”党魁、国家杜马主席格雷兹洛夫的意见，后者对总统的决策当然坚决拥护。

普京在向俄罗斯电视观众推荐新总理时说，弗拉德科夫为人正派，在国务活动各领域有丰富的经历，是一位优秀的行政官员，对经济很在行，熟悉“强力”部门，反腐有经验。

对这位神秘总理，无党派议员雷日科夫的评价比较中肯：“他从未表明过经济主张和政治立场，将扮演技术专家型总理的角色。”

早在前苏联时期就形成一条规矩：总理如果不是由党或国家的第一把手（如列宁、斯大林和赫鲁晓夫）兼任，那就只抓经济，不得过问内政、外交、安全和军事。苏联总理吉洪诺夫和俄罗斯总理切尔诺梅尔金安分守己，任期“无疾而终”；柯西金和普里马科夫个性突出，功高盖主，卡西亚诺夫不时同总统唱反调，都被国家元首中途换马。弗拉德科夫正合俄总理“无才便是德”的标准。

弗拉德科夫有浓厚的安全机关背景，他于上世纪90年代中期获得过“俄罗斯荣誉反特工作者”奖章，该奖相当于前苏联时期的“荣誉克格勃工作者”奖章；自1994年设立以来，迄今获得者不到千人，只有在安全部门立了大功或长期高效工作过的人才有资格获得。

妥协，是弗拉德科夫性格中的关键词，也是普京选择他任总理的主要考虑。俄罗斯评论界认为他“五大妥协集一身”：

强力部门同自由派的妥协。政府有两派：以国防部长伊万诺夫和联邦安全局长帕特鲁舍夫为代表的“强力派”、以财政部长库德林和经济发展和贸易部长格列夫为首的“自由派”。弗拉德科夫大部分时间搞经济，但又在联邦安全会议和税警局任过领导，相得益彰。

克里姆林宫内部两派的妥协。在高层人事决策中起关键作用的是总统办公厅，办公厅多名副主任分强力部门派和自由派，弗拉德科夫当副部长前曾在自由派控制的“阿尔法”集团公司任职,两派都能接受。

强国派和西方派的妥协。弗拉德科夫是当前走红的“强国主义”思想的体现者，但纯粹的“强国主义”会令西方反感。好在他兼有西方派特点，通晓几门欧洲语言，同欧盟领导关系良好。

“行政资源”和“黑材料”的妥协。当总理要有丰富的行政经验，弗拉德科夫先后在政府的三个部级机构任一把手，但任期都不长，且从不过分出风头，因此既拥有“行政资源”，又不至于有“黑材料”落到别人手里。

总统和选民的妥协。新总理应体现今后数年国家的发展方针，如任命自由派，普京会被选民中的民族主义者和强国主义者抛弃；任命强力部门精英，又会令选民中的自由派不满。选择弗拉德科夫，普京在大选中将左右逢源。

继第一任期声势浩大的“打寡”之后，普京第二任期要下猛药反腐。俄罗斯的腐败涉及面广，程度严重，据当时俄总检察长估计，全国80%以上的官员有腐败行为。普京2003年底新设政府反腐败委员会，2004年初又明确指示：“在反腐问题上，要做系统的、专业的工作，而不仅仅是侦破个别大案。”

为了在第二任期伊始迅速出政绩，普京需要反腐斗士弗拉德科夫高举大刀向贪官们的头上砍去。

普京任命弗拉德科夫的另一个因素是，第二任期要实施社会福利和税制改革，以刺激经济，调剂贫富。2004 年出台的税改措施有：取消 5% 的销售税，增值税从 20% 减为 18%；就医、求学和购买非豪华住宅可退所得税；博彩业税率提高一倍多……在降低税率和扩大税基同时，要提高完税率。有税警局长的资历，新总理在实行社会经济改革方面将如虎添翼。

俄反对派称弗拉德科夫只能是一个“傀儡”总理。俄罗斯唯一女总统候选人伊里娜·哈卡玛达指出，以弗拉德科夫的能力来看，他将是只有执行和完成普京决定的一个人，他没有自己的强硬作法以及提议。俄共主席久加诺夫表示，许多人都希望，普京将提名一个有能力的人作为总理候选人。

俄政治家认为弗拉德科夫成为总理是一个合适的选择。俄罗斯政策科技中心负责人布宁表示，弗拉德科夫是一个既能让普京周围的人满意，也能让国外的人满意的人。

这一提名使普京进一步控制了政府。俄罗斯 UBS 集团的首席经济师布莱克称，弗拉德科夫来自左翼集团，底线是他的履历属于技术统治性。阿尔法银行首席战略家克里斯·威弗称，弗拉德科夫是俄欧盟特使并担任贸易部长，他的角色将是发展俄罗斯的贸易联系并寻求加入世贸组织。

祖布科夫总理职位更迭："后普京时代"权力布局。2007 年 9 月 12 日，弗拉德科夫向普京总统递交辞呈，意欲配合普京在即将到来的俄罗斯议会选举和总统选举中进行人事布局之时，普京令人意外地提名了俄罗斯政坛的轻量级人物——俄金融监察委员会主席祖布科夫为新总理。

由于之前俄民众普遍看好普京的亲密盟友伊万诺夫会是新总理的人选，普京的这一提名令未来的俄总统大选情势迷障层叠。

2007 年 9 月 13 日，普京在视察别尔格罗德州时表示，希望所采取的措施能够使人们更多和更好地集中精力履行自己的职责，使俄罗斯的整个政权和管理体系在大选期间和大选后能够不间断地发挥作用。普京认为，从改革管理体制的角度看，最好采取必要措施解决一些人事问题，避免由于大量人事变动而使工作中断。

俄国家杜马9月14日审议通过新总理的人选。

上世纪俄罗斯的总统权力交接使俄罗斯人普遍认为，先被任命为总理是最终问鼎总统宝座的一步台阶。1999年，叶利钦同样任命了当时并不太为人熟知的普京为总理，五个月后，后者顺利地赢得了俄罗斯总统选举，接过了叶利钦的权杖。

对于弗拉德科夫的辞职，俄国内的分析家并不感到意外，因为早在弗拉德科夫于2004年3月刚刚被普京任命为政府总理之时，分析人士就纷纷预测他是个“过渡性人物”。但弗拉德科夫这一“过渡”就“过渡”了三年半时间。

尽管俄罗斯为总统制国家，总理只是一个“技术性岗位”，但由于新总理很可能会是未来的总统候选人，俄民众对接替弗拉德科夫的人选议论纷纷。

据俄塔社报道，弗拉德科夫在解释辞职的原因时说，“国家即将发生重大政治事件，马上要举行国家杜马（议会下院）选举和总统选举，希望总统在解决人事等问题上有充分自由”，在安排“权力框架时没有任何限制”。

“祖布科夫是谁？”俄《新闻报》发表文章称，普京的选择的确令人出乎意料。

俄著名政治评论家奥列什金认为，2006年总统任命梅德韦杰夫为第一副总理，任命国防部长伊万诺夫为副总理，已经表明2007年政府将有更大人事变动，这一切都是在为2008年的总统权力交接做准备。

维克托·祖布科夫，1941年9月出生，1991年苏联解体时，他在列宁格勒（后改名为圣彼得堡）市政府主管对外经济部门工作。1992年1月至1993年11月，他出任圣彼得堡市对外联络委员会副主席，成为普京（1991年至1994年任该委员会主席）的副手。2001年，普京发起打击“寡头”运动，俄罗斯通过了《联邦反洗钱法》并在财政部下设了金融监察委员会，祖布科夫出任俄财政部第一副部长兼金融监察委员会主席。2005年11月，俄罗斯成立反洗钱部门间委员会，祖布科夫兼任委员会主席。

在这个并不显赫的岗位上，祖布科夫却有较为卓越的政绩。2002年，国际反洗钱组织——“金融行动特别工作组”宣布将俄罗斯从该组织的黑名单中删除。

祖布科夫也常被人誉为有着没有污点的好名声。与其共事过的人形容祖布科夫是“一个谨慎的人”、“一个理想的管理者”。

然而，舆论对于祖布科夫会否成为普京的继任者态度谨慎。就其稍显贫瘠的政治资历和其在克里姆林宫还不够深厚的人脉关系来看，祖布科夫很可能只是一个过渡时期的临时角色而已。

显然，在 2008 年 3 月总统选举到来之前，普京更加积极地进行人事布局。

俄罗斯观察家说：“普京已经开始‘后普京时代’的权力布局。”

这就是普京的政治韬略。他在俄罗斯的政治格局里投一些小“石头”，进行权力接力前的“试水”。一方面，试探俄罗斯国内外的反应，另一方面，考验他心目中的若干“接班人”。然后，再紧锣密鼓地实施他的“权力曲线”计划。

任命祖布科夫总理职务后不久，普京即宣布梅德韦杰夫为俄罗斯总统接班人。

俄罗斯国内外这才恍然大悟。尽管此前有过预测，但是，都不得不佩服普京的权力设计——完成了从俄罗斯超级总统制的权力框架，到普京集权的超级总统，再到“梅普组合”的政治韬略。

普京“解码”格俄南奥塞梯武装冲突：在最关键的时候“控牌”

南奥塞梯是格鲁吉亚的一个自治州，与俄罗斯北奥塞梯共和国接壤。南奥塞梯因要求独立曾于 20 世纪 90 年代初与格鲁吉亚中央政府发生激烈冲突。

2008 年 8 月 1 日，南奥塞梯的武装冲突局势骤然恶化。当时，格鲁吉亚和南奥塞梯武装人员发生交火事件，造成了人员伤亡，双方互相指责对方首先开火。

2008 年 8 月 7 日凌晨至 8 日，格鲁吉亚军队进入南奥塞梯控制区，并对茨欣瓦利市进行炮击，使冲突地区局势骤然恶化。俄第 58 集团军和第74空降兵师的部分部队相继开进南奥塞梯，以增援驻扎在冲突地区的俄维和部队。

2008年8月8日，在北京参加奥运会开幕式的俄总理普京说，南奥塞梯实际上“爆发了战争”。俄罗斯总统梅德韦杰夫表示，格鲁吉亚对南奥塞梯的“侵略”行径是对国际法的严重践踏，俄罗斯不会让杀害本国同胞的凶手逍遥法外。

2008年8月9日，格鲁吉亚总统萨卡什维利在国家安全会议紧急会议上说，由于“俄罗斯侵略格鲁吉亚”，他决定签署命令宣布国家进入“战时状态”。随后，格议会一致批准总统令，同意在全国范围内实行为期15天的“战时状态”。

2008年8月9日，普京在参加奥运会开幕式后直接从北京飞到弗拉季高加索。他在有关南奥塞梯问题会议上说，俄罗斯的行动绝对有法律依据，是合法和必要的。

国际社会对俄罗斯、格鲁吉亚在南奥塞梯的武装冲突格外关注，呼吁冲突各方停火。

2008年8月12日，俄总统梅德韦杰夫宣布结束“迫使格鲁吉亚当局实现和平”的军事行动，并于当天同前往斡旋的法国总统萨科齐达成包括撤军在内的解决南奥塞梯冲突的六项原则协议。冲突各方随后接受并签署了六项原则协议。

2008年8月13日，美国总统布什发表讲话，力挺格鲁吉亚。布什已下令美国空军和海军向格鲁吉亚运送人道主义救援物资并警告俄罗斯不要干涉。除美国外，北约向格鲁吉亚显示支持态度。北约在大使级会议上指责俄罗斯过度使用武力。

当日，俄罗斯外交部长拉夫罗夫指责美国近年来帮助武装格鲁吉亚，是在“玩危险游戏”。

2008年8月18日，俄军开始从南奥塞梯冲突地区撤军。

8月26日，俄罗斯总统梅德韦杰夫宣布俄承认阿布哈兹和南奥塞梯独立。

9月1日，欧盟举行首脑会议讨论南奥塞梯冲突问题。

9月9日，俄外长拉夫罗夫宣布，俄同南奥塞梯和阿布哈兹建立大使级外交关系，俄部队将按照俄与南奥塞梯及阿布哈兹签署的双边协议驻扎在这两个地区。

9 月 15 日，俄罗斯总统梅德韦杰夫当天签署命令，同意分别与南奥塞梯和阿布哈兹签署友好合作互助条约。当日，俄罗斯外交部长拉夫罗夫抵达茨欣瓦利，与南奥塞梯当局领导人商讨双方合作协议。

围绕着格鲁吉亚的战略折冲，俄罗斯与西方的矛盾处于对峙胶着状态。美国为首的北约欲将格鲁吉亚揽于旗下，而俄罗斯则不惜以军事手段阻吓格的离心离德。同时，欧盟一度以制裁俄罗斯相威胁，而美俄战舰甚至集结黑海，双方较上劲儿。

俄罗斯宣布承认南奥塞梯和阿布哈兹独立，并表示俄方不惧怕新的“冷战”。美国方面则明确表示，不惜在联合国安理会动用否决权，以阻止这两个地区的独立。

实际上，因北约东扩，东欧和前苏联加盟共和国发生的一系列“颜色革命”，以及西方对俄罗斯民主倒退的指责等问题，各方矛盾早已种下祸根。

美欧与俄罗斯的口水战看似不断升级，双方态度坚决，毫不退让，但美欧俄彼此心知肚明，回到新冷战各方实际上既无心，也无力，只不过大家面子上仍死撑着。

2008 年 8 月 14 日，法国《新观察家》发表评论认为，在南奥塞梯冲突过程中，格鲁吉亚总统萨卡什维利是否掉入了俄罗斯的陷阱？

2008 年 8 月 16 日，英国《经济学家》发表评论《复活的俄国》指出，仅仅用 5 天，俄罗斯军队就击溃了格鲁吉亚，这一有效的军事打击，也是普京对那些染指俄罗斯后院的西方国家的胜利。

2008 年 8 月 18 日，德国《明镜》周刊发表评论《危险的邻居》提出，西方能否再次赢得冷战，俄罗斯能经得住长期与西方对抗吗？

2008 年 8 月 25 日，美国《时代》周刊发表评论指出，西方更应该努力让俄罗斯重新成为全球政治体系中的一个具有建设性的参与者。

与 8 年前，即 1999 年 8 月初任俄罗斯总理的普京发动第二次车臣战争比较，8 年后，即 2008 年 8 月再任俄罗斯总理的普京，在南奥塞梯冲突问题上的处置，我们看到了什么——

普京连任俄罗斯总统 8 年，他想告诉世界：世界在南奥塞梯冲突发生后改变了，俄罗斯已经成为世界经济乃至国际政治游戏规则不可或缺的制定者之一。

格俄南奥塞梯武装冲突升级的起因与动因。高加索山脉从西北向东南横亘在黑海和里海之间，构成欧洲和亚洲分界线的一部分。山脉南北两侧的民族之间、国家之间，关系复杂而特别。高加索山脉北边称为内高加索或北高加索，属于俄罗斯的南方大区，那里有与俄罗斯中央政府关系比较好的北奥塞梯—阿兰自治共和国、印古什共和国，也有与俄罗斯中央政府关系曾经不好的车臣共和国，另外还有卡拉恰伊—切尔卡什共和国、卡巴尔达—巴尔卡尔共和国、达吉斯坦共和国。

高加索的南边称外高加索，也称南高加索，分布着三个国家——以东正教为主要信仰的格鲁吉亚、以传统基督教为主要信仰的亚美尼亚和信仰伊斯兰教并与伊朗关系密切的阿塞拜疆。

高加索山脉把欧亚大陆分成了两部分，而它自己也被不同的民族和国家分成两部分，被不同的文明、不同的民族和不同的大国势力所撕裂。

在外高加索的三个国家中，与俄罗斯关系最紧张的是格鲁吉亚。格鲁吉亚是一个小国，国土面积是俄罗斯的0.41%，人口总数是俄罗斯的3.1%。两个大小相差如此悬殊的国家为什么关系紧张？原因无疑是多层次的，其中，最直接的是格鲁吉亚的阿布哈兹和南奥塞梯与俄罗斯关系过于密切。

阿布哈兹是格鲁吉亚的一个自治共和国，位于格鲁吉亚西北的黑海之滨，与俄罗斯西南部黑海沿岸地区同属一个地区经济圈。

由于阿布哈兹人长期有亲俄倾向，格鲁吉亚在语言文化、民族政策等方面常常对其采取压制政策。前苏联解体、格鲁吉亚独立建国后不久，阿布哈兹也于1992年7月宣布独立，格鲁吉亚中央当局派兵进驻，由此引发长达一年多的武装冲突，造成上万人伤亡，一半居民逃离家乡。在俄罗斯和国际社会的调解下，冲突双方于1994年5月在莫斯科签署了停火协定。根据这个协定，俄罗斯军队以独联体维和部队的名义进驻了阿布哈兹地区。从这之后，俄罗斯以各种方式加强与阿布哈兹的联系，如简化阿布哈兹人加入俄国籍的手续，重开通往苏呼米的铁路等等。格鲁吉亚则对阿布哈兹施行经济封锁和禁运。

奥塞梯分为南北两部分。在前苏联时期，北奥塞梯最初只是属于戈尔自治共和国的一个区，1924年、1936年升格为自治州、自治共和国。前苏联解体后，北奥塞梯更是升格为俄联邦的一个共和国。

前苏联时期，南奥塞梯虽有自治的地位，但在行政区划上只是格鲁吉亚的一个自治州。格鲁吉亚独立后，它仍是一个自治州。因此，南奥塞梯始终谋求与格鲁吉亚平起平坐的独立地位，不服从格中央政府的管辖。早在1989年，南奥塞梯就和格鲁吉亚政府公开发生冲突，一直持续到1992年夏，造成了大量的人员伤亡。其间，南奥塞梯不仅于1990年1月通过全民公决宣布独立，而且提出要与俄罗斯的北奥塞梯共和国合并。

1992年6月，俄罗斯、格鲁吉亚和南、北奥塞梯四方就和平解决武装冲突举行会谈，达成了停火、成立维和部队和监督委员会的协议。7月，俄罗斯、格鲁吉亚和南奥塞梯三方联合组成的1500人的维和部队在南奥塞梯和格鲁吉亚边界建立了安全走廊，实际上是把南奥塞梯从格鲁吉亚分离了出来。考虑到复杂的国际关系，俄罗斯既没承认南奥塞梯的独立，也没支持它同北奥塞梯合并，但明里暗里保持着同它密切的联系。比如，多数南奥塞梯人都持有俄罗斯护照，卢布在当地广泛流通。由于南奥塞梯这种暗恋俄罗斯的情结，俄格两国不仅打嘴仗，有时甚至相互以武力威胁。

除了阿布哈兹和南奥塞梯的利益冲突之外，俄罗斯与格鲁吉亚的关系难以理顺还有历史原因。

格鲁吉亚人建立自己国家的时间比俄罗斯还要早些。1921年2月，格鲁吉亚成立了苏维埃社会主义共和国，1922年3月加入外高加索苏维埃社会主义联邦共和国，同年年底作为联邦成员加入苏联。1936年12月，格鲁吉亚升格为直属苏联的加盟共和国。包括斯大林在内的苏联许多重要领导人出自格鲁吉亚。格鲁吉亚在沙皇俄国时期是被征服者，在前苏联时期则是从属者，但是格鲁吉亚人总是有一种挥之不去的自主情感。因此，在苏联还没有解体的时候，格鲁吉亚就于1990年11月4日发表独立宣言并改国名为“格鲁吉亚共和国”，1991年4月9日正式宣布独立。为了抹去往日的阴影，格鲁吉亚1995年8月通过的新宪法将国名定为“格鲁吉亚”。独立后，格鲁吉亚积极靠近西方。

格鲁吉亚国家不大，但地缘政治十分重要，西方国家把它作为从南方挤压、遏制俄罗斯战略空间的基地。而失去了中东欧、巴尔干和波罗的海等传统势力范围的俄罗斯，当然不会轻易让西方的如意算盘得逞。

如果格鲁吉亚和乌克兰再加入，北约就把前沿阵地推进到了俄罗斯的西南和南部，在西南对它形成合围之势。俄罗斯深感危机，反应也比较强烈，认定这是“危险的信号”。因此，它不仅以恢复远程战略轰炸机在大西洋、北冰洋、太平洋、黑海海域及北极地区上空例行战斗值班飞行来示强，而且以向阿布哈兹增加维和部队和支持南奥塞梯独立来威胁北约和格鲁吉亚。

2008 年 2 月，科索沃宣布独立后，让科索沃独立，是美欧在前苏联解体后，分化瓦解巴尔干半岛，掏空俄罗斯侧翼战略的继续，目的是要让乌克兰相邻地区，包括整个黑海都控制在美国和欧盟手中，彻底扼死俄罗斯在这一地区的霸主地位。

俄罗斯坚定不移地反对科索沃独立。普京在与塞尔维亚总统塔迪奇会晤时说：“我们认为，科索沃独立将严重违反全部国际法，将给巴尔干地区乃至全世界造成消极后果，并破坏其他地区的稳定。”

因为，俄罗斯如果不能控制巴尔干半岛，就等于失去了整个黑海地区，或者说根本不能再在黑海地区起作用。而且，一旦科索沃独立，很难保证美国等不在此建导弹防御系统，一旦建立了导弹防御系统，就直接威胁到俄罗斯。

俄罗斯此举要告诉美国和欧盟的是，这里是泾渭分明的分界线，大家都不要越雷池半步，否则，后果不堪设想。

俄罗斯为了回击美国承认科索沃独立的立场，开始调整对南奥塞梯和阿布哈兹的政策。在科索沃准备独立之际，俄罗斯与塞尔维亚签订了重大能源合作协议，为期 30 年，普京将塞尔维亚纳入了本国的能源战略圈。

2008 年 3 月 21 日，俄国家杜马通过一项声明，建议俄总统和政府考虑承认南奥塞梯和阿布哈兹独立的问题；随后，时任俄总统普京责令向南奥塞梯和阿布哈兹的居民和旅居那里的俄公民提供物质援助，并在当地建立全方位保护俄公民权利和自由的机制。

2008 年 3 月 5 日和 7 日，格鲁吉亚两个处于分离状态的自治单位——南奥塞梯和阿布哈兹先后宣布独立，并寻求国际社会的承认。

国际社会曾普遍认为科索沃单方面宣布独立将导致连锁反应。

在科索沃宣布独立并得到欧美国家承认后，俄外交部曾宣布考虑承认这两个地区的独立地位，将阿布哈兹和南奥塞梯作为阻止格鲁吉亚加入北约的武器。

格鲁吉亚总统萨卡什维利自 2004 年上台以后一直奉行积极融入西方、加入北约的政策。这一政策得到美国的大力支持。但是，要求独立的南奥塞梯和阿布哈兹成为其入约道路上的一大障碍。

针对这种状况，格鲁吉亚一方面坚决反对，另一方面积极寻求国际支持，特别是美国的支持。格军队还加强了建设，装备新武器，接受美国教官训练，与美国等国开展了联合军事演习。

南奥塞梯独立是格加入北约的一大障碍，格发起如此大规模军事行动，意在消除这一障碍。而南奥塞梯和阿布哈兹是俄罗斯阻止格加入北约的重要筹码，俄罗斯绝对不会允许格中央政府全面控制这两个地区。

2008 年 4 月 16 日，俄罗斯外交部发表公告说，普京已责令政府加强与阿布哈兹和南奥塞梯地区的合作。俄罗斯此举随即引起格鲁吉亚方面的强烈反应。4 月 17 日，格总统萨卡什维利召开国家安全委员会紧急会议商讨对策，要求俄罗斯撤回侵害格鲁吉亚主权的所有决定。并随后授权政府就此开展积极外交活动，以争取国际社会的支持。

2008 年 5 月 1 日，格鲁吉亚外交部就俄罗斯增加驻阿布哈兹自治共和国维和部队的数量向俄罗斯驻格鲁吉亚大使递交了一份抗议照会。因为，俄罗斯已将驻阿布哈兹俄罗斯维和部队的人数由过去的 2000 人提高至现在的 3000 人。虽然，俄罗斯驻格鲁吉亚大使维亚切斯拉夫－科瓦连科在收到照会后对记者称：“俄罗斯没有违反任何有关维和部队的协议和条款。”

2008 年 4 至 5 月间，由于格鲁吉亚无人驾驶侦察机接二连三被本国国内阿布哈兹军方击落，政府大动肝火，开始向与临近阿布哈兹的地区大量屯兵，而俄罗斯则向阿布哈兹增加维和兵力，声称要严厉回击格鲁吉亚可能发动的侵略。双方剑拔弩张，以致有人用“临近开战状态”来形容俄格关系的危机局面。

2008 年 6 月 5 日，俄罗斯外交部副部长格里戈里·卡拉辛在同美国国务卿副助理马修·布雷扎会晤时表示，俄罗斯和美国重申有必要降低格鲁吉亚同阿布哈兹和奥塞梯冲突地带的紧张局势，“双方重申有必要使冲突区域内的紧张局势逐步降级”。

2008 年 8 月 8 日凌晨，格鲁吉亚与南奥塞梯交火，随即俄军迅速介入。谁先开的第一枪，各方说法不一，已成悬案。不过，谁对谁错已不重要。正如摩尔多瓦政治评论家波格丹·奇尔加所说，南高加索地区的矛盾已积累到似乎只能用战争才能解决的程度了。

格俄大规模武装冲突的原因是多方面的。斯德哥尔摩安全与发展政策研究所负责人科尔奈认为，这一切起源于科索沃问题和北约布加勒斯特峰会。

2004 年萨卡什维利上台后，随着美欧积极推动国际社会承认科索沃独立，南奥塞梯和阿布哈兹问题“解冻”的速度加快。南、阿联合独联体内存在领土争端的其他两个地区加快谋求国际承认，对格构成很大压力。在此背景下，格于 2004 年恢复了对南奥的军事行动，2006 年派武装警察进驻科多尔峡谷，并试图控制连接俄与南奥的罗科斯基走廊，但其攻占茨欣瓦利的尝试屡以失败告终。

从那时起，萨卡什维利加快了军事改革的步伐，格军事实力和军队现代化水平迅速提升，在军队及武器装备上取得了对南奥塞梯和阿布哈兹的优势。

2008 年，格处于进入北约“成员国行动计划”的关键时期，但布加勒斯特峰会几乎终结了格借助美国在年底加入北约的希望。舆论普遍认为，最大的障碍就是领土争端问题。

2008 年 7 月美国国务卿赖斯的造访重新给了萨卡什维利以鼓励。而且，年初的格总统选举结果表明，美国并未因这个“坏孩子”的冒险风格而减少对格加入北约的支持。

实际上，2005 年和 2007 年围绕俄军事基地撤出问题，格俄也一度接近战争状态，在美国及其北约盟国的坚定政治支持下，俄最终妥协了。在解决格西南部的阿扎尔问题上，萨卡什维利也曾展现了他的强硬姿态，结果俄再度退让，阿巴希泽流亡莫斯科。

格军力的增强与俄的一再退让，增强了萨卡什维利解决领土争端的冒险心理。

普京“出牌”：俄罗斯既利剑出鞘又适可而止。“没有必要不拔，不立战功不插。”这是一句在俄罗斯哥萨克人当中广泛流传的关于军刀的名言。

在格、俄南奥塞梯武装冲突中，普京完美演绎了“俄罗斯利剑出鞘，又适可而止”的布局，获得了名利双收的实际效果。

——先礼后兵，师出有名。2008 年 8 月 8 日凌晨，格军在飞机大炮的掩护下突然袭击南奥塞梯时，俄罗斯立即向联合国提出了“放弃使用武力”解决民族争端的提案，遭到美国蛮横拒绝，会议进行到天亮。因为美方坚决不同意将“放弃使用武力”写进提案决议，会议进行到黎明，仍然没有结果，致使和平努力失败。在此情况下，俄罗斯迅速调兵遣将“使用武力”“维持和平”，俄军于当日下午穿过罗克斯基隧道向南挺进，而格军却不但“血洗”奥塞梯族，也突然向该地的俄国“维和”部队进攻，俄军在猝不及防的情况下出现较大伤亡，这就给予了俄军进行军事行动的口实。

普京说，“俄罗斯的行动绝对有法律依据，是合法和必要的。根据现行国际协议，俄罗斯不仅要履行维和职能，而且在一方违反停火协议的情况下，有义务保护另一方。”从而做到了“先礼后兵，师出有名”。

——兵贵神速，打歼灭战。迅速开进的俄军地面部队并没有立即投入支援该地“维和”俄军的战斗，仅仅只有空军出动对格的一些军事目标进行了有限的空袭，惟对格军的前进补给基地——哥里的轰炸强度较大。

于是一些军事专家纷纷评论：“俄军行动迟缓”、“俄罗斯尽管是军事大国，但是在前苏联瓦解之后，其常规军力严重退化，是否能够迅速摆平接受美国军事援助和训练多年的格鲁吉亚，也有待考验。”因此萨卡什维利也有“技不过如此”之感，因而毫不示弱，“由于‘俄罗斯侵略格鲁吉亚’，他决定签署命令宣布国家进入‘战时状态’”，并“进行后备力量总动员”。

非常有趣的是，他的“战时状态”以区区 15 天为限。许多人认为萨氏简直是儿戏。其实不然，萨卡什维利的如意算盘是，只要他能坚持至多 15 天，美国和北约的援军就会来临。

然而不到半日，萨氏突然宣布："他已向俄总统梅德韦杰夫提出停火和开始谈判的建议。"使人不解，刚才还气势汹汹，怎么一下子就"停火、谈判"并且还主动"后撤"，叫饶了呢？这其中的奥妙就在于，在南奥塞梯的格军主力已经感觉到了即将被合围的威胁。所以，说撤出，并非已经撤出，而是企图撤出，然而这已经是不可能的了。

事实是，格军在猛攻南奥塞梯首府茨欣瓦利的原俄军维和部队的时候，增援的俄军并没有进入茨欣瓦利去与格军正面作战，而是从侧翼插入了格军主力后方，截断了格军的退路，空袭哥里就是为这一目的服务的。当然，原维和部队在待援阻击时，不可避免地受到了一定的损失，这就是"萨卡什维利称格鲁吉亚军队已歼灭数百俄军，击落八十架俄罗斯飞机"。

当然其战果显然有夸大之嫌。所以格方就一方面放烟幕弹，声称停战后撤，另一方面也在垂死挣扎。然而俄军不为所动，其真实原因是俄军队的合围虽已完成，但仍有空隙，格军主力仍在困兽犹斗。

到了 2008 年 8 月 11 日，俄罗斯武装力量总参谋部宣称，在空军支持下，俄罗斯维和部队已经完成了对格鲁吉亚军队的包围，特种部队正在市区对格鲁吉亚参与力量进行清理，俄罗斯空军已经完全掌握了南奥塞梯冲突区的制空权。这已经是包围歼灭战的扫尾阶段，格军主力只有缴械投降一条路了。

同时，在阿布哈兹战线上，俄军增派了 9000 多名伞兵以及 350 辆装甲车。俄罗斯驻当地维和部队司令恰班向驻守阿布哈兹的格鲁吉亚守军发出最后通牒，要求格军缴械。

——适可而止，打政治仗。2008 年 8 月 12 日，梅德韦杰夫在克里姆林宫会见俄国防部长谢尔久科夫和武装力量总参谋长马卡罗夫时宣布，俄罗斯决定结束"迫使格鲁吉亚当局实现和平"的军事行动。

梅德韦杰夫说，俄罗斯的目的已经达到："维和部队和公民的安全重新得到保障"，"侵略者已被惩罚并遭受重创"，"侵略者的武装力量已被瓦解"。他说，一旦南奥塞梯出现新的"侵略行动"，俄军一定予以制止。俄武装力量副总参谋长诺戈维岑当天在莫斯科举行的记者招待会上说，俄罗斯部队已接到停止进攻的命令。但如果格军队采取新的行动，俄军将坚决予以回击。

俄罗斯在五天战争中就使格军完全土崩瓦解，牢牢控制了格鲁吉亚与南奥塞梯间和格鲁吉亚与阿布哈兹间的军事要冲，格鲁吉亚的大门已经完全敞开之时，并没有乘胜前进，深入格境去摘已经熟透的桃子，而是见好就收，停止前进，宣布“军事行动结束”。这就戳穿了萨卡什维利所谓“俄已控制横贯格鲁吉亚东西的高速公路，把格鲁吉亚一分为二”的谎言，而“俄军占领哥里”的谣言，不攻自破，使西方失去了介入冲突的根据。

格军主力已被歼灭，俄军实际上已经没有作战对象了，所以俄罗斯有这个自信。

俄罗斯极富政治远见地适可而止，使其在政治上的收获十倍于战场上的胜利：

1. 它使俄罗斯得以继续扮演格鲁吉亚民族冲突的中间人，保住“维和部队”的招牌，而不是使自己成为交战的一方，阻止了美国和北约以局外人身份打着“维和部队”的旗帜把触角伸入南高加索的可能，使美国无戏可唱，从而保证俄罗斯对格局势的控制权。

2. 不占领格鲁吉亚，而把矛头对准萨卡什维利一人，从而突出了萨氏军事冒险的短视，避免了引起与整个格鲁吉亚民族矛盾的升级，使俄国的“新阿富汗”化于无形。从而打消了独联体国家，尤其是亚美尼亚和阿塞拜疆对俄军利剑出鞘产生的疑虑，使他们相信俄罗斯此举并非恢复前苏联的企图。普京说，俄罗斯始终在高加索地区起稳定作用，是该地区安全、合作和进步的保障。俄罗斯力求公正、和平地解决所有冲突。俄罗斯始终非常尊重格鲁吉亚人民，把格人民看做是兄弟民族。如此一来，五天战争不但不会使独联体加速分离，反而有可能使独联体联系趋向紧密。

3. 使俄罗斯北高加索的民族关系进一步协调一致。北高加索民族数达三四十个之多，宗教信仰五花八门，历史积怨错综复杂，此次俄罗斯利剑一拔一插，不是打开了潘多拉魔鬼之匣，反而是将魔鬼赶进了苏莱曼大帝的敕令之瓶，使俄罗斯在北高加索各民族的心目中成了“公证人”的化身，从而稳定了南部边疆。

4. 在世界范围内，使本来就够不上手的美国等西方国家扮演仲裁人的打算落空。

这是自前苏联解体以来，俄罗斯第一次利剑出鞘，它既出乎意料之外，也在情理之中，它是俄罗斯从前苏联的废墟中站起来后合乎逻辑的发展结果。

当然，这也是美国和西方完全没有预料到的。危机之初，格鲁吉亚满怀自信，美英轻率拒绝俄罗斯的提案就可以明显地看出来。如此一来，西方慌了手脚，"美国国务卿赖斯呼吁俄国尊重格鲁吉亚的领土主权，立即停火并且尽速从格鲁吉亚领土撤出该国的军队。"而美国和欧盟以及欧洲安全与合作组织都派出特使尽快前往格鲁吉亚调停。

欧洲安全理事会警告，南奥塞梯的局势可能演变成一场全面的战争，给整个地区带来毁灭性的影响。

已经掌握战场主动权的俄罗斯则态度强硬。俄罗斯总统梅德韦杰夫说，格鲁吉亚军队必须撤回到原来阵地，并立即签署不动用武力的协议，此后才能谈到避免冲突升级的下一步措施。

前苏联解体、俄罗斯独立以来，美国和西方对俄大获全胜，志得意满，踌躇满志，骄气横溢，所以才有这一次的轻率冒进，满以为俄罗斯只能强忍羞辱，咽下苦果；殊不知俄罗斯却利剑出鞘，打乱了美国的如意算盘。

与其说俄罗斯是被迫还手，还不如说俄罗斯终于等到了还手的有利时机，可谓是天时、地利、人和占尽。

天时：前苏联土崩瓦解之后，美国一鼓作气，高歌猛进，频频奏凯。可是伊拉克战争却旷日持久，阿富汗塔利班又死灰复燃，政治经济军事的全面围堵还是不能使伊朗就范，美国经济也开始出现麻烦，美国单边主义的冲击波虽然还不能说是强弩之末，达到"三竭"的境地，然而已经进入"再衰"的阶段则是毫无疑义的。

地利：格鲁吉亚为夹在北边的大高加索山和南边的小高加索山间的谷地，俄军居高临下，俯瞰无余，格军却南限群山，又与周边三国亚美尼亚、阿塞拜疆、土耳其均不和睦，出海口亦为亲俄的阿布哈兹所分离，无法回旋。

人和：从外交上说，一方面格在经济上主要依赖俄罗斯，而且还有大量的格鲁吉亚人在俄谋生，萨卡什维利放弃在俄美间走中间路线的政策，向美国一边倒，并不得人心；从内政上说，萨卡什维利统治不稳，前不久差点被反对派推翻，他曾想采取铁腕高压，又未获美国首肯，半途而废，狼狈不堪。从历史上说，在俄罗斯诸多少数民族中，格鲁吉亚亲俄罗斯是著名的，巴格拉齐昂曾是俄国反拿破仑战争的英雄，斯大林至今仍是格鲁吉亚人的骄傲，谢瓦尔德纳泽等都曾是前苏联甚至是俄罗斯的高级领导人，格鲁吉亚人的俄罗斯情结仍然一息尚存。何况格的三个主要少数民族阿扎尔、阿布哈兹、奥塞梯全都亲俄。俄罗斯和格鲁吉亚另一个分裂地区阿布哈兹的许多志愿者纷纷赶往南奥塞梯参战。

美俄对抗的局面短期内不可能改变，甚至时不时地还会加剧。因为，格鲁吉亚不过是美国手中挤压俄罗斯的一张牌，而南奥塞梯则是俄罗斯制衡格鲁吉亚的一张牌。

然而，俄罗斯利剑出鞘还将对世界格局的走向产生深远的影响，它对从西乌克兰到中东的亲美势力具有相当的震慑作用，对伊朗抗美的支持，对伊拉克和阿富汗的抵抗运动的鼓舞都是不可小看的。

“狼来了”的游戏尚未结束。2008年8月13日，格鲁吉亚与俄罗斯就停火协议原则达成一致，但双方“口水战”丝毫没有“停火”迹象。不仅格俄互相指责，非当事方的美国和北大西洋公约组织也相继卷入。

美国总统布什力挺格鲁吉亚，称“美国与经民主选举产生的格鲁吉亚政府站在一起”。

除美国外，北约向格鲁吉亚显示支持态度。2008年8月12日，北约在大使级会议上指责俄罗斯过度使用武力。

北约态度引起俄方不快。俄罗斯外交部长拉夫罗夫指责美国近年来帮助武装格鲁吉亚，是在“玩危险游戏”。

英国外交大臣戴维·米利班德呼应道：“孤立俄罗斯不能解决问题，正确做法是面对面会谈。”

格鲁吉亚趁莫斯科更换领导人，选择在奥运会开幕之际发动进攻，企图迅速收复南奥塞梯，结果欲速则不达。

英国的俄罗斯与东欧问题专家迈克尔·丹尼森说，格鲁吉亚试图速战速决，一举拿下南奥塞梯，但最终证明误判了形势。这种战略性误判的结果，可能就是格鲁吉亚永远失去南奥塞梯。

英国议员布鲁斯·乔治表示："在你开战的时候——就像格鲁吉亚做的那样，你就必须想到后果将如何。俄罗斯将不可避免地做出猛烈反应……尚不清楚他们何时罢手。"

普京表示，在这场冲突之后，南奥塞梯已不太可能回归格鲁吉亚。丹尼森分析说，这句话已说明了南奥塞梯的未来。

当萨卡什维利下令军队向南奥塞梯进攻的时候，也许这位格鲁吉亚总统并没有意识到这个决定将引发什么——俄罗斯的迅速反击、格军的败退、美国的高调介入……从旧大陆到新大陆，从大西洋到太平洋，位于欧亚分水岭上的高加索山脉，在某种意义上成为 1991 苏联解体后的一个新的国际政治格局的分水岭。以至于西方评论家，已经忙不迭地为其贴上"新冷战"的标签。

"新冷战"恐怕是极而言之。无论欧盟、美国还是俄罗斯，没有谁会愿意重温冷战的旧时岁月，也没有谁能一相情愿地回到那段时光。但是，毫无疑问在决定世界政治军事大势近 50 年的"雅尔塔格局"后，影响欧洲和世界近 20 年的"冷战后格局"正在因此发生某种变化。

萨卡什维利的失算与格鲁吉亚的满盘皆输。格鲁吉亚总统萨卡什维利对国家的未来规划是让格鲁吉亚尽快加入北约和欧盟，幻想通过这两个关键环节获得来自美国和西方在经济发展的巨大优惠和国家安全的一劳永逸的保障。但萨卡什维利对西方尤其是美国抱有过多不切实际的期待，理想主义色彩太过浓厚。格境内的南奥塞梯和阿布哈兹两个自治州早就宣布为独立的共和国，历来亲俄倾向明显，俄罗斯在两个地区驻有维和部队。而北约和欧盟是不会接受国土上仍驻扎有俄罗斯部队的国家为成员国的。

在这种情况下，萨氏急于求成，经过了精心准备和策划，企图趁奥运会期间收复两个自治州，然后以一个统一的格鲁吉亚国家向北约和欧盟提出申请。萨氏的判断是俄罗斯出于奥运会期间，会有诸多"奥运休战"、大国的国际影响等许多顾忌，不会对格政府军的行动进行坚决反击。因而格鲁吉亚政府以为稳操胜券，于奥运会开幕前夕向南奥塞梯发起攻击。但俄罗斯的快速、果断和强力反击大大出乎格鲁吉亚政府的预先判断，俄罗斯武装力量最终深入格鲁吉亚腹地。

作为外高加索地区的小国，格鲁吉亚政府确实失算了。美国不会为一个格鲁吉亚与俄罗斯发生正面武装冲突。欧盟就更不用提了，俄罗斯掐着欧洲的油气供应命门。最终发展结局取决于俄罗斯对所得战略利益的权衡之后，当然，俄罗斯也不会完全无视美国的强烈反应，到了一定时候肯定会收手，但真正的讨价还价才刚开始。

普京的反击与俄罗斯的收获。从战事发展看，格政府进行了精心准备，俄罗斯也早就对格鲁吉亚的这一动向保持了高度警惕并在之前的几个月就进行了精心准备，在边界地区进行大规模反恐演习，要不然俄罗斯的坦克、飞机、陆军集结，以及随后的大规模进攻和反攻，也不会如此迅捷。

俄罗斯意识到，这场战争绝对不仅仅是它与格鲁吉亚之间的恩怨了断，而是要借机发泄俄罗斯几年来对布什政府围堵俄罗斯的强烈不满和怨气，并趁机营造和扩大在东南欧以及外高加索地区的安全屏障和战略缓冲地带。战争实际上是俄罗斯与以美国为首的西方国家之间的较量。因为布什政府近年来针对俄罗斯咄咄逼人，积极推动格鲁吉亚政府与俄对着干，在格成功推行“颜色革命”、建立亲西方的萨卡什维利政府；吸收一些东欧的前苏联加盟共和国加入欧盟或北约，已经把欧盟与北约的边界推进到了俄罗斯的家门口；谋求在东欧的波兰和捷克部署反导系统，名义上是防备伊朗导弹，实际上是警戒并威慑俄罗斯。

普京说，俄罗斯始终在高加索地区起稳定作用，是该地区安全、合作和进步的保障。俄罗斯力求公正、和平地解决所有冲突。俄罗斯始终非常尊重格鲁吉亚人民，把格人民看做是兄弟民族。格鲁吉亚力图加入北约，不想成为全球国际安全系统的组成部分，不想为加强国际和平作出力所能及的贡献。格鲁吉亚是在企图把其他国家和人民拉入流血的冒险行动中。

俄罗斯要求更迭格鲁吉亚现政府，在行动方面并不在意美国的严厉谴责和警告，不在乎欧盟以及一些东欧的前苏联加盟共和国的集体反对，表现出不达到战略目标不罢休的架势。它是要在尽可能短的时间内拿到更多的谈判筹码，扩大俄罗斯未来与北约、欧盟以及美国影响范围之间的缓冲地带。

2008 年 8 月 12 日，俄罗斯和格鲁吉亚爆发军事冲突后的第五天，俄罗斯总统梅德韦杰夫下令俄军结束在格鲁吉亚的军事行动。他与俄国防部长谢尔久科夫和俄武装力量总参谋长马卡罗夫举行会议时表示，俄罗斯的目的已经达到："维和部队和公民的安全重新得到保障……侵略者已被惩罚并遭受重创……侵略者的武装力量已被瓦解。"他说，一旦南奥塞梯出现新的"侵略行动"，俄军仍有必要自卫并击退入侵者。

同一天，格鲁吉亚总统萨卡什维利在格议会大厦前举行的群众集会上说，格鲁吉亚已做出一系列重要决定，其中包括退出独联体、宣布南奥塞梯和阿布哈兹为被占领土。萨卡什维利同时呼吁乌克兰等其他独联体国家退出这一组织。

同一天，俄罗斯外长拉夫罗夫在同欧洲安全与合作组织（欧安组织）轮值主席、芬兰外长亚历山大·斯图布结束谈判后表示，俄罗斯支持欧盟和欧洲安全组织关于在格鲁吉亚和南奥塞梯冲突区"停火"的建议，但双方在措词上还存在一系列问题，并开玩笑："萨卡什维利最好辞职。"

美国及西方国家的尴尬与无奈。美国扮演了微妙的角色，挺格却不愿与俄正面"交火"。一方面，一般认为，驻格鲁吉亚的美军并未直接参战，美国也没有向格鲁吉亚增派军队。另一方面，在冲突爆发之前，美国明显支持格鲁吉亚，激化了格俄矛盾，对于冲突的爆发负有不可推卸的责任。在冲突过程中，美国在外交上始终明显倾向格鲁吉亚、向俄施压，在军事上也向格提供了一些帮助，如把格在伊拉克的军队运回格鲁吉亚。

格鲁吉亚2003年"玫瑰革命"后（当年11月，格反对派领导人萨卡什维利以议会选举"舞弊"为由，拒绝承认选举结果。反对派示威者冲进国会，要求总统谢瓦尔德纳泽辞职，一名反对派手上挥舞着象征和平的红玫瑰。后萨卡什维利成功当选总统），美格关系日益提升。布什政府将格鲁吉亚誉为"改革的灯塔"，对其提供巨额援助。

就在格俄冲突爆发前不到一个月，美国国务卿赖斯先是访问波兰、捷克，重点是讨论导弹防御合作，之后又访问格鲁吉亚。赖斯在抵达第比利斯之前就表示："美国把格鲁吉亚看做好朋友，俄罗斯近期的一系列举动，实际上无助于稳定与格鲁吉亚和阿布哈兹的冲突局势。"赖斯在接受格鲁吉亚电视台专访时不加掩饰地说："我想让所有人都知道，美国坚决支持格鲁吉亚加入北约的方针。"

对此，俄罗斯极为不满。格俄关系也因赖斯此行而进一步恶化，格不久后就宣布召回该国驻俄大使。此后，美不顾俄反对，加强了与格的合作。格鲁吉亚决策层可能据此认为，如果出兵南奥塞梯，俄罗斯将因害怕得罪美国而不敢作出激烈反应，即使俄罗斯出兵增援南奥塞梯，美国也会出兵支持格鲁吉亚。因此，格决心武力解决南奥塞梯问题。而美国对格加入北约的积极态度，又可能使俄罗斯认为，如果有必要对格鲁吉亚动武，时机必须选在格鲁吉亚加入北约之前，因为根据《北大西洋公约》第五条，如果一个北约成员国受到攻击，则视为所有北约成员国受到攻击，这样美国武力干预的可能性就更大了。

俄媒体批评美国和其他西方国家对格鲁吉亚使用武力持麻木态度，这在事实上鼓励了冲突的扩大。

2008 年 8 月 9 日，美国总统布什要求俄罗斯立即停止空袭，称使用空军是“一种危险的升级”。8 月 10 日，美国副总统切尼给格鲁吉亚总统萨卡什维利打电话，称“美国不会对俄罗斯的侵略无动于衷，俄罗斯侵略的继续将严重破坏它与美国及国际社会的关系”。

冲突初期，北约秘书长夏侯雅伯称北约正在密切关注局势，各方应采取直接谈判。8 月 12 日，夏侯雅伯谴责了俄“过度使用武力”的做法，并称冲突并不影响格鲁吉亚作为北约候选国的地位，格总有一天会成为北约成员国。

在联合国，美国支持格鲁吉亚的立场，但由于俄罗斯是安理会常任理事国，安理会没能通过任何有关决议。由于目前不是联合国大会的开会时段，格俄冲突并未提交联合国大会（联大每年举行一次常会。常会在每年 9 月的第三个星期二开幕，通常持续到 12 月中下旬，会期一般约为 13 个星期）。考虑到俄罗斯是常任理事国，美国很难打着联合国的旗号介入冲突。

俄宣布停火之后，美国国务卿赖斯发表讲话，称俄罗斯的军事行动必须确实停止，并重申美国支持格鲁吉亚的主权和领土完整，支持格鲁吉亚的民主政府，并表示将继续与各方协商，采取外交手段解决争端，并对格鲁吉亚的重建提供援助。

俄格冲突爆发之后，美国向俄施压，但与格鲁吉亚的希望相反，美并未直接出动军队介入冲突。可见，美国在格俄冲突中的主要利益在于，避免与俄罗斯在战场上直接对抗，同时尽力保护格鲁吉亚亲美政权的生存，保持其北约候选国的地位，而将南奥塞梯问题留待日后解决。美国接下来的举动，都将围绕确保这一利益来展开。

2008 年 9 月 1 日，俄罗斯宣布承认南奥塞梯和阿布哈兹独立，不仅使俄罗斯与西方国家的关系面临冷战结束以来最严重的危机，也让人看到了西方在处理这一问题时的尴尬处境。

——导致俄罗斯出兵南奥塞梯，并承认上述两地独立的直接原因，是亲西方的格鲁吉亚总统萨卡什维利下令格鲁吉亚部队进攻南奥塞梯首府茨欣瓦利，打响了第一枪。西方的报道虽尽量回避是谁挑起了这场冲突，但毕竟事实清楚。这使西方政府在研究对策时，有点底气不足。

——2008 年 2 月科索沃单方面宣布独立。美国、德国等部分西方国家不顾科索沃问题的有关国际决议，更不顾有关国家的反对，强行承认其独立。时隔 6 个月，南奥塞梯和阿布哈兹效仿科索沃的做法，并在国际监督下就是否独立进行全民公决。按南奥塞梯的官方统计，参加投票的人数为 95%，其中 99% 的人赞成独立。俄方表示，其承认两地独立，就是向西方学的，是在“用其道而治其身”。

——2008 年 4 月格鲁吉亚提出要参加北约，北约方面也作出了积极回应，但这次危机很可能成为北约东扩的障碍。华约解体以来，美国及其领导的北约通过东扩不断蚕食俄罗斯的战略空间，一旦格鲁吉亚和乌克兰加入北约，北约的军队就可以进驻在俄罗斯边界。这一直是美国梦寐以求的。但另一方面，格乌两国一旦加入，根据北约条款的第五条，北约就要为他们承担防御责任。对此，许多西方智囊告诫政府，对吸收格鲁吉亚这样的国家加入北约要慎重。

前苏联解体以来，西方一直在向俄进逼，先是北约几次东扩，接着是在波兰和捷克部署导弹防御体系，不断刺激、羞辱俄罗斯。俄何时还手只是时间问题。从这种意义上看，俄在格鲁吉亚的行动并不意外。

以往面对北约东扩、面对西方承认科索沃独立、面对波捷与美国达成导弹防御体系的协议，俄除了表示反对，事实上并未做什么。这次面对俄出兵格鲁吉亚、面对俄承认南奥塞梯和阿布哈兹独立，西方除了嘴上反对，也很难扭转什么。军事上，俄依然是世界第二强国；经济上，欧洲经济早已与俄能源捆绑在一起，以德国为例，其天然气的 42% 来自俄罗斯，石油需求对俄依赖更大。这是西方在处理对俄关系时不得不面对的现实。

在布什政府即将到站、美国仍深陷中东困局的情况下，美国和欧洲不但不会领萨卡什维利的情，反而肯定会责怪萨氏行事卤莽和不计后果，因为外高加索临近的里海地区同样是美国和西方的油库，是石油生命线之一，而俄罗斯有足够的力量对这一地区的脆弱的石油管线进行干扰。

两个独立的共和国加入俄罗斯联邦的可能是存在的，至少会在俄罗斯的武力控制之下。格鲁吉亚加入北约和欧盟可能将成为遥远的梦。

从科索沃到南奥塞梯透出“新冷战”气息。

2008 年以来，除中东地区外，巴尔干半岛政治事态的发展让人感到不安：2 月科索沃宣布独立，8 月南奥塞梯危机爆发……

国际媒体早已预测科索沃的独立必将诱发南奥塞梯危机。从南奥塞梯危机中，人们已感受到美俄关系所透出的浓烈的“新冷战”气息。

南奥塞梯危机爆发的时机竟如此“完美”：俄罗斯总统梅德韦杰夫正在度假，总理普京则刚离开莫斯科出席北京奥运会开幕式。所有这些使他们难以想象：华盛顿事先对行将爆发的这场危机一无所知！

美俄关系已经因美国在欧洲建立反导系统而恶化。格鲁吉亚危机的爆发，对美俄关系而言无异于雪上加霜。两国关系呈现出浓厚的“新冷战”色彩也就不足为奇了。

“普京秀”：在最关键的时候“亮牌”

普京是善于也擅长“作秀”的政治领袖。特别是秀什么、何时秀，普京总是“秀”得恰到好处、恰如其分。

从 2000 年 3 月，普京发动第二次车臣战争不久，就有了亲自“驾驶战机”的“英雄秀”，引发全世界一片惊叹和赞叹。

到 2008 年 8 月，普京成功“解码”格、俄武装冲突时，又有了“普京射虎”秀，引发许多的猜疑和解读。

2008 年 5 月，《莫斯科记者报》惊曝普京已与夫人离婚，并将迎娶芳华正茂的艺术体操女皇卡巴耶娃。后来新闻未获证实，该报社受到停刊处罚。事件背景是，在2007年俄罗斯国家杜马选举中，受普京“钦点”横空出世的“普京宝贝”风光无限，虽然引来诸多“情色”闲话，却也给“统一俄罗斯”党带来了滚滚票源。

普京是个“爱干净”的人。俄罗斯媒体不合时宜的普京“离婚秀”，显然是过火了。

“普京秀”如同电影蒙太奇，在“造势”的背后，折射的是领袖的神秘魅力。

普京“射虎”、“肌肉猛男”和“柔道高手”的“形象秀”。2008年8月31日，普京与俄罗斯研究人员一同前往俄罗斯一个国家森林公园跟踪研究西伯利亚猛虎的野外生活。正当普京与野生动物研究专家来到一只被束缚的猛虎面前时，这只老虎突然挣脱枷锁，朝随行的电视台工作人员扑去。就在这时，普京迅速拿起麻醉枪向猛兽射去一支麻醉剂，工作人员这才脱险。在虎中弹入睡后，普京亲手为虎戴上装备全球定位系统的项圈，以便科研人员监控它的动向和健康状况。普京离开国家森林公园时，还亲吻了那只老虎并说了声："再见！"

“普京射虎”的“强悍”表现随即成为世界各国媒体追逐报道的热门话题，并迅速升级为近期知名度最高的非国际事件。时值俄罗斯因南奥塞梯问题与西方“对抗”之际，诸多西方媒体纷纷揣测普京射虎的“用意”。

法新社评论道，你见过身为轰炸机驾驶员、柔道高手和钓鱼专家的普京，但一个猎虎者呢？法新社援引国际文传电讯社的评价说："幸好普京总理出手灵活及时，猛虎被制服了。"

德国《镜报》网站则评价说，普京面对逃脱的猛虎勇救记者的行为恰巧发生在“正确的时间，正确的地点”。文章认为，普京总理的“勇敢行为”又加深了其刚毅的形象，并将普京救助记者的行动称之为“奇迹”。

几乎在一年前，即2007年，一组普京在西伯利亚度假钓鱼时“袒露肌肉”的照片也曾被广泛地传播。路透社称，“55岁的普京在其8年总统任内，给自己塑造起猛男的形象”。

俄媒体也将普京“射虎”与俄罗斯与西方紧张的关系联系起来。

2008年9月1日，俄罗斯《消息报》发表题为《普京总理：不要吓唬人，根本不可怕》的报道。

普京此前在接受美国有线电视新闻网和德国电视一台采访时曾表示，“孤立不能吓倒我们”。他评价南奥塞梯和阿布哈兹的局势，“我们希望，俄罗斯的维和行动将得到支持，而对于实施了这个受指责行动的格鲁吉亚方面，应当予以谴责。”而对于萨卡什维利，普京说：“这样的人无论大国还是小国，都不应该领导。如果他是个体面的人，那么他应当辞职。”普京在“打虎”成功后接受俄罗斯国家电视台采访时意味深长地说：“乌苏里斯克虎是一种独特的动物，是这个星球上最大的猫。”

俄罗斯在不断展示“强硬”的同时，也释放出合作的信息。据俄罗斯国家电视台网站报道，普京在远东视察工作接受该台采访时表示，自己没有看到与西方关系变冷。他说，有许多会谈，很多情绪，但是没有任何实质性的能证明变冷的步骤。“我希望这不会发生”。普京还对参与保护西伯利亚虎的西方专家表示了感谢，他说：“首先，我们应当感谢我们的美国和欧洲同事，他们在我们还没有开展这些工作时已经开始工作了。但在 2007 年，我们制订了一个为期 5 年的计划。”

在各国领导人中，普京绝对是一个异常抢眼的角色。2000 年 3 月 20 日，普京出人意料地驾驶着苏－27 战机出现在车臣首府格罗兹尼机场，而他身旁仅有俄空军少将哈尔切夫斯基陪同；2004 年 2 月 16 日，普京乘坐“阿尔汉格尔斯克”号战略核潜艇，视察参加军事演习的北方舰队；2005 年 8 月 16 日，普京作为俄军最高统帅，完成了一次史无前例的飞行，乘坐并短暂驾驶一架图－160 战略轰炸机，从莫斯科近郊起飞，飞行数千公里，到达科拉半岛，途中发射 2 枚巡航导弹并空中加油。当然，普京有这个“胆大妄为”的资本，其他国家的领导人想学还学不来。

普京用其一系列“大胆”、“出格”的举动振奋了军队的士气，激发了全俄罗斯的民族自豪感，同时也为自己赢得了巨大的政治筹码。作为总理的普京，不可能再像当总统时那么高姿态地介入到军队事务中，因此他还需要另辟蹊径，继续维持和巩固其在俄罗斯民众心目中的硬汉形象。

普京“射虎”事件，不排除是个精心设计的局。从事件的轰动效果看，较之以往的大胆举动，更是有过之而无不及。与参加军事行动表现出的慓悍相比，普京“射虎”还多了一份更深的亲民意义——被国家力量严密保护的政府首脑在危急时刻保护了普通俄罗斯公民的生命安全。而且，事件的背景又是普京总理关心生态和野生动物保护。真所谓，“铁汉柔情”。

另外，普京射虎事件发生的时间也耐人寻味。北京奥运开始前，格鲁吉亚军队原想乘虚而入，占领南奥塞梯，结果和俄罗斯军队发生正面武装冲突并被迅速击溃。在南奥塞梯交火事件平息后，俄罗斯和美国、欧盟就南奥塞梯最终地位问题发生激烈争执。梅德韦杰夫 2008 年 8 月 26 日宣布，俄罗斯承认南奥塞梯和阿布哈兹独立。随后，美国和欧盟以制裁俄罗斯相威胁，试图从外交上和经济上孤立俄罗斯，而俄罗斯又强硬地表示不惧怕制裁，并准备断绝和北约组织的军事合作。而恰恰在这个时候，发生了普京射虎的轰动事件。普京表示，“我打的是地球上最大的猫”。

这是普京在借射虎事件向美国和欧盟发出的一个强烈信号：俄罗斯不惧压力，绝不屈服，美国和欧盟绝不要低估俄罗斯维护自己国家利益的决心。凶猛无比的西伯利亚虎在普京眼里就是一只“猫”。“(西伯利亚虎)是世界上最大的猫”，这一比喻和“一切帝国主义都是纸老虎”有着异曲同工之妙。

无论是无意之举，还是精心布局，普京无疑是射虎事件的最大赢家。

普京引领互联网政治新潮流的“网民秀”。在重视网络民意的普京总统影响下，互联网已成为普通俄罗斯人政治社会生活中的一部分，通过网络解决问题对俄罗斯人来说已不再新鲜。

自 1994 年俄语互联网区正式启动后，俄罗斯网民总数 2007 年达 2380 万人，而且继续以每年 30% 的速度增长。

普京绝对属于俄罗斯“网络政治家”中的代表人物。

2001 年 3 月 6 日，作为第一位参与网上互动的俄罗斯总统，普京通过直接而坦率的回答，让其“值得信赖”的形象深深地印在了俄罗斯人的脑海里，从而为其再次凝聚俄罗斯民族向心力、彻底解决“府院之争”打下了良好的基础。

普京外表冷峻，但内心却相当亲民。他对如何作好网络时代的政治家有其独到的见解和认识。他曾表示，这是一种良好的民意调查方式，通过民众所提出的问题，政府和各级官员可以看出民意民情。

从2001年开始，普京与民众通过电话、电视和互联网的对话交流活动，几乎成了俄罗斯政治生活中的一项新传统、新风景。在随后的几年中，普京多次通过电视、广播和网络与百姓直接对话，回答民众有关经济、住房、教育、卫生、交通、退休金等方面的问题。

与此同时，“网聊”为总统与民众的互动和交流提供了可能。民众可以直接从总统本人那里得知他的兴趣爱好，他爱看的书籍及正在读的哪些作家的哪些作品。正因为如此，俄罗斯各界对总统通过网络与民众“亲密接触”之举给予相当高的评价，认为它反映出网络时代政治生活的时代特色，满足了民众与国家领导人直接对话交流的愿望。

俄分析家们认为，网民占俄罗斯人口的20%以上，普京的每一次“网聊”都能聚集起巨大的能量。在网上讲述自己的家庭，讲述自己如何喜欢柴科夫斯基和舒伯特，如何喜欢看法国电影，这样的总统肯定会受到更多民众的欢迎。

2004年1月19日，普京总统卡通网站开张，小网民与普京面对面。

俄罗斯总统儿童网“总统与小公民面对面”是在一个学生的倡议下开设的，属于俄罗斯总统网。网站的对象是俄罗斯8到14岁的小公民。旨在帮助他们拓宽视野，逐步了解国家的发展情况。该网站还用浅显的语言向小公民介绍了即将开始的总统选举。普京在克里姆林宫出席了该网站的开通仪式，并亲自打开了网站的页面。

登陆极具卡通味道的网站后，不仅可以和普京聊天，分享包括养宠物经历等的家庭趣事，还能欣赏总统全家的照片。从网站的整体风格都能看出，总统此举意在吸引小公民们。

在该网站的一个名为“认识总统”的栏目里，普京亲自回答了电子表格里所列的全部问题。其中比较引人关注的就是“如果不能连任，那么他将去从事什么工作”，普京回答说，他最希望从事的职业是研究俄罗斯的国内问题，预测未来形势，捍卫俄罗斯普通民众的利益。

孩子们很关心普京在学生时代的表现，普京通过可视网络回答说，他在不同时期的情况是不一样的，不过他属于那种毕业时可以得到4分或者5分的学生。

一位小朋友问："您小时候上学迟到过吗？"普京坦白说："我有时候也会迟到。我家离学校很近，所以我上学总卡着时钟点……"

当被问及儿时是否也打架时，普京笑着说，当然也打过架，自己表现不好的时候，父母也会被老师叫到学校，但是这种情况"不是经常发生"。

还有一个学生问，如果回到少年时代，总统还想学什么专业。普京回答说，自己有过各种各样的想法，其中包括当飞行员或者水手。

一个男孩好奇地问，为什么网站上没有他当克格勃特工时的照片，普京略带幽默地说："他们很少用我那时候的照片。"

2006 年 7 月 6 日，当普京再次出现在全球网民面前时，一个近乎荒唐的问题——"俄总统为什么会亲吻一个小男孩儿的肚皮"——又立即让全世界媒体在八国峰会举行前，感受到这位前克格勃高官的温情一面。

在普京的带动下，俄罗斯的官员们对互联网的态度也由开始时的近乎敌视变为积极适应。2007 年 2 月，俄第一副总理梅德韦杰夫、联邦移民局局长康斯坦丁·罗莫达诺夫斯基等大腕级人物，都曾亮相于俄罗斯网民面前。在接受网友质疑、履行对网民承诺之际，俄罗斯的政治家们也在为实现自己的政治目标创造更多的机会。

与一些国家不同的是，俄罗斯政治人物参与网络聊天，实质内容看上去更大于象征意义。网民们在网上反映的很多问题，基本都可以在现实生活中得到解决。

俄罗斯互联网上一直传播着这样一个故事：2002 年，普京总统接受全民访问时，摩尔曼斯克州一位名叫柳时的造船工人曾向普京抱怨，称自己半年没有领到工资了。结果在聊天后，柳时和他的同事们很快就从厂里领到了被拖欠的工资，而且他们的工资从此就开始正常发放了。

"这给了俄罗斯网民很大的动力。"现在，俄罗斯网民对于直接向总统提问都怀有极大的兴趣。不过，随着生活水平的提高，关于日常生活类的提问已经很少了，网民的兴趣逐渐转向了国家的未来方面。

2006 年 6 月 30 日，俄罗斯总统办公厅新闻局发布消息称，普京准备在 7 月 6 日举行一次"网上答记者问"，和世界各地的网民来一次

“网聊”。

普京上网与全球不计其数的网民进行“直接对话”，一时成为国际主流媒体报道的热点。

普京与世界各地网民的“网聊”活动，由俄罗斯最大搜索网站和英国广播公司(BBC)的网站联合承办。

从2006年6月30日中午12时起，全球网友在俄罗斯的Yandex网站以及英国BBC在线网站上，向普京提出自己的问题。与此同时，每位网友还可以对所有问题进行投票，得票率最高的一些问题，将在7月6日当天由普京回答。

2006年7月5日，普京网上记者会召开的前一天，已有80万网民登陆了Yandex网站向总统提问，各种不同问题总计为11.5万个。

据Yandex网站统计显示，网民最想知道的三大热门问题为，俄罗斯是否使用巨型机器人士兵保卫领土；为何普京要在克里姆林宫广场公众面前亲吻小男孩的肚皮；普京如何看待俄罗斯第一本成人杂志Medved的国际形象。

每个网站每天收到的网民提问有两万来条。提问者几乎来自各个阶层和行业，有职员、工人、学生、家庭主妇等等，提出的问题真是五花八门，有些还显得非常刁钻。

得票数最高的问题是“您为何亲吻小男孩的肚皮？”2006年6月28日，一名小男孩跟随着一群游客参观克里姆林宫，普京掀起了男孩的衬衣亲吻了他的肚子，让外界大感意外。

yandex网站根据所提问题的性质进行了整理，得出了“十大热点问题”：

普京个人生活。网民最关心的是上周普京为何亲吻小游客肚皮的问题，早已经突破“一万问”大关。其次关心普京何时初吻、何时有第一次性体验。

毒品问题。人们关心轻度毒品（比如大麻）能否合法化的程度超过了打击毒贩。

同性恋问题。最关心俄罗斯作为现代化程度很高的国家为什么不能同性恋合法化，希望普京过问。

俄罗斯和乌克兰的关系。多数人主张克里米亚半岛回归俄罗斯，对乌克兰“不要客气”。

俄罗斯人口问题。最关心妻子怀孕或小孩不到三岁丈夫能否应征入伍，以及多生孩子多补偿等。

军队和特种部门。最关心大量使用机器人保护国家、提高武器装备性能、大学优等生缓征及取消义务兵役制等。

网络通信。最关心的是俄罗斯 IT 业的发展，希望普京常上网聊聊。

俄罗斯种族歧视。最关心俄罗斯何时根除“排外”现象，以及严打“光头党”的问题。

住房问题。最关心房价太高、何时能住上自己的房子，其中询问普京在两任内能否靠工资就能在莫斯科买套像样住房的提问最多。

政府官员腐败问题。网民最纳闷“好总统手下贪官一大帮”的事情。

克里姆林宫对多如牛毛的问题进行筛选，这或许就是人们实际上很难看到过于尖锐刻薄的问题的原由。然而，无论如何，普京总统对那些筛选出来的问题的回答是实实在在的。

这就是虽然人们深谙总统与网民“网聊”中的“作秀”因素，但却仍然愿意参与其中的原因。

普京数次与网民对话的日期都选择在 6 日。这或许是个巧合，但是，选择 2006 年 7 月 6 日与全球网民聊天，还是引来西方媒体各种猜测。有西方媒体称，普京政府近年来加强了对国家舆论阵地的监控力度，由此被西方打入了“不民主”的黑名单。2006 年的八国峰会即将召开，普京是要借此改善俄罗斯的形象。

2006 年 7 月 6 日这一天，从 17 时 27 分开始，普京经受了两个半小时的煎熬。来自俄罗斯以及其他国家网民的提问，通过互联网汇聚到一起。普京真诚、真实地进行了回答。

“总统先生，我想请问您，您在多大的时候第一次经历了性生活？”

“第一次是吗？我已经忘记了，不过我记得最近的一次在什么时候，我甚至可以把时间精确到分钟。”

这是俄罗斯 17 岁的姑娘纳斯佳和普京在网上的一问一答。

从这一问和答，充分展现了普京的魅力，而且还在不断的加分。

2007 年 10 月 18 日，普京再次创下纪录，通过电视和电台直播，用 3 小时零 5 分钟，回答了从俄罗斯民众提出的 200 多万个问题中挑选出的72个热点问题。这些问题主要集中在国内经济和社会保障方面，也涉及国际范畴、选举、奥运会以及总统个人生活等。通货膨胀怎么处理、核武器到底怎么搞、互联网该怎么管、远东怎么大开发、为什么俄罗斯不是伊拉克等。

普京还特别提到了“普京计划”——俄罗斯国家中长期发展的战略计划。他说，“这个名字来自我在议会所作的国情咨文报告，在这份报告里我谈到了未来俄罗斯社会、国防、外交、经济发展等长期和中长期计划，就是俄罗斯国家发展的战略计划。比如我们想要解决出生率下降的问题，我们就决定建立‘母亲资本’，这是一个十年计划；还有在2015年之前，俄罗斯计划更新海空军力量、从整体上更新武装力量，所有这些加在一起就是普京计划。”

直播结束后，普京还说：“在更换政府领导人和任命新政府时定下的目标已经达到：政府已经开始了更加有效的运作。”

许多提问者都非常激动，大多数在提问题之前或者结束提问之后第一反应就是“感谢”。甚至有一位退休妇女在电话拨通之后，没有抓住这个千载难逢的机会向总统提问，而只是感激：“谢谢，非常感谢您做的一切！”说完就挂断了电话。

这就是普京，俄罗斯的“精神领袖”。

当俄罗斯人传唱《嫁人就嫁普京这样的人》的时候，毫无疑问，一个被当做偶像来追捧的领导人出现了。

1999年末，叶利钦总统辞职，将权力交给了普京。那时的普京是一个“没有过去”的人，全世界的媒体都在翻箱倒柜地寻找普京过去的人生轨迹，以便向读者回答“谁是普京”的提问。在3个月后的大选中，人们在对现实极度失望的情绪里，选择了新人普京。

获胜的原因也许正如普京自己的说法：“我感到自己不是什么救世主，而是俄罗斯一名普通公民，我的感受与俄罗斯任何一个公民的感受是相同的。很显然，人们感受到这些并由此支持我。”

自从普京在作为第一位参与网上互动的国家元首出现在网络上时，越来越多的各国领导人开始出现在电脑屏幕前，回答记者以及普通网民五花八门的提问。

伊朗总统内贾德、越南总理阮晋勇都越来越乐意和网民面对面。

德国女总理默克尔甚至开设了视频博客，向世界展示自己女性的温柔一面。阮晋勇与网友聊天，被称为越南国家管理事务中一次“真正的革命”。

普京导演俄罗斯国家杜马“宝贝秀”。2007年12月初的俄罗斯联邦国家杜马选举对俄罗斯乃至世界都是一件大事，因为它关系到未来俄罗斯的走向以及普京指定的接班人能否顺利当选。作为俄罗斯第一大党的统一俄罗斯党，在普京总统的领导下，不仅期待能继续在国家杜马中占据多数席位，也希望能利用这一优势将梅德韦杰夫顺利送上总统宝座。

为了实现既定目标，普京在利用自己巨大影响力的同时，也对党内成员构成进行了一定改变。在俄罗斯国家杜马选举中，普京总统率领统一俄罗斯党通过补充一批性感迷人的美女议员，捕获了广大投票者的视听想象，进而大获全胜，尤其是五大性感美女功不可没。她们是前体操世界冠军霍尔金娜、前奥运会速滑冠军朱洛娃、艺术体操奥运冠军卡巴耶娃、前拳击运动员卡尔波维奇和莫斯科大剧院首席芭蕾舞演员查卡诺娃。

在一直都是男议员天下的杜马会议中现身的美女议员堪称万绿丛中一点红。

普京在杜马选举前抱怨说，党内漂亮迷人的女代表太少了，远远达不到吸引投票者的程度。于是，卡巴耶娃等人被迅速补充进来，进入杜马之后，她们还在各个方面得到普京关照。这5名生力军的加盟令统一俄罗斯党星光璀璨，这5名迷人的女星分散在不同的选区，凭借着广泛知名度和极高的人气，她们都成为所在选区的高票获得者。如朱洛娃所在的统一俄罗斯党列宁格勒区分部，在10名竞争分部参选国家杜马议员的党员中，她的得票排第二位。她是国家杜马法律委员会成员。

“五朵金花”在普京的导演下顺利进入国家杜马，这是一个很聪明的“拿来主义”。

普京将5名女星的拥趸从体育圈、娱乐圈拉拢到政界为我所用，然而，也不可避免地连带着拿来一些他本不想要的东西。媒体报道称，这些帮助普京和执政党打了场胜仗的美女议员“过去劣迹斑斑”。

所谓“劣迹”，指的是霍尔金娜、卡巴耶娃、朱洛娃和卡尔波维奇这4名体坛美女都曾半裸或者赤裸登上《GQ》、《花花公子》等成人杂志的封面，仅用冰鞋、拳击手套等遮挡住重要部位。“既然你拥有美貌和性感，何不展示于众？”霍尔金娜认为这很正常。

杜马青年事务委员会成员、有“体操女皇”之称的霍尔金娜早在1997年就为俄文版Maxim拍了不少裸照。其次是年仅24岁的卡巴耶娃，这位两次艺术体操世锦赛冠军得主，先后为一份色情挂历、俄文版Maxim及男性杂志《熊》泄露春光。排在第三位的是新科副议长、冬奥会速滑冠军朱洛娃，她曾袒胸露背出现在英国《GQ》杂志的封面上，让人惊讶的是她事后还表示：“我不想就此打住，希望有一天能为《花花公子》宽衣解带。”排在第四位的是律师出身的拳击冠军卡尔波维奇，照片上的光膀子美女，乍一看有拿拳击手套“遮羞”的味道，但遗憾的是，她还是“不慎”露出一点。

其实，俄罗斯民众对此并不反感，那些一相情愿炒作的西方媒体只是想给普京抹黑。这不会对很自我地欣赏着本国英雄和美女的俄罗斯人造成丝毫影响，相反，如果普京与卡巴耶娃真的凑成一对，或许才真是他们喜闻乐见的，并能得到全民祝福。这点从国家杜马发言人的表态中就可看出。如果《莫斯科记者报》做得聪明一点，它完全可以用调侃的笔调来“探讨”普京与卡巴耶娃结合的可能性，而不是当成真实的新闻来报道。若是这样，现在该报应该是在引领一个被热烈讨论的话题，而非被迫关闭。

2007年12月24日中午，俄罗斯第二届国家杜马第一次会议如期举行。与上届杜马不同的是，这届杜马的女议员明显增多。其中，坐在统一俄罗斯党议员席位上的卡巴耶娃等一批年轻貌美的女议员，显得格外扎眼。不知是出于对议会四党团席次安排的不满，还是为了发泄对杜马文化委员会主席职位表决结果的怨气，几轮会议之后，几位“老资历”的男议员在走廊和休息室里，开始拿新当选的女议员开涮。其中，曾为一些男性杂志拍过裸照的四位女运动员，成为他们评头论足的对象。在旁边听得津津有味的几位自由民主党议员，后来终于禁不住“诱惑”，跑到办公室，从互联网上调出了这些运动员的裸照。他们盯着这些赤身露体的美女调侃道：现在可以出一本名为《国家杜马的女人》

的色情挂历了。

要出杜马女人色情挂历的笑谈，很快见诸报端。率先做出这一报道的是《莫斯科共青团员报》，该报以《女议员：从〈花花公子〉杂志走进国家杜马》为题，对来自统一俄罗斯党的杜马女议员，特别是刚刚进入杜马的女性运动员议员进行了讽刺性报道。文章配以上述运动员的往日裸照，质疑这些大众传媒的“老主顾”，在未来杜马中的可能表现。

此文见报后，俄罗斯一些新闻网站迅速予以跟进，就连此前一直对此“有所保留”的《共青团真理报》，也发表该报时政记者万德舍娃采写的稿子，文章不但附上了卡巴耶娃等人的裸照，而且采用了《杜马女议员袒胸露背》这种吸引读者眼球的标题。

新杜马开始工作，新议员走马上任，都是新闻热点，对此进行报道或加以评论，是媒体分内的工作。但有俄媒体认为，一些媒体拿新科女议员裸照进行新一轮炒作，带有明显的政治目的，借机攻击统一俄罗斯党。分析人士指出，统一俄罗斯党能以315席的绝对多数赢得本届杜马选举，演艺圈和体育界明星的鼎力相助功不可没。统一俄罗斯党借助这些明星的偶像效应，赢得了名人所在选区的大量年轻选民。鉴于此，“挖掘”上述运动员的裸照“丑闻”，借机攻击统一俄罗斯党，便成为在选举中败北的右翼政治力量手中的工具。

当球星维阿还在为竞选利比里亚总统失利而耿耿于怀，一股粉红色的势力就已崛起在俄罗斯杜马，体育运动员参政正在成为这个国家的潮流。依靠自身的知名度和影响力，俄罗斯杜马这股“美丽新势力”也已经证明，政坛的“性别闸门”正在慢慢松动。

“普京宝贝”为老人、男人理政的杜马席位添上一抹亮色。

与其说普京与卡巴耶娃的“新闻”是媒体乱点鸳鸯谱，或者是部分俄罗斯民众理想中的最佳姻缘，不如说普京与卡巴耶娃是一对很好的政治拍档，真正与普京联姻的则是体育。

普京本身就是一个体育好手，军事演习亲自驾驶轰炸机超低空飞行，到数百米深的洋底观摩潜射洲际弹道导弹发射。特工出身的他还是专业级的柔道选手，足球、网球、滑雪也是样样精通。然而，在他看来，展示俄罗斯人的强健体魄不是由总统一人作秀就能完成的，他在克里姆林宫举行的首次俄罗斯总统体育委员会会议上强调，恢复大众体育是该体育委员会的头号任务。

2002 年 10 月 15 日，由普京牵头成立了“总统体育委员会”。这是一个在世界上独一无二的政府级体育管理机构。从此，大笔的政府拨款开始流向体育界，其中最著名的是总统基金，从 2002 年起，俄罗斯全国范围内 3000 名顶尖运动员及教练开始得到每月 500 美元的津贴，解决了其生活上的后顾之忧。

普京将目光放在更宽广的领域，不仅仅是竞技体育，而且惠及全民，将俄罗斯发展成世界头号体育强国。

第三部分　强国

——大国与帝国的黄金中点

1999 年，普京任俄罗斯代总统。当时，许多人提出了这样一个问题：普京是谁？

普京执政 8 年，以“非常的手段”带领俄罗斯重新崛起、“回归世界强国之列”：俄罗斯经济发展实现重新跨入世界 10 大经济体之列，俄罗斯军事实力实现恢复军事大国形象和地位，俄罗斯外交战略实现“重新获得独立性”。

普京说：“我没有看到任何重大的失败。所有预定的目标都已达到，所有任务也都完成。”

2007 年底，就在普京作出权力交接的决定后没几天，《时代》杂志将 2007 年年度人物的称号授予了普京。《时代》执行主编斯坦格尔认为，普京“表现出了他不同寻常的领袖品质，他拥有超强的坚韧，对俄国的发展有明确的方针，能从他身上感觉到俄国的精神气质，正是他让俄国回到了世界舞台”。

“俄国的精神气质”是普京魅力和影响力的根本所在。

普京让俄罗斯人恢复了对国家的信任，找到了自信和对未来的希望。

发展速度

发展速度，也就是俄罗斯只有保持高速发展，才不会被抛弃到世界经济的“后院”，这是普京经济政策的“纲”。

“俄罗斯经济有着无限的可能”。尽管人们对于能否将俄经济的繁荣完全记在普京名下存在颇多争议，但谁也不能否认他在其中扮演了无比重要的角色。

如果俄罗斯不在科技创新、对外市场开放程度上尽快调整，也许今后能继续保持一段时期的经济高增长，但要称之为经济强国尚为时过早。

人们记忆犹新，2000 年普京上台前夕，他发表了著名的《千年之交的俄罗斯》一文。这篇纲领性文章是他对俄罗斯人民许下的承诺。

1999 年，普京上台时面对的俄罗斯是一个“烂摊子”：俄罗斯正处于其数百年来最困难的一个历史时期。苏联曾是世界第二经济大国，而 1999 年的俄罗斯 GDP 总量下降到世界第 16 位，只相当于美国的 1/10，中国的 1/5 左右。俄罗斯落后于西班牙、荷兰，甚至被巴西、印度、韩国等发展中国家超过。俄罗斯贫富分化严重，10% 的最高收入阶层与 10% 的最低收入阶层的收入相差为 14 倍；人口每年减少 75 万人。俄罗斯近 200 年至 300 年来首次真正面临沦为世界二流国家，抑或三流国家的危险。

普京指出，俄罗斯的改革积累了大量棘手问题：一是摸索乱碰，没有明确的全国性目标；二是在经济和社会领域没有建立完整的国家调控体系；三是缺乏适合俄罗斯条件的最合理的改革战略。普京为了扭转这一局面，进行了艰苦的初步探索。

普京提出“多种所有制基础上的市场经济，并适当加强国家的宏观调控”的俄罗斯经济复兴模式，主持制定了俄罗斯长期发展战略，以便在相当短的时间内消除持续已久的危机，为经济和社会快速和稳定发展创造条件，因为“俄罗斯已经没有时间晃来晃去了”。

普京执政 8 年，俄罗斯经济翻了身，实现从“面临沦为二三流国家的危险”到跨入世界十强的行列，成为世界上具有活力和前途的新兴市场之一、世界“金砖四国”之一。

普京执政 8 年，俄罗斯 GDP 年均增长率 7%。2007 年俄罗斯的 GDP 达到 1.2 万亿美元，比 1999 年增长 5 倍，被认为“终于结束了苏联解体后的衰退期”。黄金外汇储备已达 4240 亿美元，居世界第三位。对外贸易总额在国内生产总值的比重达到 50%。

普京执政 8 年，居民实际收入增长了一倍多，贫困人口减少了一半。2000 年俄罗斯有 30% 的人口处于贫困线以下，2007 年这一指标降到了 14%。这 8 年里，平均工资从 2200 卢布增长到了 12500 卢布，平均退休金从 823 卢布增长到了 3500 卢布。

8 年前，俄罗斯的前景还是一片黯淡。现在，俄罗斯重返世界强国行列。

2008 年 5 月，俄罗斯推出了《2020 年前俄罗斯联邦长期发展构想》：按照俄罗斯经济每年增长 7% 至 8% 的速度，预测 2012 年俄罗斯国内生产总值应该比 2007 年增长 35% 至 36%，2017 年应比 2012 年增长 37% 至 39%，2020 年应该比 2017 年增长 19% 至 22%；居民收入在第一个五年内将提高 48% 至 50%，第二个五年将提高 37% 至 40%，2018 年至 2020 年将再提高 20% 至 23%。

也就是说，若俄罗斯 GDP 年增长率能保持继续增长的速度，预计到 2020 年，其 GDP 将超越所有欧洲国家，在世界范围内，排在中国、美国、印度和日本之后，成为世界第五大经济体。

普京的名、姓和父称的头三个字母分别是 B、B、П，在俄语中这正好是“国内生产总值”一词的缩写，一些报刊往往用“BBП”来代表普京的全称，在许多俄罗斯人看来，这也许是天意——俄罗斯人该过上好日子了。

“俄罗斯应当以高于世界平均水平的速度发展”

叶利钦按照美国顾问的设计，启用无任何经济管理经验的亲西方民主派，以激进的“休克疗法”方式进行“自由市场经济”改革。叶利钦的激进改革导致严重后果：经济秩序陷入混乱，产业结构更加畸形，生产力遭受严重破坏；经济形势急剧恶化，到上世纪 90 年代末 GDP 下降至立国初期的 50%，内外债总额超过 GDP 的 1/2；社会严重两极分化，动荡失稳；“寡头经济”泛起，腐败盛行。俄罗斯经济已经濒临崩溃的边缘。

叶利钦执政时期，基本上照搬西方的政治经济制度，试图通过激进的改革，使俄罗斯在短期内成为西方式的民主和繁荣的国家；但事与愿违，改革失败，政府和政策频繁变更，最后经济陷于混乱和停滞不前的状态。

普京明确表示，“每个国家，包括俄罗斯，都必须寻找自己的改革之路。”

普京总统一上台即着手调整经济发展模式，重点是稳定经济、加强社会保障，同时把打击“干政寡头”作为重大战略任务，后来逐渐发展到加强对战略资源和命脉产业的国家控制。到其第二任期，基本形成了俄罗斯特色的经济发展模式——“需要国家调控的地方，就要有国家调控，需要自由的地方，就要有自由。”即国家调控与市场竞争相结合；社会公平与经济效益相结合；推行私有化、实行对外开放与加强国家对战略资源和命脉产业的掌控相结合；积极推动产业结构的调整和创新经济的发展。

俄罗斯经济发展成功是多种有利因素共同促成的，例如政局稳定、国际市场能源价格高涨等等；但是，经济发展战略正确无疑起到了关键性作用。

普京执政后俄罗斯开始制定和实施长期经济发展战略，当时的主要目标是实现经济稳定和增长，走的是外向型资源型发展道路。在经济取得一定恢复和发展之后，普京 2003 年国情咨文中提出到 2010 年的 10 年内使国内生产总值翻一番的新战略目标。2004 年国情咨文又提出俄罗斯经济进入了快速增长的新阶段，新阶段的目标是实现国内生产总值翻一番、提高人民生活水平和减少贫困。依此，俄罗斯政府制定了《2008 年前工作基本方针》和有关中期发展纲要，提出了实施新战略目标的发展模式和政策措施，强调经济要实现突破和转型。

2008 年 2 月，在俄罗斯总统大选前夕，普京就俄罗斯国情发表了长篇讲话，回顾他自 2000 年执政以来俄罗斯在政治经济等各方面所取得的成果，同时还阐述了 2020 年前俄罗斯国家发展战略的基本思想。梅德韦杰夫继任俄罗斯总统、启动“梅普组合”体制后，进一步完善并制定成为《2020 年前俄罗斯国家发展战略》。

《千年之交的俄罗斯》：普京蓝图。普京在 1999 年 12 月 31 日出任代总统前，分别于 12 月 27 日和 30 日发表了题为《21 世纪的头 10 年》和《千年之交的俄罗斯》这两篇纲领性文章，阐述了俄罗斯的局势、教训和光明未来的契机，勾画了俄罗斯复兴道路。

普京强调：“我们没有落后那么远，我们可以更快地追上去。”其俄罗斯复兴战略主张：一是弘扬俄罗斯思想、俄罗斯价值观，包括爱国主义、强国意识、国家作用和社会团结。二是创造有效的经济、多种所有制基础上的市场经济，加强国家的宏观调控，政策重点在于要使经济发展速度“快”些。三是建立强有力的国家，有一个强有力的国家政权体系。四是有一个长期发展战略。五是强调“团结俄罗斯社会”具有特殊意义。

普京总结上世纪 90 年代俄罗斯改革的教训，其中最主要的是缺少一个明确的俄罗斯要成为世界上繁荣伟大国家的概念和远景发展战略。

普京非常重视发展战略，核心是实现快速增长。“为了保证俄罗斯在国际经济竞争中不落后，至少要有 5% 的经济增长率，希望达到 7% 或 8% 的水平，最好是达到 10% 的水平。”

在普京的积极倡议和大力推动下，俄罗斯于 1999 年底成立了由现政府经济发展和贸易部部长格列夫主持的战略研究中心，聘请国内各派著名经济学家和议会及政府有关部门专家，负责着手制定国家中长期经济发展计划。

2000 年 4 月，该中心制订出《俄联邦 2010 年前社会经济发展纲要》草案，后经政府反复讨论修改，于 6 月最后形成作为政府施政纲领的《俄罗斯政府社会经济政策远景基本方针》(简称《基本方针》)。《基本方针》从宏观经济指标、经济结构改革和社会政策等三方面，对俄政府希望在未来十年应达到的战略目标和任务进行了总体设计，并定出了阶段性目标,成为政府各部门制定政策和规划的重要依据。《基本方针》提出，今后十年内俄国内生产总值的年平均增长率至少为5%，加上卢布在十年内可能会升值50%,因而到2010年,俄国内生产总值大约增长1.5倍。

《基本方针》对社会经济领域改革的总体构想是：

第一阶段（2001年至2003年）把经济调整、保障所有权和平等竞争作为改革重点。

第二阶段（2004年至2010年）进行大规模的经济结构改革。主要内容包括：在经济领域，创造良好的投资和经营环境，保证高水平的经济自由，确保经济持续稳定增长，其中关键因素是保障所有权和公平的竞争条件；在经营、劳动力和资本流动中清除行政障碍，关闭亏损银行，降低税收，实施负责任的预算政策和货币政策。在社会领域，有效保护低收入家庭，向其提供社会帮助；确保每个公民都能享受主要社会福利，提高各种福利和服务的质量；努力使公民能获得更好的社会消费水平，包括舒适的住宅、优质的教育和医疗服务，以及在中老年时期享有应有的生活水平。在行政领域，确实贯彻明确划分国家各级权力机关的职能与责任的原则，最大限度地实行地方自治，逐步将国家部分职能转交给地方自治机关；提高立法质量，加强立法机关对所通过的决策应负的责任；改革司法体系及国家其他护法机关；恢复俄联邦执行权力机关体系的可控性和运转效率。

为保证中长期计划落实，制订了一系列与之相配套的部门或行业的中长期改革发展规划，如“俄罗斯森林工业发展纲要”、“俄罗斯2020年前燃料开采指标”、“2001年至2006年俄联邦电子商务发展目标规划”、“俄罗斯七年铁路改革计划”、“俄罗斯能源长期发展战略草案”、“俄罗斯联邦至2015年人口政策构想”等等。

俄经济界对中长期发展前景的评估各不相同，但大多接近或赞同政府谨慎乐观的态度,认为2000年后的10年至20年内,俄罗斯经济“可以”并且“应当以高于世界平均水平的速度发展”。

从战略执行的进展情况看，基本达到了预期目标。2000年至2004

年，俄罗斯GDP年均增长6.7%，数额达到5823亿美元，人均4000多美元；固定资产投资年均增长10.6%；外贸额增长1.2倍，达到2780亿美元；国家预算连年盈余，通货膨胀率持续下降，汇率基本稳定且卢布开始升值；居民实际货币收入增加了63.6%，职工实际工资提高107.7%；平均养老金增加120%；贫困线下人口比重从1999年的29.1%下降到2004年的17.8%；国家外债总额减少1/3，降至不到1000亿美元；黄金外汇储备迅速增长，2004年底达到1240多亿美元。

这些成绩的取得，在很大程度上得益于这一时期国际市场能源原材料的有利行情，和金融危机后卢布贬值，形成了有利于国内生产发展的条件，同时与普京执政以来政策的调整有很大关系。

2000年至2004年，俄罗斯经济取得了稳定增长，但也存在着严重的问题，经济中长期存在的老大难问题依然如故。在发展要素上主要是靠利用自然资源和现有生产能力，在环境要素上主要是靠国际市场的有利行情和卢布贬值的效应。特别是经济结构畸形的问题尚未根本解决，居民贫困问题严重，社会改革难以推动，黑社会活动猖獗。这些问题使俄罗斯经济持续发展困难重重。

《俄罗斯2005年～2008年发展纲要》：普京战略。普京在2003年提出了到2010年的10年内使国内生产总值翻一番的新战略目标。2004年俄罗斯政府制定了《2008年前工作基本方针》和《俄罗斯2005～2008年社会经济发展中期纲要》（简称《纲要》），提出了实现新战略目标的发展模式和政策措施。

新战略目标的主要变化是：

一是加快经济增长速度，实现国内生产总值10年翻一番。俄罗斯政府2000年通过的经济发展战略规定，在今后的10年内GDP的年均增长率不低于5%，到2010年累计增长70%，届时按不变价格计算的GDP总量达到转轨前的1991年水平，实现经济复苏。新的战略目标把计划任务提高到使GDP翻一番，年均增长率提高到7.2%，提前实现重新成为经济大国的目标。

二是提高居民实际货币收入的增长速度，从与GDP同速增长调整为超前增长。俄罗斯经济发展和贸易部提出，要使居民实际货币收入的增长速度超过GDP增长率2至3个百分点，在到2010年的10年内居民实际货币收入将增长1.5倍至1.6倍,比原战略目标高1倍。《纲要》提出，2005年至2015年居民实际货币收入将增长1.2倍，年均增长率达到7%至9%。同时，贫困线下人口的比重，2004年为18%，2010年要降至10%，2015年降至5%。

《纲要》提出了保持经济持续快速增长，实现GDP增长10年翻一番的三种发展方案：

第一种方案为基础方案，即延续现行的发展模式，走资源型和主要利用现有生产能力的道路。2005年至2008年GDP将增长20%，2005年至2015年将增长58%至61%；同期，居民收入分别增长34%和92%。2010年之后经济增长速度将不超过年均4.2%，GDP十年翻一番的任务不能完成。

第二种方案为投资和出口导向发展模式。启动石油天然气综合体发展战略，实施一系列资本耗量大的项目，以便大大扩大能源和原材料的产量和出口量，打开运输基础设施的“瓶颈”。投资的年均增长率达到10%以上，投资率到2008年达到GDP的22%，2015年达到28.5%，外商直接投资也将比第一方案更积极。结果，2005年至2008年GDP增长27%，2005年至2015年增长100%至107%，居民实际货币收入分别增长40%和120%。本发展方案能够解决GDP十年翻一番的任务。但是，其获得的经济增长数量成果将转变为质量上的损失，发展石油天然气和交通运输等资本耗量大的部门必然引起投资过度紧张，相对限制后工业化部门的发展。

第三种方案为创新导向发展模式。特点是使经济结构向有利于加工工业和服务部门、特别是向有利于高新技术产业的方向变动。在石油天然气综合体和运输基础设施里集中资金的程度比第二方案低，把更多的财政资金用于实现传统工业现代化和发展后工业化的新经济部门。本方案重视经济开放，外商直接投资到2010年达到投资总额的17%。要求调整出口结构。创新因素对经济增长的作用显著增大，2005年至2015年的贡献率将上升到GDP的2.9个百分点。这样，从资源型发展转变为创新型发展就能保证提高宏观经济效益，达到经济增长比资本和劳动的增长更快。

在第三方案的框架内，2005年至2008年GDP增加25%至27%，

2005 年至 2015 年增长 100% 至 104%，年均增长 7% 以上，经济增长速度不逊色于第二方案，能够确保实现 GDP 十年翻一番的战略目标，而且经济结构趋于合理化、多种经营化和灵活适应性更高。长远看，第三方案的发展后劲更大，在 2015 年之后经济增长速度将比第二方案更快。

《纲要》之所以设计了三种经济发展方案和模式，说明俄政府对处于新转折时期的经济仍难以全面把握和准确定位，要视经济发展的走势和具体情况而采取某种方案。

时任俄罗斯总理弗拉德科夫 2004 年 4 月在联邦会议上的讲话和政府《2008 年前工作基本方针》提出，俄罗斯经济必须实现突破，必须加快从地租经济向发展经济的转变。这种发展经济应该建立在创新、人力资本、高技术和自由经营的基础上。

显然，政府倾向于实行第三种方案，即创新导向发展模式。也就是要实现发展模式的转变，从地租经济过渡到发展型经济，或者说从资源导向经济过渡到创新导向经济。

“一个摆脱”，即摆脱经济发展长期依赖自然资源和主要依靠利用现有生产能力的状况。

“二个投入”，即扩大固定资产投资，加速设备更新，实现生产现代化；加大对人的投入，增加居民收入和科教经费，实现教育现代化，加强基础研究，发展人力资本。

“三个转变”，即提高经济增长质量，使经济增长从主要靠外需扩大转为主要靠内需增加，从主要靠能源和原材料部门转为主要靠加工工业部门，从主要靠利用现有生产能力转为主要靠实现生产设备现代化。

“四个增大”，即优化经济结构，在 GDP 的增长上，内需的贡献率增大，外需的贡献率下降；在满足内需中，本国生产的贡献率增大，进口的贡献率下降；在本国生产中，加工工业部门的贡献率增大，原材料部门的贡献率下降；在加工工业部门中，高新技术产业的贡献率增大，传统产业的贡献率下降。

俄罗斯经济发展模式要从资源导向过渡到创新导向，经济增长的支柱有个逐步替代的过程。首先，俄罗斯 GDP 的增长在很大程度上仍将取决于传统工业部门的发展，特别是石油天然气部门的发展。虽然未来它们对 GDP 增长的贡献率将下降，但发展能源和原材料部门可以视为经济增长的“气垫”，以避免经济增长的急刹车。其次，运输基础设施建设是未来经济发展的第二大支柱，对经济增长的贡献率将高于燃料部门，因为其特点是更高的创新性和科学密集性。如果说石油天然气生产的宏观经济效益在 2010 年以后将下降，那么基础设施建设的宏观经济效益届时反会增大。最后，高新技术和人力资本的发展在短期内还不能对 GDP 的增长做出有分量的贡献，因为这些领域不发达，存在相当大的制度障碍。但到 2011 年至 2015 年，高新技术和人力资本对 GDP 增长的贡献率将赶上传统经济部门，并超过石油天然气部门，且其质量贡献将大大超过数量贡献。

这样，整个经济发展战略包括三部分：

一是发展传统经济部门的战略，或者提高属于现代经济增长基础和生活保障基础的那些部门的竞争能力的战略，包括发展石油天然气综合体、运输基础设施和农工综合体的战略，对 GDP 增长的贡献率为年均追加增长 1.1 至 1.3 个百分点。

二是发展创新部门的战略，或者发展新经济的战略，包括发展信息产业、高技术部门和军工综合体的战略。这是从资源型发展转变为创新型发展和形成经济增长新发动机的战略，对 GDP 增长的贡献率为年均追加增长 0.8 至 1.0 个百分点。

三是发展人力资本的战略，包括发展住房建设和住房公用设施、发展教育、发展卫生保健和社会劳动保障的战略，对 GDP 增长的贡献率为年均追加增长 0.1 至 0.2 个百分点。上述战略对 GDP 增长的总贡献率为年均追加增长 2 个百分点以上，保证 2005 年至 2015 年 GDP 的年均增长率不低于 6.7%，而 2011 年至 2015 年 GDP 的年均增长率达到 7% 以上。

虽然俄罗斯社会经济发展中期纲要是面向 2005 年至 2008 年，但预定实施的战略方案和政策措施一般地说将在 2010 年之后才能产生明显效果。据《纲要》预测，在采用第二和第三种发展模式的条件下，未来 10 年的经济发展将分三个阶段：

第一阶段（2005 年至 2007 年）为惯性增长期，GDP 增长率不稳定，年均约为6.1%。能源和原料出口的增长主要靠现有基础设施和提高现有设备利用率，出口增长率下降。

第二阶段（2008年至2010年）为停滞或稳定增长期，如果发展创新部门和石油天然气综合体的战略计划实施顺利，则此阶段可能成为稳定增长期，年均增长6.1%至6.2%。反之，则此阶段可能成为停滞期，因为这一时期世界经济的增速可能放慢，俄罗斯原料的出口可能停滞，特别是原料资源的新生产能力不足以补偿报废的生产能力，加之运输基础设施的运力不足，因此经济增长停顿的风险大大提高。

第三阶段（2011年至2015年）为加速增长期，增速可达年均7%至7.3%，其基础是石油天然气、运输、农业、高技术和信息产业等领域的战略性建设项目的回报越来越大，经济发展的创新、投资因素作用增强，促使综合效益因素对GDP增长的贡献率显著增大。如果继续实行第一种发展模式，则上述阶段的GDP增长率将趋于下降，分别为4.7%、4.4%和4.2%。

如果在采取第三种发展模式的条件下，俄罗斯经济结构将发生积极变化，逐步朝合理化和高度化的方向发展，经济增长方式逐步从资源型向发展型转变。

普京的目标非常明确：俄罗斯到2010年成为经济大国，2015年成为经济强国。

2004年俄罗斯按购买力平价的人均GDP占世界第61位（为10200美元），超过巴西（8300美元）、土耳其（7500美元）、印度（3000美元）和中国（5600美元）。2015年俄罗斯按购买力平价的人均GDP预测在16600美元（第一种发展模式）到20200美元（第二和第三种发展模式）之间，相当于欧洲某些经济发达国家（如葡萄牙、捷克、希腊）2004年的水平。2015年俄罗斯按购买力平价的GDP总额，在第二和第三种发展模式下，将达到美国的17%至19%（2003年为12.1%）和欧洲的24%至26%（2003年为16.1%）。

普京在2004年的总统国情咨文中提出：俄罗斯经济已经进入快速增长的新阶段。

第二任期内，普京依然主张发展以资源出口为导向的经济。一是实现经济高速增长，以保证国内生产总值10年内翻一番；二是使经济增长与经济结构的变动即经济结构多样化同步，并提高国家的竞争力；三是要在中期和长期保持经济高速和稳定增长；四是保证经济发展水平与最发达国家接近，增长速度要比世界平均增速或比最发达国家的增长速度更高。

要实现上述四个目标，特别是一方面要保持经济高速和稳定增长，使 GDP 在 10 年内翻一番；另一方面又要注重调整经济结构，保证经济增长和发展的质量，俄罗斯面临着诸多矛盾与困境。

俄只有保证经济增长速度达到年均 7.2%，才能实现普京提出的到 2010 年使 GDP 翻一番的目标。而要达到这种高速增长目标，前提是必须保持并不断增加石油天然气的生产和出口，而且，国际市场能源价格要保持较高价位。这是俄政府相关机构和专家学者们都普遍认定的事实。

主要依靠自然资源特别是石油的大量出口取得经济快速增长，继而达到 GDP 翻番目标，是普京第一和第二任期内俄罗斯经济的一个典型特征。事实上，俄罗斯也正努力使自己成为“能够操纵国际能源市场的能源生产和出口大国”。

从中长期看，这种战略选择有很大的局限性：石油是稀缺性资源，而且其稀缺性越来越明显；国际石油生产和消费呈不均衡状态，且这种不均衡性日趋严重；国际市场上石油价格波动很大，一旦出现异常，俄经济就会遭受巨大的冲击。

《俄罗斯 2020 年前发展战略》：普京计划。2008 年 2 月 8 日，普京在俄罗斯国务委员会扩大会议上，以及在 2 月 28 日俄罗斯国家优先项目理事会会议上，分别就俄罗斯国情发表了长篇讲话。

普京回顾了他自 2000 年执政以来俄罗斯在政治经济等各方面所取得的成果，同时还具体描绘了 2020 年前俄罗斯的国家发展战略蓝图。

普京指出，“未来一个时期俄罗斯经济仍将继续保持较快的增长速度。”受此鼓舞，俄罗斯制定了雄心勃勃的社会经济发展战略，其核心思想反映在普京的《俄罗斯 2020 年前发展战略》中，具体目标和实施步骤则体现在俄经贸部制定的《俄罗斯联邦 2020 年前社会经济发展构想》和梅德韦杰夫的克拉斯诺亚尔斯克讲话之中。

俄罗斯 2020 年前社会经济发展战略主要包括以下六方面内容：摆

脱能源型发展模式，走创新经济发展道路；大力发展国民教育，努力开发人力资源；发展基础应用科学；稳定人口数量，提高居民寿命；解决民生问题，提高中产阶级比重；提高生产效率，大力发展具有国际竞争力的产业。

为了落实上述发展战略，《俄罗斯联邦2020年前社会经济发展构想》提出了一系列量化指标：持续保持6.5%至7%的经济增长率，逐步缩小与西方发达国家的差距，成为世界经济五强之一，占世界经济总量的份额由2006年的2.6%上升到3.4%；严格控制通货膨胀，将通胀率控制在3%至3.5%；按照购买力平价计算的人均GDP由13700美元增加到30000美元，增长1.2倍；人均工资从526美元增加到2700美元；人均预期寿命提高到75岁；中产阶级人数超过居民人数的一半，三口之家的住房面积不少于100平方米；用于教育和医疗卫生的财政支出占GDP的比重分别由2006年的4.6%、3%增加到5.5%至6%、6.5%至7%。以上目标将分三个阶段实现，2008年至2012年为跨越准备阶段，2013年至2017年为跨越阶段，2018年至2020年为巩固与扩大阶段。

普京强调，俄罗斯将会成为一个强国、一个不容忽视并有能力保卫自己的国家，重返世界舞台。

“需要国家调控的地方就有国家调控，需要自由的地方就有自由”

在2008年的达沃斯世界经济论坛上，俄罗斯财政部长库德林曾经声称，俄罗斯将如“一个稳定的岛屿”，在全球经济风暴中崛起。

俄罗斯亚博卢党主席叶维林斯基说：“俄罗斯经济有着无限的可能，和上世纪90年代完全没有可比性。”

尽管人们对于能否将俄经济的繁荣完全记在普京名下存在颇多争议，但谁也不能否认他在其中扮演了无比重要的角色。

从2000年到2008年，普京推进俄罗斯经济改革与发展的主要脉络：

2000年8月，对个人所得税进行改革，实行了13%的统一所得税率；

2002年7月，俄罗斯以八国集团轮值主席国的身份在圣彼得堡承办了八国集团首脑峰会；

2002 年 11 月，欧盟承认俄罗斯的市场经济地位；

2003 年 10 月，尤科斯公司总裁霍多尔科夫斯基被捕，被控逃税和欺诈，这被视为普京国内经济政策的一个关键转折点。此后更多的战略经济部门由国家控制；

2004 年 1 月，成立稳定基金；

2004 年 10 月，穆迪公司将俄罗斯的信用等级提高两个级别；

2005 年 12 月，俄罗斯国有企业进行了一系列雄心勃勃的并购；

2006 年 7 月，取消对卢布的外汇管制，使其可以完全自由兑换；

2006 年 8 月，俄罗斯向“巴黎俱乐部”债权国提前偿还 237．37 亿美元的债务；

2006 年 11 月，俄罗斯和美国签署双边协议，为俄加入世界贸易组织铺平道路；

2006 年 12 月，俄罗斯通胀率从两位数回落到一位数，达到 9.1%；

2007 年 8 月起，美国次贷危机冲击全球金融市场，导致俄罗斯信贷紧缩；

2008 年 1 月，全球金融市场进一步下挫，但俄财长库德林称，俄罗斯是世界经济风暴中一个“稳定的岛屿”；

2008 年 2 月，稳定基金增至 1600 亿美元，并拆分为储备基金和国民福利基金……

改革转轨：从改革低效率的公共行政体制开始。普京首先搁置了俄罗斯前第一副总理丘拜斯制定的一系列私有化计划，特别是能源、通信等战略行业的私有化。他动用铁腕手段，狠狠打击了私有化中崛起的金融寡头，阻止他们勾结腐败官员掠夺社会财富，将巨额掠夺资金转移到海外。

2001 年，在普京的大力支持下，俄政府经济部部长格列夫提出“经济活动非官僚化”的主张，旨在大大缩减各部门的审批权力，减少审批或登记的经营项目，为企业经营创造自由宽松的行政环境。

2001 年上半年，由俄罗斯政府经济部向国家杜马提出 14 项法律修正案，目的是防止官员干涉企业活动，简化手续，减少各种检查和批复。结果，俄罗斯需要审批的经营项目由原来的 500 多减少为 102 个。与此同时，俄罗斯新《税法典》获得通过，俄罗斯实行统一 13% 的所得税。

普京坚持把俄罗斯企业的利润税下降为24%，取消或合并过多的税种。

在普京的敦促下，俄罗斯政府和有关方面开始对自然垄断部门进行改组。自然垄断行业是俄罗斯的老大难问题，天然气、电力、铁路运输等传统垄断部门的改组涉及方方面面的利益，常常伴随着激烈的政治较量和利益斗争。在这些复杂的过程中，普京表现得十分稳重，强调“行业改组要以社会利益为主，而不是以公司或公司领导人的意愿为主”。2001 年夏天，俄罗斯宣布成立国家统一的价格和收费委员会，防止垄断部门自行定价。

改革取得初步成效，普京立即着手俄罗斯公共行政改革，旨在提高政府效率。

2001 年至 2004 年间，为了有效地协调处理公共行政改革的诸方面，俄罗斯成立了四个委员会。

——为明确各级政府的责任，减少重复和功能重叠的各级公共行政机构，俄罗斯于 2001 年成立了负责中央政府、州政府和地方自治政府之间职责划定的委员会。根据新的安排，各级政府应得到一个与其责任大体配套的税基。联邦和州一级政府的职责划定已经妥善完成，市级政府职责的划定正在进行中。迄今为止，这方面改革进行得相当成功。

——为推行公务员改革，包括进行工资改革、引入灵活的就业机制、实行公开招聘、以及推进人力资源管理现代化等，俄罗斯于 2001 年成立了公务员改革委员会。新公务员法已经通过，公务员报酬制度也得到部分调整，上层和中层官员的薪水有了大幅上升。不过，改革未能切实促进公务员绩效的提高。

——为改革中央和州政府的执行部门，俄罗斯于 2003 年成立公共行政改革委员会。过去三年中，公共行政改革委员会在联邦层次进行了职能评估，并开始消除冗余的政府职能。联邦政府新的三级架构也得以推出。在 2004 年重组之前，联邦政府的 56 个部门和其他一些行政机构都直接对总统或总理负责。在三级架构中，行政机构整体数量增加到 70 个以上，而直接隶属于总统和总理的第二级机构数目减少为不足 30 个。但此次改革并未被视为完全成功，主要原因在于，它缺乏恰当的激励机制和相关行政流程再造的支撑，也引发了进一步的人才流失。

——为引入作为基准的政府绩效管理体系和绩效预算制度，俄罗斯于 2004 年成立了绩效预算委员会。该委员会将所有的联邦执行机构和联邦政府作为一个整体，对其任务、目标、产出和结果进行年度报告。基于绩效对联邦投资进行分配的制度也被引入。但现在的问题在于，建立绩效预算制度的进程已落后于原计划了。

以上四个委员会的建立，是改革成功的重要前提条件。委员会包括了所有参与改革过程的主要的联邦级机构的代表，从而可以协调这些机构的行动，提出改革的指导方针，并监控改革方案的执行。在这一过程中，所有联邦机构都平等地得到了考虑。因此，如果没有这样的委员会，改革的推行将会困难得多。而且，执行改革法案的行政程序通常漫长而低效，委员会能提供相应的捷径，不然改革进程会更缓慢，也更难以预期。

联邦政府还进行了许多其他改革。这些虽不是公共行政改革的组成部分，但与之相互关联。比如，设立了七个联邦区，每个联邦区设一名总统全权代表；地方长官的直接选举制度被废止，由中央任命体系取代——这里引入了一些集权化的步骤，与前面谈到的划分各级政府职责的分权改革相平行。但是，行政改革中的集权和分权因素看来协调得并不很好。比如，为了与中央政权保持紧密联系，地方长官某种程度上忽略了在其辖区的本职，虽然这一职责在分权改革中明显得到了加强。

2000 年至 2004 年，俄罗斯公共行政改革取得了显著的进展，但其核心议程还远未实现，没能提高俄政府的整体绩效。分析显示，俄罗斯新法律的有效性有所降低，法律实施状况恶化，官僚化程度上升。政府工作人员的整体质量继续恶化，政府激励机制、透明度和责任能力并未获得改善。

主要原因有四个方面：一是在改革日程上达成一致需要耗费很长的时间，而在达成共识之前，许多改革会出现延误，不确定性上升。二是改革者管理变革的技术不够，能把握的改革领域有限，在许多方面都缺乏有效引导变革的能力，这导致改革实施的效果不佳。三是行政系统庞大、分散而复杂，改革措施的推行需要非常长的时间，协调性也较差。四是在行政机构内部，来自政治约束、既得利益和文化方面的阻力相当强大。改革者未能充分调动市民社会、大众媒体、商业组织和公众舆论的力量，来平衡相关的阻力。这使得反腐败措施、扩大透明度的法律以及行政流程重构等难以实施。

改革的路途并不平坦。但有一点是明确的，俄罗斯的公共行政改革必须继续推行，尤其注意进行试点和调动地方的主动性。

2004 年 2 月，普京在离总统选举还有三个星期的时候宣布解散卡西亚诺夫政府。其中包含政治原因和行政组织原因。

这是普京为在第二个总统任期内实现俄罗斯的强国富民目标而采取的重要步骤，也是俄罗斯内部关于治国方略矛盾的一次爆发。

国际舆论分析认为，解散由卡西亚诺夫领导的政府，这是针对 2004 年总统选举的一项措施。尽管普京蝉联几成定局，因此俄罗斯选民投票率可能会很低。普京此时解散内阁并撤换总理，主要是为了刺激选民情绪，进而提高选举投票率。同时，普京借此明确割断与叶利钦时代的联系。

不过，这仅仅是普京解散政府后客观达到的效果。从普京本意看，此举是为了建立同他保持高度一致的最高执行权力机构，坚决推行其治国方略。

普京迫不及待地要继续推进各项改革，下决心克服所有障碍，采取更果断和强有力的措施实现俄罗斯的强国梦。

2004 年总统选举后普京开始其执政的第二阶段任务，核心是加速政治经济改革，加快经济发展。

普京推荐有浓厚的安全机关背景的弗拉德科夫出任政府总理，给世人传递了一个强烈信号——俄罗斯改革要向纵深发展。

2004 年 4 月 14 日，俄罗斯总理弗拉德科夫在联邦委员会（议会上院）发表讲话，提出俄内阁的五大优先任务，即减少贫困、建立目标明确的管理体制、建立具有竞争力的生产部门、建立商界与国家进行有效合作的机制和使俄罗斯融入世界经济。

增长转机：从国际油价一路攀升带来经济止跌回升开始。普京接班后很幸运：他既搭上了转轨国家普遍经历的止跌回升顺风车，又正好碰上国际市场油价一路攀升，而 1997 年大危机后卢布贬值推动出口的效应也显示出来。

俄罗斯是世界石油大国，其石油探明储量67亿吨，占世界探明储量的4.6%，在沙特阿拉伯、伊拉克、科威特之后位居世界第七。

凭借丰富的石油资源，利用“9·11”事件后国际能源市场上形成的对俄有利的石油出口形势，加大石油出口，强化能源外交，使俄罗斯作为世界能源大国的地位日益凸现。

这也为俄罗斯经济的快速增长创造了难得的契机。

普京执政8年恰逢国际石油和天然气价格联袂大幅上涨，油气出口给俄罗斯带来的总收入也大幅上涨。在普京第一任期内，油气出口收入分别为520亿美元、560亿美元和740亿美元；第二任期内，世界石油价格快速上涨，到普京2008年卸任，这8年来的油气出口总收入约1万亿美元，仅2007年就高达2200亿美元。

除出口收入外，2000年至2007年俄罗斯还从石油天然气公司和相关企业征收各种税费达7000至7300亿美元。

大量石油美元收入也让普京政府大有可为：靠石油美元俄罗斯偿还了大约1000亿美元的外债、实施国家重大投资计划、给公务员涨工资、不断提高退休金、增加各种补贴和社会福利等。至此，国家财政尚有大量盈余，多余的石油出口税收便存入了政府稳定基金。

2003年，俄罗斯超过沙特阿拉伯，毫无争议地坐上了世界最大产油国的交椅：俄罗斯是新世纪世界石油中心。

天遂人愿，普京刚刚上台，世界石油价格就从每桶13至14美元上涨了一倍，稳定在每桶30美元以上的高水平。以俄罗斯每年出口10亿桶石油计算，仅油价上涨就使国家财政收入增加一两百亿美元。普京大大方方地把全国平均退休金从每月15美元提到53美元，把职工平均月薪从60美元提到183美元。

2007年，国际油价呈现出触底反弹、先抑后扬的走势。年初下探至50美元之后，在3月份开始出现稳步持续反弹，7月份加速上扬并刷新纪录，此后虽受美国次贷危机的冲击短暂下挫，9月份国际油价重拾升势，至9月13日突破80美元的关口，10月25日突破90美元关口，11月23日达到98.18美元的新高。

2008年开始，国际油价一路高涨，每桶石油价格不断刷新，至

2008 年 7 月，已经突破 140 美元。

2008 年 7 月，对于震撼全球能源行业的剧变，俄罗斯天然气工业股份公司首席执行官阿列克谢 · 米勒在接受英国《金融时报》采访时表示 ：“我们生活在油气价格飙升的年代。”

俄罗斯在增加石油出口的同时，实施能源出口多元化战略，抢占能源出口市场。

俄罗斯与美国的能源合作迅速升温。美国是世界上最大的石油消费国与进口国。以前，大量石油进口依赖中东地区，但由于美国的反恐行动引发中东伊斯兰国家的反美情绪，阿以冲突也加剧了该地区局势动荡。另外，由于布什发动的美伊战争，以及战后伊拉克局势始终动荡不安，在造成国际市场原油价格居高不下的同时，也使美国能源长远安全问题日益突出。

俄罗斯以其丰富的能源蕴藏、生产和出口能力，以及俄美新型关系框架的确立，使俄罗斯成为美国能源补充渠道的最佳选择。

普京因势利导，在打开美国能源市场的同时，还大力巩固与欧盟的能源合作，深化与独联体传统伙伴在能源领域的合作，并取得显著成效。同时，俄罗斯也视亚洲国家为最具潜力的未来石油出口市场。

普京提出铺设“从萨哈林岛到日本、从托木斯克到中国西部、从伊尔库茨克到中国东北和朝鲜半岛”三条能源管线。

俄罗斯得天独厚的能源大国优势，在经济持续增长中发挥了不可替代的关键作用。国际石油和天然气价格处于高位成为俄经济增长的主要动力，也促使俄财政实力得到不断增强。

俄罗斯经济增长的次动力是军工企业，不仅在俄罗斯经济生活中起着举足轻重的作用，还成了俄出口创汇大户。俄罗斯武器装备远销全世界 50 个国家和地区，品种达上千个。其中，航空技术装备仍是俄对外军售的拳头产品，约占其销售额的 70%。为此，普京大力推行军事工业结构改革，把俄原有的 1700 家军工企业改组成 50 家综合性军火出口集团。

尽管外界对于普京石油政策的评价不一，但谁都不能否认，俄罗斯经济的快速增长是以自然资源为核心的。普京显然了解石油经济的利弊，也在想方设法保证控制石油收入和避免所谓的“石油诅咒”。

普京政府建立了俄罗斯稳定基金，一方面填补巨大的财政缺口，另一方面用石油出口收入来消解通胀压力。2007年底，稳定基金已经积累了1600亿美元。2008年2月1日，俄罗斯从稳定基金中分出一部分建立储备基金，用于投资于低风险的海外债券和其他金融产品，另一部建立投资政策更积极的国民福利基金，最终可能投资于海外股市。

莫斯科新经济学院教授弗拉迪米尔·波波夫表示，俄罗斯有1.42亿人从事与石油工业相关的工作，能源工业的产出每年约占俄GDP的一半。“过分依赖于石油和天然气肯定是俄罗斯经济的失败之一，”他说，“如果这种局面持续下去的话，有延续上世纪90年代俄罗斯经济发展的趋势，最终可能形成难以控制的局面。”

普京的能源经济政策与时代有关，“在市场很好的情况下，改革的火候非常难控制。”

2008年初，普京强调：“我们的现代化经济并不健全，这增加了我们对于进口商品和技术的依赖，并使得我们在全球经济中扮演了‘能源附件’的角色，我们将无法保证国家安全或国家经济正常发展。”

普京的批评者认为，宏观经济的稳定也削弱了改革的动力。特别是俄罗斯的医疗和教育系统情况仍不乐观，养老金仍嫌不足，老百姓收入的提高被通胀抵消。普京本人也表示，他的成就主要在于稳定了俄罗斯社会，而非改革。

民生转向：从福利货币化改革失败到实施“福利工程”。普京始终不忘记自己来自生活底层，始终保持普通人的本色，始终注意普通人的生活质量和环境，让老百姓得实惠。

普京在一次接受德国媒体采访时表示：“我们正在建设一个与我们建设了几十年的社会完全不同的新的社会。我们在探索一种适当的体制，既能保证我国公民享有自由，又能保障他们享有管理国家及解决各种问题的权利，同时还能使国家成为造福人民的工具。”

俄罗斯社会的优惠政策和福利补贴很多，如免费医疗、免费教育、免费物业管理，还有许多行业和阶层享受免费住宅、免费疗养、免费交通等等。据俄官方统计，仅针对献血者、警察和法官的各种优惠补贴就相当于政府每年对中等教育的拨款。如果综合全部社会优惠，包括对住宅和物业管理的补贴，2003年的社会优惠政策所需资金达2.8

万亿卢布，相当于国家预算的68%，而政府根本无力承担这一巨额开支。

俄罗斯全国总共有1亿多人不同程度地享受各种优惠待遇。这些优惠中许多是不合理的，往往最需要帮助的人却得不到帮助。2000年，普京提出对社会政策进行改革，但由于政治经济等方面的原因，社会改革政策始终未能出台。

普京连任后，俄社会经济环境为社会福利制度改革创造了条件。《关于以津贴取代优惠》的法案随之出台。该法案主要内容包括自2005年1月1日起，取消免费乘坐公共交通工具、免费医疗、免费打电话、免费疗养等优惠政策，代之对享受福利的公民进行现金补贴。

自从普京政府2004年4月向议会提交这项修正案以来，俄罗斯全国反对的呼声不断。莫斯科、圣彼得堡、顿河罗斯托夫等30多个大城市已经爆发了针对这项法案的游行示威。

在莫斯科的多次示威中，成百上千白发苍苍的退休工人和伤残老兵或全身缠满绷带，或戴着口罩，坐着轮椅，他们高举苏维埃时代的红旗，手中的标语牌上写着“种族灭绝”、“希特勒毁了我们的青春，叶利钦和普京毁了我们的晚年”等等字样。

这项受到强烈反对的法案的内容，是改革俄罗斯的社会福利制度，以发放现金代替原有的项目繁多的免费服务。如果经普京总统签署生效，它将修改多达196条俄罗斯联邦法规，另外废止55项法规，直接影响到3200万老龄和弱势人口的福利待遇。这些人群占俄罗斯全国人口1/5以上，包括二战老兵、伤残军人、孤儿、卫国战争中列宁格勒保卫战的幸存者、切尔诺贝利核电站泄漏事故受害者，以及前苏联历次政治运动中遭迫害者等等。他们享受的福利待遇包括免费使用城市公共交通、免费药品和疗养、低价使用水电煤气等市政服务。

2004年8月5日，俄罗斯国家杜马通过《关于以津贴取代优惠》法案，即179个席位的联邦委员会，以156票赞成、5票反对、1票弃权的结果通过了这项关于改革现存社会福利制度的法律修正案。尽管联邦委员们的态度鲜明，这项法案却被观察家们普遍认为是普京总统任内最富争议的一项改革举措，更有西方媒体称它是“普京最失民心之举”。

这项改革措施通过后，引起了城市低收入者和社会弱势群体的强烈反对。他们的理由是所发现金不足以抵偿原有的优惠和通货膨胀，同时也不相信补贴能及时足额发放。俄共等左翼团体上街游行，抗议取消社会福利。有趣的是，这次福利制度改革是在大幅度提高政府官员工资之后开始的。2004 年 4 月，俄总统签署命令，大幅度提高政府高级官员的工资。政府部长的工资提高到每月 9 万卢布，相当于 3000 美元。俄杜马议员和联邦委员会代表月收入也都相当于部长级。

俄罗斯社会福利制度的改革势在必行，尤其在住宅物业领域。前苏联解体后，俄罗斯对住宅实行无偿私有化，将现有住房无偿转归住户所有。住宅私有化了，但物业管理、房屋修缮仍由国家承担。俄政府计划对物业实行有偿管理，但这几乎遭到全社会的反对。

社会福利货币化是改革社会福利制度的重要举措，但在社会两极分化极其严重的情况下，实施起来确有困难。不解决社会弱势群体的生活保障问题，社会政策方面的改革势必引起社会不满。据俄媒体介绍，这次改革受冲击最大的是老战士、退休者和残疾人，而 178 万俄各级官员所享受的优惠待遇没有改变。

2005 年 1 月 1 日起，俄罗斯政府取消了退休者、残障人士、退休军人的优惠政策，改发现金津贴。这一政策触发俄罗斯各地一连串集会。

俄罗斯多个城市都有民众上街抗议，圣彼得堡有超过一万人上街，莫斯科市郊也有上千名退休人士集会。圣彼得堡当地官员已被迫承诺发还交通津贴，其他多个地方政府也都表态将恢复部分福利。

前苏联式的全民福利大锅饭难以为继，福利货币化改革遭遇挫折。为此，普京提出实施大型社会福利计划。

2004 年开始的社会福利货币化改革效果不好，导致了民众对政府的不满加剧，2005 年夏季，对普京的支持率下降到其执政以来的最低水平，使得 2005 年无法再进行任何改革。

普京毅然放弃“社会福利货币化”政策，将财政盈余和能源出口获得的巨额收入集中起来，偿还实行“休克疗法”时期对群众造成的欠账，推动实现“现代化医疗、高质量教育、买得起的住房和高效益农业”，改善人民生活。

2005 年 9 月，普京成立了一个负责实施“国家项目”的委员会，梅德韦杰夫被任命为该委员会实施计划的监督人，同年 11 月被任命为第一副总理，集中全力负责“国家项目”的实施。

普京计划的“国家项目”包括：卫生、医疗、教育、住房等一系列社会问题；自然资源和地下资源的利用与环境保护；自由经济区的创建及其政策的实施；竞争和反垄断政策的制订；人口政策；为保证经济正常发展的司法问题；法院机构和检察机构的协调问题等。

俄罗斯政府从2006年起每年拨60亿至80亿美元，建设社会福利工程：保健领域，成倍增加基层医师和护士的平均月薪，到2008年高科技手术和疑难手术的接待能力扩大了3倍；教育领域，到2008年全国能上网的中小学增加了两倍，教师工资大幅度提高，每年有1万名优秀教师可获得每人10万卢布（约28卢布合1美元）的奖金，科学家的平均月薪增至3万卢布；基础设施领域，拨款14亿美元全面实现农村燃气化；住房领域，国家提供巨额补贴，使居民买得起按揭房，并增加住房建筑量等。

俄罗斯有关教育、住房、医疗、农村四大领域的国家优先项目，产生了积极的效果，民众对政府的信任程度也有了较大提高。尽管“国家项目”计划还在实施，并且存有一系列问题，但给普通俄罗斯人展现了一个可以企及的美好前景。

发展转型：俄罗斯经济“成长的烦恼”。“普京到底给俄罗斯留下了多少经济遗产，大概只有当俄罗斯面临一些未来考验的时候才能知道。”欧洲复兴开发银行的罗素说，“或许是在经济环境不那么乐观的时候，或许是石油价格下跌的时候，抑或是当俄罗斯在全球化竞争中加入WTO的时候。”

普京让俄罗斯经济发展在8年内翻了身，但处于复兴、转型中的俄罗斯，与世界上其他新兴国家一样都在经历“成长的烦恼”。

2008年初，全俄社会舆论研究中心透露了一个有关俄罗斯人民“最不满意现象”的民意调查内容。结果显示：贫富差距拉大、贪污腐败现象严重、通货膨胀率过高分别列前三位。

俄罗斯的贫富差距悬殊，社会呈现“两头大、中间小”的畸形发展态势。在《福布斯》杂志排出的2006年俄罗斯前100位富豪名单中，俄罗斯资产超过10亿美元的大富豪有44人。这些富豪的资产总额高达2480亿美元，超过俄国内生产总值的1/4。在富豪阵营极度膨胀的同时，俄罗斯仍有60%的成年人属于贫困阶层，平均月工资不足110

美元；有 20% 的人口生活在赤贫线之下。如果与富豪的收入相比，赤贫穷人的收入只是其 1/53。

2000 年最富有人的收入是最贫穷人收入的 14 倍，到 2007 年几乎是 17 倍。在俄罗斯能获得平均月工资（12500 卢布或 500 美元）的人绝对不是大部分居民。因为平均工资建立在小部分高层管理者的超高收入和大部分劳动者的低水平收入基础上。生活在贫困线以下的人口，即收入低于最低生活标准的人从 2000 年以来减少了一半，但始终保持在 15% 的水平上。这意味着 2100 多万俄罗斯人，贫困是长期性的，处于慢性贫困状态的主要是退休人员和不发达地区缺乏职业经验的低水平劳动力。

俄罗斯政府从 2004 年开始对社会福利实施货币化改革，然而由于事先缺乏调查、没有足够的宣传以及改革内容太过复杂等原因，导致了民众对政府的强烈不满。2005 年夏季，由于福利改革的负面影响，普京的支持率突降到执政以来的最低水平。于是，俄政府立即采取补救措施，在当年 9 月出台了有关教育、住房、医疗、农村四大领域的国家优先项目，这才使民众渐渐恢复了对政府的信任。

俄政府虽然一直在社会保障领域加大投入，但在教育、医疗等改革先行领域中还是困难多多。以俄罗斯大学生自己承担学费的比例来说，1995 年为 12%，2000 年为 20%，而 2007 年已经接近 50%。医疗保障体系虽然在理论上是覆盖全民的，但由于医院得不到充足的政府拨款，因此在实际执行过程中就会发生一些诸如国产药品老是紧缺的蹊跷事件。

在总结了教训之后，俄政府决定实施由点到面的改革方式，根据各地区情况分类制定地方法规和政策。并决定在以后的改革中，大部分联邦政府预算交给地方政府，以调动地方政府参与改革的积极性。

通货膨胀是全球性的问题，俄罗斯更为复杂和矛盾。一方面，能源价格上涨让俄罗斯财源滚滚，另一方面，也加大了国内通货膨胀的压力。

普京执政以来，尽管进行了一切努力，俄罗斯政府仍然没有克服价格上涨：8 年里只有两年的实际通货膨胀率符合或者接近联邦财政当年的计划指标。从俄经济总体发展形势来看，抑制居高不下的通货膨胀率已经成为俄政府面临的最棘手问题。2007 年俄通货膨胀呈加速趋势，政府曾试图将全年通胀率控制在 8% 以内，实际却超过了 11.5%，政府完全丧失了对价格的控制。

如果说此前通货膨胀率还逐年下降，那么 2007 年是这 8 年里首次通货膨胀高于上一年，以至于俄新社将通胀失控列为 2007 年俄十大经济新闻之首。特别是进入 2008 年，俄政府兑现大幅上调工资和退休金的承诺，加上不断增长的社会性支出和日趋扩大的投资规模，通货膨胀形势更加严峻。自 2007 年 12 月起，俄国内通胀率一下从个位数上扬到 23%，且仍有继续上扬的趋势。普京责成政府将抑制通货膨胀作为 2008 年最紧迫的工作任务，力争在 2010 年前将通货膨胀率控制在 5% 至 6% 之间。

俄罗斯要保持较高的 GDP 增长速度，这就需要充足的人口来保证相当规模的劳力资源和消费市场。但实际上，从前苏联解体至 2007 年，俄人口已经减少了约 700 万，按当地人的说法，简直相当于三五天就打一场“第二次车臣战争”。

普京 2006 年的国情咨文中，就把人口问题放在军队发展问题之前，排在议事日程首位，称其为俄罗斯“最严重的问题”。普京还恢复了前苏联时代对多生孩子的妇女给予奖励的制度。在政策鼓励之下，俄罗斯的人口出生率 2007 年达到了 15 年来最高水平，但俄卫生部的统计数据显示，最早要到 2011 年，俄罗斯的出生人数才能赶上死亡人数，从而扭转人口减少趋势。

此外，俄罗斯发展的老大难问题仍未解决，主要表现在：产业结构单一、粮食依赖进口、基础设施建设滞后等。据估算，高位运行的油气价格将为俄能源出口带来每年至少 2000 亿美元以上的收入，这也是俄政府实现经济增长的重要基础。石油及其他能源的出口占据俄罗斯出口总量的 75%，由于国际原油市场供需平衡十分脆弱，国际能源价格的不确定性给俄经济持续快速发展带来了一定的风险。再就是俄罗斯极大依赖粮食进口，食品进口的全国平均水平超过 40%，大城市的比例超过 70%，某些食品的进口超过 85%。俄罗斯成为世界上最大的鸡肉和动物油进口国，是仅次于德国的世界第二大苹果进口国。此外，基础设施相对落后已经成为制约俄经济发展的一个重要因素。

“俄罗斯发展有着无限的可能”

普京给梅德韦杰夫留下了俄罗斯复兴坚实的出发点，但俄罗斯经济发展也遇到了严峻挑战、困难和矛盾。

2008 年 5 月，普京卸任总统，转任总理，梅德韦杰夫继任俄罗斯总统。这一年，世界经济、国际环境出现了许多“意外”的新情况、新问题。年初石油价格一路高升，7 月 11 日创下每桶 147.27 美元的历史最高记录,旋即“急转弯”,一路下跌,11 月 11 日击穿 60 美元／桶。这对石油和天然气占 GDP 的比重 31.6% 的俄罗斯来说,影响不言而喻。

再就是，2008 年 9 月，由美国华尔街引发的金融危机席卷全球，对世界经济的影响日渐加深，俄罗斯也未能幸免。

2008 年 10 月 31 日，普京总理召开内阁成员特别会议，公布了政府支持本国实体经济计划的主要内容。

这项计划可以被看做是俄罗斯政府应对国际金融危机的重大步骤。由三个主要部分组成，分别从法律和金融两个方面保障实体经济的运行：从法律法规上保障投资人和贷款人的合法利益并防止企业破产；优先支持建筑、机械制造、国防、资源行业、零售和农业等领域；加大对中小企业的支持力度，包括提高国有银行对它们的贷款额度等。

俄罗斯将应对金融危机称之为“新斯大林格勒战役”。因为，俄罗斯复兴并不会因此而停步。

正如 2007 年底，普京在会见欧盟领导人时宣称的，俄罗斯的强劲经济增长将在 2009 年超越法国，在 2020 年成为世界第五大经济体。俄罗斯需要在基础设施方面进行大规模的投资，摆脱经济对石油和天然气的过度依赖，向高科技转型。

经济增长潜力排名跃居“金砖四国”之首。2008 年初，美国高盛公司公布了全球增长环境得分，俄罗斯 1996 年到 2006 年由 140 位升到 74 位，2007 年小幅度递增 8 位，在 181 个国家中占第 66 位。俄媒体强调这是俄罗斯第一次在全球增长环境得分超过中国，跃居“金砖四国”之首。“金砖四国”即“BRICs”,是由巴西(Brazil)、俄罗斯(Russia)、印度(India)和中国(China)组成。

据俄罗斯《消息报》报道，该得分依据五个评分标准：宏观经济稳定性、投资环境、人力资本、政治环境、现代技术可实现性。经济指标以官方正式公布的数字为依据，政治评估以世界银行为准。得分最高的国家是挪威（8.7），最差的是伊拉克（1.3），爱沙尼亚超过美国占22位，美国为24位。

俄罗斯的经济优势：低外债，高财政余额，高教育程度，居民高科技推广度。弱势是：政治指标。但是就商业指标来看，俄罗斯显然落后金砖四国中的其他三国，世界经济论坛排出的综合竞争力指标，俄罗斯占58位，落后于中国的34位、印度的48位，超过巴西的72位。

来自荷兰银行的经济学马克·克里夫认为，"俄罗斯经济状况确实改善了，经济调控与十年前相比不可同日而语，但是不可否认俄罗斯经济的发展主要还是取决于能源。"

世界经济论坛每年一度发布"全球竞争力指数"，也即各国竞争力排名榜。2008年榜上共有131个国家，俄罗斯列于第58位。与2007年相比，俄罗斯朝前挪了两位，2005年排名在第75位。这一进步证明俄罗斯经济近年来取得了长足的进步。报告作者指出，俄罗斯经济的优势在于宏观经济稳定，劳动市场灵活性以及市场规模大。虽然俄罗斯有丰富的自然资源并推行有效的宏观经济政策，这些资源对于俄罗斯来说，不仅是其宝贵财富，而且是国际市场上的紧俏商品，有强大的竞争力，但对于一个准备称雄于世界经济舞台的国家来说是不够的，需要提高综合竞争力指数。

全球竞争力指数根据110个指标计算而得，其中32个是硬指标也即统计指标，其余为软指标，是根据131个国家11000名高级管理人员的评估做出的，从中分离出三类特征指标：经商的基础条件（占总指标的40%），效率（占50%）以及创举革新因素（10%）。评估意见只考虑在该国工作的企业代表的意见。在俄罗斯被调查的高级管理人员共有291人。

在全球竞争力指数排名榜里排在前5位的国家是美国，瑞士，丹麦，瑞典，德国。俄罗斯在保护知识产权和私有财产权方面的原始指标，积分很低，被分别排到第115位和122位。世界经济论坛专家认为，俄罗斯在这一指标的积分榜排名变化很小。

俄罗斯的主要问题，18.8%的被世界经济论坛所调查的人员认为是贪污受贿，15%认为是税务行政化，10%认为是税务负担过重，8.4%认为是犯罪率高。由此可见，俄罗斯的经营环境，社会安全保障有待进一步改善。

俄罗斯的优点是确定工资额较为灵活，雇佣和解雇手续简单，工资与劳动生产率的关系有灵活性。

俄罗斯应对全球金融危机："新斯大林格勒战役"。自2008年9月起，一场百年罕见的金融风暴猛烈席卷华尔街。一时间风云变幻，一家又一家金融巨头接连倒下，整个金融市场陷入彻底的恐慌，每天都会有令人惴惴不安的新闻从华尔街传遍世界各地。

似乎就在一夜之间，金融危机的噩梦又一次笼罩在了俄罗斯的上空。

凭借近年来国际油价的飙升，俄罗斯政府和一些学者曾乐观地表示，凭借世界第三大外汇储备和由石油收入组成的稳定基金，俄罗斯可以抵御任何外来的危机。然而，全球金融危机，很快就波及到了俄罗斯。

首先，金融市场遭到了重创，股市暴跌，资产大幅缩水。2007年年底俄罗斯股票市场市值高达32.3万亿卢布，历史上第一次达到了GDP的规模（33万亿卢布）。2008年10月中旬，俄罗斯的两大证券交易所——RTS和MICEX股指再次重挫接近20%，股票指数达到2005年的最低点，下跌幅度已经超过了1998年金融危机。到11月13日，俄股票市场市值只剩下了10万亿卢布。

其次，货币大幅贬值，外汇储备减少，资本大量外逃。2008年11月10日，俄罗斯货币当局正式宣布卢布大幅度贬值。俄央行行长伊格那季耶夫承认卢布汇价将会继续走低，这预示着央行准备放弃对卢布的人为支持。2008年8月8日，俄罗斯黄金外汇储备刚刚达到了历史最高水平的5975亿美元，到10月外汇储备减少到4846亿美元，外汇储备减少超过10%。资本外逃更使俄经济雪上加霜。2008年8、9月份资本外流330亿美元，10月份外逃500亿美元，如果以10月份规模继续外流的话，卢布还可能贬值10%至15%。卢布贬值造成心理恐慌，使市场上逃避卢布，追逐美元。2008年9月份俄罗斯居民在银行和兑换点购买外汇总额60亿美元，创下1999年以来的新高。2008年9月份俄罗斯居民从金融机构提走了900亿卢布，10月份仅储蓄银行存款流失就达800亿卢布，2008年9至10月份居民存款总共流失了1.5%至2.5%，这是前所未有的。

再次，俄罗斯银行和企业外债沉重，流动性严重不足，面临裁员和减产。2008年10月，俄罗斯银行和企业外债总额达到5100亿美元，其中2100亿美元要到2009年底前还清，约合5.5万亿卢布，超过银行体系总资本的20%，贷款总额的1/3。面对即将到期的巨额贷款，银行和企业不得不向政府求助。

俄罗斯舆论认为，俄经济形势正在遭遇1998年金融危机之后最严重的威胁。

俄罗斯经济的最大支柱——石油天然气行业也开始感觉到了威胁。俄罗斯大型石油天然气公司联名请求政府，希望获得政府帮助以偿还外国贷款。卢克石油公司总裁阿列克佩罗夫表示，希望卢克石油公司能够获得来自国家的20至50亿美元的帮助。

从2008年春天开始，俄罗斯房地产开发商已开始遭遇融资困难，而金融危机无疑使局面越来越严重。在汽车制造业，生产重型载重汽车的卡马斯集团宣布，为减少产能将实行4天工作制。而嘎斯集团则干脆宣布停产载重汽车。在航空业，俄罗斯航空公司表示，由于获得贷款的难度增加，公司可能放弃购买新的空中客车飞机。

俄罗斯的巨富阶层遭到了前所未有的打击。2008年5月，俄罗斯拥有87位亿万富翁，这一数字仅次于美国亿万富翁数量。俄罗斯《福布斯》称，至少有一半的俄罗斯亿万富翁在2009年将失去他们亿万富翁的头衔。

面对严峻的经济形势，俄领导人坚称，俄罗斯不是问题的一部分，而是解决方案的一部分。

梅德韦杰夫认为，世界金融危机还没有全面触及俄罗斯，但是金融危机加剧，能够帮助俄罗斯建立起更有效的经济，加速社会和司法领域重要的改革进程。俄罗斯必须在建立新的世界金融构架中获得最大利益。

普京指出，俄罗斯作好了应对金融危机的充分准备。

从 2008 年 9 月起，俄罗斯政府相继出台了一系列拯救金融体系的措施。

2008 年 9 月 16 日，普京表示，俄财政部和央行向金融市场注资 4750 亿卢布（1 美元约合 25.5 卢布），以保障俄罗斯银行系统的流动性。他相信，俄罗斯将“平静地应对世界经济出现的不愉快现象”。

2008 年 10 月 7 日，梅德韦杰夫主持召开紧急经济会议。他在会议上宣布，国家将向银行体系提供 9500 亿卢布的优惠贷款，用以应对撼动所有金融市场的大规模金融危机的问题。

当国家杜马还在审议 9500 亿卢布救市方案时，一些俄罗斯银行已经无法再坚持下去。

2008 年 10 月 8 日，俄罗斯对外经济银行宣布收购通信银行 98% 的股份。外经银行行长德米特里耶夫透露，通信银行发放的 900 亿卢布贷款中有 20% 至 25% 是坏账，对外经济银行将注资 2.5 亿美元帮助通信银行摆脱破产的命运。同一天，俄罗斯 KIT 投资银行宣布，银行 90% 的股份被俄罗斯铁路公司和阿尔罗萨公司（俄最大的金刚石开采商）联合收购，代价很小。

2008 年 10 月 13 日，梅德韦杰夫总统签署《支持金融体系补充措施》法案，并修改相关法律，利用各种方式向银行注资，以化解流动性风险。这是俄罗斯政府全面救市的标志。

《支持金融体系补充措施》法案，包括授权俄罗斯发展与对外经济银行（简称外经银行）向商业银行和企业发放外汇贷款，用于清偿商业银行和企业以前获得的国外贷款；首次动用外汇储备清偿非国家外债；俄罗斯央行直接注资商业银行，向储蓄银行提供 5000 亿卢布的无抵押补贴贷款；首次启动主权基金注资商业银行，批准动用 4500 亿卢布的国家福利基金，向外经银行提供贷款；批准俄外经银行向俄罗斯对外贸易银行、俄罗斯农业银行提供无抵押补贴贷款，额度分别为 2000 亿卢布和 250 亿卢布等。

2008 年 11 月 7 日，普京签署了《恢复金融和其他经济部门局势的行动计划》。根据此项计划，俄罗斯政府出台一揽子法案，涉及完善金融市场和银行体系的基础设施，扩大内需，保护劳动市场和对居民的社会支持。俄政府划定了具体的优先救助领域，将对其提供国家订货、信贷利率补贴、限制进口、获取银行贷款等救助措施。通过储蓄银行和外经银行和地方项目向中小企业扩大贷款，向高新技术设备的购买提供补贴贷款，以优惠措施支持国防工业和高新技术部门，支持建筑业、能源部门、原料部门和零售企业。国家将收购俄罗斯企业的优先股和可转换债券等。

在全球股市因金融危机大跌不止时，自认为本国经济是全球经济“安全岛”的俄罗斯，再次剑走偏锋，特立独行地推出了自己的一贯传统“休克疗法”——“股市停牌”。

2008 年 9 月 16 日，受美国雷曼兄弟公司破产影响，俄罗斯股指下跌 11%，股市暂停交易。10 月 8 日，俄罗斯金融市场总局出台了新的涨跌幅限制：股指涨跌幅 5%，股市至少暂停交易 1 小时。股指涨跌幅 10%，股市至少停止交易 1 天；个股股价涨跌幅 10%，停止交易 1 小时，涨跌幅 20%，停止交易 1 天。

同时，俄罗斯政府计划 2008 年动用 2500 亿卢布预算资金，2009 年计划在预算中预留 2500 亿卢布，同时动用 1500 亿卢布国家福利基金，总计约合 210 亿美元，用于回购上市公司优良资产。

2008 年 9 月 24 日，俄罗斯石油公司、俄罗斯天然气工业股份公司、卢克石油公司和“秋明—BP”石油公司联名致信普京，请求俄罗斯政府提供贷款，用于向西方银行偿还贷款。这 4 家油气公司掌握着俄石油开采量的 70% 和天然气开采量的 90%。10 月 11 日，俄罗斯政府向这 4 家石油公司拨款 90 亿美元，专门用于帮助偿还总额为 800 亿美元的所欠外债。俄罗斯政府希望通过此举帮助这些公司减少金融危机的冲击，以稳定俄罗斯的石油天然气生产。

俄罗斯以自己的方式力求率先“突围”金融危机。目的就是抓住金融危机导致美国行动能力下降的机会，不仅在中亚—里海、还要在世界其他主要产油区，加速推进实现“能源超级大国”的构想，包括建立卢布及其他非美元货币结算体系。

就像梅德韦杰夫所说的，“最后我们还要积极参与世界经济游戏规则的制定，保证全球金融构架的民主性和稳定性。”

2008 年，俄罗斯制定了雄心勃勃的面向 2020 年的社会经济发展战略和构想，主要是彻底摆脱高度依赖原料和能源的发展模式，转向创新发展模式，加速经济发展。但全球金融危机所导致的严重后果以及国际能源价格的大幅回落，必然对这种战略转变造成严重冲击。况且，危机的后果将会随着危机的进一步蔓延而加重。

俄媒体称，俄罗斯应对全球金融危机，好比“斯大林格勒战役”，充分体现了“战必胜”的决心和信心。

斯大林格勒战役是第二次世界大战中最大的会战之一，也是苏军为保卫斯大林格勒和粉碎斯大林格勒方向的德军集团而实施的防御战役(1942 年 7 月 17 日至 11 月 18 日)和进攻战役(1942 年 11 月 19 日至 1943 年 2 月 2 日)，历时 200 天之久。德军被打死、打伤、被俘和失踪的官兵约 150 万人，占其苏德战场总兵力的 1/4。

斯大林格勒战役的胜利结局具有重大军事政治意义，对争得苏德战争乃至整个第二次世界大战的根本转折，作出了决定性贡献，是战胜德军的一个最重要阶段。斯大林格勒战役的结果是，苏军从德军手中夺取了战略主动权，并一直掌握到战争结束，进一步提高了苏联及其武装力量的国际威望。同时,对整个德国是精神和政治上的严重震撼，动摇了它的国际政治地位。

2020 年成为世界经济五强。早在 1999 年普京就在《千年之交的俄罗斯》中首次提出“经济追赶”问题:“我想强调指出，必须是快速的，因为俄罗斯已经没有时间晃来晃去了。”

在 2003 年的总统国情咨文中，普京正式提出“追赶型增长”的具体任务。针对当时政治领导层和学术界中不少人对经济翻番目标的异议，普京在国情咨文中还专门批评了把经济增长同结构改革对立起来的意见，提出“不应为改革而改革，不需要进行持续不断的激烈变革”。

2004 年的总统国情咨文中，普京再次提出经济追赶型增长的任务:“只有保持高速发展，我们才不会被抛弃到世界经济的‘后院’。为了在全球竞争困难条件下占据主要位置，我们应当比世界其他国家增长得更快。”

俄罗斯经济已经基本上摆脱转轨型衰退，进入一个比较稳定增长的新时期。

尽管普京一再表示对俄经济增长速度不满，多次批评政府工作不力，但是，以前总理卡西亚诺夫为代表的不少官方人士仍在经济能否翻番等方面与总统的意见相左，这是卡西亚诺夫被总统免职的原因之一。

普京的经济思想具有鲜明的“赶超”特色，具体则表现在以下几个方面。

首先，以国际经济发展状况为参照，强调速度的至关重要性。普京充分认识到，俄经济已“落伍”，与发达国家的差距有愈拉愈大的趋势；为缩小差距，跟上世界步伐，跨入“文明”和“发达”国家行列，俄必须以高速甚至超高速发展经济；因此在俄改革和发展战略中，居于首要位置的是速度问题。按他的估计，俄经济在6%至7%的增长速度下，还需要5年才能使生产规模恢复到1990年的水平；而要达到今日英国、法国的水平，未来15年要保持10%以上的增长率；要赶上今日西班牙和葡萄牙，未来同期也必需保持8%的增速。

因此，普京把增速问题上升到“不仅仅是经济问题，同时也是政治问题”，甚至是“思想”、“精神”和“道德问题”，是检验俄政府经济工作是否“称职”的重要标准。在2002年《国情咨文》中，他就对政府预测今后几年俄经济增长仅为3.5%至4.6%提出严厉批评，认为这是政府“不指望更高增长速度”的表现，“低估了俄罗斯的能力”。并进而指出，为了使俄罗斯人过上“富裕生活”，使俄保持国际社会“举足轻重和名副其实的成员资格”，以及作为“强有力的竞争者”，俄“经济应当更快速地发展”，否则“永远都赢不了”，“在世界经济中的能力将大大缩水”。

其次，充分发挥能源和军工两大优势，壮大新型产业。能源和军工是俄国民经济两大支柱，也是政府预算和国家外汇的主要来源。普京的策略是用能源拉住欧、美等发达国家市场，用军工保住中国、印度等发展中国家市场，以增强俄在国际市场的竞争力，保障财政预算，换回发展知识和信息等新型产业所需的投资，力争使高新技术产品的市场占有率由不到世界市场的1%，提高到2015年左右的5%以上。

再次，建立健全国家调控体系。普京强调，俄不仅需要一个强有力的国家权力体系，而且还要建立对经济“完整的国家调控体系”，但这“并不是说要重新实行命令式的计划和管理体系”，也不是仅限于“制定游戏规则并监督规则执行”，而是要比一般意义上的国家调控“发挥更大的影响力”，要让国家政权体系成为国家经济和社会力量的有效“协调员”，使它们的利益保持平衡。

再次，加快融入国际经济体系步伐，以促进俄经济改革和结构改造，提高国际市场竞争力。普京认为，俄是否融入世界经济空间的问题“已经没有选择余地”，俄已经是“世界经济体系的一部分”，俄面临的问题是“如何利用国际经济形势带来的好处”。

普京把赶超欧洲发达国家作为目标，把振兴俄罗斯、恢复俄罗斯的强国地位作为长远战略目标，受到了普遍的认同与欢迎。

弗拉季米尔·马乌是研究俄罗斯经济追赶型发展问题的著名经济学家。他认为，追赶型发展国家的经济不是一般的发展，而是比先进国家更快的发展，因此不能重复先进国家走过的道路。“追赶型发展是世界经济中后进国家的一种发展战略，它的主要特点是，在发展进程上的“突破性”或“跳跃性”；在发展内容上突出社会经济结构的改革性；发展的结果有在国际分工体系中地位互换的可能性。在全球化和知识化的时代，生产要素的全球性优化配置，世界资本市场的全天候迅速运转，尤其是作为第一生产力的科技知识在全球范围内通过信息网络等各种渠道几乎是零距离的传递，成为后进国家制定和实现“追赶型发展”战略的必要条件。

美国人很形象地戏称：“俄罗斯前兜装着大量石油，后兜装着核弹，可以很轻松地走进新世纪高级俱乐部。”

俄罗斯重新崛起的基础基本奠定，完全可能再次崛起为“世界强国”。

从国土面积和自然资源看，俄罗斯是世界国土面积最大的国家，数倍于欧盟25国的总面积。在这片广袤的土地上，蕴藏着极其丰富的地上和地下资源。已探明资源储量占世界资源总储量的21%，总价值高达30万亿美元，为美国的3倍、中国的6倍、西欧的12倍。特别是丰富的能源资源，“在客观上决定了俄罗斯作为能源超级大国的新地位”。

从科技潜力看，10年动荡虽然导致科研实力急剧下降，但尚未伤筋动骨，主要领域的科研项目仍在继续，特别是国防、航天等领域仍然保持世界先进水平。更为重要的是，俄罗斯人才资源雄厚，每万人中科学家和工程师多达37人，教育指数高于八国集团的所有伙伴，可为重新崛起提供充足的后备人才。

从民族精神看，俄罗斯民族的“大国”、“强国”、“帝国”意识根深蒂固。俄罗斯民族极富创造精神，更具有爆发力，完全可能以“非常规”方式前进。

总之，俄罗斯重新崛起的基础基本奠定，只要坚持正确的发展道路、战略决策不出现重大失误、国家不严重分裂、外部环境不严重恶化，俄罗斯完全可能实现伟大复兴，再次崛起为“世界强国”。

俄罗斯崛起的势头强劲、前景良好，但也受多种负面因素的制约：如不适应全球化大潮，对加入 WTO，可以说“上热下冷”；产业结构严重畸形，特别是对能源和原材料的依赖，越来越严重；基础设施大多是前苏联时代修建的，多数已破败不堪，新建基础设施少得可怜，严重滞后；人口危机不断加深，全国人口以年均 70 万至 80 万的速率递减，最直接的后果就是劳动力资源严重不足。2008 年 1 月的民调表明，俄罗斯有 13% 的居民生活在贫困线以下，10% 最富裕者的收入 15 倍于 10% 最贫困者。联合国相关机构预测，到 2025 年，俄罗斯人口将下降到 1.38 亿；到 2050 年将不足 1 亿，降至世界第 18 位；到 2080 年，俄罗斯的人口预计将只剩下 5200 万。到 2050 年，俄罗斯人口老龄化也比较严重，退休者超过了总人口的 1/5。劳动者和退休者的比例为 2 比 1。

再就是地缘战略环境严峻。美国及西方国家“遏俄弱俄”、挤压俄战略空间的战略，使得俄罗斯在整个崛起过程中必然处处遇到麻烦。俄罗斯确保传统势力范围的任务极为艰巨，支撑大国的地位的周边战略缓冲带可能进一步丢失。北高加索地区短时间内结束动荡的希望不大。

俄罗斯未来竞争力。俄罗斯在 2007 年世界竞争力排名榜上，在 61 国中名列第43位。俄罗斯科学院经济研究所副所长、研究员德米特里·索罗金强调，如果仅仅依靠石油美元，俄罗斯是强盛不起来的。

“得益于全球能源价格高涨，俄罗斯经济近些年来一直保持 7% 的年均增长率，可以说，在财政盈余、外汇储备和经济增长率等宏观经济指标方面，俄罗斯已迈入了优等行列。这些比较好的指标，让俄罗斯产生了制定 2020 年前发展战略的想法，总的目标是，到 2020 年进军世界五强。目标很好，令人鼓舞，关键是拿什么去实现这个目标？”

索罗金说，“在石油资源丰富的国家当中，俄罗斯实际上是一个贫穷的国家。”俄罗斯与沙特石油总产量差不多少，但沙特2004年人均石油产量是23吨，俄罗斯只有3.4吨，挪威人均石油产量33吨，科威特人均石油产量50吨，按照俄罗斯经济发展贸易部最乐观的预算，到2020年也就人均3.8吨。所以要想让俄罗斯人均产油量像沙特等国家一样，从技术上说基本没有可能性。即使是石油涨到200美元一桶，按人头算对俄罗斯来说也没多少。因此，仅仅依靠石油美元，俄罗斯是富裕不起来的。

索罗金认为，俄罗斯走的是一条用原材料去换机器设备的贸易之路，这是很危险的。他分析说，1998年俄国对华出口石油矿产资源只占经贸额的3.2%，2007年达到了44.5%；1998年俄国对华出口机器设备占到经贸额的25.3%，2007年降至1.6%。虽然中俄贸易总额已经增至2007年的482亿美元，增加了4.5倍，但能源贸易的拉动作用最为显著。

转型面临的首要问题就是需要采购大量新的设备。索罗金说，俄罗斯的机器设备大部分都老化了。5年以下的新设备，2000年只占4.7%，2004年提高到8.6%；超过20年的老设备，2000年是38.2%，2004年达到51.5%。一半多的设备使用年限都超过了20年，这样的机器设备能生产出在国际上有竞争力的产品吗？

由于机器设备老化，俄罗斯每生产1美元GDP（按世界银行2003年购买力评价）需要消耗0.5公斤以上的标准油，而大多数发达国家甚至是发展中国家的这一比例为1 ： 0.1至0.2。

为了使经济稳定增长并具有后劲，俄罗斯有关经济专家建议，建立起6个能带动整个经济发展的主导产业与新兴工业部门，即6个巨无霸（6大国有集团公司）：原子能、纳米、航空、航天、造船、通用技术。索罗金认为这是加强国家整体实力的必要环节，俄罗斯政府已从石油获得的财政收益里拨出大批款项，激励这6个巨无霸搞创新。但是，这些公司的经济原动力在哪里？

索罗金说，从2006年开始，俄罗斯开始考虑政府与企业协作伙伴关系的创新，既不是纯政府行为，也不是纯商业行为，而是把国家兴趣和企业经济利益紧密结合起来。但这只是一个理论探讨，而从理论到实践还需要一个漫长的过程。

俄罗斯的经济增长有很大的局限性，其优势主要集中在资源开采、建筑、军工、商业等少数领域。另一方面，俄罗斯经济增长除了依靠资源的出口外，并没有处于完全开放状态，也没有完全融入到贸易全球化的进程中。这与俄罗斯一直没有加入世界贸易组织有关。

当然，俄罗斯的自然资源不会很快就开采殆尽。即使按已有的开采利用速率，俄罗斯也有很长的时间继续拥有资源优势。据俄罗斯科学院的测算，从探明储量来看，俄罗斯各类矿产资源的保障程度都相当高，可开采时间较长，石油为35年，天然气为81年，煤在60至180年之间，铁矿石为42年。

然而，俄罗斯可以保持多年的自然资源优势，并靠此增加大量财富，但能否成为经济强国则是另一回事。

从俄罗斯的政策动向看，无疑是把发展本国的资源产业当做一个重大的国家战略。丰富的自然资源能不能构成一国经济强盛的充分条件？仅仅以自然资源为战略手段能否谋求到真正的大国地位以及在全球的竞争优势？用经济学的原理看，以及考察世界各国的经济发展史，答案恐怕是否定的。

许多经济学家的研究表明，一国丰富的自然资源对该国的长期经济增长未必是好事，而那些真正成为经济强国的国家往往自然资源并不丰富，甚至比较贫瘠。

历史上的英国、瑞士，当代的日本、韩国、以色列，自然资源十分贫瘠，但却成就了经济强盛之国。相反，世界上有许多自然资源极其丰富的国家，经济却长期落后，如非洲和南美洲的大部分国家。这就是所谓的“自然资源的诅咒”——从长期看，丰富的自然资源对一些国家而言，并非是福，反而是祸。即使是盛产石油的中东国家，从过去30年的时间看，虽然国家财富增加较多，但并不是经济强盛之国。

俄罗斯的经济强劲增长在很大程度上依赖于自2002年以来资源性产品的价格上涨。从2002年到2006年，国际原油价格指数上涨了256%，其他资源性产品价格指数也迅速上涨。2007年以来，特别是2008年，国际原油价格更是飙升，2008年7月，每桶原油价格已经超过147美元。

然而，世界上没有一种大众性商品价格总是始终上涨的。一旦价格迅速下降，俄罗斯经济对资源性产品过多依赖的缺陷就暴露无遗，也会导致因经济内部缺乏替代性结构，过早结束黄金发展期。

2008 年 7 月以后，国际油价从暴涨到暴跌，11 月 13 日，每桶油价击穿 55 美元。俄罗斯是否重蹈上世纪 80 年代前苏联经济因油价的暴涨、暴跌，而遭受严重影响的覆辙？

一国的经济强盛地位是不能仅仅靠拥有丰富自然资源就能获得的，而要靠本国的具有世界竞争力的产业体系，尤其是靠本国的科技创新能力，以及这个国家参与国际贸易，达到一定的开放程度。

俄罗斯的科技实力很强，但主要集中在基础理论、军事工业和一些重化工业领域。除了军工和武器外，俄罗斯很少有世界知名的产品品牌，也很少有科技水平很高的民用企业参与世界竞争。

2005 年，美国兰德公司发表了题为《2020 年的全球技术革命》研究报告，对未来 15 年内世界许多重要国家的可能的科技贡献做出评价。得分最高的仍然是美国，为 5.03 分，远远超出其他国家；俄罗斯只得到 0.89 分，名列第 19 位。在开放程度上，俄罗斯的状态同样不好，仅从加入 WTO 问题就可窥见一斑。

上世纪 90 年代以来，世界发生了很大变化，涌现了一批新的经济强国。如果俄罗斯不在科技创新、对外市场开放程度上尽快调整，也许今后仍能继续保持一段时期的经济高增长，但要称之为经济强国尚为时过早。

积极向新的高质量社会过渡。2007 年 12 月，全俄社会舆论研究中心的民调显示，大多数俄罗斯人认为国家经济和政治局势有了好转，80% 的受访者认为俄罗斯在世界上的地位正在上升。中心主任费奥多罗夫称，自 2005 年起，多数民众对自身福利提高持乐观态度，俄罗斯人的生活幸福感日趋增强。

保持经济社会和谐发展是使普京政府赢得广泛支持的关键，也是实现普京“还你一个奇迹般的俄罗斯”之梦所绕不过的坎。

俄政府通过多次提高工资、退休金以及对贫困线以下居民的补助等使百姓生活水平得到了明显提高，居民实际货币收入水平的增长速度从 2000 年起明显高出 GDP 的增长率，2003 年居民实际收入增长甚至达到 GDP 增长率的 2 倍。

俄罗斯在财政困难情况下提高社会保障程度，改善交通、医疗、卫生及各种公共基础设施，振兴文化教育和科技等作了巨大努力。如通过扩大投入改善硬件和软件、提高这些部门的职工工资待遇、大幅度提高大学生奖学金、抑制教育过度市场化和保持免费高等教育、强化国家科技协调委员会的工作等，抑制了教育和科技人才外流势头，使得教育不仅避免了下降还保持了发展势头，同时，医疗卫生、科技部门也已经扭转了颓势并开始重新发力。正是对百姓生活和各项基础设施的改善以及对振兴教育科技文化事业的重视，使俄罗斯国家在急剧的转轨过程中避免了更大的损失并在较短的时间内重新实现了经济社会的稳定发展。

普京曾在不同场合多次表示将努力提高居民生活水平，“这是社会经济工作的首要目标”。

普京的社会政策的战略目标是：创造必要条件保障广泛的基本社会服务质量，如发展符合社会和经济发展需要的教育，创造条件实现居民的教育权；发展大众体育事业来改善国家的文化潜力，保护文化遗产和国家的文化统一，使广大居民分享文化成果，为发展社会文化领域建立法律和组织基础；建立有效的文明劳动市场；加强有针对性的对居民的社会支持；根据居民有支付能力的需求和住房的社会标准创造条件实现其住房权。

普京还表示俄罗斯将改革教育制度，增加教育投入并提高其使用效率。政府将通过与高等学校联合以及建立大学城对职业教育学校进行改组。改革医疗卫生制度，实行免费医疗救助的国家保障纲要，制定医疗社会保险的联邦法律。改革社会保障制度，削减商品和服务生产者的预算补贴和给予居民的各种优惠和补贴，对战争老兵、苏联和俄罗斯英雄的优惠将继续保留，但逐渐转变为货币形式。改革就业制度，提高劳动力的流动性，实行劳动合同制，保障雇员、雇主和国家稳定的利益平衡，继续提高最低劳动报酬金额，建立工会组织，联邦预算拨专款对失业人员进行补贴并建立有效的再就业机制。

2008 年 1 月 15 日，普京在俄罗斯与上议院联邦委员会举行会谈时表示，“为了保证俄罗斯有活力的、超前的发展，现在需要积极地向新的高质量社会政策、社会发展政策过渡。”

普京强调，“它（社会政策）的内容要比发补助和向社会机关拨款广泛得多。这指的是建立以人为本的现代社会环境，改善他们的健康、教育、住房、劳动条件，提高他们的竞争力和收入。最终是为了俄罗斯人民的发展，不仅为了积累，更为了发展。”

分析家们认为，“决定俄罗斯未来发展方向”的“普京计划”是一项需要从制定一系列政策法规着手的“重大社会改造工程”。普京将俄上院议长等人请进克里姆林宫，向其阐释俄罗斯应当立即实行全新社会政策的必要性，这显然是在向俄最高立法机构打招呼，同时也是向整个国家发出指令。普京强调，为保障俄罗斯充满经济活力，不断向前发展，现在就需要积极实行旨在推动社会发展的全新的社会政策。

可以看出，普京的脑子里已经勾画出了俄罗斯社会改革的宏伟蓝图。在普京看来，2020 年进入世界经济强国前五名之列无疑是俄罗斯现阶段面临的首要任务，但这一战略目标却并不是国家发展的最终目的和根本方针。

“普京计划”的根本性宗旨是以民众利益为中心来调整社会结构、促进社会进步，并力争最大限度地让百姓分享经济高速发展的巨大成果。

普京提出的社会发展计划内容广泛而又丰富，其中包括增加国民收入，提高国民健康和受教育水平，改善住房和劳动条件等方面的内容。舆论认为，普京执政 8 年社会发展的业绩有目共睹。甚至联合国有关机构也认为俄罗斯经济的增长能够充分体现在国民收入当中。

俄罗斯民众有理由相信“普京计划”能够在今后几年内让俄罗斯人的幸福指数得到进一步提升。普京同时强调，国家解决社会问题的能力将取决于经济的总体实力。因此，国家的经济能力是实施新社会改革计划的基础和前提。

促进社会全面和谐发展是“普京计划”的内在精神。俄罗斯各地区发展极不平衡，最富和最穷地区居民收入差距达 35 倍之多。从这个意义上说，有必要从国家整体发展的角度和层次上确立新的社会发展政策。

普京提出，到 2011 年，俄罗斯国内低于平均生活水平的人口比例应减至 10%，失业率应从 2007 年的 6.3% 降至 4.5%。2007 年俄罗斯通胀率为 11.9%，高于政府预期的 8 %，普京还重申政府将力争使通货膨胀率在未来降至个位数。

人是一切，是社会发展的根本，是普京心目中和谐社会的中心。普京说，新的社会政策就是要营造“一切以人为中心”的现代社会环境。

“一切以人为中心”——大体可以看清俄罗斯复兴的总体目标和思路。

外交高度

外交高度，也就是重新获得外交独立性的俄罗斯，在战略上不再退让、政策上不再取悦于人、行动上更具创造力和竞争力。

“在世界各种力量之间灵活周旋，尽量付出较小代价，建立对自身有利的力量平衡。”

普京用超越矛盾的政治智慧，把一个世界舞台边缘上的问题国家，重新带回到舞台中心，把帝国废墟上的历史垃圾转化为宝贵资源，重新成为世界经济乃至国际政治游戏规则不可或缺的制定者。

自新世纪以来，国际权力格局和大国战略关系确实发生了显著变化。特别引人注目的是，500 年的西方主导权已动摇。

后冷战时代“一超多强”的大国关系格局没有发生根本性改变，美国在力量和权势上仍然处于无可争议的支配地位。然而，近年来，美国实力，尤其是其软实力的相对下降却是不争的事实，这使得美国的内外环境不断恶化：美国“新经济”泡沫的破灭，新经济所带来的外溢效应不复存在；美国不再享有冷战结束带来的和平红利；美国霸权的双重成本问题，即“9 · 11”以前，美国霸权的唯一成本在于提供全球公共产品，确保世界市场统一和国际秩序稳定，而“9 · 11”以后，美国不得不担负起国土安全的沉重成本。

从上世纪 90 年代中期开始，以“金砖四国”、“展望五国”和“新钻十一国”为代表的新兴市场经济国家整体性崛起，经济实力不断提升，政治影响相应增强。其重要标志就是每年一度的 G8 会议向“G8 + 5”模式演变。越来越多的全球议题已经很难在 G8 体制内解决，需要这些新兴经济国家参与决策，共同分担。值得注意的是，这些新兴国家大多带有东方国家的集体性身份认同，这意味着 500 年来西方主导世界格局和发展方向的局面即使不能被颠覆，也将出现严重动摇。

以美国为首的西方与俄罗斯和伊斯兰世界的关系将长期处于紧张状态。俄美双方大都认为，俄美矛盾是西方内部的矛盾，亨廷顿就曾直言冷战是西方世界的“内战”。因此，如果处理得当，俄美双边的良好关系是可以预期的。即使是在俄美双方发生尖锐冲突的当下，不少人也认为两国的紧张关系是暂时的，俄罗斯坚持对抗是战术性的短期行为，其目的在于让美国最终接纳它。

然而，俄美矛盾具有深刻的地缘和历史背景。游戏玩得不好，就会弄假成真，战术对抗就会升级为战略对抗。同样值得重视的是，“9·11”以后，美国在外部世界的挑战还来自于极端伊斯兰主义和激进势力国家。伊拉克的反叛和伊朗核问题已经使得美国深陷伊斯兰世界的复仇情绪之中；而俄罗斯与伊斯兰联合的可能性更使得美国疲于应对中东地区出现的复杂局面。

美国领导的西方阵营面临着严峻的内部挑战。首要是联盟的团结问题。美欧两个社会存在结构性差异，战略利益迥异。除非再出现苏联这样的外部性威胁，美欧不可能像冷战时期那样团结，即西方力量呈现绝对的下滑趋势。

俄罗斯具有十分深厚的外交理论与外交传统。历史上，无论彼得大帝、叶卡捷琳娜二世、亚历山大二世，还是前苏联斯大林时期，都不同程度地展示了俄罗斯作为民族国家强有力的大国外交风范，为俄罗斯本身赢得了国家利益，也对世界的发展和国际关系的演变产生了深远而重大的影响。

前苏联解体后，俄罗斯作为其继承者，先是推行亲西方的“一边倒”外交战略。但严酷的事实表明，俄罗斯依赖西方发展壮大自己的对外战略，是一相情愿的幻想。

普京上台后，俄罗斯的外交定位日渐清晰，外交战略调整为“务实、灵活的全方位大国外交”。外交策略主要经历了“外交守势”、“守中有攻”到“攻守兼备、以攻为守”的转变路径。

在欧美等西方主导权动摇甚至下滑的大背景下，俄领导人更加坚信，俄罗斯不是问题的一部分，而是解决方案的参与者。

“世界只尊重强国”

俄罗斯外交战略与策略的变化是一个自我修正的过程，同时也是与外部世界互动的结果。特别是普京上台执政以后，告别俄罗斯的“虚幻大国”外交，以复兴俄罗斯为目标，在规划对外政策的同时，频频展开首脑外交。

俄罗斯联邦独立后，叶利钦政府曾经在 1993 年 4 月 30 日批准了由外交部起草的第一份关于本国外交战略的官方文件——《俄罗斯联邦外交政策构想》。

普京担任俄罗斯总统不久后的 2000 年 7 月，俄罗斯政府再次发表了新的《俄罗斯联邦外交政策构想》。

2006 年 6 月，俄罗斯外交部根据普京总统的指示，组织俄罗斯联邦议会上下两院的有关机构、政府相关部门、俄罗斯科学院若干国际问题研究所，开始起草第三份俄罗斯外交的纲领性文件。2007 年 3 月 27 日，普京总统批准了由俄罗斯外交部提交的《俄罗斯联邦对外政策概论》。

“以利益为中心的实用主义 + 以地缘为中心的大国均衡”。普京明确提出，俄罗斯“要从国家利益出发制定对外政策，内部目标应高于外部目标。切实的国家利益，其中包括经济利益，理应成为俄外交家的法则”。而国家根本利益的认定总是以国情认知和国力定位为基础的，这是普京外交战略思维的一个根本出发点。

以利益为中心的实用主义外交和以地缘利益为中心的大国均衡外交是普京外交战略的核心，反映其现实主义取向，实质是国家利益至上的原则。

普京外交战略，首先体现在以经济利益为中心的实用主义外交方面。正如时任俄罗斯副外长伊万诺夫在《开放的市场经济条件下的俄罗斯外交》一文中指出的，“多数国家发展的速度和性质，乃至政治活动家和商业资本的命运都取决于经济外交的成功与否”。俄外交部还主动提出了经济外交的设想和计划，比如俄联邦与欧盟关系中期发展战略（2000 年至 2010 年）、里海战略方案以及与亚太经济合作组织发展合作的构想等。

《俄罗斯联邦对外政策构想》指出，“俄罗斯联邦成功的外交政策应当建立在使其目标与实现目标的可能性保持平衡的基础之上”。为此，“集中政治、外交、军事、经济、财政及其他手段解决外交任务应看其是否符合俄罗斯国家利益的实际需要，而参与国际事务应当真正有助于加强国家地位。”

普京外交的现实主义原则还体现在俄罗斯的全方位平衡外交方面，这是俄罗斯基于地缘政治利益而做出的战略性选择。《俄联邦外交政策构想》明确指出，“俄罗斯外交战略的特点在于其平衡性，这是由俄罗斯作为一个欧亚大国的地缘政治地位所决定的，这种地位要求最合理地分配各个方面的努力。这种地位决定了俄罗斯对维护世界安全，无论全球性质的，还是地区性质的安全所应负的责任，要求俄罗斯发展与加强双边和多边基础上的外交活动。”

这种平衡性首先体现在俄地缘政策的制定方面。

《俄联邦外交政策构想》依据俄罗斯的地缘战略需要对俄罗斯外交的优先地区进行了全面规划，对其战略腹地独联体地区，俄罗斯外交政策的优先方面是发展与独联体所有国家的睦邻关系和战略伙伴关系，保证与独联体国家进行的多边和双边合作符合国家安全的利益；对于战略上毗连的欧洲地区，俄罗斯的外交政策目标是建立全欧安全与合作的稳定的民主体系，寄希望于欧洲安全和合作组织能够在各方面进一步发挥自己的作用，在经济上谋求与西欧国家的合作，但仍然反对北约向中东欧的扩张；亚洲是俄罗斯的战略侧翼和后方，俄罗斯希望搭上亚洲经济腾飞的快车，发展西伯利亚和远东滨海地区的经济。

普京强调，俄罗斯要做一个不反对国际，不反对别的强国，而是与其共存的强国。

普京刻意追求其外部环境动态中的平衡，这种平衡至少通过以下两个方面来维持俄罗斯这个传统欧亚大国的国际地位：一是以维持尚存的战略核力量作为抵制西方压力的主要手段；二是在有所重点突破的同时把民族利益与外交挂钩，强调内部因素的至高无上性。

普京的外交战略原则，主要表现在：维护国家利益、捍卫大国地位；反对一国或几国主宰的单极世界格局，推进民主的多极国际关系体系的建立，争取俄罗斯成为世界重要的一极；坚持推行平衡的全方位外交。

“从国际体系边缘走向世界舞台中心”。复兴俄罗斯、重振俄罗斯大国地位对俄罗斯来说理所当然成为其外交战略的最高目标。

普京把外交战略的目标具体划分为四个层次。

第一层次：

——确保主权和领土完整，这是俄罗斯赖以立国之根本。为此，必须消灭和压制俄罗斯境内的分裂主义和分离主义势力，坚决反对西方打着人权旗号对俄罗斯国家主权的干涉；

——为国内经济发展创造最佳外部环境，这是俄罗斯实现强国目标的前提条件。为此，应当尽量避免卷入国际纷争，减少与外部世界的冲突，最大限度地降低对外活动中的经济代价，同时争取尽可能多的对外经济效益。换言之，只要未发生对国家主权和领土完整的严重威胁，俄罗斯外交就不可能背离为经济发展服务的原则。

这两点是俄罗斯最核心的国家利益，是对外交的硬性要求。也就是说，在这两点上没有多少弹性，几乎不存在回旋让步的余地。

第二层次：

——确保在独联体这一仅存的“势力范围”的主导地位，维持俄罗斯的地缘政治空间优势。为维系独联体的存在，俄罗斯需付出一定的代价，但这却是俄罗斯保障国家安全、维持国际影响、未来恢复传统大国地位所必须的。为维护这种主导地位，必须反对北约向独联体国家的扩大，尽可能防止西方对独联体成员国的拉拢和分化，打击宗教极端主义内外勾结及国际恐怖主义对独联体安全的现实威胁，推进独联体经济政治一体化进程；

——在周边地区建立睦邻带，或者力争减轻来自周边地区的威胁。这是俄罗斯在周边地区建立良好国际环境政策的直接体现。为此，俄罗斯积极同周边国家建立睦邻友好关系，想方设法化解北约东扩至俄罗斯边境（如波罗的海三国加入北约）所带来的威胁，与独联体国家一道共建抵御国际恐怖主义渗透的缓冲带。

这一层次的目标对俄罗斯至关重要，但由于涉及的国家较多，政策实行中有较大的复杂性。因此，俄罗斯这方面的政策以政治友好、经济合作为基调，同时会有很大的灵活性。如：在独联体内部，俄罗斯视各国的亲疏程度，推行分层次、分时间进度的一体化政策；在其他临近地区，俄罗斯积极建立“战略关系”、“伙伴关系”和“特殊关系”，努力扩大经济、科技和文化等方面的联系。

第三层次：

——确保联合国主导地位，建立多极化的国际政治新秩序。这一政策目标的实质是确立联合国在世界政治中的主导地位。联合国的存在基础是国家主权原则和大国一致原则，确立了联合国的主导地位，才能保持冷战后世界的多极化发展趋势，制约美国建立单极世界的图谋。俄罗斯拥有联合国常任理事国的特殊地位，联合国的（大国一致）体制是其发挥世界大国作用和保障自身利益的最重要平台；

——确保俄罗斯在世界安全结构中的突出地位。这方面的任务是：保障联合国体制下的集体安全结构，健全俄罗斯在独联体、欧洲和亚太与他国共建的地区安全体系，确保与美国签订的有关战略稳定、裁军、武器限制和不扩散条约体系的有效性。在世界安全结构中的突出作用是俄罗斯国际地位的主要体现，也是其建立国际控制结构政策的实际凭借。

国际关系归根结底是实力对比关系，俄罗斯的大国地位所依据的是军事实力，而非经济实力。先进的军事技术、现存的和潜在的军事实力及其对周边地区和世界安全形势的影响，是俄罗斯保障自身安全、保持大国地位、并能与西方讨价还价的资本。正因为如此，军事政策始终是俄罗斯对外战略中的重要因素。

第四层次：

——扩大国际联系，积极参与地区事务。与科济列夫外交时期以意识形态划线、切断传统国际联系的做法不同，俄罗斯已充分意识到，广泛的国际联系是一个国家外在实力的重要组成部分，可成为与外部世界斗争的借助力量，有助于提高自身国际地位，有利于自身利益的实现。俄罗斯这方面的政策是要实现两重目的：一是利用矛盾，如利用伊拉克、伊朗、朝鲜等国与美国的矛盾，显示俄罗斯在解决世界热点问题中的存在价值，以便从中渔利；二是借助这种联系，扩大俄罗斯武器和机器设备的出口，开拓外部市场，如印度、伊朗、伊拉克等国在俄罗斯的对外经济联系中均占有重要位置。

这四个层次的目标都是俄罗斯国家利益的体现，但每个层次的重要性有所不同。第一层次的目标关系到俄罗斯国家的生死存亡，是其最核心的国家利益，需要坚定不移地加以捍卫。第二层次的目标虽不至于涉及国家的生死，但却直接关系到俄罗斯能否保持现有的地缘政治优势，这是它未来恢复传统国际地位（即实现俄国人的强国梦想）的希望所在。第三层次的目标与保持现有国际地位相关，属于对外战略的实现手段。其重要性在于，一旦失去联合国和能与美国讨价还价的军事实力屏障，俄罗斯的弱势地位将暴露无遗。第二、第三层次的目标也是俄罗斯外交所要极力坚持的，但这些目标的实现在很大程度上取决于国际力量的对比，因此会有一定的弹性。第四层次的目标也非可有可无，广泛的对外联系对于俄罗斯国家利益的实现具有重要意义，但与前几个层次目标不同的是，对外政治联系的部分丧失尚不至于伤害俄罗斯国家发展的元气。

“双翼外交”：普京外交战略的基本布局。俄罗斯独立初期，曾一度推行“一边倒”的对外政策，在外交上全面倒向西方，幻想能以妥协和让步换取西方的接纳。然而俄的一相情愿使自己付出了沉重代价。

痛定思痛，叶利钦被迫调整外交战略，开始推行同时面向东西方的“双头鹰外交”。通过改善和发展同中国等东方国家的关系，俄逐步摆脱了外交困境，在东西方之间建立起了一定意义上的平衡。但由于国内政局持续动荡，加之国际形势不断恶化，“双头鹰外交”的平衡性极不稳定，明显缺乏主动性、可预测性和连贯性。

普京的“双翼外交”，是对叶利钦“双头鹰外交”的继承和发展。在外交政策与实践中，将独联体置于特殊的地位，而欧美和亚洲则被列为优先发展方向。东西方的排列顺序虽有先后，但他们在俄外交中占有的位置几乎同等重要。

俄罗斯横跨欧亚大陆，因而它必须同时面对欧亚建立和保持良好的周边环境，以利于俄罗斯的复兴。特别是面对北约的继续东扩和美国 NMD 的发展，面对全方位的挤压，俄罗斯必须从军事安全的深远战略考虑，积极发展同西欧的合作，同时抓紧同东方发展关系，以图建立稳定的战略大后方。正是在这种背景下，普京外交以巩固独联体为依托，推行平衡东西方的“双翼外交”。

2003 年，普京在参加亚太经合组织领导人峰会上提出，"'基普林论断'（东方是东方，西方是西方）已经过时。我可以肯定地说，东西方现在正在俄罗斯融合交汇。"在俄罗斯外交战略布局中，普京把独联体、欧洲、美国和亚洲列为俄罗斯外交的优先发展方向。

独联体对俄罗斯来说是有着直接政治、经济、文化、军事及其他方面特殊利益的地缘战略区。普京说："独联体仍是俄罗斯外交的重中之重"。为此"要制定这方面的整体长期战略"。这里既有自责式的反省，更有远期抱负。主要原因在于：

其一，独联体国家是俄罗斯近邻，2500 万俄罗斯人生活在境外独联体国家，独联体地区形势是否稳定，独联体国家是否对俄罗斯实行友好政策，关系到俄罗斯是否有一个稳定的周边环境。其二，独联体地区是俄罗斯重要的原材料产地和巨大的商品市场。加强与独联体的经济关系、建立独联体统一经济空间将是俄罗斯恢复经济的优先选择。其三，前苏联解体后，原来的统一的安全空间遭到严重破坏，俄罗斯战略防御空间大大缩小，防御能力严重削弱，加上国际恐怖主义、民族分裂主义和宗教极端主义三股恶势力严重威胁着俄罗斯和独联体其他国家的安全。因此，建设以俄罗斯为首的独联体集体安全体系对加强俄罗斯自身防御能力具有重要意义。其四，美国等西方国家利用俄罗斯与独联体国家间的矛盾排俄、弱俄，不断向独联体渗透。它们力图通过所谓的"双乌"战略，即在俄罗斯西部和南部分别选择乌克兰和乌兹别克斯坦作为战略合作伙伴，不断挤压俄罗斯，使独联体内离心倾向和亲西方因素不断增长，俄罗斯在独联体的地位不断削弱。因此，俄罗斯必须优先发展与其他独联体国家的关系，以独联体为依托，增加俄罗斯在国际事务中与西方抗衡的砝码，巩固俄罗斯在独联体中的领导地位。

普京上台后的外交重点是发展与独联体所有国家的睦邻关系和战略伙伴关系。一是积极开展对独联体国家的"首脑外交"；二是积极推动独联体经济一体化进程；三是加强与独联体国家的军事合作，继续维持俄罗斯在独联体国家的军事存在，巩固以俄罗斯为主体的独联体地区安全机制，巩固俄罗斯对独联体的领导和向心力。

欧洲是俄罗斯的另一个传统重点。面对欧盟和北约的新一轮东扩，普京说：“与其说应当适应这种形势，不如说应当尽量减小对俄罗斯经济利益安全可能造成的威胁和损失，以及找到自己的优势并让它为自己服务”。这里普京既表现为无可奈何，同时又不甘心无所作为，并显露出“韬光养晦”和发挥“资源优势”的谋略。

实现与欧洲大陆的一体化，一直是俄罗斯人的梦想。从经济发展角度而言，作为俄罗斯最重要的经贸伙伴和投资者，欧盟市场占俄罗斯进口额的40%和出口额的38%，俄罗斯70%的外贸顺差来自欧盟国家。俄罗斯吸收的全部外资中有一半以上来自西欧。从地缘政治角度来说，与欧盟发展关系可以增加俄罗斯地缘政治和地缘经济的活动空间，改善俄罗斯与欧洲的安全环境，加大俄罗斯同美国的周旋余地。

普京上台后加大了对欧外交力度。一是推动俄罗斯和欧盟一体化进程以便为加入欧盟最终融入欧洲做准备。二是在安全方面，俄罗斯主张建立由欧洲人主导的欧洲安全新结构。主张与欧盟联合建立反导防御系统以此来抗衡美国部署国家导弹防御计划；同时以此在未来的欧洲安全格局中占据有利位置。三是加强与欧盟各国的双边关系和多边关系，目的在于解决俄罗斯债务问题和吸引各国的投资以促进俄罗斯经济发展、为经济复兴奠定基础。

俄美关系在一定程度上可以说直接影响俄罗斯的复兴、大国地位的重振，必然成为俄罗斯外交战略的重中之重。

“9·11”恐怖主义事件的发生为普京寻求加强与美合作提供了良机。但俄美多次碰撞后的结果使普京清醒了许多，在对美关系上更体现出原则与灵活并重。

普京亚太外交战略，主要基于几方面的考虑：一是亚洲在普京外交中的地缘安全战略意义。俄罗斯外交中的三大传统安全观之一就是以避免两线作战为重点的战略观。二是从经济因素考虑。俄罗斯独立以来，俄罗斯中央政府对远东地区控制能力下降，其分离主义势力逐渐抬头，因此为了加强国家的统一，必须关注西伯利亚和远东地区的经济发展。三是考虑到随时应对由恐怖主义、宗教极端主义、分离主义和跨国犯罪活动等引起的突发事件。四是平衡对西方外交的需要。稳定东方是俄罗斯与西方及美欧角力的筹码与后方。

俄罗斯的战略家和政治家们提出：“我们还有15年至20年的时间

可以作出某些让步，但不应沉湎于此。俄罗斯需要在这里最大限度运用经济的、外交的和其他灵活的手段，以便在自己力量贫弱时期，先搭乘中国的车走一段需要的距离，然后再换乘美国的车。”

“稳定弧线”：普京外交战略的主轴体系。2002 年 4 月，普京提出了建立“稳定弧线”的构想，即俄罗斯要充分利用与北约、独联体集体安全组织和上海合作组织的合作关系，在俄罗斯的西、南、东三个战略方面建立起一条和平、稳定的地带。其中，独联体集体安全组织构成“稳定弧线”的骨架，俄罗斯与北约的关系是主要的突破方向，上海合作组织则为俄罗斯保持地区力量均衡、推动多极化提供战略依托。

普京在对叶利钦时期外交定位进行反思之后，改变了叶利钦时期“做秀式”的“积极参与”，转而实行收缩战线、构筑防御，其核心是突出强调国家要集中精力于国内的转轨和发展。特别是在“9·11”事件之后，普京力图利用新的战略利益契合点，建立稳定和可预见的大国关系，以便尽可能地赢得国内发展的时间、营造发展的外部环境。

首先，作为解决国内问题的首要方针，这必然要求俄罗斯处理国际问题要灵活变通，善于妥协，争取与所有国家合作，避免与任何国家对抗。普京认为，不能与西方理顺关系，俄罗斯就很难在经济转型、结构调整、偿还外债、市场准入等一系列问题上获得可靠的帮助，更不用说缓解安全压力、谋求更大战略回旋余地了。因此，处在困难时期的俄罗斯最好的办法，是摆出低姿态，在合作中寻求机会。

其次，俄罗斯的综合性安全指标仍然比较脆弱。在以军事安全等为核心的“传统性安全”问题未彻底缓解之时，包括恐怖主义、民族分裂和跨国犯罪等在内的“非传统性安全”问题却在明显上升。因而，普京将俄罗斯南部极端势力的威胁，视为最直接、最现实的威胁根源，而来自西方集团的西部威胁则被归为“潜在的威胁”。普京特别强调，“两害取其轻”、“先打击主要的和当前的敌人”。

再次，俄罗斯一直把独联体地区视为自家的“后院”，是“天然的特殊利益中心地带”。俄罗斯没有放弃在独联体关键地带投棋布子。

按普京的意图，由独联体集体安全组织构成“稳定弧线”的骨架。一方面，这个集团的出现有利于形成莫斯科设想已久的东欧方面、高加索方面和中亚方面的防御体系，共同抵御破坏成员国安全的因素，并可借此强化俄罗斯在独联体内的核心作用；另一方面，独联体集体安全组织是普京勾勒的俄罗斯地缘战略安全的重点。它好似挑着担子的扁担，西面联系着北约，东面联系着上海合作组织，俄罗斯在其中扮演杠杆的角色。

“稳定弧线”的南面是伊朗和伊拉克，东面有美国“黑名单”上的另一个重要国家朝鲜。俄罗斯与这几个国家双边关系的进展与它建立“稳定弧线”的构想有着某种联系。它表现出俄罗斯依然打算在国际地缘中心发挥重要作用的雄心。莫斯科试图证明，“稳定弧线”实际上在更广泛的地域内都是可以具有建设性意义的。

普京提出的“稳定弧线”构想，明确俄罗斯在与北约建立“20国”合作机制的同时，同亚洲国家合作建立起从大西洋延伸到太平洋、以俄罗斯南部为中腰的“稳定弧线”,在地理区域上包括北约国家、俄罗斯、中亚国家和中国。毫无疑问，俄罗斯是这个稳定弧上的弦。

这是俄罗斯外交战略的总设计。根据这个设计，它首先拆细世界大三角政治军事关系，搞近交远攻。最引人注目的便是“俄—中—印”亚洲轴心。建立这个三角，第一可以用它来制约欧、美，其次也可以用俄罗斯与欧美的三角关系来制衡中国和印度，还可以用中国牵制印度，用印度牵制中国，真可谓左右逢源。

俄罗斯似乎要和世界各国都建立战略伙伴关系，这便是普京三角思维的核心。从国际谋略的角度看，这个思维的特点是通过所有别国的“互减”，来达到自己的“全加”。

“重新获得外交独立性”

普京执政初期，依据富民强国战略的要求，外交被赋予了两个核心任务：第一，为国家发展塑造和维护有利的外部环境，特别是周边环境，努力在俄罗斯周边建立睦邻带，并防止出现新的紧张和冲突；第二，在推动建立多边国际控制结构的进程中，确立俄罗斯的权威身份，维护具有重要影响的大国地位。

“灵活务实”外交基调。2000年4月，正当多数人认为，身兼总统和总理两职、尚未进行就职宣誓的普京不大可能出国访问时，普京却出人意料地出访了英国。

普京的英国之行分外引人注目。原因不仅仅是普京在英国受到了极高的礼遇，同首相布莱尔举行了长达 3 个小时的会谈，并受到了英国伊丽莎白女王的接见（普京是女王接待的第一位到英国进行“工作访问”的外国国家领导人）。最主要的原因是普京首次出访没有选择世界头号大国美国、没有选择与俄罗斯存在“特殊历史关系”的法国、更没有选择俄罗斯的主要贸易伙伴德国，而是选择了英国。

俄英两国领导人的“亲密友情”一发不可收拾。从 1999 年 9 月普京上任 9 个月中，与布莱尔的会面就多达 5 次。他们直呼对方的昵称托尼和沃洛佳，携夫人一起去圣彼得堡歌剧院看演出，穿着便衣在有俄罗斯传统风格的餐馆谈笑风生，一起在冬日的克里姆林宫周围的广场散步并与莫斯科的孩子们逗趣。布莱尔公开赞扬普京有智慧，推行的改革计划方向正确，俄罗斯正需要这种强势领袖。当“库尔斯克”号核潜艇惨剧发生时，布莱尔主动提出给予俄方支援，事后，普京亲自打电话对布莱尔表示感谢。

普京主张俄罗斯在处理国际事务时要从国家利益出发，“内部目标高于外部目标”，突出外交要为发展国家经济服务。所以，在西方“七大国”中寻找“能够建立特殊关系”的伙伴，充当俄罗斯在北约、欧盟和国际货币基金组织中的说客，以获取更多资金援助就成了普京重要的外交使命。与德法的关系冷淡后，向俄频频示好的英国便成了普京的最理想的对象。理顺与英国的关系，也为改善俄美关系多了条调解的通道。

2000 年这一年里，普京巧抓机缘，该硬的硬、该软的软，对美国屡出奇招，巧妙地提高了俄罗斯在国际社会中的地位和影响力。

反守为攻，提出与美国“共建导弹防御体系”。与克林顿会晤，提出了一项新的“遏制‘无赖国家’颇不易应付的挑战计划”，后即出访意大利等欧洲国家寻求支持。在 2000 年日本冲绳首脑峰会前的 7 月 20 日，普京在平壤只用了短短的 24 小时的访问，成功地说服了金正日在导弹问题上作出原则性的让步。这不能不让人对普京刮目相看，也使美国在 NMD 问题上陷入更加被动的外交孤立态势。

见机行事，俄重返中东和谈。2000 年 11 月 24 日，巴勒斯坦民族权力机构主席阿拉法特抵达莫斯科后，立刻前往克里姆林宫与俄罗斯总统普京就如何结束巴以冲突等问题举行了会谈。当得知阿拉法特不反对巴以恢复安全合作后，普京当即中断会谈，打电话向以色列总理巴拉克通报了这一情况。普京在征得巴拉克同意后，把电话交给阿拉法特。在随后的电话交谈中，阿拉法特当着普京的面与巴拉克就如何平息以巴冲突交换了各自的看法。巴以双方领导人同时决定重新启动安全协调工作，并恢复以巴设在约旦河西岸和加沙地带的联络处的协调工作。阿拉法特还在电话交谈中作出承诺：他将尽一切努力制止已经持续了两个月之久的巴以冲突。《消息报》报道说：普京在克里姆林宫组织了巴勒斯坦和以色列的“虚拟高峰会议”。以色列人和巴勒斯坦人开始向莫斯科，而不是华盛顿求救。

不顾威胁，断然决定向伊朗出售武器。2000 年 11 月 3 日，即在美国大选前 4 天，俄罗斯外长伊万诺夫正式通报美国国务卿奥尔布赖特，俄罗斯将准备退出 1995 年达成的不向伊朗出售武器的“戈尔—切尔诺梅尔金”协议，自 2000 年 12 月 1 日起俄罗斯不再承担不向伊朗提供常规武器的义务。

在努力改善与欧美发达国家关系的同时，普京没有忘记发展与老朋友，尤其是其传统盟国的关系。出任俄罗斯总统仅 9 个月，普京的足迹遍布朝、中、印、蒙、古巴等国。

普京的亚洲拉美之行，除了访问日、中、印三国引人注目外，他首访朝鲜、蒙古、古巴也是意味深长的破冰之旅。因俄 1990 年与韩国建交时所破坏掉的俄朝双边关系，在普京访问之后重新修好。普京访问蒙古和古巴，也使苏联解体后业已冷淡的俄蒙、俄古关系得以修复，俄在上述地区的影响力可能随着不断频繁的接触逐渐恢复。

普京的这些举动表明，“东西并进”的全面外交对想要重新崛起的俄罗斯来说更为适合。其特点是一切从国家利益出发，在处理国际事务中有退有进，放下超级大国的架子，改变了“小马拉大车”的形象，自西向东展开务实外交，可谓东西兼顾，左右开弓。

2002 年，俄与美、北约、欧盟连续举行峰会。这年 5 月，布什访俄期间，与普京签署了《俄美关于削减进攻性战略力量条约》，并发表了《俄美新型战略关系宣言》，宣布相互视为敌手的时代已经结束，俄美成为盟友。11月22日，普京访美，与布什就伊拉克、反恐、北约东扩、能源合作等问题进行了会谈，强化了俄美盟友关系。

2002年5月28日，北约19国首脑与普京在意大利共同签署《罗马宣言》，“北约—俄罗斯理事会”正式成立，以取代原有的“北约—俄罗斯联合常任理事会”。俄作为一个伙伴平等地参与北约的重大决定，这意味着俄在防务上向“融入欧洲迈出了一步”。

2002年5月召开的欧俄首脑会议上，双方签署了关于俄欧关系、加强双方政治和能源对话、维护欧洲安全及调解地区冲突等问题的5项联合声明，双方关系有了新的提高。6月27日，普京参加八国集团首脑会议，赢得了2006年八国首脑会议的主办权，美国推动西方七国向俄提供200亿美元用于武器销毁。欧美先后承认俄为市场经济国家既是对俄经济改革成果的肯定，使俄罗斯终于获得与其他经济伙伴平等对话的地位，有助于推动建立俄欧统一经济空间，为俄早日融入世界经济体系亮起了绿灯。

2002年10月，越共中央总书记农德孟应邀访俄，恢复了两国军事领域的合作，过去遗留的影响两国关系发展的债务问题也找到了解决方法，从而使两国关系进入了一个新的发展阶段。

俄罗斯的核心问题是发展。为达到这一目标，自2000年上台以来，普京就收起了北极熊的利爪，持续不断地进行“战略收缩”，在诸多问题上一再忍让，尽量向西方国家示好。用普京自己的话来说，这样做的目的，就是保持大国间的战略平衡，争取经济、技术和贸易方面的好处，赢得发展的空间。

这不得不让人想起2000年普京访问日本时，和日本小女孩的柔道表演。普京的外交理念就在那一次柔道跟头中一览无遗。

2000年9月5日，普京在日本访问期间，和日本首相森喜朗来到东京江道柔道馆出席一场柔道表演。

普京是柔道黑带选手，在接受献花之后，普京摔倒了两名柔道高手，然后邀请10岁日本女童五味夏生上去切磋柔道，结果堂堂的俄国大总统被小女孩摔翻在脚下，立刻成为轰动全球的新闻。

当人们从电视和照片上看到普京被摔翻在地的情景时，几乎没有人认为这是失态和错误，而更多地认识了一个坚定中有温和、强势中有灵活的俄罗斯人。

整场表演可说完全是刻意安排的。当时，普京上任不久，核潜艇“库尔斯克”号的沉没和电视塔失火等一连串灾难事件，显示俄罗斯的国情每况愈下。虽然普京出身国安局，柔道功底深厚，在他竞选总统期间，骁勇好战，曾在很短的时间把年轻柔道选手摔倒在地。但身为一国总统，在国外访问，在摄像机前，面对一个10岁的小女孩如何可能放手一搏？就是普京真的功力超群，轻轻一点就能取胜，但击败一个10岁的小女孩到底是荣誉还是耻辱呢？选择与10岁女童比武，无论如何没有好结果。普京不会那么糊涂。

普京访问日本，是来协商解决问题、改善日俄关系的。双方争执的主要焦点是北方四岛问题。

普京最不能做的就是丧失领土，缩小俄罗斯版图。但是前任总统在日本经济诱惑下，与日签订达成的各种协议、声明和宣言，白纸黑字，使普京十分被动。

冰冻三尺非一日之寒。普京任总统之初的俄罗斯经济发展，急需大量的资金。虽然普京和日本首相森喜朗签署协议，双方就两国间的贸易合作以及增加投资来帮助俄国发展经济等问题达成12项协议。对于世界第二的经济超级大国日本，俄罗斯需要的远不止于此。俄罗斯需要日本大规模，大批次的资金（借贷）和投资。

政治上普京不愿把领土交还给日本，经济上又急需日本的帮助。普京此次日本之行面对极其艰巨任务，只好拿自己的老脸来耍，让日本的小童摔在地上，给日本人消消气。这样虽然不是很雅，但普京没有太多的选择。

普京务实灵活的外交，旨在以退为进、以妥协求合作、谋求战略回旋空间，以期重振大国地位。一方面，坚守俄罗斯国家利益原则，其外交具有强烈的自主性。另一方面，俄罗斯处于弱势地位，外交中又不能不带有鲜明的妥协色彩。

普京韬光养晦、绵里藏针的战略颇为行之有效。俄罗斯在恢复元气之前，鉴于相对削弱的实力，加上固有的大地理跨度，促使它在世界各种力量中心之间灵活周旋，尽量付出较小代价，建立对自身有利的力量平衡。

美国国务卿赖斯提出，这个转型中的世界，人们越来越关注“转型中的外交”。这在一定程度上，与普京对西方的“之”字形外交策略是完全契合的。一是俄罗斯的地缘能源资本；二是前苏联地区的战略空间博弈；三是普京的新东方外交策略。

从客观上说，俄罗斯可资利用的外交资源要远甚于国内的政治经济资源，但普京的果断谋略与其大国情怀使他经常能够在外交逆境中扭转潮流。

在上台之初，普京高举“返回欧洲”的大旗，大力推动发展与欧洲的关系。尤其是利用能源资源作为发展对欧合作的杠杆，并使向欧洲供油供气包括通往西欧的管道建设成为与欧洲合作过程中的具有基础设施性质的制度性安排。

2001 年“9 · 11”事件突发，普京掉转方向，第一个向布什致电慰问，以最快速度表态，坚决支持美国的反恐斗争，并决定在中亚让开大路，让美军进驻乌兹别克斯坦与吉尔吉斯斯坦。这是冷战几十年中，包括冷战后的 10 余年中，美国连做梦也想不到的事。

美俄关系重新升温至冷战后的顶峰。但是，间隔不过一两年，伊拉克战争事发，普京又坚决地站在反战的法德一边，毫不留情地抨击美国发动伊拉克战争。

不过，普京对美欧的外交并非只是玩弄权术。俄对美欧的外交都有实实在在的内容和进展。就俄美关系而言，按美国的说法，“9 · 11”之后曾经以四个方面作为重点：反恐事务中的合作；战略武器控制中的合作；能源合作；共同应付由于周边大国崛起所造成的威胁（俄罗斯外交官曾经向笔者否认这最后一点）。就俄欧关系而言，早自几年前就进行谈判，而真正 2005 年才予以确认的“四大共同空间”，其一是“经济空间”，俄罗斯 50% 以上的对外贸易通过欧洲进行，而欧洲国家需求相当大份额的油气则来自俄罗斯。其二是“自由安全与法制空间”，不光欧洲希望向俄罗斯传输其价值观念与治理经验，而且俄罗斯 300 年来也一直孜孜不倦地以欧洲为师，当然也力求有所独创。另外两个是“对外安全的共同空间”和“科学研究、教育与文化交往的共同空间”。

普京的“新东方政策”比起叶利钦的“双头鹰政策”，有其相同和延续的一面，但又有新的发挥与侧重点，用于增加应对西方国家的外交筹码。一是政治上确保世界多极格局中一极的地位，力争发挥昔日大国的作用。二是经济上寻求合作和支持，以尽快恢复和发展壮大俄罗斯的综合国力。三是军事上谋求东部的安全，消除后顾之忧，以便集中力量抗衡北约东扩。

“9．11”事件之后一两年的俄美关系被国际舆论称为“俄美蜜月期”。随着国家综合实力的增强、西方对俄挤压的加重，普京的外交策略有了新的发展。最主要的改变是：抛弃对西方的幻想，更加坚决地应对其战略遏制；更加强调独立自主、务实灵活，外交风格甚至显得强硬、张扬；日益重视“近邻外交”，欧亚经济共同体、集体安全条约组织及上海合作组织成为其重振大国地位的战略依托；外交重点有所东移，更加主动地参与亚太事务，更加注重借助中国、印度。

俄罗斯大国外交新节奏。普京上台以后，一直把恢复俄罗斯的大国地位作为外交的另外一个重要目标。

前苏联解体以后，俄罗斯一度因为经济实力的下滑和国内政治的混乱，在国际舞台上的影响力急剧下降。但是恢复大国地位，有各种各样的方法，有用经济的手段，也有用军事安全手段，当然也有用其他非常规的，包括讹诈式的手段。

俄罗斯选择的手段是一种复合型的手段，就是借助自己的能源实力施加国际影响。在重大区域性问题上，表达自己的强硬意图。当然也包括一部分意义上带有挑衅甚至是讹诈性质的做法，比如在北冰洋插国旗，通过军事侦察机、轰炸机接近美国的航空母舰等等。这种做法，和一个正常的国家或者有正常外交关系国家的做法是相悖的，但是与俄罗斯力求展示自己大国地位的心态是一致的。

如果说普京上任初期，考虑到俄罗斯政治、经济、社会的转型和转轨，外交策略只能选择“保持克制、减少麻烦”，那么，随着俄罗斯恢复了政治秩序和经济实力，普京在外交战略上不再退让、策略上不再取悦于人、行动上更加积极主动，即重新获得俄罗斯大国外交的“独立性”。

2003年5月23日，圣彼得堡就拉开了为期10天的庆典活动。在举行庆典期间，圣彼得堡将举行4000多场国际性庆祝活动，40多个国家的领导人应普京总统的邀请前往圣彼得堡参加庆典活动。庆典耗资超过10亿美元。

300年对于一个城市来说并不算是“历史悠久”。尽管俄罗斯素有在城市纪念日举办庆典的传统，但普京一改往日“低调、务实”的作风，亲自挂帅、斥巨资举办这一次规模空前、轰轰烈烈的盛会，别有深意。

普京在圣彼得堡300年庆典的外交重头戏，就是包括中国、美国、法国、英国和日本等在内的40多位国家元首和政府首脑出席庆典，并举行各种各样的双边和多边的会晤。

“帝国秀”是普京“做大”这次庆典活动的初衷。

1703年，31岁的彼得大帝在波罗的海附近荒凉的沼泽地带上建立了一个全新的城市，把它命名为圣彼得堡，以此打开了连接西方的窗口。1712年，俄国首都从莫斯科迁至圣彼得堡。此后一直到1918年，圣彼得堡一直是俄国的首都。第一次世界大战爆发后，俄国在1914年将圣彼得堡更名为彼得格勒。1924年列宁逝世后，又改称为列宁格勒。1991年前苏联解体后，列宁格勒恢复了它的历史名称——圣彼得堡。

圣彼得堡是俄罗斯联邦列宁格勒州的行政中心，它坐落在波罗的海芬兰湾东岸、涅瓦河口，占地1350平方公里，2003年人口460万。

300年过去了，这座风景如画的城市如今虽并不是这个国家最发达、最现代的地方，但辉煌的历史赋予了圣彼得堡独特的人文内涵，在某种意义上使其成为一个开拓、进取、走向强盛的象征。

圣彼得堡300周年大庆成了俄罗斯向世界展示自己，提升国际地位的良机。前苏联解体后国际社会地位的巨大反差让俄罗斯人有切肤之痛。正因为如此，当普京总统上台，俄罗斯国家经济开始迈出低谷之后，提升俄罗斯的国际地位成了当务之急。

人们认为，普京此举至少有助于大家重新记起圣彼得堡乃至俄罗斯的辉煌历史，有助于增强民族凝聚力，有助于提高俄罗斯的国际地位。而与此同时，普京总统的人气也在悄然攀升。俄罗斯人说：“普京很有能力，我们寄希望于他。”

1941年冬天，红场。一列又一列士兵接受检阅后，直接走向战场。

2005年5月9日，历史再次铭记莫斯科，在欧洲胜利60周年纪念日，老兵再次列阵走过红场。

美、中、法、德、日等约60国首脑齐聚莫斯科，参加这一、二战以来规模最大的纪念活动。

普京的这个巅峰之作，展现了俄罗斯的大国自信——一度没落的俄罗斯正告别历史的悲情，一个新俄罗斯已站稳脚跟，正在重新发力、崛起。

莫斯科，850年历史，一座流着血与泪、充满光荣与梦想的城市。横扫欧洲大陆的拿破仑在这里折戟沉沙，不可一世的希特勒到这里一败涂地。

俄罗斯人喜欢说，这个世界如果有人发疯，那就奔莫斯科来吧!

沙皇的征讨、前苏联的强大、国土的无与伦比，使大国情结扎根于俄罗斯民族心灵深处。在几乎一半的俄罗斯人眼里，"俄罗斯"和"大国"这两个概念犹如天然的同义词。

普京的一句名言是："我们的祖先教导我们，像俄罗斯这样的国家只能成为一个强国。"

俄罗斯在二战中的惨烈贡献，使俄罗斯成为最让世界尊重的战胜国。普京邀请世界各国领导人齐集莫斯科，欢庆俄罗斯历史上的里程碑式的胜利，对内可振奋俄罗斯国威，增强爱国热情和民族凝聚力，让民众增加对他以及对俄罗斯前景的信心；对外，则向西方发出信号：这是一个已振作起来的俄罗斯，在世界面临恐怖威胁的时候，西方也应如60年前一样和俄罗斯同仇敌忾，慷慨赴敌。

普京，无疑正处于他一生的黄金时期。随着时代的变迁、二战的远去，如此大规模和深入人心的庆典，必将作为一个世界杰出政治家的巅峰之作被载入史册。

俄罗斯外交和国防政策委员会成员谢尔盖·卡拉加诺夫就解释说："与前任不同，普京没有幻想。许多人说，在美国退出反导条约问题上，俄罗斯输了，但不少人注意到，俄罗斯没有采取更坏的方案。我们表示，我们保留采取反措施和在新导弹上安装分导弹头的可能性。"

俄国防部长伊万诺夫就说："俄罗斯现在不需要苏联时期那样的军队，我们不想、也不会吓唬世界。然而现实情况表明：世界只尊重强者。这里的强者是褒义，不是指侵略者。我们过去是、将来也注定是一个军事强国。因为就领土面积而言，我们是世界上最大的国家，我们横跨了10个时区。"

这个世界只尊重强者；莫斯科，也绝不相信眼泪。

红场前的阅兵，正是普京以“进”（盛大活动）达到“退”（安抚民心）的“韬光养晦”战略的表现。

国际媒体评论指出：“普京希望利用俄罗斯独特的地位，保住在先进大国圈子里的位置，确保俄罗斯在这个圈子中占据显要地位（第二或第三），为俄罗斯的社会和经济发展创造条件。”

当柏林墙倒塌、铁幕拉开后，历史终于逐渐回归本来面目。2004年法国隆重纪念诺曼底登陆60周年，普京成为第一个接受邀请的俄罗斯领导人。欧洲人在时隔60年后终于承认了俄罗斯在二战中的重要贡献。

普京邀请法国、美国等国总统来到莫斯科，也等于接受了西方在二战中的贡献。

美国的布热津斯基撰文称，俄罗斯抓住60周年纪念契机，公开承认苏联对中东欧各国的“占领”，这将打开它与中东欧国家的和解之门。

从2000年至2005年，在普京的励精图治下，俄罗斯已经从前苏联解体带来的阵痛中站稳了脚跟。而且随着国际油价的大幅攀升，作为世界上仅次于沙特阿拉伯的第二大石油出口国，俄罗斯外汇收入急剧膨胀。石油也成为俄罗斯外交的一个重要筹码。

在让人眼花缭乱的外交动作背后，普京正变得越来越现实。

俄罗斯国际问题专家、国家杜马议员阿尔巴托夫说：“我们的现实目标是努力争取维护俄罗斯的大国地位。作为统一欧洲的一部分，俄罗斯可以在那里同德国、英国和法国保持主导地位。”

历史学家布莱克在1962年写道，俄罗斯几百年来的对外交往史，就是一部不断地从国际体系边缘走向舞台中心的历史。

上一个百年的末尾，俄罗斯从舞台中心滑开，新的百年开始，它是否又会滑回舞台中心？

2005年开始，俄罗斯在国际舞台上除了维护自身利益的同时，也积极地争取在国际事务中的发言权并扩大自己的影响。

2006年7月15日至17日，由俄罗斯作为东道国主办的八国峰会在圣彼得堡举行。从被动地作为客人受到邀请，到作为东道国主办一届峰会，俄罗斯在八国峰会中地位与身份的变化，成为冷战前后俄罗斯与西方大国关系变化的缩影，也是俄罗斯15年来克服各种复杂因素维持与西方大国关系的结果。

俄罗斯争办八国峰会，做全权参与者，目的就是要重振昔日大国雄风。

2006年八国领袖峰会将主要讨论三大议题：一是能源安全问题；二是预防和控制严重传染性疾病问题，如艾滋病和禽流感等；三是在教育领域展开国际性合作等。

八国峰会的前身“七国集团”（或称为“西方七国首脑会议”）产生于冷战时期东西方对抗的20世纪70年代初。在法国的倡议下，法国、美国、德国、日本、英国、意大利等六国领导人于1975年11月在法国举行了第一次首脑会议。次年6月在波多黎各的圣胡安举行第二次会议时，增加了加拿大，“七国集团”正式形成一种制度固定了下来，每年一次轮流在各成员国召开。

1991年“七国集团”邀请了苏联总统戈尔巴乔夫参加了这一年的峰会。苏联解体后，1992和1993年的两次峰会都邀请了俄罗斯总统叶利钦参加。1994年第20次“七国集团”会议时，叶利钦被邀请正式参加会议期间的政治问题讨论，由此形成了所谓“7 + 1”模式。1996年，俄罗斯经济开始走出谷底，参加国际社会主流俱乐部的积极性更加高涨。1997年，在美国丹佛举行七国首脑会议时，克林顿总统作为东道主邀请叶利钦以正式与会者的身份“自始至终”参加会议，并首次与“七国集团”首脑以“八国首脑会议”的名义共同发表“最后公报”。

从此，延续了23年的西方“七国首脑会议”变成“八国首脑会议”，或被称为“八国集团”或“G8”。但是，俄罗斯毕竟与世界七个经济大国有着不小的差距，因而俄罗斯仍不能参加有关全球具体经济问题的讨论。

俄罗斯积极主办2006年八国峰会，有着明确的具体意图。一是推出建立世界能源安全格局的倡议。俄罗斯通过倡议向西方树立俄可靠的能源供应者形象，并争取西方在能源领域的进一步合作。二是借助其雄厚的能源资源重振大国雄风，提升俄在国际政治经济格局中的地位和影响力。三是缓和与美国及西方国家关系。随着近年俄罗斯国力上升，普京在内政、外交上正逐渐显露出大国政治的独立性。尤其是

2005年以来，俄罗斯外交上主动出击，在“朝核危机”和“伊核危机”中发挥独特作用，承认“哈马斯”政权，彰显大国外交的自主性。这些举动引起了美国及西方的担心和不满。俄罗斯继续走大国复兴之路，若遭遇西方国家在地缘政治和经济上的围堵势必会增加阻力和成本。借此次八国峰会与西方大国元首沟通以消除误解，将是普京主办峰会的又一重要意图。四是推动俄罗斯加入世贸组织进程。

“我们在工作时‘尽量不把鸡蛋放到一个篮子里’”。此次八国集团会议的走向显然满足了俄方心愿，俄罗斯总统普京也开起了玩笑。

在圣彼得堡八国峰会期间，八国首脑通过并签署了12份文件。其中包括《中东局势联合声明》、《全球能源安全宣言》、伊拉克局势、伊朗核问题、朝鲜核问题、反恐宣言等。拟订议题全部通过。

虽然俄罗斯早在数年前便已全面参与G8议程，但作为东道主主持首脑会议却是第一次。东道主的重要职责之一便是确定会议议题。在G8中，俄罗斯经济实力最弱。但在能源问题上，俄罗斯的地位却举足轻重。能源安全自然成为首要议题。

在G8峰会后拍照时，普京和布什二人正好处于各国领导人正中心的位置。因此国际媒体戏称，看起来就像是俄罗斯站到了西方和世界大国之间。

与冷战时期“凡是不利于对手的，就是有利于自己的”概念不同，普京坚持和平与稳定有赖于合作与对话，主张在多边合作基础上构建控制世界进程的可靠机制，而不是以某种好恶划线。因此，俄罗斯一些“突出奇兵”的做法，究其目的而言，就是通过形成参与国之间不同利益的制衡、利用各种矛盾，凸显俄罗斯的作用。

“非零和博弈”。2007年，普京印度、中东三国之行、宣布暂停执行《欧洲常规武装力量条约》、强硬应对俄英外交危机等，以及2008年初，在科索沃独立、格鲁吉亚南奥塞梯和阿布哈兹先后宣布独立等外交焦点上，彰显了俄罗斯全方位外交、地缘政治外交、大国外交、传统外交和经济外交的转型指向。

2007年1月25日、26日，印度成为普京出访首站，从经济、军事和战略三个层面加强两国战略合作伙伴关系。

经济合作方面，尤其突出能源领域。普京率领的300多人代表团中，

70%以上是金融界顶尖级人物。普京称俄印两国是核能领域合作的“老伙伴”。这次双方签署了有关核反应堆的谅解备忘录，俄方承诺帮助印度建造4座轻水核反应堆，其中正在建设中的两座为1000兆瓦。协议签署后，印度总理辛格说，“能源安全是印俄两国战略合作关系中非常重要的一方面”。

军事合作方面，鉴于印度方面越来越不满足于简单采购俄罗斯军火，希望获得技术转让，在武器采购方面开始实施多元化战略，注重购买以色列、法国、英国、美国等国的武器装备。这引起俄罗斯担心。所以，普京访印，有意共同开发研制第五代战斗机，与印度商议世界上最强巡航导弹——“布拉莫斯”的开发，以及在印度洋配备3艘价值2.7亿美元隐形驱逐舰等。俄印有关一揽子协议被称作“开启两国关系的新纪元”。俄国防部长称，这一事实对于俄印战略伙伴关系来说，是最主要和具有标志性的。

战略合作方面。1998年，俄罗斯提出建立俄中印“战略三角”的构想，2005年俄中印三国外长聚会并发表联合公报，称加强三方战略合作符合共同利益，目标在于推动世界多极化、打击恐怖主义和跨国犯罪以及发展多边经贸往来等。

在印度承诺加入美国、日本与澳大利亚的四国战略对话机制，以及在美国与印度建立战略合作关系和中印关系逐渐升温的背景下，俄罗斯认为建立俄中印“战略大三角”关系变得尤为迫切。

普京说：“世界上真正的主权国家，不外乎俄中印等屈指可数的几个。其余国家要么是相互受制，要么是受制于集团。”

2007年2月11日至13日，普京先后访问了沙特、卡塔尔和约旦，就加强能源合作、推动中东和平进程、伊拉克局势、伊朗核问题等同到访国领导人交换了意见。

普京此次中东之行，受到中东媒体的高度重视，普遍认为他“得分颇多”。

沙特是普京中东之行的首站。沙特的《半岛报》报道，苏联是世界上第一个承认沙特的国家，两国的关系可追溯到1926年。然而，80年来还没有一位苏联或俄罗斯的最高领导人访问过沙特，普京成为破记录的第一人。阿卜杜拉国王称普京是“一名政治家，一个推动和平和正义的人”，并认为俄罗斯在推动巴以和平上扮演着重要的角色。

在卡塔尔，普京结束会晤埃米尔谢赫·哈马德后说，“同为天然气生产大国，在国际天然气市场上分享不同的市场份额，并不存在竞争，必须协调彼此的行动。”他不反对建立一个类似于石油输出国组织即欧佩克那样的“天然气欧佩克”。

在约旦，普京与约旦国王阿卜杜拉会谈后发表的联合声明中，指出必须在中东地区实现安全和稳定，强调解决巴勒斯坦问题的重要性，俄罗斯将为此继续做出努力。普京还会见了巴勒斯坦民族权力机构主席阿巴斯，他对法塔赫和哈马斯签署麦加协议表示满意，希望巴方遵守先前的所有协议，以便为下一步与以方寻求解决巴勒斯坦问题创造条件。

普京中东之行的重点是能源问题。俄罗斯、伊朗和卡塔尔是世界三大天然气生产国，储量分别约为50万亿立方米、27万亿立方米和25万亿立方米，占世界已探明天然气储量的57%以上。针对舆论关注的建立天然气出口国联盟问题，俄《独立报》文章指出，一旦俄、伊、卡三国建立起“天然气欧佩克”，将成为国际天然气行业实际上的垄断者，不仅比“石油欧佩克”容易控制，而且将更具影响力。

毫无疑问，作为世界头号天然气生产大国，俄罗斯对落实建立“天然气欧佩克”的设想发挥着举足轻重的作用。随着综合国力的不断提高和国际能源价格持续走高，俄也在不断调整被西方国家视为“杀手锏”的能源政策。而欧洲国家对俄能源依赖程度非常高，它们一直对俄是否能成为稳定的能源供应者存有疑虑，要求俄开放国内市场、尽快批准《欧洲能源宪章》。

俄在天然气领域加强国际合作的一系列举动，引起了西方国家的高度警觉。2007年1月，俄工业和能源部部长赫里斯坚科访问了非洲天然气大国阿尔及利亚，双方签署了在国际天然气市场协调行动的备忘录。由于俄阿两国出口欧盟的天然气占欧盟市场的40%，两国加强合作引起了欧盟国家的不安。据英国《金融时报》报道，北约经济委员会在一份秘密报告中提出，俄罗斯可能正在寻求建立一个天然气联盟。报告认为，除了俄罗斯和阿尔及利亚外，利比亚、卡塔尔、伊朗和中亚一些国家可能成为该组织成员。北约专家还警告说，这个天然气联盟的目标是利用能源政策达到政治目的，其中俄罗斯将发挥主导作用。

俄学者指出，在能源消费国组织如雨后春笋般出现的情况下，世界上还没有一个代表天然气出口国利益的组织，对于俄罗斯来说，建立“天然气欧佩克”在经济上和政治上都将具有重要的吸引力。

中东地缘政治含义独特、战略地位重要。普京访问上述中东三国，明显带有扩大其在中东影响力的意图。分析家们认为，普京中东之行，充分表明俄罗斯已经摒弃了屈从于西方的外交政策，并力图重振苏联时代所享有的大国地位。

访问中东前，普京出席2007年慕尼黑安全政策会议时强烈批评美国，指责美国“以不可思议的形式在世界范围内穷兵黩武，甚至还鼓励一些国家拥有核武器”。普京的讲话在阿拉伯媒体反响强烈，被一些舆论称之为“主持正义之举”。

阿拉伯媒体认为，中东历史上一直是苏联与美国抗衡和角力的冷战场。中东对俄罗斯突破美国的防堵和挤压、优化战略环境、牵制北约和欧盟、重塑大国辉煌等都有着举足轻重的作用。这也是普京踏访中东的深层次原因。

英国皇家国际问题研究所的俄罗斯问题专家詹姆斯·尼克西说：“真正的问题在于俄罗斯的对外政策中出现了新的苏联特点，由于经济更强劲，他们觉得更自信了。”

“国际政治游戏规则不可或缺的制定者”

普京在错综复杂的国内形势和变幻莫测的世界局势中，充分展示自己的才华和计谋，最大限度地在国际上为俄罗斯争得利益。

普京说：“重新获得外交独立性的俄罗斯已经成为世界发展进程中的重要积极因素，恢复了实力的俄罗斯在战略上不再退让、在政策上不再取悦于人、在行动上更加积极主动。未来国际关系体系将在很大程度上取决于俄罗斯立场。”

普京执政8年，俄罗斯外交政策的新变化和新提法主要表现在2006年和2007年普京的国情咨文、2007年普京总统在慕尼黑安全政策问题会议上的讲话以及2007年俄罗斯外交部公布的《俄罗斯联邦对外政策概论》等文件上。

在这份俄罗斯政府发表的重要战略文件中，引人注目地提出了如下论断："单极世界的神话在伊拉克彻底破灭了。世界上绝大多数国家已经认同世界格局多极化的现实性。"并呼吁"建立新的全球安全结构"。

2008年5月7日，普京卸任总统，转任俄罗斯政府总理。接任俄罗斯总统的梅德韦杰夫对媒体表示，按照分工，俄罗斯外交由政府总理分管。

从俄罗斯总体趋势看，基本外交方针不会因为国家领导人的更迭而改变。可以预见，逐渐崛起的俄罗斯将继续奉行独立自主、务实灵活的全方位对外政策，将始终不渝地巩固和加强俄罗斯的世界大国地位，不论在大国关系、还是在地区和在全球政治格局中，努力争取更多的话语权、更多的主导权，还会以更加积极的姿态联手建设性的国际力量，不断推进国际政治、经济新秩序的健康发展。

"更好是好的最大敌人"。8年总统生涯，普京平均每年同外国元首举行大约145场会晤。克里姆林宫官方网站档案栏中保存着普京在对外政治接触中发表的1393篇讲话。除了私人会晤，普京还经常同外国元首通过电话进行沟通，他每年平均要打100多个这样的电话。

2008年4月29日，普京同希腊总统帕普利亚斯的会晤，这是他总统任内最后一次进行的正式外交活动。

俄罗斯外交部将普京任总统8年的外交成就归纳为11项：成为全球6个对外资最具吸引力的国家之一；创立俄—欧能源对话机制，加强了与能源消费大国的联系，实现了俄罗斯作为欧亚能源运输桥梁的潜力；同中国的关系得到稳固动态发展，双边贸易额比2000年增加5倍以上，双方在生态、移民、宗教等许多合作难点上取得进展；同波罗的海国家关系有所缓和；同美国在欧洲导弹防御系统问题上的关系正朝着战略稳定方向发展；与集体安全条约组织盟友一起，使欧安组织转到平等对话和共同制定安全政策上来；令美国对伊朗的外交政策失灵；遏止了俄英关系出现比冷战时期更恶化的情形，经贸关系也没有受到影响；帮助摩尔多瓦维护了领土完整，引导摩尔多瓦－德涅斯特河地区平息冲突；联合中、美等各方，初步成功解决了困扰世界多时的朝核危机；进入八国集团，与发达国家一起解决国际问题，在G8框架内继续巩固多极世界关系。

从贡献看：一是俄罗斯作为世界主导国家的地位得到恢复，俄罗斯经济复苏和经济稳定增长成功扩大了国家在世界舞台上的影响。二是俄罗斯人的自尊心得到恢复。三是席卷中亚邻国的“颜色革命”浪潮并未对俄罗斯造成影响。四是独联体、集体安全条约组织等老的一体化机制保存下来，俄罗斯—哈萨克斯坦这一后苏联空间一体化的新轴心正在形成，同时也形成了中亚国家新的合作模式，对外政策更具实用性。五是俄罗斯在越南、中东、印度和中国等苏联传统影响深厚国家的地位失而复得，并同拉丁美洲等新伙伴确立了关系。

从遗憾看：一是没有能力成为俄罗斯周边国家首要的伙伴。俄罗斯经济实力使其无法在这些国家拥有最大的影响力，包括那些欢迎俄罗斯施加影响力的国家。二是在生活方式、文化和艺术领域里，俄罗斯没有能力成为主导者。三是俄罗斯没有能力选择一个针对海外俄罗斯人的可行政策。四是俄罗斯在格鲁吉亚和乌克兰等国的影响力受挫。五是在军事技术合作领域的失败。

2008年4月，普京在参加北约峰会时，对总统任期内俄罗斯外交的历程与收获，特别感慨地说，“我们总是希望好事情更多，但是，我们不应该忘记，更好是好的最大敌人。”

“俄罗斯威胁论”。由于俄罗斯地跨欧亚，俄罗斯外交的弹性大，外交周旋的空间大。俄罗斯邻国构成的复杂性，决定了其邻国外交的复杂性，对不同实力、不同民族、宗教的邻国，采取不同的外交方略。

俄罗斯是一个典型的巨大均衡板块型国家，其外交具有典型特征：一是广阔的地理空间使俄罗斯的战略周旋空间加大。当俄罗斯遭受强敌攻击时，俄罗斯可以利用其幅员广、纵深长的优势，以空间换取时间，逐步稳住阵脚，为外交运作赢得时间。二是俄罗斯可以借助地缘上的优势，在东西南三个方向巧妙周旋，谋取利益。当俄罗斯在西线受到挤压时，可以在东方或南方谋取利益；而当俄罗斯在东方遭到攻击时，俄罗斯可以在南方、西方谋求利益；当俄罗斯在南线遭到阻击时，它可以在东方、西方谋求利益。

俄罗斯广阔的幅员把与俄罗斯相邻的国家基本上分为东、西、南三大块。从俄罗斯历史发展看，在波罗的海问题没有解决之前，西部方向是俄罗斯外交工作的重点，在这一方向，俄外交围绕夺取波罗的海这一国家大战略。随着波罗的海出海口的取得、德意志帝国的崛起和俄罗斯西部边界的基本确立，俄罗斯外交在西部方向基本放弃了过去积极进取的外交战略方针，转而采取维持现状的守势外交政策。波罗的海出海口问题解决之前，南部方向是次要方向，它不是俄罗斯外交的重心，在这一方向，俄罗斯外交的主要方针是稳定并策应西部方向，配合解决波罗的海问题。

波罗的海问题解决后，奥斯曼帝国日益衰落，俄罗斯对外战略的重心转向南方，即把夺取和维护黑海出海口，作为其外交工作重点，而在西部方向则采取守势政策。随着波罗的海和黑海出海口问题的解决、俄罗斯综合实力的不断增强，俄罗斯外交工作的重点转向欧洲，目的是夺取欧洲霸权。但是，从历史上看，西部、南部才是俄罗斯外交运作的重点。沙俄外交的这一特点，即使是到了前苏联时期也没有大的变化。

俄罗斯邻国构成的复杂性决定了外交的复杂性。

1. 处理与邻国的关系在俄罗斯外交中始终占据十分重要的位置。俄罗斯地缘上的多邻国决定了处理与邻国关系的突出地位，能否处理好与邻国的关系，将直接关系到俄罗斯外交的成败得失，直接影响到俄罗斯外交的大局。

2. 对不同实力、不同民族宗教的邻国采取不同的外交方略。俄罗斯不仅邻国多，而且邻国的成分也格外复杂。首先，强国、弱国交替。在俄罗斯的邻国中，历史上，既有瑞典、德意志帝国、奥匈帝国、奥斯曼帝国、中国等强国，也有波兰、中亚等弱国；既有不断崛起的德意志帝国、日本，也有实力不断削弱的瑞典、波兰、奥斯曼帝国、中国满清政府等。这就要求俄罗斯在制订其外交政策时必须根据形势的不断变化，以及各国实力的变化不断调整其邻国外交方略。其次，民族、宗教具有多元性。俄罗斯帝国的边疆与周边邻国没有明确的种族、文化和宗教界限，具有很大的同一性。这对俄罗斯的对外政策产生了深远影响，俄罗斯边疆的稳定与否与相邻国家的稳定与否密切相关，能否处理好与不同实力、不同民族宗教邻国的关系，不仅对俄罗斯外部环境好坏具有特殊意义，而且对俄罗斯内部的稳定与否影响深刻。

3. 避免两线或多线作战在俄罗斯外交中占有突出位置。位于欧亚大陆中央的俄罗斯，东、西、南三面都有强邻。强邻多，加上俄罗斯的许多边疆地区与周边邻国在种族、宗教和文化上没有明确界限，具有可渗透的特点，使俄罗斯安全极易受外部世界的影响。俄罗斯统治者总是希望通过进一步的扩张，扩大其防御纵深，消除这种可渗透性。结果，对邻国的掠夺和避免被邻国夺回已占领土，成为俄罗斯对外政策的一项重要任务。因此，俄罗斯对其邻国有强烈的不信任感，安全问题在俄罗斯国家战略中占突出地位。

随着俄罗斯国力增强和外交战略的调整，梅德韦杰夫上任后，俄罗斯外交将会在继承普京时期外交基本路线的基础上表现出一些新的趋势和倾向：

——战略更加主动，姿态更加强硬。普京时期，俄罗斯外交战略一个明显的特点即是外交战略更加主动，姿态更加强硬。

俄罗斯外交战略之所以会表现出这个特征，与两大背景密切相关：一是俄罗斯国力的恢复。这种变化反映在对外战略上，就是外交主动性日益突出。正如普京在其 2007 年的国情咨文中所宣称的：“一个变得强大的俄罗斯已经成为全世界发展进程中的重要的积极因数。”二是由于美欧等西方国家的地缘战略挤压已经逼至俄罗斯本国边界，在面临国家安全存亡的情况下，美欧已经逼得俄罗斯“无路可退”，使得俄罗斯不得不守中带攻，采取更加具有进攻性的姿态。2007 年的《俄联邦对外政策概论》对此做了表述：“俄罗斯必须在量力而行的基础上就迫切的国际问题所涉及的各个方面采取主动政策。”

在梅德韦杰夫任内，随着俄罗斯战略主动性和进攻性增强，从而使得俄罗斯的对外政策，会较之普京时代更加主动和强硬。一方面，鉴于国际能源资源的供需失衡和价格的居高不下，俄罗斯依靠石油天然气等能源出口所积累的国家财富会日益增多，俄罗斯国力增强的进程在未来可预见的若干年内有望一直持续，使得更加积极强硬的对外战略成为可能；另一方面，在俄罗斯与美欧的地缘斗争已经推至俄罗斯边界的情况下，俄罗斯和美欧双方均已无路可退，不得不面对直接交锋的客观局面。在这种情况下，美欧等西方国家对俄罗斯的战略挤压会更加紧迫，俄罗斯未来所面临的地缘安全形势会更加严重，而俄罗斯为了捍卫本国国土的安全，在已经没有其他地缘缓冲的情况下，不得不采取更加强硬的姿态，与美欧国家针锋相对。

——开始务实考虑建立多极世界的实力因素，并付诸具体行动。普京执政时期，俄罗斯已经不再空泛地号召建立多极世界，而是开始务实地考虑建立多极世界的实力因素，并开始付诸具体行动。之所以如此，同样有其相关背景：首先是经过十几年的发展，俄罗斯已经具备了建立多极世界所需的实力条件，“现在俄罗斯不仅完全走出了长期的生产低潮，而且跨入了世界经济十大强国之列”。其次，随着国际能源资源的日益紧张，能源在国际政治中的地位和作用增加，能源地缘政治成为国际政治中的突出现象之一。而俄罗斯作为世界最重要的能源储备国和输出国之一，积极利用自身的能源优势，将能源作为提高国家地位和国际影响力的重要手段。

在梅德韦杰夫任内，俄罗斯经济增长的势头有望持续，俄罗斯作为能源资源输出大国的优势会更加突出，在这种情况下，俄罗斯有条件、有能力拿出更多的经济资源、提供更有效的经济手段来提升本国的国际影响力，加强俄罗斯作为多极世界中重要一极的国际地位。

——仍将与西方的斗争理性控制在自身实力氛围内，避免对抗升级。普京执政后期，虽然俄罗斯与西方在北约东扩、导弹防御等问题上矛盾激化，双方在欧亚大陆的地缘争夺日趋激烈，新一轮的军备竞赛一触即发，但是，在与美欧国家针锋相对坚定维护自身利益的同时，俄罗斯仍努力将双方矛盾控制在一定限度内，在坚定斗争的同时也积极开始对话和谈判，尽量避免关系破裂，避免与西方的对抗升级，这是普京时期俄罗斯处理与美欧等西方国家关系大的原则方向。

在梅德韦杰夫任内，这种外交战略有望持续。其原因关键在于三个方面：一是虽然俄罗斯在普京8年任内国力有所恢复，军备重新得到加强，但是，与美欧国家相比，其整体实力还有相当距离，还不足以具备与西方全面对抗的实力基础。二是俄罗斯未来几年国内经济和政治发展的任务依然艰巨。因此，为国内发展创造稳定、安全的外部环境仍是梅德韦杰夫任内俄罗斯对外战略的主导方面。三是将俄罗斯与美欧等西方国家的矛盾和斗争理性控制在一定限度内，不仅是俄罗斯自己的战略原则，而且也是美欧等国对俄政策的指导原则，在这一点上，俄美双方一直存有默契和共识。在对俄罗斯进行战略挤压的同时，美欧等国也会考虑俄罗斯的利益关切和地缘底线，在这种情况下，对俄罗斯最有利的做法并不是与西方全面对抗，而是以增强的国家实力为后盾，与西方讨价还价，以争取尽可能长的和平发展期和战略喘息期。

——外交政策更加现实，将实际国家利益置于战略伙伴关系之上。普京任内俄罗斯对外战略的这种现实主义、经济利益之上的特征已经开始明显表现出来。普京曾经表示："我们的一些竞争者（例如在经济市场上）同时也是我们在解决重要的国际问题时的重要伙伴。当代国际关系的性质就是这样，合作与竞争的因素在这种关系中密不可分。"这与国际政治发展的大背景相关。一方面，经济发展竞争与合作日益成为大多数国家制定对外战略的首要考虑因素。另一方面，全面的盟友关系并不会使双方国家利益竞争的一面自动消失，在面对涉及各自国家利益的具体事务面前，名义上的盟友或者伙伴关系都非常脆弱，往往因国家利益的冲突逐渐解体。因此，战略伙伴只是提供了双方交往的一个基本框架，而各自的国家利益才是其中的实质性内容。

在梅德韦杰夫任内，俄罗斯这种经济利益至上的现实主义外交政策将会进一步发展。俄罗斯的外交政策将会趋于更加成熟和理性，这种成熟表现在对美欧等西方国家的政策上即是对矛盾和斗争进行理性控制、避免冲突升级全面对抗；表现在对独联体、对中印等战略伙伴的政策上即是将双边合作切实建立在国家利益基础之上，突出战略合作的理性考虑。

——开始重视"软实力"的外交影响，以重塑大国威望和影响力。普京执政后期，在俄罗斯外交战略中，越来越重视文化文明等"软实力"的作用。普京提出，"文化—文明资源在俄罗斯外交战略中扮演着特殊的角色。"而普京政府2006年7月在莫斯科举办"世界宗教界领袖峰会"、将2007年定为"俄语年"、将2008年定为"俄罗斯家庭年"、并且号召民众"寻找国民思想"等一系列措施则是俄罗斯提升自身"软实力"的具体行动。

在梅德韦杰夫任内，俄罗斯与西方在民主人权等方面的斗争会更加激烈，在这种情况下，梅德韦杰夫将会更多地通过宣扬俄罗斯文明文化的方式与美欧等标榜的西方文明进行竞争，同时重塑俄罗斯作为世界大国的威望和影响力。

1989 年的 11 月 9 日，柏林墙在东、西德人民的欢呼声中倒塌了。西方国家当时曾幻想过这样的前景：柏林墙的倒塌将掀起一股不可阻挡的、由自由市场和自由人民汇成的浪潮；俄罗斯从此会成为民主国家的一员，不再是西方的安全威胁。但“俄罗斯威胁论”却在越来越多的西方媒体上以不同的形式出现。

从 2006 年开始，莫斯科在国际上大打能源牌，让对俄罗斯能源依赖甚大的欧盟感到不安。俄罗斯前特工利特维年科在伦敦遭神秘毒杀更引发欧洲新一轮的“俄罗斯威胁论”鼓噪，各大媒体群起响应，矛头直指普京。

世界上仿佛存在着两个截然不同的俄罗斯：一个是俄本国媒体上报道的俄罗斯，这是一个正在谋求恢复昔日大国地位的能源超级大国；第二个是在西方潜意识中的俄罗斯，这是一个经济尚不发达但带有帝国野心的、集权的腐败国家。

随着国际油价的一路攀升，俄罗斯仿佛一夜之间从欧洲病夫变成了欧洲巨人。俄罗斯的能源政策让欧洲感到担心。德国《世界报》称，能源如同苏联红军的坦克，是关键的权力筹码。

西方学者认为，石油国家的价格和获得自由的速度之间保持着一种负相关性，能源价格越高，获得自由的速度越慢。

德国《每日镜报》社论曾指出，俄拥有核武器和石油，因此具有在欧洲地缘政治领域发挥更加专横跋扈作用的潜力。而俄与一些被西方视为“流氓国家”或者是异己政权的国家保持着密切的接触，同样被视为对西方地缘政治利益的挑战。

“俄罗斯威胁论”，某种程度上为俄实现自我调整提供了一面镜子。

俄罗斯一直努力改善自己在西方的负面形象。一方面，俄官方针对不同的问题进行批驳，如利特维年科中毒事件等，俄都会及时地就一些事关俄罗斯国际形象和是非曲直的问题展开公共外交。除此之外，俄还主动出击，通过文化外交或其他渠道构建良性的国际形象，这包括建立了针对全球观众的英文频道等。

2006 年 11 月 28 日，英国《金融时报》刊发了普京题为《欧洲无须惧怕俄罗斯》的文章指出：未来的对话不应退化为相互埋怨。试图将俄与欧盟关系套上“非友即敌”的过时模式脱离现实，有可能在欧洲制造新的分裂。“我们的主要目标是创建一个共同的经济空间，我们当要俄罗斯和欧盟作为合作伙伴和盟友，创造出共同的未来。”

在这个相互依存度越来越高的世界里，美国等西方国家同样离不开俄罗斯，这是俄西双方的战略困境，俄罗斯和西方既斗争又合作，斗而不破的总体格局仍将维系。

“搞外交，本来就该有点个人风格”。根据俄罗斯宪法，总统负责对外政策，无论是出席峰会，会晤外国元首，还是在对外政策领域发表纲领性讲话，都是总统的权力。不过，虽然普京搬出了克里姆林宫，可他本人并未离开外交舞台，事实上，在这个领域，他所发挥的作用比历任总理都要大得多。

2008 年 5 月，普京转任俄罗斯政府总理后，很快访问了法国和意大利，还在莫斯科会见了包括日本首相福田康夫在内的一些重要来宾。访问法国时，萨科齐总统稍一疏忽，就习惯性地称普京为“总统”，对此，普京也置之一笑。

按照苏联和俄罗斯的惯例，原来的部长会议主席或现在的总理主管内政，特别是经济和社会问题。当初周恩来同柯西金两位政府首脑在北京机场达成了稳定中苏关系的协议，可是老柯回国后便没了下文，原因之一就是，部长会议主席柯西金在苏联根本就没有置喙外交的权利。

在外交上，总理普京依然是俄罗斯的关键人物。俄《独立报》认为，普京不仅在对外政策领域保留了自己的决定性作用，还开始挑选相应的干部。梅德韦杰夫上任总统后，前所未有地在总理办公厅增设了一个职位——负责外交事务的副主任，并由曾任副外长又当过 8 年驻美大使的乌沙科夫担任。乌沙科夫是位经验丰富的外交官，参加了其在任期间的历次俄美双边峰会，甚至被认为是普京与美国总统布什的主要“联络员”。

俄罗斯媒体有一个十分形象的描述：普京在离开克里姆林宫时，与自己的私人物品一起拿走的，恰恰是对外政策活动中被称作个人外交的那一部分。

对此，俄罗斯多数专家给予支持，“放弃已经建立的个人关系、不利用这种关系来帮助新总统在外交领域站稳脚跟，那是愚蠢，因为梅德韦杰夫尚未积累起足够的经验。”

领袖的个人外交不是什么新鲜事。

列宁就很重视个人外交。被他的人格魅力所感染，列宁的好朋友美国资本家哈默父子曾经为苏联社会主义事业先后捐资近百万美元，而且还冒了极大风险，打破禁运，送去了苏联当时极其紧缺的粮食和机械设备。

二战时，斯大林的个人魅力也赢得了罗斯福的好感，这位美国总统亲切地称他为“乔大叔”，还送去许多军事物资，帮助苏联获得了卫国战争的胜利。

严格地讲，外交和对外政策这两个概念意思相近，但并不是同义词。对外政策指的是对外部实行的公开政策，表现为一个国家的对外政策原则、理念，以及由此决定的官方立场，比较抽象。而外交则更多的是个人接触和具体协议，带有多一点的个人色彩。

当初担任俄罗斯总统时，普京的外交就有点“另类”。他爱飞，平均每 17.5 小时就有 1 小时“飞天”，每年飞行距离可绕赤道三圈。在苏联和俄罗斯所有领导人中，他是因公动用飞机最多的一位。

普京上台不久就四次飞往德国。有人认为这是由于他曾长期在德国工作，有浓重的德国情结，其实他是为了解决存在多年的转账卢布折算问题，把俄罗斯欠德国的债务从 90 亿美元减到了 5 亿欧元。

2005 年，他赶在“铁哥们”施罗德总理下台前夕访德，与老施一同吃猪肘，喝啤酒，顺利签署了年输送量达 550 亿立方米的波罗的海海底天然气管道协议，为俄国同西欧的能源合作开辟了“直通车”。

2006 年 3 月 10 日，他“突击访问”阿尔及尔 6 小时，慷慨地免去了阿尔及利亚欠俄 47 亿美元的陈年老债，同时换得该国 100 多亿美元的军购合同和 15 亿美元的铁路合同。

普京还抓住美国在“9·11”后急需盟友的机遇，率先口头支持“反恐大业”，挠着了布什的痒痒肉。布什投桃报李，不仅让普京参加了“七国集团”领导人的经济讨论，还使俄罗斯获得了举办 2006 年八国集团峰会的资格。

尽管俄美关系越来越冷淡，布什率先批评俄罗斯“偏离民主轨道”，普京也毫不客气地指责吃人的美国狼，但两人却始终没翻脸。

普京很“酷”，神色冷峻，精力充沛，洋溢着阳刚之气。他展示大国外交和军事“肌肉”时，威震列强；他不经意间显露胸肌时，也令人赞叹。

普京是近百年来俄罗斯除列宁外唯一能用外语同外国元首对话的领导人：同德国总理用德语长谈，跟布什以英语调侃，他挥洒自如。

他也善于“见招拆招”。拜会英国女王，他一袭黑色燕尾服，尽显绅士礼仪。访问东京，他把日本柔道高手摔得五体投地，跟日本小女孩“过招”，则大度地让她把自己“摆平”。参观少林寺，他亲切地把小沙弥扛到肩上，武僧请普京用拳头试试自己的硬气功，他又半开玩笑地婉言拒绝，“我是怕自己的功力经受不住啊！”

普京富有魅力的个人外交，为他的国家增添了“软实力”。

“搞外交，本来就该有点个人风格。”一切迹象都显示，俄罗斯总理也将成为对外政策领域的关键性人物。

俄罗斯对外政策专家提出，“外交战胜了对外政策。”如果把外交部的方案和建议置于一旁，在与外国领导人进行个人接触的基础上另行商谈，那么这就是“外交战胜了对外政策”。

这种做法在叶利钦执政时期盛行一时。当时负责俄美关系的俄罗斯外交官对两国间正在起草的协议知之甚少。

不过在某些情况下，个人外交也可以开辟一条解决复杂问题的道路，甚至可以在某种程度上缓和矛盾，避免国家间的关系出现危机。

普京当总统时，善于运用个人外交来推行俄罗斯的对外政策，最大限度地为本国谋取安全和经济利益。担任俄罗斯总理后，依然动用当初积累的丰富外交资源和广泛人脉，展现俄罗斯大国外交的气质与特质。

国防硬度

国防硬度，也就是俄罗斯军队成为“一支既能应对全球冲突又能应对地区冲突，必要时还能同时应对几场局部冲突的武装力量”。

俄罗斯根据“非对称”原则建设国防力量和军事武装，在保持“防御性”框架的同时，更加强调应对外部威胁的积极性和主动性，坚持“先发制人”和“战略遏制”。

美欧西方国家对俄罗斯的遏制战略始终没变，变的是俄罗斯。

俄罗斯崛起的历史几乎就是一部战争史。战争和准备战争是俄罗斯历史和人民生活中最重要的内容和不可分割的部分。

频繁的战争危机，造就了俄罗斯人民极其重视军力发展。尤其是在冷战时代，前苏联为了与美抗衡，军事与国防被提高到了空前的高度，而军人的政治地位与经济地位也被提升到了顶峰。经济军事化模式导致的过度“重军”行为成为前苏联解体的原因之一，重军尚武的思想意识在前苏联解体后的俄罗斯得到了相当的传承。

俄罗斯是个超级军事大国。在世界历史上，没有任何一个国家能够像俄罗斯那样，几百年来主要依仗军事力量来谋求发展。但随着前苏联的解体，经济的持续衰退直接导致了军事实力的下降，俄罗斯军队陷入了重重危机，战斗准备程度和作战能力急剧下降，根本无法与前苏军相提并论。

2000 年普京就任总统初期，俄国防预算不到 70 亿美元，现代化武器装备降至 25% 左右，官兵士气涣散。

普京在强国战略中将振兴军队与振兴经济并列为两大重要国策。俄国防部资料显示，2007 年俄国防预算为 328 亿美元。2008 年至 2010 年，该数字占联邦支出比例将保持在 15.5% 至 16% 的水平。

俄罗斯的武器库得到了及时更新。2001 年以来，俄军共装备了

300多种新式武器。普京还于2007年初签署了一项2000亿美元的重整军备计划，其中包括发展新一代战略轰炸机、建造新型航母和装备新一代战略导弹等。与此同时，俄罗斯军人福利待遇得到进一步改善。

俄罗斯进行了新一轮军队改革，并在削减军队员额、优化军兵种结构、建立跨军种指挥体制，以及改革军队领导与指挥体制方面取得了进展。

俄军兵力从1992年的300万人削减到2007年的113万人。军兵种结构改为三军种、三兵种（陆、海、空三军，战略火箭兵、航天兵、空降兵）。俄军向职业化目标不断迈进。

俄罗斯保持并发展了用于威慑的战略核力量，对陆基、海基和空基战略核武器进行了改进和研发。以白杨－M机动洲际导弹为代表的一批核武器开始列装。

2007年，普京提出要把俄军建设成"一支既能应对全球冲突又能应对地区冲突，必要时还能同时应对几场局部冲突的武装力量"。

2008年2月，普京进一步提出2020年前俄军发展战略将建设"创新型军队"。

2008年5月9日，在俄罗斯庆祝反法西斯战争胜利63周年之际，阔别阅兵式多年的重型武器装备重返莫斯科红场。俄罗斯向世界展示国防和军队建设的成果及宣示重振军威的决心。

"没有强大的武装力量，就没有强大的俄罗斯"

1999年，当北约无视俄罗斯的反对，对南联盟狂轰滥炸时，俄罗斯的对策只能是"士兵突击"：200名空降兵突袭普里什蒂纳机场，抢在英军前，占领了这一军事要冲。

8年后，当北约依然无视俄罗斯的反对，将其东部边界划到了俄罗斯门口时，当美国已进驻中亚，并进一步着手在波兰和捷克部署导弹防御系统时，普京和他的俄罗斯决心"全面反击"。

2007年8月17日零时整，14架俄罗斯战略轰炸机从7个机场同时起飞，遵照普京的命令，"永久恢复"远程巡逻任务。逼近了英国领空，飞越了关岛美军基地，甚至组成11架飞机的编队，在挪威附近大规模演习。

不仅如此，自从 2007 年 4 月普京在国情咨文中宣布 1670 亿美元的武器装备更新计划以来，俄罗斯试射了新型洲际导弹，全面恢复了军机生产，“库兹涅佐夫元帅”号航母重新巡航，大小军事演习全面展开。

8 年前，在科索沃，面对英军“立即撤离机场”的要求，俄军指挥官指了指一名脖子上挂满手雷的俄罗斯老兵说：“你问他们答应不答应，他们是打败了拿破仑和希特勒的军队。”

8 年后，这个曾尽享荣耀、也曾徘徊谷底的“帝国”，真的迈出复兴的第一步。

过去十几年，俄罗斯的民族自尊心受到了损伤，但随着俄罗斯经济发展底气足了，锋芒马上就露出来。

西方世界对俄罗斯的遏制战略始终没变，变的是俄罗斯。

普京的新国家安全观与新军事战略思维。俄罗斯成为独立国家后，面临着地缘政治恶化、外部军事压力增大及国内政局动荡、经济危机、民族骚乱等严峻态势。

华约解散后使俄罗斯战略缓冲地带向东后退了 1000 多公里，前苏联解体又使俄联邦防御线缩短了近 1000 公里。

1999 年 10 月亦即普京担任政府总理之后，就提出更新俄罗斯国家安全战略，引起外界特别是西方的关注。

2000 年 1 月 6 日，普京就修改《俄罗斯国家安全构想》颁发总统令。这是普京任代总统后颁发的第一个总统令，足见他对国家安全战略的重视。1 月 10 日，普京正式签署了新的《俄罗斯国家安全构想》。

新的国家安全构想提出，要确保对 21 世纪可能出现的威胁作出相应的反应，俄罗斯应拥有足够的防御能力，必要时可动用各种力量和手段，包括核武器。强调强大的军事实力是保障国家安全的基础和支柱，是解决外部安全隐患的最终决定力量。

新军事学说是根据俄国内外面临的新形势，于 2000 年 2 月提出的。4 月 21 日，获得俄罗斯联邦安全会议通过，当选总统普京于当日签署了批准该文件的命令。

俄罗斯军事学说由军事政治基本理论、军事战略基本理论和军事经济基本理论三部分组成，全面阐述了当今条件下保证俄军事安全的理论。其基本点是：以加强军事实力为先导，确保国家安全；以美国和北约为主要防御对象，立足于准备打一场“大规模战争”；以美国为军事较量的重点对象，推行既谋求发展合作关系又加以严密防范、既避免直接军事冲突又善于同美周旋的双重政策；以加强战略核力量为支撑，维护和巩固“军事大国”的地位；以推进独联体的军事一体化进程为途径，构筑有利的军事地缘环境；以面向亚太，发展同中国、印度、日本等国的军事关系为手段，全面缓和东线军事关系，改善军事环境，集主要力量于西部同北约抗衡，为重振大国地位提供坚强的实力后盾和军力支持。

在推出新的《国家安全构想》和《新军事学说》后，俄罗斯相继出台《2001 年至 2005 年俄武装力量建设与发展计划》和《2001 年至 2010 年武器和军事技术装备发展规划》。

较之冷战时期前苏联“对外扩张势力范围、争夺全球性战略利益”的军事战略而言，俄罗斯军事战略的首要前提是确保国家自身安全，根本保障和最终目的即是重新恢复强国地位。普京上任后，秉承了俄罗斯传统的“大国主义战略”的强势风格，尤为鲜明的特点是突出“三强”——强国理念、强军政策、强力举措。

普京的新军事战略思想的基本内涵是：

在军事战略理论上，主张以军事手段为依托，综合利用非军事手段防止和解决军事冲突，把解决军事冲突问题的着眼点放在冲突发生过程的和平阶段。强调应付局部战争和武装冲突，包括动用武力维护国内宪法秩序。

在国家安全观上，认为除政治、经济、军事等传统安全要素外，还应高度重视民族、人口、宗教、精神、文化、生态、信息等领域的安全问题，把军事危险和军事安全置于国家、社会整个危险和安全体系的特殊地位。

在“杀手锏”战略上，突出表明俄要保持和发展强大的核遏制力量，强调核威慑对确保俄安全的重要性，把核能力定位于攻防之法宝，再次重申“俄在必要时可首先实施核打击”的坚决立场。

在军队建设上，强调根据国家的经济能力来确定武装力量规模，使军队由“数量规模型向质量效能型”转变，把“以质量换数量”作为军事改革的主导思想，通过精兵减员和更新武器装备强化质量建军。

在军力配备上，把“均衡发展”战略核力量与常规力量作为俄军建设方向的指导原则，明确常规力量是今后一个时期俄军装备的发展重点，计划于2005年前完成向“三军种”（陆军、海军、空军）和“三兵种”（战略火箭兵、航天兵、空降兵）的建制结构过渡。

在国防预算上，增加军费投入，解决部队实际困难，改善官兵生活状况，加紧研制高新武器，重点是研制下一代战斗机、坦克和防空兵器，着意提高部队机动作战能力，建立一支精干的、机动灵活的现代化军队。

冷战时期赫鲁晓夫的“火箭核战争战略”和勃列日涅夫的“积极进攻战略”，都具有主动性、挑战性和强硬性；而戈尔巴乔夫“改革与新思维”时期的“纯防御性军事战略”和叶利钦时代“全方位机动防御战略”与“现实遏制战略”，又都属于消极型、退让型和被动型产物。普京则把“防为更好进攻，攻是最佳防守”之策略，有效贯穿于国家大政方针中，努力使国防建设和武装力量显得既有锐气，又有韧性。

普京推出的新安全战略和新军事学说，推动了俄罗斯军事改革的步伐，包括精兵减员、优化军队结构、整理指挥体系，加大核威慑力度、维护核大国地位，组建常规机动力量、推行部队职业化改革，实施常规武器的更新换代，以及加强与独联体其他国家的军事合作，等等。

“被动式”抗衡：普京总统第一任期俄罗斯军事战略调整。前苏联解体后，美国的对等威慑力大大削弱，全面威胁基本解除，因此美国主动展开军事战略调整与升级。

与美国所展开的主动军事战略调整不同，俄罗斯的军事战略调整更多地体现出被动适应的特征。一是适应苏联解体、华约解体后国力衰弱，势力范围缩小，军事行为能力下降的内部现实局面；二是适应北约咄咄逼人的势力范围扩张和美国令人眼花缭乱的军事战略调整的外部现实环境。综观俄罗斯近些年来所宣布的军事变革措施，给人一种“在无奈的情况下积极采取行动”的感觉。

2001年10月17日，普京主持召开了国防部高级军官会议，宣布从2002年1月1日开始，停止租用越南的金兰湾；撤回驻扎在古巴鲁尔德斯监听站的军事技术和情报人员及其家属，以及所有军事技术装备。金兰湾海军基地和古巴鲁尔德斯电子监听站是俄罗斯驻外军事基地中最大的两个。关闭这两个军事基地虽然不是俄罗斯的主动选择（美国把关闭俄海外军事基地与债务重组挂钩，逼迫俄做出这个选择），但是也反映出俄罗斯默默地接受了世界军事强国地位的缺失这个事实。

冷战时期，前苏联为了与美国进行全方位的军事较量，保持了一支由 400 多万人组成的强大军事力量，并在世界各地设立了大量的军事基地，国外驻军高达 63 万人。前苏联解体后，俄罗斯继承了苏联庞大的军事遗产，由于经济状况迅速恶化，军费开支快速紧缩，驻扎在境外的俄军基地和军队不得不一再压缩规模。

从 2003 年 8 月 18 日开始，俄罗斯太平洋舰队以确保俄国家安全、保护国家经济利益和打击远东地区的恐怖行动为由，在远东地区举行为期 10 天的战略海军演习，将俄近期举行的一系列演习推向高潮。这次大规模军演分 3 个阶段在白令海、鄂霍茨克海和日本海进行，参加人数多达 7 万人，在俄海军历史上是前所未有的。

俄高密度、大规模的军演表明，在“9·11”后，特别是伊拉克战争后，为应对国际局势的不断变化，继续保持自己的优势地位，俄加快了对军事战略的调整步伐，军事改革的力度逐渐扩大。

2003 年 5 月，普京发表国情咨文时，首次提出了到 2010 年实现武装力量现代化的中期发展战略。俄提出军事安全战略的目标是：凭借自己的强大军事实力，在第一时间内发现威胁，巩固传统势力范围，维护国家安全与稳定，确保经济不受影响。

——遏制北约东扩是长期战略目标。美国仍是俄的主要对手，以美为首的北约对俄构成主要军事威胁。美国借反恐确立了在中亚的军事存在，同时通过北约第二轮东扩，成功地将欧洲防务的重心和前线前移，逐渐形成对俄的合围态势，俄地缘战略空间严重受压。

——打击三股势力是国内安全政策的主要目标。俄将原由内务部所属部队单独承担的维法、护法，打击极端组织、有组织犯罪及恐怖主义非法活动的职能，同时赋予了俄武装力量。普京将 2002 年俄军的首要任务确定为打击恐怖主义。特别是莫斯科人质危机事件后，普京进一步扩大了军队的对内职能，加大对车臣非法武装的打击力度。

——确保边界不受侵犯是俄军最重要的任务和基本职责。主要是进一步增强和保持俄的军事潜力，建立足够的装备以应付 21 世纪可能出现的任何威胁。普京还特别指出，俄军应保障边界成为国际犯罪分子不可逾越的障碍。

美国领导的反恐战，既让俄看到了自己同美在军事实力上的差距，也使俄意识到，只有拥有强大的军队，才能有效维护国家的安全。在这种背景下，普京提出了较为务实的军事改革思想。其目标是“建立一支密集型、纪律严明、高度职业化、机动快速灵活、善于完成国防任务并能制止任何武装冲突的与国家经济实力相适应的武装力量”。

“9 · 11”事件后，普京强调，俄罗斯军队建设的重中之重是提高应付地区性武装冲突和局部战争的“专业技能强、训练有素”的常规作战能力，侧重准备打赢一场高强度局部战争。在平时要保证武装力量的战斗编制具备四种能力：能对国家进行可靠防护，使其免遭敌空中—太空袭击；能在局部战争中完成击退侵略的任务；能保障执行任务的军队集团实施战略展开，完成地区战争任务；能保障俄联邦单独或在国际组织内执行维和行动。

2003 年 10 月 2 日，俄罗斯召开军事战略和军队建设原则改革会议，俄罗斯的军事战略系统性调整思路初现轮廓。

军事战略调整的根本目标是有能力击败针对俄及其盟国的武力施压和入侵。从根本上讲这还是应对“威胁”的军事战略思想，并非着眼于主动的“能力”建设思想。这是俄罗斯军事战略调整与美国军事战略调整的根本差别，其他的一切差异都是源于这个根本的差别。体现在俄罗斯军事战略的军事力量部署上：一是加速独联体军事一体化进程，重点是以俄白联盟为核心构建独联体联合防空体系。二是努力与欧洲建立更紧密军事伙伴关系。三是将首先在远东地区部署最新型战役战术导弹系统。四是加大在高精尖武器系统，特别是新型战略武器研制方面的投入。

在军事操作上的策略调整为：随时对“威胁”作出反应，不排除“先发制人”。虽然都标榜为“先发制人”，但俄罗斯军事战略中的“先发制人”概念是在威胁临头的情况下被动地“先发制人”，而美国军事战略中的“先发制人”概念是根据美国自身判断，在需要“先发制人”进行打击的任何情况下“先发制人”，这其中既包括了被动的“先发制人”，也包括了主动的“先发制人”。

“先发制人”：俄罗斯军事改革的战略威慑。2003年10月2日，俄罗斯国防部礼堂内座无虚席。俄各军兵种高级将领、政府各相关部门领导、俄议会上下两院有关委员会负责人、部分议员、莫斯科市长和俄各大媒体的老总云集于此，参加关于俄武装力量改革与现代化问题的高级别防务会议。

普京在会上宣布，俄武装力量的削减进程基本结束，开始从改革阶段转向逐步发展阶段。强调“核遏制”力量在今后相当长时期内都将是俄国防的主要基础，俄罗斯还将继续发展核遏制力量。

紧接着，时任国防部长伊万诺夫宣读了一份题为《俄武装力量现代化建设的战略》的报告。在他长达1个小时的报告中，最引人关注的就是提到“先发制人”的那一段：“‘先发制人’的武力打击只是最后措施，只有在其他一切手段失败的情况下，俄罗斯才会采取这样的行动。”但他没有进一步说明“先发制人”的具体内容和打击的对象。

就在防务会议召开的同一天，俄国防部公布了一份题为《俄武装力量现代化学说》的文件称，如果北约以一个军事联盟的形式保留下来，并继续推行进攻性军事战略，俄将对其军事战略和军队建设进行根本性的改革，其中包括修改核战略。

俄奉行“现实遏制”军事战略，其实质就是“核遏制”战略或“加强核遏制”战略。普京宣布将“保留首先使用核武器的权利”，强调“先发制人”的核打击原则，即在俄及其盟国遭到常规武器进攻时，俄有权首先使用核武器实施打击。俄将把适当使用战略遏制力量作为国家军事战略的一个重要因素。

2003年10月5日，伊万诺夫在访问冰岛时，又阐述了俄罗斯动武的三个条件：一是俄罗斯在世界重要地区的经济利益没有得到尊重，二是俄罗斯面临直接的军事威胁，三是俄罗斯邻国社会动荡影响到俄罗斯自身的安全。

普京提出“先发制人”，主要在三个目的：一是回应北约东扩的威胁。二是震慑车臣恐怖分子。三是警告美国不要谋求发展反弹道导弹系统。另外，与俄接壤或相邻的一些国家政治局势持续动荡，也令俄罗斯考虑调整原来的军事和安全战略。

"非对称"原则：普京总统第二任期俄罗斯军事战略调整。2006年11月，北约26个成员国在加拿大魁北克开会，讨论联盟面临的问题，千里之外的莫斯科又一次紧张起来。

针对北约再次东扩的可能，普京在国防部领导人集训班上说，俄罗斯战略遏制力量不应追求数量而应该注重质量。他强调，仅靠战略遏制力量保证国家安全是不够的，还必须建立一支有效的常规力量。

这与普京经常强调的重视战略力量发展的论调有所不同，分析称，这说明俄罗斯在众多挑战面前，国防政策正趋于务实，俄罗斯开始重视常规力量发展。

普京此次军事战略调整，最引人注目的是对战略遏制力量的重新组建。

1991年以来，俄罗斯的核战略经过几次重大调整，从"不首先使用"、"不承诺不首先使用"逐步演变为"先发制人"核打击战略。普京2003年底强调，现在和将来很长时间内核遏制力量都将是俄罗斯国防的主要基础；俄罗斯的核遏制力量处于良好的战备状态，还将继续发展核遏制力量。因此，在2006年的国情咨文中普京依然强调发展战略军事力量。

俄罗斯原以为用战略遏制力量采取"先发制人"的核战略，既适用于核战争，也适用于常规战争；既适用于以核武器对付拥有核武器的国家，也适用于以核武器对付无核敌对国家。但这一策略却在反恐战争以及北约不断东扩的严峻形势下变得不合时宜。

俄罗斯人曾讨论使用核力量对付恐怖分子，但由于恐怖分子过于分散，战法灵活，战略武器无法发挥应有作用，因此在对付车臣恐怖分子时不得不采取常规力量实施常规战法，战斗力下降的俄军损失惨重。2002年在车臣一次军机坠毁事件就有90多人死亡，这是俄军发动第二次车臣攻势以来，一天内死亡人数最多的一天。而车臣反叛者的说法是，他们使用一枚地对空导弹打下了这架直升机。这个例子说明，没有有效的常规军事力量，俄罗斯仍无法面对新型威胁。

更为重要的是，北约东扩已经完成了两轮，前苏联内的许多国家被纳入北约阵营。俄罗斯与北约边界的缓冲区缺口进一步扩大。

俄罗斯《红星报》说，北约的军事意图越来越明显，最终将完成对立陶宛、爱沙尼亚、拉脱维亚的军事一体化，届时，美国的作战侦察飞机就会在波罗的海沿岸自由地飞行。

此外，北约军队部署到了新入约的国家。美国和罗马尼亚 2006 年 1 月 6 日签署了在罗马尼亚设立四个军事基地的协定，首批美国军事基地出现在东欧。

北约的步步紧逼关系到俄罗斯的侧翼安全，直接关乎独联体南侧的军事力量平衡问题。为了达到战略平衡，俄罗斯 2005 年 3 月不得不把被列入《美俄销毁中程导弹条约》名单中的“伊斯坎德尔”战术导弹部署在北高加索。

2005 年 6 月，俄罗斯安全会议就国防发展和军队建设做出专门决议，明确军队发展的新思路，即以内涵式发展为主，逐步加大投入；以均衡发展为方针，突出发展重点；以自主的、适度的发展为目标，不与强国军队搞“对称式”竞争；以循序渐进的、有计划的发展为基调，以改革促发展。这个问题的实质是，妥善处理发展核力量和发展常规力量的关系，处理好常备部队建设和一般部队建设的关系。

俄军把“必须均衡地发展整个军事组织，特别是武装力量”作为军队建设的基本原则提了出来。在均衡思想的指导下，俄军把战略遏制能力和常备部队的战略机动能力作为发展的两大重点。

战略遏制能力方面，由于大部分战略核武器老旧，俄军只能把维持够用的核打击能力作为首要任务，再逐步更新核武库。加大淘汰过时导弹、改造战略导弹和战略轰炸机，延长服役期、装备新型战略导弹，提高战略遏制力量的质量。

在军事力量的组织模式方面，俄罗斯作出重大决定：国防部和总参谋部的职能将被分开，国防部在很大程度上将成为文职机构，对军队进行监督，执行干部政策和负责军队给养并负责对军队进行精神道德教育，而总参谋部将负责统一指挥军队的军事行动。同时一些军兵种将被取消，转而在其基础上组建战略核力量司令部和军事太空防御司令部、海军司令部等。军区的地位将降低，主要的指挥单位是地区司令部，军区将服从地区司令部指挥。拆解所有的 4 个舰队，取而代之的是分舰队和区舰队，它们将听从地区司令部指挥。

俄罗斯的行动反映了世界范围内的新军事变革和军事战略大调整的趋势。

2006年2月2日，俄罗斯《独立报》一篇题为《总参谋部揭开秘密改革计划》的文章披露，俄罗斯将正式放弃军事战略中的"对称"原则，即放弃不惜任何代价也要同潜在的敌人保持数量上的平衡这种做法，转而根据"非对称"原则建设武装力量和军事组织。在高技术条件下，维持数量庞大的军队应对大规模常规战争或核战争，显然与国家的财力、物力和人力有明显矛盾。

"核遏制为依托的机动战略"：俄罗斯新军事战略主轴。俄罗斯联邦自1991年独立以来，其军事战略在叶利钦总统执政时期先后经历了"单纯防御"战略、"积极防御"战略、"现实遏制"战略三个发展阶段。普京总统执政后，俄罗斯在坚持以"核遏制"为核心原则的"现实遏制"战略基础上，对原有军事战略做出一些重大调整，形成了以"核遏制"为依托的机动战略。

"以核遏制为依托的机动战略"这一概念最早在1997年8月由俄军事科学院院长加列耶夫大将首倡。俄军方公开承认这一战略概念，意味着它已从学术观点上升为俄军方的行动准则。举行以新军事战略方针为指导的首次大规模战略演习，则标志着俄军已完成了在普京时代的军事战略转变，即由叶利钦时代的现实遏制战略转变为以核遏制为依托的机动战略。

——提高战略核力量的威慑和打击能力。俄罗斯加快发展三位一体的战略核力量。在陆基导弹方面，俄将以新型的白杨-M战略导弹为支柱，形成洲际化、全方位、多层次的导弹体系。白杨-M导弹比美国任何型号的战略导弹都要先进。自1994年12月首次试射成功后，配备10枚该型导弹的第一个导弹团已于1998年12月投入战斗执勤，第二个装备10枚该型导弹的导弹团已于1999年12月正式组建。2000年12月26日，俄又部署了一组白杨-M导弹。俄从2001年开始，以每年35至45枚导弹的速度装备部队，至2010年前使该型导弹数量达到300枚左右。在导弹核潜艇方面，俄将加紧制造先进的"北风"级战略导弹核潜艇，力争2005年前装备部队。俄已开始研制白杨-M导弹的海基型号，用于装备未来的"北风"级核潜艇。在战略轰炸机方面，俄正加紧研制 T-605 隐形轰炸机，继续改进图 -95 战略轰炸机，研制 X-101 新型战略巡航导弹，以装备图—95 和图 -160 战略轰炸机。1999 年至 2000 年，俄从乌克兰购买了 8 架图 -160 和图 -95 轰炸机。俄拟组建战略遏制力量总司令部，统一指挥陆、海、空三位一体的核力量。与此同时，俄正在加紧研制“低能量高命中精度”的非战略性核武器，确保在地区和局部战争中的核优势。

——增强战略核力量的快速反应能力。2001 年，俄战略火箭兵新组建了一支 1.3 万人的值班部队，可通过 40 余条通信线路对所属部队实施 24 小时的监控，大大提高了现役战略导弹的安全性和战备程度。部队将全面装备新型计算机，届时其作战指挥系统的效率可提高 20%。此外，还加紧改进现有导弹的飞行控制和瞄准系统，更新 C31 控制管理系统，以提高战备程度，缩短瞄准时间。

——促美共同削减战略核力量。俄在没有足够经济条件无力维持数量庞大核武库的情况下，按照“质量”和“合理足够”的核武发展原则，进一步核裁军。但俄又不愿就此失去核大国的地位，只有促美共同核裁军，才能在一定程度上与美保持核均势。2002 年 5 月 24 日，普京与美国总统布什在莫斯科签署了《俄美关于削减进攻性战略力量条约》，规定俄美两国在 2012 年 12 月 31 日前将核弹头数量削减到 1700 至 2200 枚。

2004 年 1 月下旬至 2 月 26 日，俄军举行了近 20 年来规模最大的、代号为“安全 -2004”的实兵战略演习，参演兵力涉及俄军的所有军兵种，包括三位一体的战略核力量。

2004 年 6 月中旬和下旬，俄军举行了旨在让包括空降兵和海军陆战队在内的常备部队进行一次远距离调动和在陌生地进行机动作战的实战演练的机动 -2004 军事演习。这次演习远程调动部队的演习规模之大、兵种之多在俄军历史上前所未有，引起了媒体的高度关注。

从上述两个大规模演习看，以“核遏制为依托的机动战略”开始引起世人的关注。

时任俄罗斯国防部长伊万诺夫介绍说：“我们第一次研究考虑部队的机动性以及战区之间的部队调动，也就是从欧洲地区向具有战略意义的远东地区调动部队问题。”俄军战备总局局长斯科罗杜夫也声称：

"如此特大规模的陆海军战役战略演习是最近15年来的第一次。"

参加此次机动空降演习的兵力主要包括俄北方舰队海军陆战队一个登陆突击连、伏尔加河沿岸—乌拉尔军区一个空降连和一个营级机械化战术联队共约800名官兵及100辆坦克、装甲车等武器装备。这些人员与装备将分别从常驻地被空运到远东的滨海边疆区，空运航程为数千公里。

2004年6月9日至18日，参加空降战略军事演习的部队和装备从俄罗斯欧洲地区被空运到远东地区。共有53架军用和民用运输机从俄欧洲部分向远东地区运送部队和武器装备。俄罗斯民航第一次参加这样的远程机动演习。

俄罗斯"机动-2004"大规模战役战略首长司令部演习主要阶段演练于6月22日至24日举行。大约有5000名俄军士兵和600套军事装备参加了主要阶段演练。据悉，在太平洋舰队和远东地区空军部队配合下，俄军空降兵将在假想敌的后方实行空降作战。此外，俄罗斯海军陆战队、步兵和空降兵将模拟抢滩登陆战。参加演习的还有俄罗斯远东地区的边防兵、内务部队以及民防部门。

"机动-2004"演习是2004年俄国防部精心组织的一次演习。军事专家认为，这次远程调动部队的演习规模之大、兵种之多是俄军历史上前所未有的。针对此次演习的目的，俄罗斯军方领导人强调，演习想向外界展示一下俄军的实力。据俄罗斯媒体报道，通过演习能检验来自欧洲地区的俄军增援兵力是否能够同俄罗斯远东地区驻军有效地组织防御作战，并保证远东地区交通运输线的畅通。演习还可以测试俄军的机动化能力、远程投射能力以及各军兵种之间的配合协调能力。

2004年6月24日，实兵演习全部结束。

2004年，旨在演练远距离空降作战能力的"机动-2004"无疑是2003年旨在提高"四位一体"战略威慑力的一系列演习的延续。正如俄罗斯媒体所报道的那样，俄罗斯军方计划从2005年开始实行新的军事理论，这次演习的主要目的就是对这一新的军事理论进行检验。

俄军认为，核遏制固然重要，但单纯依靠核遏制不能保证俄应付多种性质的威胁。在现代条件下，只有拥有了一支装备精良的一般任务力量，核遏制才能有效。俄军的战略构想是，平时在5个战略方向上部署一定数量的常备兵团和部队（在2007年前建立72支全部以合同兵补充的常备师、旅、团），并在境外的两三个地区（中亚和高加索地区）保持前沿军事存在。在平时和非常情况下，在保持战略遏制潜力和战备程度的同时，常备兵力应能在不经补充动员的情况下，同时在两场任何类型的武装冲突中顺利完成任务，以及独立地或在多国部队编成内实施维和行动。在政治形势和军事战略形势尖锐化的情况下，常备力量在核遏制的条件下通过远距离变更部署，增加危险方向上军事集团的部署，以遏制情况的升级。在战时，以现有力量抗击敌空中—太空袭击，在进行全面的战略展开之后，同时在两场局部战争中完成任务。

在这次演习中，伏尔加河沿岸—乌拉尔军区和远东军区的演示部队所演练的战略机动课目表明：常备兵团和部队（主要是陆军和空降兵）跨战区远距离（空中、地面）机动作战，将成为俄军在未来可能的武装冲突和局部战争中的主要行动样式。

在俄军的历史上，提出同时应付两场局部战争还是第一次。

普京奉行"现实遏制"军事战略，其实质就是"核遏制"战略或"加强核遏制"战略。2000年年初，为进一步明确战略核力量在维护21世纪国家安全中的突出地位，普京首次将"保留首先使用核武器的权利"作为条文颁布，正式提出了"核遏制"战略。它强调俄奉行核威慑政策，实施"先发制人"的核打击原则，以"核还击—迎击"为主要作战样式，以提高战略的主动性和适应范围。

核战略历来是苏俄军事战略的基础。俄罗斯拥有仅次于美国的战略核力量，其核武器的数量居世界第二位。

普京始终强调："核武器过去是、现在和将来依然是保障国家安全的主要基础"。

俄罗斯先发制人的核战略，既适用于核战争，也适用于常规战争；既适用于以核武器对付拥有核武器的国家，也适用于以核武器对付无核敌对国家。

2003年10月出台的《俄联邦武装力量发展的紧迫任务》规定了俄战略遏制的基本任务：在平时，防止出现针对俄或其盟友的任何武力压迫和侵略；在战时，通过威胁使用或直接使用常规或核毁伤兵器，迫使敌人停止军事行动，以防止侵略升级。

2006 年 5 月，普京在发表年度国情咨文时说，保持核威慑以及“战略力量平衡”是俄罗斯核政策的中心任务。

为确保核遏制的有效性，俄计划通过以下措施维持最低限度的核遏制能力：一是采取各种技术措施，延长现役战略导弹的使用期限；二是继续装备新一代战略导弹系统；三是开发导弹突防技术，采取非对称措施，保持战略领域的平衡；在经济许可的条件下，不排除发展导弹防御系统；四是缩短战略遏制力量的使用准备时限，确保控制和制导系统、通信系统和设备的稳定工作；五是开发并扩大战略核力量控制系统的太空部分——航天器集团。

2006 年 12 月 14 日，普京视察白杨 –M 导弹部队，显示了俄高层对战略核力量的高度重视，也引起了西方媒体关注。

俄对外政策委员会主席科尔图诺夫同时撰文公布了俄罗斯战略核计划，强调俄罗斯必须继续保持与美国形成的特殊核战略均衡，维持其在全球的政治地位。

2007 年 8 月 17 日，美国五角大楼的代表团秘密到访波兰和捷克，考察部署美国“全球导弹防御系统”的地点。接获报告后，普京直言：“如果美国执意在东欧部署导弹防御系统，俄罗斯的导弹将重新瞄准美国和北约在欧洲的军事目标……世界战略平衡将被破坏，爆发核冲突的可能性大大增加。”

2008 年 9 月 26 日，梅德韦杰夫总统宣布，俄罗斯将实现核武器威慑力量的现代化，兴建新型号的军舰和配有巡航导弹的潜艇，构建一个太空防御体系。新的核武系统必须在 2020 年前部署到位。他指出，新计划是为了让俄罗斯能够回应潜在的威胁。

“重振俄罗斯军队雄风首先从海军开始”

彼得大帝时代有一句名言：“没有一支强大的海军，就没有强大的俄罗斯”。自 18 世纪初彼得大帝以来，俄罗斯就一直跻身世界海上强国之列。

1696 年 10 月，为夺取进入亚速海和黑海的出海口，遵照彼得一世

“一定要有海船”的旨意，俄罗斯着手创建亚速海舰队，由此开创了俄罗斯海军的历史。随后，在争夺波罗的海出海口的北方战争中，俄又建立了波罗的海舰队，海军力量得到极大提高，进入海军强国之列。

1918年，列宁签署了建立红海军的命令。在随后近20年当中，苏联相继建立了太平洋舰队和北海舰队等。现在，俄罗斯海军拥有太平洋舰队、北方舰队、波罗的海舰队、黑海舰队和里海独立区舰队。

前苏联解体后，俄罗斯海军建设也随着国力的迅速衰减而陷入重重危机。

普京就任总统后，一直以重振俄罗斯大国雄风为己任，制定出加强海军建设的长远规划和措施。但是，由于缺少资金方面的保障，俄罗斯海军水面作战舰艇、潜艇均减少一半，海军人数也一再裁减，海军规模不及前苏联海军的1/3。而且，航空母舰无法维持，舰艇失修，隐患不绝。

2000年8月12日，属于北方舰队的“库尔斯克”号潜艇在演习期间沉没；

2003年8月30日，北方舰队“K-159”号潜艇沉没；

2005年8月4日至7日，俄太平洋舰队“AS-28”号潜艇在水下被困将近三天才获救。这种现象，被俄罗斯记者称之为“俄罗斯潜艇的黑色八月”，足令昔日强大的俄罗斯海军心酸。

就在2006年海军节当天，俄罗斯波罗的海舰队发生了苏-24M坠机事件。连唯一一艘航母“库兹涅佐夫海军元帅”号也在2006年8月27日下午16时12分发生火灾。这艘1983年开工建造、1991年1月进入北方舰队服役的航母在建造过程中吸收了约800个学科的专家参加，7000多家工厂提供了材料和设备，可谓集苏联科技发展大成之作。然而前苏联解体之后，由于俄罗斯经济下滑，大大影响了训练和维护，导致航母战斗力严重下降。在过去15年中，航母大部分时间停泊在军港中。

普京不仅多次视察海军部队，观看海军演习，而且亲自出席了俄海军司令宣扬“海军主义”的博士论文答辩，俄罗斯政府也将“远洋海军”再次定位给了俄罗斯海军：“如果放弃海军的建设，俄罗斯将在国际舞台上失去发言权。俄罗斯需要建设强大的海军，在近期内重返远洋。”

普京多次强调：“俄罗斯必须加强远洋舰队建设，在世界各大洋上要体现俄罗斯的存在；俄罗斯只有成为海洋强国，才能成为世界大国。”

俄罗斯海军：坠落与堕落的“天使”。在近200年来的大部分时间中，俄罗斯一直在世界海洋强国之列。然而，苏联解体却险些使这个世界排名第二的海上强国在一夜之间退出海洋强国的行列。

俄罗斯是地跨欧亚大陆的大国。针对欧洲地区北约东扩和亚洲地区日美安保体制不断发展的现实，俄罗斯意识到未来俄海军的作战对象既有可能是以美军为首的北约联合部队，亦有可能是与美国有军事同盟关系、并与俄有北方四岛领土之争的日本军队。

为此，俄罗斯着手在欧洲和亚洲两大战略方向发展相应的能够独立和配合其他军种作战的海上力量。俄罗斯根据所面临的海域及任务将海军划分为：北方舰队、波罗的海舰队、黑海舰队和太平洋舰队，其中由于波罗的海和黑海舰队所处的地位位置极易受到北欧诸国和土耳其的遏制，因此重点发展北方舰队和太平洋舰队。

北方舰队重点部署于科拉半岛周围，集中了俄海军全部兵力的35%，其中包括唯一的“库兹涅佐夫”号航空母舰，全部“台风”级战略导弹核潜艇，大部分战术核潜艇和新型导弹巡洋舰、新型导弹驱逐舰、导弹护卫舰等。

北方舰队经巴伦支海进入大西洋，不受水路限制，既可保持在大西洋水域对美国为首的北约进行有效的遏制，又能够在危机发生时随时支援波罗的海舰队和黑海舰队。

太平洋舰队作为重点加强的舰队，主要部署于海参崴周围，其兵力占俄海军兵力的27%，保持对美日的战略威慑。其他的水上舰艇包括导弹巡洋舰、驱逐舰和护卫舰集中在滨海地区的各主要海军基地，用以维护附近海域和有关海峡通道的安全。

当“库尔斯克”号核潜艇于2000年8月沉没之后，国际上许多军事专家们一致认为，俄罗斯海军建设迫于国家经济形势和军费捉襟见肘的原因，将不得不画上句号。然而，实际发展情况却完全出乎大家的预料。

北方舰队是俄罗斯海军战役战略联合编队，是俄罗斯海军四大舰队之一。舰队徽标图案中一只白熊的前爪握着4枝利箭，象征着舰队的四大组成部分——潜艇、水面舰只、海岸部队和海军航空兵。

北方舰队的诞生日期最早可追溯到18世纪初期。当时，彼得大帝率领俄罗斯海、陆军与瑞典国王查理十二世展开了规模空前的土地争夺战，进行了著名的波尔塔瓦战役和北德维纳要塞战役。俄国从瑞典手中夺得了芬兰湾、里加湾沿岸的土地，从而解决了北方出海口问题。为纪念这一战役的胜利，彼得大帝正式组建了北冰洋地区的海上力量。因此，作为俄海军四大舰队中最年轻的北方舰队实际上已经有几百年的历史了。

1962年7月，北方舰队的“列宁共青团”号核潜艇在北冰洋进行了长时间冰下航行。1963年，瑟索耶夫海军中校指挥的一艘核潜艇圆满完成了冰下航行，并在北极点浮起。艇员在该处升起了苏联国旗和苏联海军旗。1966年2、3月，北方舰队的几艘核潜艇在索罗金海军少将率领下，进行有史以来第一次潜艇群水下环球航行。

在第二次车臣战争中，北方舰队的海军陆战队代表俄海军参战，在车臣的崇山峻岭中打出了俄海军陆战队的威风。

俄海军北方舰队主要部署在北莫尔斯克、摩尔曼斯克、波利亚尔内、北德文斯克等10多个基地和军港。司令部所在地和主要基地是位于巴伦支海不冻的科拉湾港口城市北莫尔斯克。北方舰队是俄罗斯海军实力最强的一支舰队，旗舰是“彼得大帝”号导弹巡洋舰。装备有潜艇42艘（其中战略导弹核潜艇14艘、攻击型潜艇28艘），水面作战舰艇18艘（其中航空母舰1艘、巡洋舰8艘、导弹驱逐舰5艘、护卫舰4艘）。海军航空兵装备作战飞机75架、战斗直升机30架。此外，海军80%的核打击力量集中在最年轻的北方舰队。2003年7月23日，经过现代化改造的核潜艇“叶卡捷林堡”号回到北方舰队。这艘携带16枚洲际弹道导弹的核潜艇更充实了北方舰队的核力量。

2000年8月12日，北方舰队核潜艇“库尔斯克”号在巴伦支海演习时，因鱼雷爆炸沉没，118名官兵丧生。“库尔斯克”号事件对已经千疮百孔的俄罗斯海军可以说是雪上加霜：许多高级将领被解除职务，许多在建的工程项目被迫停止，正常海上活动被取消。

2003年8月30日凌晨4时左右，俄罗斯北方舰队一艘退役的K-159

核潜艇在拖往销毁处的途中沉没，在全世界掀起轩然大波，俄罗斯北方舰队的前司令员奇波夫也因此招来了一身的官司。

2004年3月23日，俄罗斯海军总司令库罗耶托夫下令将北方舰队的核动力旗舰“彼得大帝”号巡洋舰停靠在码头，发表了一条令世界震惊的消息，称该舰的状况很糟，随时可能发生爆炸。该舰一直被认为是俄罗斯海军性能最好的军舰，是俄罗斯北方舰队乃至整个海军的骄傲。整个事件一直错综复杂，有猜测是内部权力斗争的结果，有猜测是舰艇本身的问题。

这就是普京上任初期的俄罗斯海军现状，主要原因有四点：一是资金匮乏，舰队几乎没有进行任何建设，也无力维持海军原有规模。二是军队和军工企业普遍衰落，一些国防工业生产能力急剧下降，个别领域内的武器装备生产能力完全丧失。三是俄境内舰船制造和维修系统进行了大规模的重组缩减，整体生产能力和潜力急剧下降。四是海军干部严重缺乏。

前苏联解体后，从1985年到2003年，所有级别、类型的水面战舰损失了超过550艘。其中，远洋和远海战舰损失数量为310艘。平均1年损失30多艘战舰，在没有海军战争的情况下，这一数字相当惊人。

根据一些海军专家的统计，相比其他海上邻国，俄海军舰队如今的战斗实力非常弱小，波罗的海舰队战斗力仅为瑞典和芬兰海军的1/2、德国海军的1/4，黑海舰队实力是土耳其海军的1/2至1/3、英国和法国海军的1/5至1/8、美国海军的1/20至1/30。

此外，俄海军舰队基地驻泊系统的缩减是灾难性的。可以说，俄海军活动水域范围基本上退回到了彼得大帝时代前的水平，在通往欧亚大陆的两个最重要方向上的情况尤其严重。波罗的海国家独立后，波罗的海舰队原主基地加里宁格勒与巴尔季斯克、喀琅施塔得等基地的水域联系被割断，波罗的海舰队被迫整体退缩，以芬兰湾的一个边远角落为基地，事实上已经在战役层面上被不友好的国家重重包围。黑海舰队情况也非常严峻，并极有可能失去塞瓦斯托波尔这一主基地，而在黑海战区没有其他合适的基地。里海舰队在丢失了巴库基地后，被迫转移到里海北边的阿斯特拉罕地区，重新建造驻泊系统。

“如果放弃海军建设，俄罗斯将在国际舞台上失去发言权”。让海军重返世界各大洋、让俄罗斯重返海洋强国，是普京和许多俄罗斯人的梦想。

1999 年 11 月，普京总理签署俄国防部的《俄联邦海军战略》，其目标非常明确："俄罗斯海军应当加强在世界各大洋的存在，以捍卫俄罗斯的利益。俄罗斯只有成为海军强国，才能成为世界大国。"

2000 年 3 月，普京先后签署了《俄联邦海军未来 10 年发展规划》、《俄联邦海洋学说》，作为落实海军发展战略的方案，明确了 2010 年前俄海军总体战略、人员编制、舰船建造计划、保障海军全面发展的紧急措施等一系列重大问题。

2001 年 7 月，普京签发《2020 年前俄海军建设新构想》，分三个阶段到 2020 年将俄罗斯海军建设成一支机动的、高度职业化、训练有素、装备精良、人数精干的强大海上力量。

2003 年初，普京指出："俄罗斯急需建设一支强大的海军，以满足国家利益发展的需要。如果放弃海军建设，俄将在国际舞台上失去发言权。"

普京的讲话激发了俄罗斯人重振雄风的民族热情，海军将领们也曾多次描绘海军未来的发展蓝图。2003 年俄海军参谋长克拉夫琴科上将表示，俄将于 2010 年起开始建造 4 艘中型航母，并计划在 2020 年至 2025 年间，让俄拥有 300 艘至 320 艘现代化作战舰艇，其中包括 95 艘潜艇。95 艘至 100 艘大型水面舰艇（包括 6 艘航空母舰）。届时，俄海军将再次成为世界各大洋举足轻重的战略威慑力量。

2004 年 7 月，俄罗斯完成了《俄联邦海军未来 10 年发展纲要》，计划到 2020 年左右，俄罗斯将拥有一支包括 300 至 320 艘现代化作战舰艇的海军。

2003 年 7 月，俄罗斯海军司令库罗耶多夫提出，俄罗斯未来发展海军力量计划将主要分为三个阶段：第一阶段，确定近 5 年至 10 年俄罗斯海军使用和发展优先地位、目的及长期发展方向。同时，避开一些对海军发展不利的因素，形成一套近年来实施俄海军长期发展目标的完整计划；第二阶段，2007 年前保障俄海军战斗力稳定，以维护俄罗斯在世界各大洋邻接海域的利益和安全；第三阶段，2007 年后，将建立一支强大的海军力量，以恢复俄罗斯的海上大国地位，促进国家经济的稳定发展、同时能掌握和控制世界各大洋的资源。

在苏联解体前夕，苏联北方、太平洋、波罗的海和黑海四大舰队共拥有59艘战略核潜艇、163艘攻击潜艇（其中包括88艘核动力潜艇）、151艘大型水面舰只（其中包括5艘航空母舰、17艘巡洋舰和87艘驱逐舰）、33艘岸防舰和298艘快艇。但是，由于维修不及时，许多舰艇被迫提前退役，一些没退役的舰艇技术状况也不佳。据报道，2003年，俄海军只剩下20艘战略核潜艇、约40艘核动力攻击潜艇和60多艘大型水面作战舰艇。从舰艇的数量上看，俄海军作战能力已遭大幅削弱。

2003年7月，俄罗斯与日本已签署了联合销毁俄罗斯海军核潜艇的协议，根据协议，日本将出资以用于销毁俄罗斯退役核潜艇，俄罗斯计划将41艘核潜艇进行销毁，具体工作于2003年底前开始进行。

2003年7月，俄罗斯与挪威在莫斯科签署的关于销毁两艘核潜艇的协议。俄将对两艘核潜艇“K–438”和“K–517”开始销毁工作。此前，这两艘核艇潜艇停泊在科拉半岛海域俄北方舰队科列米赫和大罗巴特科军事基地。

2004年，俄海军司令库罗耶多夫宣布不再生产数量较多的大型军舰，转而重点生产在其近海500公里海域内活动的中小型军舰。这标志着俄海军建设将发生变化，俄罗斯将用新的方式打造出一支新的海上力量。

前苏联解体后，俄罗斯继承了苏联80%的海上力量，并于1992年组建了俄罗斯海军，但作战实力与苏联时期相比已不可同日而语。其海军总员额从45万人锐减到18万人，舰艇总数由1200多艘下降为300多艘。

普京提出了“面向世界大洋”的海军建设理论，着重提升四大作战能力，即坚实的濒海防御能力、一定的远洋攻击能力、牢固的核打击能力和灵活的地区军事存在能力，以逐步恢复俄远洋强国地位。

然而，由于国家经济实力下降，俄罗斯每年下拨给海军的装备费用均未超过10亿美元，每年服役的新舰艇只有2至3艘，而每年淘汰的舰艇有数十艘。

库罗耶多夫竭力主张优先建造新一代中小型多功能水面舰艇，反对海军向大型化方向发展。正是在他的坚持下，俄海军重新制定了发展计划，决定放弃苏联发展大型军舰的做法，转而重点生产中型和小型军舰。这个新的发展规划标志着俄罗斯海军在理论和实践两个方面，都将战略重点从远洋为主调整到近海及与俄邻近的水域。

俄罗斯海军的总体结构仍保持苏联时期的北方舰队、太平洋舰队、波罗的海舰队、黑海舰队 4 个舰队和里海区舰队，但在实施战略收缩后，俄逐渐淘汰苏联时期遗留下来的大型舰艇，进而建造中小型舰艇，特别是造价在 5 亿美元之内的近海作战舰艇。根据 2004 年俄公布的计划，今后 15 年海军不会建造新的航母，不过仍会保留现有唯一的航母“库兹涅佐夫”号。从上述调整看，俄海军力量将逐步发生变化，新型海上力量将主要由近海水面舰艇与远海水下潜艇构成。

考虑到在未来相当长一段时间内俄海军执行任务的范围在近海，因此，俄罗斯重点建造一批近海水面作战舰艇，以及可用于远海作战的水下潜艇，主要包括战略核潜艇、多用途导弹核潜艇和常规动力攻击型潜艇三大类。战略核潜艇方面，新推出的第五代“北风之神”级的首艇“尤里·多尔戈鲁基”号，2004 年底在北德文斯克造船厂完工、2005 年下水、2008 年服役。多用途导弹核潜艇方面，俄海军着力发展北德文斯克级攻击型核潜艇。常规动力潜艇方面，俄海军加快发展第四代圣彼得堡级。

在新的战略思想指导下，俄罗斯要展示的是一支核常兼备、侧重近海、兼顾远海的新型海军。

新一轮深海争夺战：俄罗斯海空力量恢复“全球渗透”。2007 年 12 月 5 日，俄罗斯国防部长谢尔久科夫宣布，俄航母战斗群已经前往地中海，目的是恢复俄海军在世界各大洋的例行巡航。这是继 2007 年 8 月中旬，俄空军恢复曾一度中断的全球空域巡逻后，俄罗斯为重振军力所做出的又一重大决定。而以美国为首的北约国家为有效扼制俄军的崛起，也加紧了其全球战略部署的新一轮调整步伐。

这一天，谢尔久科夫向普京汇报：“从今天至 2008 年 2 月 3 日，俄海军计划向大西洋东北部和地中海派出舰艇，航行的目的是保证俄军的海外军事存在，并为俄罗斯的海上通道安全创造条件。”

莫斯科时间当天 12 点，由“库兹涅佐夫”号航空母舰、两艘大型反潜舰和一艘油轮编组成的舰队已经启程前往地中海北部海域。“莫斯科”号导弹巡洋舰和“伊万·布诺夫”号海轮编组成的黑海舰队分队及后续舰艇，也将一同前往地中海。整个编队最终将包括11艘各型舰艇、47架飞机和10架直升机。

在总共71天的远航时间里，俄航母编队的航程将达到1.2万海里，期间还将举行3次演习，进行海基、空基导弹实弹发射和模拟发射，并对6个国家的港口进行访问。

此次俄海军大张旗鼓地重新实施战略巡航，不仅是对8月俄航空兵部队恢复战略轰炸机远程巡航的有力策应，更体现出俄军欲重新崛起的努力与信心。

在俄外交和国防政策委员会政治纲领负责人费奥多罗夫看来，恢复冷战后停止的海、空全球巡航，是俄罗斯“全球渗透战略”的组成部分。据他介绍，从军事角度来看，全球渗透不仅包括俄飞机恢复战略巡航、俄军舰回到地中海，俄还要大幅度扩展太平洋舰队的“责任区”，甚至包括在俄武装力量内部成立“北极司令部”。

面对俄军的强力行动，西方媒体称这是克里姆林宫重返冷战时代的动作。而以美国为首的北约国家，则加紧了对俄全面封锁的步伐。

在陆地方向，北约东扩依然步步紧逼，不仅继续蚕食俄的战略纵深，同时还试图在波兰、捷克等中欧地区建立导弹防御系统；针对俄空军的远程战略巡航，美国、英国等国战机也相应增加了拦截任务。

海上方向，美军在黑海、波罗的海、里海等地区持续压缩俄传统势力范围。可以说，“海陆并进”封锁俄军的“全球渗透”，已经成为西方新的战略目标。

另外，针对近期俄海军重提航母建造计划，并打算在2020年左右拥有6支航母战斗群后，美军迅速调整了自己的造舰计划：原定的轻型濒海战斗舰计划被暂时搁置，而排水量1.4万吨的导弹巡洋舰项目得以顺利上马。确保美军航母战斗群拥有对俄海军的绝对优势地位，再次成为美军的优先任务。

尽管西方国家对俄战略封锁已经取得部分成效，俄军的战略活动空间被持续压缩，但迅速发展的国内经济以及稳定的政局，却为俄军的重新崛起打下坚实的基础。

一些俄罗斯专家都认为，这次崛起是“不可逆转的”，而且不会像苏联时期那样成为国家发展的包袱，因为现在俄军的“全球渗透”更灵活、规模更小，完全是从俄现有国力出发。

更为重要的是，俄罗斯仍然拥有决定性的战略核打击力量。2010年前，俄将保留约10至12个师的战略火箭军，俄政府已经为他们提供了未来10年发展所需要的资金。这些战略威慑力量的存在，为俄海军、空军的崛起提供了强大的后盾与足够的时间。

2007年12月21日，俄罗斯海军“库兹涅佐夫”号航母战斗群悄然驶抵地中海，在一系列秘密进行的军事演习中，隐藏在北冰洋、大西洋、太平洋深海的俄战略导弹核潜艇调整航向，向预设区域发射洲际弹道导弹，突袭“敌国”。

普京暗示，战略核力量将是这一系列演习的重要部分。俄新社的评论是，“俄正在继续建造先进的核潜艇，以保持足够的核威慑力量。”

对于这一系列军演，舆论认为，其针对性无疑指向了一个月前美英核潜艇在北冰洋深海举行的代号为“2007 · 冰”的联合军演——目标为探索北冰洋的深海航道和核潜艇在北冰洋海底的技战术性能。

随后，美国一艘“洛杉矶”级核潜艇配备了一架X-47B型无人战斗机，在大西洋深海进行了发射试飞。这是美国隐藏在深海的核潜艇第一次装备并试飞无人战斗机。

几乎与此同时，美军专家发出“警告”，到2020年前后，美海军将拥有大约1000艘各型无人深海潜艇，形成强大的深海无人作战力量。

看来，2007年8月2日俄罗斯在4261米深的北冰洋海底插旗的举动，无疑吹响了军事大国新一轮深海争夺的号角。

早在上个世纪50年代冷战开始后，美苏两个超级大国就开始争夺全球海洋霸权，而幽深的海底同样危机四伏。

苏联海军在争夺深海的“暗战”中走在了各国前面，曾建造了世界上独一无二的全钛合金艇体的“阿尔法”级核潜艇，下潜深度可达1200米，是名副其实的“深海猛鲨”。冷战期间，苏联又下潜了排水量高达3万吨的全球最大的“台风”级战略弹道导弹核潜艇。庞大的“台风”长年累月在北冰洋的深海巡逻，可穿越数米厚的冰层发射24枚“SS-N-24”型潜射洲际弹道导弹，打击12000公里以外的敌国目标，是当之无愧的从深海控制威慑大陆的“深海杀手”。

虽然各国的核潜艇在深海的军事行动是极端保密的，但是从不时发生的深海事故中，各国核潜艇的游弋踪迹仍可察觉一二。

1963 年 5 月，美国“长尾鲨”号核潜艇在百慕大群岛附近的 4000 米深海处失事沉没。5 年后，美海军却在太平洋夏威夷群岛西北 380 公里处的 4100 米深海中，成功地对一艘失事沉没的苏联 G 级弹道导弹核潜艇实施了打捞，捞起了当时苏联海军最先进的“SS–N–4”型潜射核导弹和“鲟鱼”B3 型 533 毫米核鱼雷，因此获得了极为珍贵的情报。

此后，1977 年 2 月和 1983 年 6 月，苏联海军的 VIII 级核潜艇、“共青团”号核潜艇分别在大西洋亚速尔群岛附近的 4000 米深海和挪威海 2000 米深的水下失事沉没；美、苏核潜艇也在地中海、巴伦支海、直布罗陀海峡、阿拉伯海、对马海峡等深海频繁发生军事演习中的相撞事故；2007 年 3 月，英国海军“特拉法尔加”级核潜艇“勇气”号在北极深海发生事故后浮上冰面。

进入 21 世纪，随着陆地资源和近海资源将日益枯竭，各国都不约而同把目光投向了深海。

2007 年 8 月底，英国海军向世人展示了据称噪音比一条小鲸鱼的动静还小的“世界上隐蔽性能最好”的核潜艇——“机敏”级深潜型核潜艇；10 月中旬，法国的“无畏”级大潜深核潜艇即将装备“M–51”潜射洲际弹道导弹，法兰西海军深海实战能力又向前跨了一大步。

为了在海洋世纪里进一步争夺对深海的控制权，俄罗斯海军加紧了在深海部署新型核潜艇的步伐。

2007 年 4 月 15 日，俄罗斯制造的第一艘“北风之神”级核潜艇下水并在靠近北极地区部署。

同时，俄海军已决定拨款 90 多亿卢布在堪察加半岛新建最现代化的核潜艇基地，其具体位置选在堪察加半岛的维柳斯琴基市附近的深海畔。该半岛在军事上有十分重要的战略位置，它面临鄂霍次克海和白令海。白令海对俄罗斯来说极为重要，平时它是连接俄四大海军舰队的最短航行路线，战时它将成为俄罗斯北方舰队与太平洋舰队进行战略支援或配合的必经海区。

该基地建成后，当今世界最先进的潜艇之一，新一代 955 最新型“北风之神”级导弹核潜艇“尤里·多尔戈鲁基”号将首先部署到那里。

随后，另外两艘正在建设中的核潜艇“亚历山大·涅夫斯基”号和“弗拉基米尔·莫诺马赫”号也将部署到新的核潜艇基地。这3艘核潜艇每艘将装配12枚“圆锤”弹道导弹，每枚导弹可携带10枚分导核弹头，射程超过10000公里。它们都将部署到太平洋舰队。而此前苏俄海军的核潜艇主要部署在北方舰队，其主要基地是北莫尔斯克港和科拉半岛。

俄罗斯海军做出如此重大的战略行动，一方面是为了加强深海的军事力量，另一方面也是对美国及北约发出严厉警告。

当然，美国也毫不示弱。美军已在水深900米的洋底建立了借助深水装置固定的作战基地，并准备将部分基地设在大西洋山脊的峭壁上，以便进一步完善深水洋底的基地网，适应海底战场作战的需要。

在深海武器方面，美海军继推出“海洋探险者”、“曼塔”、“奥德塞”Ⅲ、“远距离环境监测单元系统”(REMUS)、“战场准备自主潜动器”(BPAUV)等自主潜航器后，还在研究新型自主潜航器，如主要用于特种作战部队的支援与攻击、反水雷、沿海地区潜艇跟踪以及情报、监视和侦察任务的“任务重组无人水下航行器”(MRUUV)等等。

海底作为军事斗争中又一个激烈的战场，将成为现代和未来海战中争夺的要点，因此世界各主要海洋国家都在加紧调整深海战略。

美国海军依据《美国海洋行动计划》、《21世纪海洋蓝图》等政府海洋法规重新修订了关于深海军事行动和作战的相关条令，进一步明确了“由海向陆”的海军战略中深海控制作战的地位和作用。除了要确保“俄亥俄”级战略导弹核潜艇和改装过的巡航导弹核潜艇部署在深海作为美国的战略、战术威慑打击力量外，还要把最先进的“海狼”级、“弗吉尼亚”级核潜艇以及在研的无人深潜器用于深海情报侦查、反潜作战、追踪并驱赶外国的核潜艇等深海作战平台，确保美国海基战略核力量的绝对安全，夺取主动权。

日本海上自卫队按照其政府“海洋立国”的新战略，制定了重在夺取并控制利用海洋资源的深海军事行动和作战的具体措施。主要是加紧最新型“亲潮”级潜艇深海作战的转型训练，提高与美海军“洛杉矶”级核潜艇在日本以东、以南方向的深海联合作战的能力。再就是加紧建造新一代大型的AIP潜艇，这种2093型远洋潜艇排水量达

4000吨，下潜深度超过800米，具备了更优良的深海作战能力。

欧盟和北约国家也不甘落后。英国皇家海军将重点打造“前卫”级和“机敏”级联合深海核舰队；法兰西海军加速“无畏”级和“梭鱼”级深海核舰队成军；德意志海军则依靠212型AIP潜艇部队在深海角逐中异军突起。

与欧美老牌海洋强国相比，澳大利亚、印度、韩国等新兴海洋国家也要在新一轮深海争夺中占据一席之地。

澳大利亚海军已公布了现役“柯斯林”级潜艇的升级改造计划，并即将向全球厂商招标研发下一代潜艇；韩国海军在刚刚建立了亚太地区最大的德制209型潜艇舰队后，又迫不及待地引进了最先进的德制214型AIP潜艇；印度海军的做法更是离奇：从法国引进最新的“鱼”级潜艇，从俄罗斯租借“阿库拉”级核潜艇，同时本国也在开工建造新型核潜艇，可谓三管齐下。

这些新兴海洋国家不寻常的举动都只有一个目的：那就是努力获得深海军事力量的优势，在深海军备竞赛中占据主动地位。

当今海洋军事强国在关注陆战场、空战场、网络战场以及太空战场的同时，也对加紧开辟和使用深海战场给予高度的重视。未来在深海部署的水下航母、全电动潜艇、深海机器人部队、海基激光炮、离子束武器、海空两用无人机、核潜艇、潜射巡航导弹和反卫星导弹等新一代高技术武器，将会改变传统陆战、空战的方式，使未来战争的突然性剧增，并改变战争模式。

深海海底作为军事斗争准备中新开辟的战场，必将成为未来海战中激烈争夺的焦点。

2008年2月12日，俄罗斯“尤里·多尔戈鲁基”号在俄北极圈内城镇北德文斯克下水。这艘新一代“北风之神”级潜艇得名于古代帮助守卫莫斯科的一名斯拉夫族王子，载员107人，连续100天潜于水下。这是前苏联解体后俄罗斯下水的第一艘新一代潜艇。

前苏联解体后，俄罗斯海军建造部门损失大部分人才和政府拨款，致使第一艘新一代核潜艇历时超过12年才建成。

建造“尤里·多尔戈鲁基”号是复兴俄罗斯海军迈出的一大步。在建过程中，潜艇2007年被移至一个干船坞。当时，俄罗斯第一副总理谢尔盖·伊万诺夫在场，表示建造“尤里·多尔戈鲁基”号是复兴俄罗斯海军迈出的一大步。

俄罗斯方面宣称，“尤里·多尔戈鲁基”号是当今世界上最棒的潜艇，世界上只有屈指可数的几个国家拥有这种力量，而且就算拥有海上核力量，拥有这种武器的国家也少之又少。

“尤里·多尔戈鲁基”号的服役，标志着战略核潜艇正式迈进下一代，这引起美国的关注。美国国会掌握国防预算与拨款大权的议员约翰·穆萨早前紧急前往承担美国核潜艇建造任务的骨干企业——“电船公司”视察。

美国海军认为，要想让美国海军保持绝对的水下优势，那么美国至少要保持 48 艘快速核攻击潜艇。美国海军潜艇司令约翰·多纳利将军表示，如果海军不能以每年两艘的速度建造“弗吉尼亚”级新一代快速攻击潜艇，那么到 2012 年，美国的核潜艇力量将落后于俄罗斯。

在当今各大国海军潜艇部队的兵力编制表上，共列有 370 多艘核动力潜艇的名单，它们通常被分为两大类：攻击潜艇和弹道导弹潜艇（即战略潜艇）。

核潜艇是一个国家战略力量的重要基石，一个没有潜艇的国家，不是海军强国，一个没有潜艇的海军，不是强大的海军，也不是完整的海军。潜艇特别是战略导弹核潜艇，它的有无、多少、能力的强弱，在某种意义上讲，也是一个国家国际地位的象征。

由于核潜艇隐蔽性好，机动性和突击能力都很强，可以不需要岸基兵力和其他舰艇的支援而长期在远海独立执行各种战斗任务。因此，跟一般大中型水面舰艇相比，各国海军更热衷于建造核潜艇。

俄罗斯现役弹道导弹核潜艇中的 6 艘“台风”级将服役至 2010 年至 2020 年，7 艘“D–IV”级核潜艇预计将服役至 2015 年以后。据俄媒体透露，俄军第四代“955”型战略导弹核潜艇“尤里·多尔戈鲁基”号是 17 年来俄海军下水的第一艘新型战略导弹核潜艇。

俄罗斯副总理伊万诺夫提出，“北风之神”至少建造 5 艘，它们将与“白杨”机动弹道导弹团以及改进后的图 –160 战略轰炸机一起，构成 21 世纪的俄军新一代“三位一体”战略打击力量。

2006 年 3 月，普京在俄罗斯潜艇部队成立 100 周年庆祝活动前夕宣布，俄罗斯将建成新一代核潜艇集群。普京说，现在“潜艇部队不仅是国家的军力、国家安全和利益的保障”，而且还是“坚强的意志、不屈的人”。

2006 年 4 月，普京参加了潜艇部队的纪念大会，强调核潜艇部队让俄罗斯在与海上强国的对抗中取得了战略优势。

2008 年 4 月，俄罗斯海军总司令维索茨基确认俄罗斯将建造 5 至 6 艘新型航母。

俄罗斯海军表示，新航母建造计划的终止时间是 2050 年到 2060 年，到这个时间之后，俄罗斯海军将以新航母组成的航母战斗群作为它的战斗骨干。

俄罗斯确定以航空母舰作为它海军战斗力的核心，这表明俄罗斯亟待恢复海军的远洋战斗力。

“重点在于提高国防军力质量参数”

克格勃军官出身的普京一直注重重振俄军军威，他频频穿军装亮相，主持军事会议，恢复俄军的红星和红旗标志。

2000 年 8 月 12 日，俄罗斯海军北方舰队“库尔斯克”号核潜艇在巴伦支海域参加军事演习时失事沉没，艇上 118 名官兵全部遇难。这是俄罗斯历史上伤亡最惨重的潜艇事故。

“库尔斯克”号核潜艇沉没事件在俄罗斯历史上是一个重大的悲剧性事件，突显了俄罗斯武装力量存在的诸多隐忧，其中包括军费不足、士气不高和纪律松懈等问题，同时也暴露了前苏联解体以来、特别是叶利钦时代的历史沉疴。

“库尔斯克”号核潜艇的沉没并非是必然事件，此后，俄罗斯重大核潜艇事故仍时有发生。

2003 年 8 月 30 日，俄罗斯海军北方舰队 K–159 号退役核潜艇在被拖往修船厂拆卸途中，因遭遇风暴沉没，艇上载有 10 人，仅 1 人获救。

2004 年 11 月 14 日，停靠在太平洋维尔尤金斯克军事基地的俄罗斯 K–223 号核潜艇发生局部爆炸，造成 1 人死亡、2 人受伤。

2005 年 8 月 4 日，俄罗斯一艘 AS–28 小型潜艇在堪察加半岛附近海域执行任务时发生故障，被困于水下 190 米深处。当月 7 日，它在英国无人驾驶深水装置“天蝎”的救助下浮出水面，艇上 7 人全部生还。

2008 年 11 月 8 日，俄罗斯太平洋舰队一艘核潜艇在试航时发生事故，艇上 20 多人死亡。

俄罗斯不仅核潜艇事故，其他军事方面也经常发生重特大事故。

2002 年 8 月 19 日，一直令外界感到神秘莫测的米 –26 重型直升机竟然坠毁于车臣境内的一个雷区——坎卡拉军事基地的雷区。直升机上共有 147 人，其中 114 人死亡，33 人生还。这是俄军历史上最惨重的军事空难。

经过 10 多天紧张工作，事故原因调查委员会认定，国防部应对此次事故负责。

普京下令严办玩忽职守者。俄陆军总司令、国防部副部长科尔米利采夫上将受到警告处分；北高加索军区司令员特罗舍夫上将受到严重警告处分；另有其他 3 名国防部高官也受到了不同的处分。

普京痛定思痛，痛下决心加快军事改革的步伐。

2004 年 2 月 10 日至 18 日，一场震惊全球的俄罗斯三军核战演习载入史册。

这次军演是普京拍板的，陆、海、空三军和战略导弹部队、航天兵、空降兵以及 6 大军区的常备部队都参加了演习。军演过程，普京“入海上天”的举动用心颇为良苦。

国际政治和军事观察家认为，普京这样做的更重要的原因是他希望能借此抚去“库尔斯克”号核潜艇沉没事件的阴霾，同时也释放出更多的“含义”。

俄罗斯军演中的意外早在普京预料中，他正是借军演逐一发现俄军积年已久的问题，并趁机树立超越美国的导弹防御体系。

普京最终为军演出错定了基调：“我们已经有近 20 年没有展开大规模演习了，出现一些小错误是难免的。我们最终将发现并解决这些错误和问题，事情会变好的。”

普京是借军演推行他的新军事战略，彻底清算前苏联留下的烂摊子，并在此基础上建立新导弹防御体系，整编传统军事势力，打造“普京版”俄罗斯军队。

俄罗斯联合军事体制的“翻盘式”改革。俄罗斯历史上是一个尚武的国家，始终把军事的强大，看做国家生死存亡的大事。为了保持军队在世界上的领先地位，曾先后进行过数次比较大的军事改革：如16世纪中叶伊凡四世的军事改革；18世纪初彼得一世的军事改革；19世纪中期米留金的军事改革；1905年至1912年军事改革；1917年之后新建苏军等。这些颠覆性的军事改革，推动了俄罗斯军队的近现代化进程。

1991年的海湾战争，深深地刺痛了俄罗斯。伊拉克不仅是俄罗斯在中东地区亲密的盟友，也是完全使用苏式武器和建军思想武装起来的一支强大的地区武装力量。但却在短短的42天内被打得落花流水。前苏联解体后苏军四分五裂，俄罗斯军队刚组建，就从1992年开始展开了脱胎换骨的“翻盘式”改革。

1992年5月，按照新任国防部长格拉乔夫的改革设想，俄罗斯军队建设的总目标是建设一支“精干、强大而又便于指挥的现代化职业军队”。由于受国内经济形势持续恶化影响，军费严重短缺，直接影响军队训练和战备任务，改革严重受阻；再加上发动第一次车臣战争的两大原因，导致俄军改革未能如期完成。

1996年7月，叶利钦任命罗季奥诺夫上将为俄罗斯国防部长。罗是鹰派人物，强调要恢复和保持俄罗斯在世界上军事强国地位，必须推进军事改革。但罗的军改方案遭到在军事改革方面有较大发言权的国防会议秘书巴图林的否决，更为严重的是国家经济难以维持庞大的军事力量，罗季奥诺夫军队改革宣告流产。

1997年5月，叶利钦任命谢尔盖耶夫为国防部长。同年7月，谢以罗季奥诺夫和巴图林的改革方案为基础，制定出新一轮军事改革方案，规划了2005年前俄军建设和改革的蓝图。

俄罗斯推行军事改革，源于军队里层出不穷的问题：重大军事事故不断发生；俄军训练不足，军心涣散，军纪松弛；军队官员腐败严重。

几乎每任国防部长上台，都要将军事改革的战车向前推进一步，军改也都是老问题，但始终没有有效根除。

普京不得不从根本上改革俄军事机构的体系，任用新人。

2004年2月的俄罗斯军演后不久，普京签署总统令，解除了俄军总参谋长克瓦什宁大将、俄内务部队总司令季霍米罗夫、俄联邦安全局负责北高加索事务的副局长叶日科夫和俄罗斯北高加索内务部队司令拉布涅茨等一大批俄军和强力部门高官的职务。

普京同时对俄军和有关强力部门进行了重大人事调整，对俄军高层进行了一次大换血。这是普京总统第一任期俄罗斯军事改革的序曲。

2001 年 3 月 28 日，普京任命与其关系密切的前情报官员伊万诺夫为国防部长，负责推进军事改革，力图把俄军建成一支有能力以较小的伤亡和更先进的装备对付各种威胁的职业化军队。

伊万诺夫上任后，重点从四个方面对军队进行了改革：一是使军事原则符合新的威胁范围。二是简化指挥链，将国防部变为一个更精简、更有效的机构。随着《国防法》的修改，俄军作战控制权已实现了从总参谋长向国防部长的转移。三是通过增加拨款恢复士气，扭转长期下滑趋势。四是开始分阶段建立一支全志愿兵军队的行动。

自 2001 年至 2004 年 7 月，受前总参谋长阿纳托利·克瓦什宁的阻挠，伊万诺夫军事改革方案一度受到干扰。为降低总参谋长的地位，改革派对联邦《国防法》作了修改，俄军作战控制权实现了从总参谋长向国防部长的转移。军改开始初见成效：俄军合同兵役制计划实施顺利；作战训练的强度和质量得到提高，陆军和空军接受第一批新型升级武器，国防开支增加，官兵士气回升。

2005 年底，俄罗斯军方抛出了改革新方案，由于其内容几乎是颠覆性的，世界为之哗然。

改革计划提出了具体时间表。即 2006 年至 2007 年，解散武装力量各军种总司令部；2006 年至 2008 年，解散军区；2008 年解散航天兵和特种作战司令部；2010 年，解散战略火箭兵；2005 年至 2008 年，解散舰队，将波罗的海舰队重组为 2 个水区警戒舰艇支队、黑海舰队改变为 1 个水区警戒舰艇支队。而裁军 15 万，削减 200 个将军职位等动作使改革更具震撼性。

有人称这场军事改革可与 19 世纪沙俄时期得米特里 · 米留金陆军元帅所进行的改革相媲美。

2006 年俄罗斯军改步伐突然提速，让全世界大吃一惊。

普京在第七个国情咨文中指出："俄罗斯军队的现代化问题是当

前俄罗斯最主要、最现实的问题。俄罗斯作为拥有核武器以及强大军事政治影响力的世界大国应该肩负起维护世界稳定、消除威胁的主要责任。”

俄罗斯国防改革重点包括军队体制改革（重组总参谋部和采用新的指挥和控制体制）；国防动员体制改革；军队现代化建设和军备改良；安全领域改革，重点提高反恐作战能力；实施文官控制军队。另外，保留核威慑也是国防改革的重要组成部分。

——改革编制和指挥体制。2010 年至 2015 年完成军队结构改革。首先，撤销陆海空三军总司令部编制，职权收归总参谋部，成立相应的陆军、海军和空军局，明确区分国防部和总参谋部的职能。其次，废除战略火箭兵、航天兵和空降兵司令部，组建战略核力量、军事航天防御、快速反应部队司令部。再次，大幅精简六大军区、四舰队司令部机构，使其变成行政管理机构。

根据地域原则，在东、西、南三个战略方向成立地区司令部，统辖地区内各军兵种部队。东部地区指挥司令部总部设在乌兰乌德市，统辖远东军区、西伯利亚军区，伏尔加河沿岸—乌拉尔军区，太平洋舰队也包含其中；南部地区指挥司令部总部设在萨马拉市，统辖北高加索军区、黑海舰队和里海分舰队；西部地区指挥司令部总部设在莫斯科市，统辖圣彼得堡、莫斯科两个军区，以及莫斯科特种司令部、波罗的海舰队、北方舰队。由于俄罗斯北部是气候恶劣的北冰洋，所以俄军没有设立北部地区指挥司令部。

——联合后勤：建立统一的后勤体系是国防—安全基础设施改革的重要组成部分，预示着军队体系本身将会发生一些变化：优化指挥和控制体系，消除地区指挥体制臃肿的现象，加快军队和其他武装力量的后勤保障和技术援助设施的统一。2007 年俄罗斯成立专门负责采购和外包武器和军事装备的文职局。

——部队建设现代化和装备改良。俄计划在 2020 年完成战略核威慑部队的现代化，特别是俄海军在建的和计划未来建造的“伯力”级核潜艇。永久战备部队中，空降部队 2006 年至 2010 年发展计划包括创建特种空降和空中攻击部队，山地突击队。最重要的是空降部队 2006 年至 2008 采购计划主要集中获取高技术装备，力求部队作战力提高两倍。

——国防支出。2000 年俄国防预算仅有 60 亿至 70 亿美元，每个军人平均不到 1 万美元，是美国的 1/18。训练费仅占军费预算的 1%。从 2003 年起，国防支出开始大幅增加，每年军费增长都在 20% 以上，使国防预算从 2000 年的不到 70 亿美元猛增到 2007 年的 374 亿美元，从而转扭了国防预算捉襟见肘的局面。

——改革国防工业。俄罗斯计划在 2010 年完成军工企业的改革。国防工业的改革刺激已有 579 家国有军工企业和 428 家控股军工企业的合并和收购。同时促使一些企业破产、关闭或与其他企业合并。

——建立文职控制军队制度。作为 2004 年行政体制改革的一部分，军队直接隶属总统，为了防止军队体制上独立，总统行政部门正在对军事和安全机构实施有力的控制。2007 年 2 月，普京任命国家税务总局原局长谢尔久科夫担任国防部长，首次在俄罗斯历史上实现了国防部长的文职化。

——削减军队员额，优化军兵种结构，建立跨军种指挥体制。计划到 2010 年，俄军将由三个常设地区司令部和战略核力量、空天防御两个职能司令部来对武装力量和各强力部门部队进行统一指挥，各军兵种的协同行动更加简化。俄军组建混编常备兵团，营和团为基本战术单位，旅和师为主要作战兵团，成为自主作战集群。同时，减员增效。2006 年俄军总兵力为 120.7 万人，计划在未来 5 年内裁军 20 万。从 2004 年开始到 2012 年，俄罗斯军队将彻底向职业化转变。

俄罗斯联邦武装力量是构成俄联邦国防基础的国家军事组织，由中央军事指挥机关、各军种、独立的兵种和武装力量后勤编成的军团、兵团和机关，以及各军兵种编成的部队机关组成。

普京要求“把军队规模降下来，重点在于提高质量参数”。2005 年，俄军总兵力由 120.7 万人裁减到 113.48 万人，计划到 2011 年进一步裁减到 110 万人，到 2016 年再裁减到 100 万人以内。俄联邦武装力量军种包括战略火箭军、陆军、防空军、空军和海军，独立兵种有军事航天力量。按照 2007 年的统计资料，具体分布如下：

俄战略火箭军是俄罗斯战略核力量的主要组成部分，是装备远程导弹核武器的军种，约 10 万人，编有 5 个火箭集团军。

俄陆军是俄联邦武装力量人数最多的军种，占武装力量总人数的40%。编制上俄陆军划分为8个军区，即列宁格勒军区、莫斯科军区、北高加索军区、伏尔加河沿岸军区、乌拉尔军区、西伯利亚军区、后贝加尔军区、远东军区等。战时，将在军区的基础上组建方面军。

俄防空军有对空导弹—空间防御兵、防空航空兵、防空导弹兵和无线电技术兵等兵种。

俄空军编有轰炸航空兵、歼击—轰炸航空兵、歼击航空兵、强击航空兵、侦察航空兵和运输航空兵等兵种。还有远程航空兵、军事运输航空兵等。

俄海军包括水下兵力、水面兵力、海军航空兵和海岸兵等兵种，以及舰队防空兵等。编制上有4个舰队，即太平洋舰队、北方舰队、波罗的海舰队和黑海舰队。海军战略核力量装备有战略导弹核潜艇。

俄军事航天力量的前身为国防部航天器部，后改为独立的兵种，直属俄联邦国防部。

武装力量后勤的使命是为军队提供日常生活保障。另外有预备役部队、准军事部队，包括边防军、联邦警卫部队、联邦保密部队、联邦安全部队、联邦通信和情报信息部队、铁道兵等。

俄军特种部队由陆军特种部队、海军特种部队、空降兵特种部队、内务部特种部队和联邦安全总局反恐怖特种分队等五部分组成，共有特种部队20余支。其中陆军特种任务旅、海军陆战队、空降兵特种任务团、内务部独立作战师和联邦安全总局反恐怖特种分队是俄军特种部队的主要组成部分。

俄联邦安全总局是俄政府的部级机构，直属总统管辖，其下设的特别行动局，是该总局反恐怖活动的主要部门和“实力分队”，下辖“阿尔法”、“信号旗”、“贝塔”、“天项”、“织女星”等反恐怖特种分队。车臣战争后，“阿尔法”特种分队的大部分改编为总统警卫部队，约700人，其中包括一支200人的精锐部队和几支较小的分遣队。原内务部“织女星”特种作战部队于1995年移交给联邦安全总局。

俄罗斯国防改革尽管开始进展缓慢并且困难重重，但是改革还是稳步前进的，改革成果也不断涌现。

“俄军应当准备未来的战争，而不应准备过去的战争”。2003年9

月，俄罗斯著名军事理论家斯里普琴科发表了一篇题为《俄罗斯需要新型军队》的文章，明确提出：俄军应当准备未来的战争，而不应准备过去的战争。他建议在今后的军事改革中，对俄军现有指挥体制和军兵种结构进行彻底的改组：加快研制常规高精度武器的进度，以彻底改造俄罗斯陆军为核心。

斯里普琴科这篇文章的发表，表明经过10余年军改成果的量变积累，俄罗斯军方对现代和未来战争的特点，以及为适应这些特点，如何建立新型俄军已经形成共识。

俄格南奥塞梯武装冲突，让俄罗斯看到自身军事体系和世界最新军事水平的差距，而这种落后的现实，在北约军队兵临城下（黑海军舰对峙）的当口，无疑让俄罗斯感到担忧和焦急。

2008年10月14日，俄国防部长谢尔久科夫突然宣布将对俄罗斯军队进行大规模改革，即到2012年前，俄罗斯将把武装部队从现在的130万削减到100万，其中军官数量将从现在的35.5万减少到15万。

俄罗斯此次军改还将撤销师和团，改设旅，并把国防部和总参谋部及其附属机构人员裁减约60%。这些重大举措不得不让人惊叹俄罗斯的战略魄力：这既可以看做对以往军改的进一步推动，也可以视为俄罗斯军改新的里程碑。

——打造新军重新参与世界争衡。从世界军事变革的大趋势看，美军和欧洲国家军队已经从20世纪末的思想发端、理论动员、学说实践和装备更新，进入到编制体制调整的最后成型阶段。俄罗斯一直认为世界是丛林法则的世界，不能走进世界军事列强的行列，就只能成为它们的猎物，所以俄罗斯复兴崛起的第一目标，就是锻造一支新式大军，重新参与世界争衡。

——庞大常备军是对国防经费的浪费。美国能在全球范围部署武力，却只有150多万军队，而俄罗斯只需要防卫1000多万平方公里的国土，130万军队有点多了，于是决定再裁30万。未来战争比的是速度、高度、长度和精确性，这些因素的乘积就是力量。将有限的国防经费用于军事现代化更有利于国家和民族安全。

——强军先裁军，裁军先裁官。世界任何一支军队的改革，最头疼、最棘手的都是裁减军官，容易影响军改全局。所以，俄军此次采取自然消亡的做法，就是为了不产生太大的震动，在裁减将官的同时，将大幅增加对未来作战作用巨大的基层军官的数量。重点裁减军官是俄军此次裁军最大的亮点。

——按自上而下，先理顺机构，后现代化的顺序进行。

——确立全球宇宙攻防战意识。未来战争将是全球宇宙地海攻防战，纵向是从太空到地面，所以，俄罗斯军改的一大特色就是组建航天兵；横向就是全球范围，把洲际范围看做常规战场。这从俄罗斯航空母舰巡弋世界大洋，战略轰炸机到拉美演习，频繁进行核潜艇和洲际导弹发射，构建全球卫星定位系统等，可以看出俄罗斯的军事复兴思路。

——重点裁减陆军，加强海空军。美国已有 12 艘重型航母，俄罗斯只有 1 艘中型航母；美国第一代隐形战机已经退役，俄罗斯的隐形战机还在实验室里。到 2010 年，美国由 4 种隐形战机——重型战斗轰炸机 F-22、联合攻击战斗机 F-35、无人驾驶战斗机和隐形战略轰炸机组成的隐形空军就将整体亮相，俄罗斯要达到这一步还是遥不可及的梦想。俄罗斯已经宣布造 6 艘航母和 6 艘核潜艇，同时准备 2009 年试飞隐形战机等。

——确立职业化军队建设方向。

外部巨大的军事压力、内部充盈的财力和与生俱来的世界雄心，正在急速催生 21 世纪俄罗斯“创新型”军队。

2015 年重振“军事帝国”。2008 年 5 月 9 日，在卫国战争胜利 63 周年之际，俄罗斯在红场上举行了盛大的阅兵式，阔别了 17 年的重型武器装备重返红场。俄新任总统梅德韦杰夫和总理普京出席阅兵仪式。

在这次阅兵式上，俄罗斯军队的新军装正式亮相。时装评论员们说，新军装带有怀旧特点，复兴了俄罗斯帝国时代军装的不少风格，还融合了苏联时代红军军装的元素。

俄罗斯《消息报》称，设计复兴了 19 世纪的“轻骑兵”风格，而苏联时代的红星则由俄罗斯帝国的双头鹰徽章取代。

俄罗斯人似乎就是要通过这一切向国际社会展示些什么……

其实，红场阅兵的确是苏联和俄罗斯的一个老传统。1945 年 5 月 9 日，苏联军民经历了 1418 个日夜的浴血奋战，以牺牲 2700 万人的代价终于攻克柏林、战胜了德国纳粹，那一天被确定为“卫国战争胜利日”。

前苏联解体后，许多苏联时期的节日都被淡化，但“卫国战争胜利日”却并没有随着时间的流逝而被俄罗斯民众遗忘。据全俄社会舆论研究中心 2008 年 5 月 4 日发布的一份民意调查结果显示，70% 的俄罗斯民众对红场阅兵式恢复展示重型武器的做法持肯定态度。

阅兵式上，新总统梅德韦杰夫首先赞扬卫国战争胜利的意义。他说：“胜利日庆典最为神圣，这已成为我们国家团结的一个象征。”

军乐队和将近 8000 名俄罗斯各兵种士兵依次正步从主席台前走过。除梅德韦杰夫和普京等国家领导人外，主席台上还有多名老兵，胸前挂满勋章。当天阅兵式还展示了 100 多件重型武器和 30 多架战斗机和直升机。

俄罗斯媒体报道说，苏联时期，重型武器装备展示是红场阅兵式重要组成部分。俄罗斯 1991 年取消红场阅兵式，而 1996 年恢复后一直没有展示重型武器。

普京和梅德韦杰夫均具有浓重的“强军”情结——“俄罗斯没有理由不成为军事大国、军事强国”。

一年一度的慕尼黑安全会议是全球防务政策的重量级会议，素以防务界的“达沃斯年会”著称，共有来自全球 50 个国家的政府官员、学术机构代表和国际组织代表等出席会议。

2007 年 2 月 10 日，在第 43 届慕尼黑安全政策会议上，普京措辞严厉地抨击了美国的单边主义、滥用武力、在东欧部署反导系统以及北约东扩，引起舆论一片哗然。

从 2007 年下半年开始，俄罗斯军事动作频频，引发外界关注。俄第五代战斗机 2015 年前成型、大规模防空计划将在 2015 年完成、俄罗斯现代化武器装备比重 2015 年前将达到 40% 至 45%……

“2015 年”这个关键词频频出现，对俄罗斯来说，2015 年成了军事实力跃升的分水岭。

2007 年 7 月 25 日，普京在克里姆林宫接见来自国防部、国家安全委员会、内务部、紧急情况部、对外情报局等强力部门的 44 名高级官员时说，俄罗斯目前除了面临全球性威胁——发生局部冲突的威胁、极端行动和恐怖袭击的危险等，还出现了新的外部威胁，这就是“北约东扩、美国在东欧部署反导系统和在欧洲国家建立基地”。

2000年，普京也曾评估了俄所面临的威胁——内部威胁、外部威胁和跨境威胁。

俄专家认为，随着国内局势的稳定、经济的持续增长和车臣反恐的不断深入，俄所面临的内部威胁和跨境威胁已不那么紧迫了。在普京看来，该是俄罗斯腾出手来解决外部威胁的时候了。

2007年下半年，俄罗斯先是在欧洲反导系统问题上同美国软磨硬顶，继而决定暂停执行《欧洲常规武装力量条约》，又同英国相互驱逐外交官，甚至让战略轰炸机逼近英伦三岛……

继2007年8月初，俄罗斯将国旗放置在北极极点下4000米的海底之后，俄罗斯又宣布重新恢复战略轰炸机战略飞行值班，战略轰炸机先是南飞太平洋，监视美国在关岛附近举行的规模空前的海空演习，随后，又出现在北大西洋上空。

2008年开始，俄罗斯停止履行《欧洲常规力量条约》，并且说要中止《中导条约》;俄罗斯海军航母编队也已恢复了中断15年的远洋巡航，战略轰炸机恢复了全球值班飞行；部队训练强度明显加大，各种规模的演习接连不断；俄罗斯与美国围绕太空军事化、北极地区资源的争夺也在不断加剧；在俄恢复独联体传统势力范围和中东欧战略缓冲带问题上，双方唇枪舌剑的争吵更是难以降温。

这是俄罗斯2007年启动一系列军力展示的延续。国际舆论评价是俄罗斯在向世界表明，它有使用武力，包括战略核力量，维护自己核心国家利益的决心。

俄罗斯一向把安全利益置于国家利益的首要位置，对安全环境的判断必然影响到其内外政策特别是军事安全政策的制定。

2008年初，俄国防部就着手制定“2020年前军队建设计划”。基本原则是：在提高战略核力量的质量和威力的同时，加强常规机动力量建设；根据“非对称原则”，争取在2015年前建设一支与军事威胁和财政能力相适应、能够应对各种安全威胁的现代化“创新型”军队。

2008年，俄罗斯制定了新的国家安全构想。新构想明确判断，以美国为首的北约对俄罗斯构成主要安全威胁，并且可能发展成为俄罗斯的主要战略对手。因此，俄军事战略将在保持“防御性”框架的同时，更加强调应对外部威胁的积极性和主动性，坚持“先发制人”原则；在继续强调核与常规“双遏制”的同时，更加倚重核力量；突出“空天遏制”的战略地位，加大空天战场建设；确立“非对称”原则，谋求低水平战略平衡；强化联盟战略，加强军事一体化建设。

俄罗斯制定了2020年前的武装力量发展战略，投产新式武器，建设一支“创新型”军队。2007年至2015年，俄罗斯将在武器现代化方面投入1890亿美元，全力打造新型洲际导弹、攻击型核潜艇和超级航空母舰，使俄军整体战斗力超过苏军。

俄罗斯国防安全战略正在经历重要的转型，从战略上看，由防守型转向进攻型，强硬的军事态势必将越来越多。但是俄罗斯军队的装备实力发展，仍然要远远滞后于这种战略转型。无论从投资、武器装备养护、新装备研发投产、还是常规兵员保持上，俄罗斯强军还有一段漫长的道路要走。

第四部分　改变

——必要与可能的黄金中点

改变，英语“CHANGE”，也称变革、改革、变化。

2008 年 11 月 4 日，奥巴马以绝对优势成功问鼎总统宝座，成为第 44 任美国总统，同时也是美国史上第一位非洲裔总统。

“Change,Weneed”（我们需要改变）。在长达两年的马拉松式总统竞选过程中，奥巴马一次又一次地对美国选民说，如果他们选择他当美国总统，“我们将改变这个国家，改变这个世界。”

2008 年 11 月 5 日，梅德韦杰夫总统发表任内首次国情咨文。而他关于“修宪”和“总统任期延长”的建议，不啻一声“惊雷”，立即在俄罗斯国内引发许多热议和猜测——是否为普京重返克里姆林宫铺路。

普京曾说：我有一个梦想，希望能有这么一天，俄罗斯人能够说“我为生在俄罗斯而感到自豪”。

普京不是一般的政治家，他没有太多亲和力却被整个国家崇拜。他在俄罗斯一片混乱的时候接手，完全根据自己的设想改变这个国家，总能在必要与可能之间恰如其分地找到黄金中点，开创了俄罗斯历史上的“普京时代”，改变俄罗斯，也改变世界。

有人把普京比喻成独裁者，有人把他视为拯救者，而更多的俄罗斯人则把他视为俄罗斯的“新彼得大帝”。

谁与呼吸

曾经在“普梅配”中担当配角的梅德韦杰夫，成为“梅普组合”权力体制中的主角，种种未知的偶然因素，都可能改变这个权力曲线方程式的“解”。

和普京给外界留下的坚决、强势的风格相比，梅德韦杰夫的行为方式比较温和、谨慎。梅德韦杰夫说，要从“像普京一样”向“与普京同行”过渡。

俄罗斯虽然没有典型意义上的所谓“自由选举”，但可控民主至少可以防止混乱民主带来的动荡，至少可以维持政治、经济和社会的稳定，至少可以争取某种效率。

经典物理学上的“隧道效应”，说的是物体越过势垒，有一阈值能量：大于此能量可以越过，小于此能量则不能越过。不过，即使粒子能量小于阈值能量，很多粒子冲向势垒，一部分粒子反弹，还会有一些粒子能过去，就像有一个隧道。

从 2007 年底到 2008 年初，俄罗斯政权严密组织、精心策划、缜密布局，一揽两次大选进程当然不是随机之举，而是有着深刻政治考虑的，它应该包括四个环环相扣的方面，这就是：在确保政权平稳交接的基础上，保证普京路线能够得到延续、贯彻，为此就需要普京依然保持对政治发展实施直接的影响和掌控，同时还要为普京在需要时重回克里姆林宫提前做出安排。

在杜马方面，两个“政权党”——“统一俄罗斯”党和“公正俄罗斯”党大获全胜，占据了新杜马 2/3 的绝对多数席位；普京卸任总统后又接任俄罗斯最大政党“统一俄罗斯”党主席。换言之，普京实际上成为主导俄议会各派力量的首脑，它从立法程序上为巩固“梅普组合”执政基础、保证“普京路线”的延续贯彻提供了制度保证。

俄罗斯政治史上出现了一个独一无二的“宪法权力交替”期。现任总统和当选总统不厌其烦地向国民保证，“梅普组合”是不同寻常的“和谐一对”，他们之间不会产生任何问题。但似乎很少有人相信，普京用 8 年时间构筑以一点为轴心的权力体系，只是为了亲手将它变成特殊的权力架构。

2008 年 5 月 7 日，俄罗斯新总统梅德韦杰夫在宣誓就职的时候，刚卸下总统职务的普京，就站在他背后几米处。

虽然离开了其执政 8 年多的俄罗斯总统宝座，但是，普京却选择了另一种方式继续影响着俄罗斯，那就是俄罗斯换了一位新总统，却上来了一位新总理——普京。

俄罗斯历史上，首次出现了卸任总统出任总理并和由他推举出的总统共治的政治局面。

普京说，“俄罗斯不会重新分配总统和总理的权力，梅德韦杰夫将以独特风格领导国家。”

梅德韦杰夫说，“俄罗斯允许政权制度发生一定的改变，但始终是一个拥有强大权力执行机构的总统制国家。我非常清楚保持稳定的政策的延续性对一个国家的重要性，我承诺继续执行被实践证明行之有效的普京路线。”

一个普京，两张面孔。“梅普组合”各司其职。简而言之，就是根据俄现行宪法，梅德韦杰夫总统兼任武装力量总司令，负责外交、国防等；普京总理则将把更多精力放在国内经济和社会事务上。

由普京主导的《俄罗斯 2020 年前发展战略》实际上是对俄未来发展道路的选择。

普京深谋远虑的“梅普组合”权力曲线方程式

“梅普组合”正式启动，标志着普京通过缜密的政治布局，实现了最高权力的顺利更迭，进而从权力机制的运作层面确保了俄罗斯发展道路的“继承性”。

梅德韦杰夫是普京钦定的接班人，其在执行普京路线的延续性方面毋庸置疑。但接任总统后的梅德韦杰夫将拥有宪法所赋予他的至高无上的权力，这无疑又给不变的俄罗斯政局带来了变化的可能……

俄罗斯政治权力中心出现了戏剧性的变化，“梅普组合”这一新鲜名词被人们热烈地谈起并频频使用。一些国际媒体把“梅普组合”比喻为现代版的俄罗斯“双头鹰”国徽。

梅德韦杰夫在大选中的高支持率，正是来自于普京总统对他的支持。与其说是梅德韦杰夫赢得了大选，还不如说是梅德韦杰夫与普京一起赢得了大选，一切尽在普京的计划之中。

这就让人们普遍感到担心，未来的俄罗斯政治权力的核心是谁？是梅德韦杰夫，还是普京？

2007 年甚至更早的时候，俄罗斯就有人提出要修改宪法有关总统任期的条款，意在使普京获得连任甚至成为终身总统，普京拒绝了。用普京自己的话说，他是严格按照俄罗斯宪法行事的总统。

普京是自信的，这种自信来源于他对“政治门生”梅德韦杰夫的信任，也来源于他对俄罗斯未来的信心。

普京运筹帷幄“梅普组合”。在 1992 年后的相当一段时间里，俄罗斯政治长期陷入混乱局面。彼时人们看到的是：一方面，各种政治势力表面上按所谓民主程序就国家大事进行着徒劳的争论，私下里权力机构内部、利益集团的各种交易决定着一切；另一方面，动荡的政坛、激烈的党派斗争，冲突多于合作的行政与立法机关的关系，不仅使国家难于形成统一的经济建设方针、很难得到有效率的改革，而且经济往往成为政治的人质，所谓改革成为一种浪费社会资源的过程。

了解这段既没有民主，也缺乏效率的历史就清楚了，在民主制度不成熟、民主社会环境缺少理智基础的情况下，虽然俄罗斯没有典型意义上的所谓“自由选举”，虽然大选更像是披着民主外衣的人为操作，但可控制的民主至少可以防止混乱民主带来的动荡，至少可以维持政治、经济和社会的稳定，至少可以争取某种效率。

这也许不理想，更会让那些“民主原教旨”人士愤怒，但它就是俄罗斯不得不做出的选择：在民主与效率中更注重后者；在试图让民主建设一蹴而就的幻想根本无法实现时，优先稳定与发展。

普京执政八年，俄罗斯取得了一系列明显的进步，成功的“秘籍”就是：加强政权对政治、社会和经济的控制，以提高国家机器的运转效率、保证社会稳定，并利用能源价格不断走高的时机，实现经济的复兴和国民生活水平的提高。因此，尽管一些人严厉抨击政治发展“反民主”倾向，尽管西方国家总借民主为由对俄罗斯指手画脚，但普京因素在俄罗斯政治发展中表现得越来越强烈，社会认可和支持也持续不衰。就是在这样的背景下，普京成了两次选举的旗帜——“跟着普京，就是跟着胜利”。

2007年10月1日至2日，“统一俄罗斯”党在莫斯科召开第八次党代会。大会一致通过了该党竞选纲领，并批准参加国家杜马（议会下院）选举的竞选团人员名单。

普京在大会上发言表示，将领导“统一俄罗斯”党竞选团参加2007年12月2日举行的新一届国家杜马选举，还表示有可能在一定条件下于2008年出任政府总理。此后，普京还多次呼吁民众在国家杜马选举中支持“统一俄罗斯”党，以确保既定方针的连续性。

“统一俄罗斯”党主席、俄国家杜马主席格雷兹洛夫作了题为《普京计划——伟大国家光辉未来》的政治报告。他说，“统一俄罗斯”党认为，继承普京的治国方针是俄罗斯继续发展的基础。

普京说：“不能允许那些曾经失败地领导过国家、如今还想改变国家发展计划的人重新上台执政；不能允许那些试图改变人民支持的方针并使国家返回受屈辱、受支配和衰败时代的人重新上台执政。”

2007年11月22日，俄罗斯北奥塞梯共和国发生公共汽车爆炸。而在莫斯科，俄罗斯亿万富翁别列佐夫斯基将自己40亿财产中的一部分拿出来资助俄总统普京的反对者推翻普京政府。

2007年11月24日，前国际象棋大师卡斯帕罗夫领导的“另一俄罗斯”等反对派政党，组织了3000人在莫斯科游行并与警方发生激烈冲突。示威的反对派抗议普京政府在大选前镇压异己，并称选举中可能出现舞弊行为。

面对大选前的乱象，普京针锋相对进行防范和打压，确保杜马选举期间政局稳定。

俄罗斯国内反对派力量主要分为左、右两大阵营：左翼反对派的核心是俄罗斯共产党；右翼政党中除传统的自由民主党、右翼力量联盟党、亚博卢俄罗斯联合民主党外，尤以民主反对派卡西亚诺夫和卡斯帕罗夫为首的新右翼最为活跃。

2007 年 11 月 21 日，普京在一个 5000 多人的集会上抨击反对派勾结外国，并称他们打算走上街头抗议政府，使俄罗斯走向混乱和动荡。普京的讲话被称为是与反对派对攻最为严厉的一次。11 月 28 日，普京在与驻俄国大使的会面会上说，“我们不允许国外势力来修正这种发展进程。”他还高调抨击俄罗斯反对派从外国使馆领取资金的说法，暗示作为西方傀儡的反对派不会为俄国家和民众利益服务，而只会随着西方的指挥棒跳舞。

普京加强打压反对派的目的在于要在俄未来政坛格局中谋取更大优势。俄国家杜马选举进入倒计时是普京对反对派进行空前严厉谴责的背景，这与普京 2007 年以来多次向西方开展强势外交形成了相互映衬。两者的目的都着眼于营造一个“被包围的堡垒”的形象，唤起俄民众的爱国主义情怀，确保普京政府一手扶持的、以维护国家利益为旗帜的“统一俄罗斯”党再次赢得杜马大选的胜利，同时也为赢得 2008 年的总统大选奠定基础。

2007 年 12 月 8 日，根据俄罗斯中央选举委员公布的统计结果，“统一俄罗斯”党得票率为 64.3%，获得国家杜马 450 个议席中的 315 席，“统一俄罗斯”党领导人格雷兹洛夫任国家杜马主席。俄罗斯共产党、自由民主党和公正俄罗斯党的得票率均超过 7%，获得进入新一届国家杜马的资格。

“统一俄罗斯”党在国家杜马选举中获胜，为普京设计的新一届总统选举和“梅普组合”政治格局奠定了基础。

2007 年 12 月 10 日，普京会见“统一俄罗斯”党、“公正俄罗斯”党、“俄罗斯农业”党、“公民力量”党等 4 个党派的领袖时，这 4 个党派联合提出梅德韦杰夫为统一的总统候选人，以参加 2008 年的俄罗斯总统选举。

普京说 :“我完全支持梅德韦杰夫为总统候选人。”围绕着俄罗斯总统继任人选的种种猜测和预言终于尘埃落定。

2007 年 12 月 17 日，“统一俄罗斯”党在莫斯科举行代表大会，正式提名梅德韦杰夫为该党总统候选人。这一天，当普京和梅德韦杰夫一起走入会场时，受到了在场的近 3000 名代表长时间的起立鼓掌。这些代表包括政府的部长，总统办公厅的成员，以及各大区的领导人。700多名记者参与报道此次会议，包括200多名外国记者，俄罗斯国家电视台也对会议进行了全程直播。所有这些，都很容易让人联想起前苏联时期苏共党代会的场景。

普京正式宣布自己的决定后，梅德韦杰夫也作了发言。他表示，自己将遵从普京的战略，并承认普京作为俄国的真正民族领袖。

俄罗斯《生意人报》评论认为，这次会议与其说是推出新的总统候选人，倒不如说是正式向国内外宣示普京作为俄国政治生活中长期政治领导人的举足轻重的地位。

《独立报》也认为，“这算不上是选举，只能说是集团内部的权力重新分配。”

会议后，普京为自己的接班人发出了第一道助选的命令，即从2008年2月1日起，也就是大选投票前一个月，将大幅度提高公务员工资。普京的总统办公厅正副主任索布亚尼和苏尔科夫也已确定领导梅德韦杰夫的选举活动。

据俄罗斯《公报》披露，普京通过赢得议会选举的成功，推动了他加速这一方案的施行。此外，“统一俄罗斯”党中央委员会前主席巴格莫洛夫被任命为选举委员会第三号人物，从而确保俄罗斯大选的计票工作不会出现任何的“失误”。

2008年2月2日，俄总统选举前的媒体宣传活动正式开始，至3月1日结束。

俄中央选举委员会正式登记的候选人有4人：梅德韦杰夫、俄共主席久加诺夫、自由民主党主席日里诺夫斯基和独立候选人、俄罗斯民主党主席波格丹诺夫。

俄罗斯总统竞选宣传活动过程中，普京始终带着梅德韦杰夫“一起胜利”，因此，梅德韦杰夫的宣传活动因此更加引人关注。

梅德韦杰夫的宣传口号有两个：一个是“我们一起胜利！”这是专门为梅德韦杰夫与普京一起亮相而准备的；还有一个是普京的座右铭“俄罗斯——前进！”主要刊登在为数不多的户外广告牌上，广告牌上有梅德韦杰夫和普京的形象。

竞选宣传活动过程，梅德韦杰夫几乎成了普京的“影子”。无论是在独联体非正式峰会上会见外宾，还是到茹科夫斯基航空工业中心参观苏 –35 战机；无论是出席国务委员会扩大会议，还是在“祖国保卫者日”向无名烈士墓献花，能看到普京活动的人们几乎都能发现梅德韦杰夫的身影。

俄罗斯政治分析家说：“今天，梅德韦杰夫是普京的影子，普京在前台为梅德韦杰夫站台拉票，希望俄民众积极投梅德韦杰夫的票。明天，普京就会成为梅德韦杰夫的影子，普京将站在后台为梅德韦杰夫撑腰打气，帮梅德韦杰夫进一步实施‘普京计划’。”

普京的“政权党主席＋政府总理”定位。2008 年 5 月 8 日，普京除了出任俄政府总理之外，还多了一个新的职务——“统一俄罗斯”党主席。

2008 年 4 月 15 日，普京接受俄议会第一大党“统一俄罗斯”党邀请，答应在其总统任期结束后出任该党主席。成为“统一俄罗斯”党主席后，普京实际上获得了“额外的权力杠杆”，成为一位“无法被罢免的总理”。因为，“统一俄罗斯”党在俄杜马 450 个议席中占 315 席，这进一步巩固了普京在卸任后的政治地位，普京完全可以借助“统一俄罗斯”党操控议会，甚至可以修改宪法、弹劾总统。

普京的决定确立了他卸任总统职位后在俄罗斯政权中的党政地位。外界普遍认为，这是普京深思熟虑的结果，也是他为实现未来国家发展战略目标采取的一个必要举措。

普京之所以同意加入“统一俄罗斯”党，一方面因该党在杜马选举和总统选举之后威信大增，党员人数急剧攀升。截至 2008 年 4 月，“统一俄罗斯”党员已接近 200 万之众，基础越加牢固；另一方面，普京要实施国家发展战略计划，必须依靠一支在议会和政府中拥有多数派支持的队伍，而该党在杜马选举中赢得了 450 个议席中的 315 席。

普京需要一个与其步调一致的政党，围绕着同一个核心目标即保障俄现行方针的延续性，实现国家长远发展战略计划。“统一俄罗斯”党显然是他最理想的选择。

普京同意在新总统宣誓就职后开始担任“统一俄罗斯”党主席。这一表态受到俄政界人士的普遍欢迎。俄国家杜马一些领导人表示，普京的决定对于国家的命运具有“最重要的意义”，他将能够使政府、议会、政党之间建立平等的政治联系，“保障国家政治制度的稳定，保证国家发展战略计划的实施”。

从2007年10月1日开始，普京宣布亲自领导“统一俄罗斯”党参加国家杜马选举，到12月10日，“统一俄罗斯”党及其他三党一致推举梅德韦杰夫为总统候选人，再到“统一俄罗斯”党赢得杜马选举，接着梅德韦杰夫在总统大选中一举夺魁……所有这一切都离不开“统一俄罗斯”党和普京政权的密切配合。

普京早就期盼俄罗斯拥有一个大多数人支持的稳定的政党，故有意借自己的威望扶植“统一俄罗斯”党，使之“成为施加影响的工具”。他在“统一俄罗斯”党代表大会上说，“统一俄罗斯”党“成功地保障了俄罗斯摆脱上个世纪90年代转折时期的危机”，团结了俄罗斯积极并负有责任感的社会力量。

“统一俄罗斯”党提出并通过将“普京计划”作为该党政治纲领的基础。

普京曾说，俄罗斯要成为世界强国，需要至少20年的稳定。并在2008年2月8日召开的国务委员会扩大会议上正式提出了《2020年前国家发展战略》，即“普京计划”，而要实现这一宏伟目标，政治体制保障是最重要因素之一。普京说，政府和议会多数派协调一致地工作能够使发展经济、改善医疗和教育质量、提高居民收入、巩固国防等任务顺利推进。因此，加入并领导一个在议会下院占绝对多数的党派，即“统一俄罗斯”党，也是普京治国方略中的重要一环。

普京指出，“统一俄罗斯”党并非“完美无缺”，队伍中还混有投机分子，还有种种不良现象。他强调，必须改造“统一俄罗斯”党，使之更加民主和倾听选民的意见，摆脱官僚习气，清除那些追求个人目的和利益的人，同时，应该更积极地配合各种社会团体。他说，“统一俄罗斯”党将更积极地在青年、知识分子、企业家、工人和乡村劳动者中开展工作。普京承诺，他将尽一切努力来加强“统一俄罗斯”党的影响和威望，使之有利于国家的发展。

“统一俄罗斯”党控制着大部分地方议会，他们有权力否决总统对地方行政长官的任命。

普京说，政府需要得到议会和地方的支持，党组织可以发挥其影响力和联系能力。普京承诺，他将尽一切努力来加强“统一俄罗斯”党的影响和威望，使该党服务于国家。“统一俄罗斯”党将同梅德韦杰夫以及该党支持者携手合作，尽力多做工作。

2008 年 4 月 14 日，“统一俄罗斯”党通过了新章程规定，首次设立通过选举产生的主席职务，每四年选举一次，无党派人士有权担任“统一俄罗斯”党主席，这为并非该党党员的普京总统担任该党主席铺平了道路。

按照俄罗斯宪法规定，普京在担任拥有国家杜马多数席位的“统一俄罗斯”党主席后，在担任政府总理的同时也能够左右国家杜马的局势，足以弹劾总统，修改宪法。

“统一俄罗斯”党在国家杜马拥有绝对多数，同时又控制着大部分地方议会，与该党达成事实上的联合，将确保普京解决任何问题，其中之一就是把总统与国家杜马选举的时间错开。

格雷兹洛夫指出，总统与杜马选举错开两年是“理想”方案。

俄罗斯政治家图洛夫斯基表示，实际上，“统一俄罗斯”党不需要普京在党内起到全权领导人的作用，普京的出现更应该具有“战略特征”。普京力求将“统一俄罗斯”党变成他自己的政治资源，保持他卸任总统后的主要政治地位。

俄罗斯国际政治鉴别研究所所长明琴科说，俄罗斯有专权传统，第一人的位置是至高无上的。无论梅德韦杰夫和普京的关系有多好，两人的关系也会紧张。与在国家杜马中拥有多数、控制着大部分地方议会的政党联合，将确保普京可以解决任何问题。“普京在总理的位置上落实自己的政策时多一条强有力的‘传动皮带’，增加一个影响局势的杠杆。”

普京离开了克里姆林宫，却没有离开俄罗斯老百姓的关注视线。俄罗斯民意调查结果显示，普京的民众支持率在 2008 年 4 月底时达到 84.7%，为其担任俄罗斯总统 8 年来的最高点。

普京谋定而后动的人事布局。早在 2004 年 2 月 12 日，普京最早透露了考虑接班人的想法。普京说 :“目前应考虑的不是修改宪法、延长总统任期，而是挑选继承事业的接班人”。

2006 年 6 月 15 日，普京提出了自己继任者的选拔标准:忠诚正派、有职业精神和有自己的政治主见。

除抛出继承人标准外，普京也不时对热门人选提出自己的看法，这让西方媒体大加推测，也让西方始终不敢妄下定论。比如，2007 年 7 月，俄媒体称，普京将支持伊万诺夫为总统候选人；9 月推出祖布科夫担任新总理后，普京同样表示“支持祖布科夫参选总统”。所有这些“暧昧”姿态，都使得俄罗斯政坛更扑朔迷离。

其实，普京种种“暧昧”说法，不过都是“虚晃一枪”、“故弄玄虚”，目的是掌握主动、引而不发，避免公众注意力过多集中在“热门人选”身上。

真正把接班人提到议事日程，实际是从普京谋划他的第二任期时开始的。

2005 年 11 月 15 日，普京一下子提名两位副总理：梅德韦杰夫成为第一副总理，国防部长伊万诺夫为副总理兼国防部长，此外还任命了新总统办公厅主任。如此大规模人事调整，在当时被认为是俄罗斯政坛上的首次。媒体猜测，普京接班人选是“5 选 1”；2006 年 6 月 17 日的《生意人报》盘点过候选人的大名单，居然有 14 人之多。

2007 年 12 月 10 日，普京“完全赞同”推举梅德韦杰夫为下届总统候选人。至此，悬念才破解。

事实上，两年当中，围绕着总统候选人问题的争论和猜测一直不断，包括伊万诺夫、祖布科夫等人选。

但是，人们是既出乎意料、但同时又不太出意料地回到了这一过程的起点：人们完全可以回想起 2005 年，梅德韦杰夫曾经是呼声最高的总统候选人之一。

梅德韦杰夫之所以受到普京总统的推举，是有着一系列理由的。

首先，梅德韦杰夫是被四个政党同时推举作为总统候选人参加竞选的。这四个政党两个属于“中左”，两个属于“中右”，也即基本上是代表了俄罗斯的多数舆论和民意。仅这一点就基本保证了总统候选人能够在第一轮中就一举成功。

其次，一般认为在普京总统享有极高威望的情况下，梅德韦杰夫是一个能够与之紧密合作而不会发生任何意外的政治家。

再次，梅德韦杰夫远比伊万诺夫低调。舆论认为，俄罗斯总统必须像伊万诺夫那样关注国家的对外战略大计，而不能像梅德韦杰夫那样，仅仅是关注国内经济社会发展。

结果表明，恰恰是梅德韦杰夫的专注守拙，避免了人们过早的关注。

2007 年 12 月，梅德韦杰夫竞选下一任俄罗斯总统、普京出任俄罗斯政府总理，这两个消息如连石击水，在俄罗斯国内和国际上都激起阵阵涟漪。

叶利钦 8 年前把俄罗斯搞得一团糟，1999 年底突然让位于普京有一定的被迫性。但让普京离开总统的位子却是俄罗斯人最不愿意做出的选择。

对普京来说，推举梅德韦杰夫是合情合理的一个步骤。对民主人士来说，梅德韦杰夫是一个可以接受的候选人。而在西方眼中他也是可以接受的。普京选择他的另一个因素是，利于加强社会各种力量的团结，特别是与俄罗斯右翼激进力量的团结。

国际舆论认为，选择梅德韦杰夫，应该是普京权衡各方面情况的结果。

当然，也不排除普京有这样的考虑：用这样一位既非出身军方、也非来自安全部门的人出任总统，有利于俄罗斯与西方打交道，缓解西方对俄罗斯强硬派的疑虑。

普京的支持率高达 80%，且一直居高不下，只要他指定了接班人，俄罗斯老百姓会普遍支持。

人们将普京看成是挽救国家于崩溃的英雄，因此不希望他完全淡出政坛。普京对此心知肚明。为确保“统一俄罗斯”党能在选举中胜出，也为保证自己的既定路线得以延续，普京愿意利用选民对他的期待来为梅德韦杰夫助上一臂之力。

普京本可以利用在民众中的崇高威望改写宪法，允许总统连任三届或更长时间。这样做远比在卸任之后，再推动大改宪法、变动政体要来得远为简单易行，也更有胜算把握。

显然，普京在战略和策略层面都有他的深谋远虑。

2008 年 5 月 8 日，梅德韦杰夫总统与前总统普京在国家杜马出席非例行全体会议。当日，俄杜马以 392 票赞成、56 票反对和零票弃权的表决结果，批准了新总统梅德韦杰夫对普京出任新政府总理的提名。

梅德韦杰夫随即签署命令，任命普京为俄新一届政府总理。

2008 年 5 月 12 日，总理普京在与总统梅德韦杰夫会谈时说：“正如我们商定的那样，已经拟定了有关政府结构和有关副总理及联邦各部部长人事任命的文件。”

随后，梅德韦杰夫总统签署命令，确定新一届政府组成人员名单。比较引人注目的是，副总理人数由上届的 5 人增至 7 人，几位重要的政府部长均保留原先职位。此外，内阁名单中还出现一些颇有影响力的前克里姆林宫助手的姓名。

新内阁共任命了 18 位部长。其中，外交部、国防部、财政部、农业部、经济发展和贸易部、内务部、紧急情况部、地区发展部、卫生和社会发展部、教育和科学部、自然资源部、运输部的部长人选未发生变动。

从新内阁名单看，普京将其总统任期内属下权力最大的几名官员转至俄罗斯政府内阁，进一步支持他以总理身份继续占据国家权力中心的观点。

在新人中，资历最深的是前普京助理、自由派人士伊戈尔·舒瓦洛夫，担任负责对外经济关系的第一副总理，主管俄罗斯的入世谈判及小企业发展。

作为对任命自由派人士的平衡，普京也提名了一位强硬派人士：前总统办公厅副主任、原安全与情报人员所组成的“西罗维基”权力集团领导人伊戈尔·谢钦转至莫斯科白宫（俄总理府所在地）任职。谢钦一直被视为克里姆林宫的“灰色主教”及幕后主控人员，他将负责工业政策与环境问题。

一些梅德韦杰夫支持者也获得了关键职务，很多部长保留原职，显示出政策的高度延续性。这些人中包括最为资深的自由派人士库德林，他留任副总理兼财政部长。

2008 年 5 月 15 日，俄罗斯新一届政府举行普京出任总理以来的首次内阁会议。普京在会上宣布，成立一个由副总理和关键职能部门部长组成的政府主席团，为日渐“臃肿”的政府注入更多效率。

根据俄罗斯联邦宪法，总统有权主持内阁会议，但这一职责通常由总理履行。此外，外交部、国防部等关键内阁部门负责人直接对总统、而非总理负责。

俄《莫斯科时报》说，新成立的政府主席团内阁部长中，只有外交部长、国防部长和内务部长 3 人直接对总统梅德韦杰夫负责，这不免加深外界关于普京仍然掌握国家决策影响力的印象。

普京的新闻秘书佩斯科夫说，成立政府主席团并没有赋予普京总理职权以外的权力，“权力不可能从克里姆林宫转移到白宫（俄政府所在地）”。

在普京担任总统的 8 年里，俄罗斯总理通常由低调的技术型官员出任，但普京给俄总理的内涵带来新的注解。

“俄总理职务将首次由技术性角色向实质决策中心转变”，这是俄智库对“政治中心”作出的一个判断。

俄《导报》援引总统办公厅人士的话称，新一届政府将会加强副总理的作用，并增加其人数，副总理将发挥类似总统办公厅副主任和总统助理的职能。换句话说，普京将通过这些副总理，加强对社会、经济等领域以及权力部门的控制。

“我希望未来的政府要像瑞士表一样精确”，这是普京为他的总理工作定下的目标。经普京提出并由俄罗斯国家杜马审议，通过了一份有关将原属政府总理的500项职权（总理职权共约3000项）下放到各部、联邦局合署的法律草案。下放的权限主要涉及地方自治、教育、科学、文化、卫生、住宅、农业、社会保障等领域。至于国防、安全和社会治安等方面的权限归属，则并未发生变动。

俄《独立报》评论说，作为政府总理，普京将不用签署所有文件，这意味着他将不用为国家所发生的一切承担个人责任。一些专家认为，此法案有助于俄罗斯政府集中解决国家社会经济发展中的最重要问题。

据俄《独立报》2008 年 5 月刊登的《科扎克打造普京权力垂直体系》报道指出，俄罗斯政府计划对州级地方行政长官采取社会经济发展状况年度考评的机制，考评结果将由总理作出。

《独立报》称，对于总统来说，那些排名落后的州长“将自动成为最有可能被解职的人选”。这其实是在暗示，普京将通过考评机制，来“曲线主导”封疆大吏们的政治前途。

另据俄政治行情中心总裁西蒙诺夫透露，总统驻七大联邦区代表的职能，正从代表总统监督地方行政长官，转变为促进地方经济发展。

这意味着总统驻联邦区代表与总理的关系，要比他们与总统的关系更加密切——因为经济和民生是总理主抓的工作。

2008 年 5 月，曾有媒体这样形容："普京是战略家，而梅德韦杰夫是实干家。如今，俄政坛将出现由实干家治理国家、战略家管理民生的新局面。"普京从总统"转型"到总理，在人事工作和垄断性国有企业的管理方面有明显优势。

翻阅被普京提拔的干部的履历，会发现两个有趣的现象——跨部门调动和"一步登天"。其中包括从联邦安全局调至国防部的伊万诺夫，从圣彼得堡大学跨入总统办公厅的梅德韦杰夫。

事实上，从以往经历可以发现，普京喜欢用两类人：其一是克格勃的同事，其二是圣彼得堡的同僚。

前者因具有服从并贯彻上级命令的优良传统，因此普京可以通过他们实现对局势的了解和掌控。其中代表人物有伊万诺夫、帕特鲁舍夫等人。后者,"圣彼得堡帮"在俄罗斯政坛占有一席之地早已不是秘密。

这些信号或者迹象表明，"梅普组合"的权力重心是非常明朗的。

梅德韦杰夫："一个普京、两张面孔"

梅德韦杰夫一直是普京的"左右手"、一直被看做是普京麾下权力集团"圣彼得堡帮"的核心人物。

"普梅配"早就存在,"梅普组合"的雏形早在 1991 年就开始运作。当年，梅德韦杰夫担任圣彼得堡市对外关系委员会法律顾问，而普京是该委员会主席。很快，梅德韦杰夫成为普京身边最重要的顾问，他在管理方面的才能也逐渐显现出来。

1999 年 8 月普京出任俄罗斯政府总理后，马上启用梅德韦杰夫出任政府办公厅副主任。

1999 年 12 月 31 日，当叶利钦总统将权力移交给普京后，梅德韦杰夫也当上了总统办公厅副主任。2003 年 10 月 30 日，普京任命梅德韦杰夫接任总统办公厅主任。从这天起，梅德韦杰夫就成了克里姆林宫的大管家，普京总统的一切活动都将由他来安排、协调。

2005 年 11 月，普京将梅德韦杰夫提升为第一副总理，外界普遍将他看成了普京的接班人。

2007 年 12 月 10 日，梅德韦杰夫被提名为总统候选人，获得普京认可。其支持率也从 11% 立即跃升至 45%，人们从他身上发现了低调、实干、忠诚、修养好等品质。

2008 年 3 月 2 日，在第五次俄罗斯总统大选中，梅德韦杰夫当选为第三任总统。

2008 年 5 月 7 日，梅德韦杰夫正式接任俄罗斯总统，普京任俄罗斯政府总理。

梅德韦杰夫之所以最终成为“普京的头号接班人”，主要原因在于：首先，与普京朝夕相处，梅德韦杰夫成了最了解普京所思所想的人，这为他在政坛上继续攀升打下了坚实的基础。其次，他绝对忠于普京，曾是执业律师，当过大学教授，通晓经济管理，能团结俄罗斯各界精英；再次，支持梅德韦杰夫的媒体力量强大，俄国家电视台“第一频道”、莫斯科回声电台、《生意人报》以及其他众多媒体，均在梅德韦杰夫任董事会主席的俄天然气公司旗下，其威力无人能敌。

从圣彼得堡到克里姆林宫的法学博士：学者梅德韦杰夫。1965 年 9 月 14 日出生的梅德韦杰夫，是家中独子。他属于处女座。据说，这一星座的特点是有分析能力，思想有条理性，属于传授型人物。而且他的姓在俄语中的含义是熊，熊恰好是俄罗斯民族的象征。

梅德韦杰夫出生的城市当时叫列宁格勒，后来改名为圣彼得堡。无可选择的出生地点为梅德韦杰夫以后的辉煌打下了基础。在他出生的 13 年前，普京在这座城市出生。若干年后，围绕普京形成了“圣彼得堡帮”。

梅德韦杰夫出生的年月是赫鲁晓夫下台的第二年，时值波澜不惊的勃列日涅夫时代。他的父亲安纳多利 · 阿方那谢维奇 · 梅德韦杰夫是列宁格勒技术学院的教授。母亲尤莉亚 · 文尼阿敏诺夫娜是一位师范学院的文学教师，后来成了博物馆的导览员。这样的家庭在苏联时代有一定社会地位，同时生活也比较舒适。

在学校里，梅德韦杰夫是个好学生，并且积极思考。他的老师说，“梅德韦杰夫不但聪明学习好，人缘也好。”

梅德韦杰夫上六年级时，迷上了和同学在家里做化学实验。然而，实验并不总是顺利和成功。数学老师格里戈罗夫斯卡娅回忆说，梅德韦杰夫一次做实验时，差点把房子点着了，幸亏家长们发现得及时，火苗才被扑灭。即便这样，他对化学实验仍乐此不疲。按他的话说，自己希望以此“验证所学到的知识”。

少年梅德韦杰夫课余时间还喜欢阅读。他小学时读的书包括10卷本的《苏联小百科全书》，俄国文学名家契诃夫、蒲宁和陀思妥耶夫斯基的作品，以及19世纪法国作家凡尔纳的科幻小说《格兰特船长的儿女》。

据梅德韦杰夫的同班同学谢尔然介绍，有位历史老师给梅德韦杰夫起了个外号，叫“救命棒”（一种捉迷藏游戏用的道具，引申为无所不能的人）——因为如果没有人知道问题的答案，可以问梅德韦杰夫，他一定能回答。

在校期间，梅德韦杰夫还和一位叫波波夫的同学出版了一份“地下小报”——在两页方格纸上用圆珠笔手写而成，每月一期。

谢尔然回忆道：“我们上课的时候（把它）藏在课桌下面看，互相传阅。这是我们班的报纸，所以里面讲的都是和我们有关的事情。比如，有一个下雪天，同学们在雪地里互相打闹。男生把女生扔到了雪堆里。放学后，不知谁的大衣扣子还掉了。后来，在‘地下小报’上出现了一篇有趣的文章，说女生打了男生——完全把事情反过来讲。这张报纸的风格是诙谐轻松的。一次，全班同学照了合影。‘地下小报’还针对每个人脸上的表情发表了评论。当然，报纸上也有过对老师的尖锐批评。”

1982年，17岁的梅德韦杰夫考入苏联最好的学校之一，列宁格勒大学（现为圣彼得堡大学）法律系。同年11月，勃列日涅夫病逝。安德罗波夫开始新政。在他的推动下，苏联理论界开始打破教条主义限制。风气波及到大学，尤其是像法律系这样和时政紧密联系的科系，梅德韦杰夫在这样的环境中，汲取思想营养，思考国家未来。虽然15个月后，安德罗波夫就过世了，但是继任者契尔年柯维持了革新。1985年戈尔巴乔夫上台，大刀阔斧地推行改革。

在气氛活跃的大学里，梅德韦杰夫喜欢上了摇滚乐。他最喜欢的乐队是美国的“黑色安息日”乐队。它被誉为第一个真正的重金属乐队。

其作品涉及了核战争、死亡和青年的反叛。业余时间，梅德韦杰夫还从事划艇以及举重运动。

1987 年，结束了 5 年大学生活的梅德韦杰夫顺利毕业，并和其他两位同学被保送升入研究生班。在外界看来，大学仿佛是世外桃源，但事实上，当时苏联学术界内部围绕意识形态和政治观点的激烈交锋从未停止。列宁格勒国立大学的法律系由于地位特殊，就更加变成了不同意见短兵相接的战场。

那时公众对公开性、民主化热情高涨，梅德韦杰夫也无法躲在书斋里。他有一位很不安分的老师索布恰克。这位老师竞选苏联人大代表，并由此当选列宁格勒市苏维埃的主席，后成为圣彼得堡市的市长。梅德韦杰夫参与了索氏的竞选团队，由此身体力行了苏联末期的民主运动。

1990 年 6 月，梅德韦杰夫提前进行了论文答辩，论文题为《关于国有企业履行民法主体的问题》。文章的主要观点是 :“在解决发展多种成分经济，以及承认所有商品生产者平等地位的问题时，用全新的眼光来确立国有企业的法律地位。”在当时计划经济占主导地位的苏联，这个想法是相当超前的。

圣彼得堡财经大学经济法教研室主任克拉夫佐夫曾是梅德韦杰夫论文答辩评审团的一名成员。他在谈起当年的场景时说 :“通常，答辩的辩论只不过走个形式而已，但是，那次我提出的意见并不是做样子的，而是触及到了不同思想体系之间的冲突。”

梅德韦杰夫最终通过了论文答辩，他不仅获得了副博士学位，还有留校任教的机会——这对于一位毕业生来说，意味着他得到了学术界权威人士的认可。

梅德韦杰夫论文阐述的“触及到了不同思想体系之间的冲突”，或许就是日后“普梅配”、“梅普组合”最初的思想基础和理论雏形。

最佳配角梅德韦杰夫 : 忠诚的“大内总管”。在一个大时代，多数人不能按照以前既定的轨道行进。20 世纪 90 年代初，年轻的讲师梅德韦杰夫的学院道路，从一开始就不是局限在象牙塔中。索布恰克以一介书生成为市长，手中并没有多少可用的干部。他积极招揽门生帮衬。

梅德韦杰夫一开始就成为索布恰克的助理之一。而普京则被索布恰克从列宁格勒大学副校长外事助理的职位上挖到了麾下，其时普京还是克格勃。普京起初任列宁格勒苏维埃主席顾问，后担任圣彼得堡市对外关系委员会主席，稍后出任主管对外经济联系的第一副市长。梅德韦杰夫是市长对外关系委员会的法律顾问。

梅德韦杰夫为人一贯低调。在市官员通讯录上甚至找不到他的名字。他对此给出的解释是，由于自己负责吸引外资事务，因此没有必要对内公开联系方式。

当时正值前苏联解体后俄罗斯实行“休克疗法”的时期。“休克疗法”引起了极大的副作用，特别是食品短缺问题严重影响了民众的生活。列宁格勒市苏维埃不得不从军队以及其他仓库中，调拨出作为战略储备的食品和其他商品，并向外国求援。

普京也想尽一切办法从国外进口食品，但他却没有料到会因此种下祸根。以萨利耶和格拉德科夫为首的市苏维埃人民代表发现，普京动用发放有色金属出口许可证的方法来换取食品进口。据他们调查，部分食品并未被运入市内，因此总共造成700万美元的损失。这些人认定普京行使权力无效，建议将其解职。普京当时情况岌岌可危，仕途可能就此止步。

危急关头，梅德韦杰夫和列宁格勒市执委会司法局副局长科扎克（科扎克也毕业于列宁格勒国立大学法律系，2007年9月起，任俄罗斯地区发展部部长）坚定地站在了普京一边。他们凭着丰富的法律工作经验，有力地证明了普京在上述事件中并没有贪赃枉法，普京最终逃过一劫。

此后，梅德韦杰夫进入了普京的核心密友圈。

在圣彼得堡市政府兼职期间，梅德韦杰夫作为访问学者去瑞典研修了地方自治问题，培养了现代公共治理理念。1991年，他与人合著的三卷本《民法》出版。《民法》作为高校的教材广获好评，并于2001年获得政府一等奖。

梅德韦杰夫在法律系教授的是民法和罗马法（罗马共和国及罗马帝国所制定的法律规范的总称，罗马法是现今许多国家法律体系的基础）。

1996年，索布恰克连任圣彼得堡市市长失败后，梅德韦杰夫没有在新的市政府任职，而是醉心学术，很快晋升为副教授。这一时期，他以特有的亲和力获得了学生们的好评。似乎成为名教授就是他的终极目标了。

人生无常。普京在失业几个月后在中央政府谋得了职务，并在 1999 年 8 月被突然提升为总理，初登大位的普京也缺少可靠的团队。他把目光投向了当年列宁格勒的同僚。

1999 年 10 月初，已升任俄罗斯总理的普京，通过政府办公厅副主任谢钦给在圣彼得堡国立大学法律系教书的梅德韦杰夫打了电话，邀他来莫斯科见面。

据梅德韦杰夫回忆，自己是在一个星期六和普京见面的。普京当时刚从外地回来，“有些疲惫”，他邀请梅德韦杰夫担任联邦证券市场委员会负责人。这个课题恰巧是梅德韦杰夫很感兴趣的，他还曾打算撰写这方面的博士论文。于是梅德韦杰夫表示，自己觉得这份工作“很有意思”，但是希望再用几天时间来好好想一想。

回到圣彼得堡后，梅德韦杰夫曾有过思想斗争。

他回忆道：“我在圣彼得堡有满意的工作和成功的生意，以及井井有条的生活。我从事法律事务，并感到自己在物质上很有保障，而在首都一切都是未知数。是的，我只有不多的时间用来思考：新的工作很特别，完全是另一个层次！国家机关有不少缺陷和限制，但有一点，它具有无可争议的优势：你做出的决定能够影响数百万人的生活。这是另一种分量的责任，另一种层次的自我实现，甚至在最大的企业都不可能具备的。总之，我很快就确信自己所做的选择是正确的，但还需要顾及家庭——确保儿子有不错的成长环境，说服妻子生活不会变坏。”

于是，打定主意的梅德韦杰夫对妻子斯韦特兰娜说：“从莫斯科来了一个有趣的建议！”斯韦特兰娜听后，只是要丈夫把所有事情都好好想一想，然后再做决定。

1999 年 11 月，梅德韦杰夫再赴莫斯科，立即被普京任命为政府办公厅副主任，正式踏上仕途。并且迅速成为普京最忠诚、最得力、最默契的“助手”与“配角”。

从叶利钦宣布辞职到普京竞选总统，中间只有短短几个月的时间。

关键时刻，梅德韦杰夫拿出了“竞选总指挥”的气魄，助普京一臂之力。

2000 年 3 月，不怀好意的寡头古辛斯基，指使媒体不断向普京“泼脏水”，使普京的选情一度吃紧。梅德韦杰夫在最短时间内搜集了大量证据，指证古辛斯基操纵媒体，最终迫使其闭上了嘴巴。

在总统大选的最后阶段，梅德韦杰夫灵机一动，让普京驾驶苏 -27 战机，飞抵车臣首府，使普京以“英雄”的形象出现，立刻吸引了所有俄罗斯人的注意力。

这位忠诚的“大内总管”，始终为普京鞍前马后，毫无怨言。2000 年 6 月起，梅德韦杰夫就开始负责普京的日常工作。他亲自安排普京的日程表；亲自接听普京的所有重要电话；亲身参与普京的重大决策……除家人外，普京每天见面最多、相处最久的人，就是梅德韦杰夫。

有一次，普京召开媒体见面会。一切安排好后，梅德韦杰夫却“躲”到一边喝饮料，普京见状招呼说：“季玛，别坐得那么远，离我再近些。”一些细心的记者注意到，普京看梅德韦杰夫时的眼神，充满了兄长般的关怀。

梅德韦杰夫在圣彼得堡大学的另一位导师瓦拉里·穆辛就说过：“梅德韦杰夫的个性在普京的强烈影响下形成，他崇拜普京，视其如父，至少也是视其如兄。”

无独有偶，俄国家杜马议员弗拉基米尔·雷日科夫也在“莫斯科回声”广播电台的节目中说：“如果普京还想重返克里姆林宫，且在未来重返克里姆林宫，梅德韦杰夫是最合适的接班人选，因为他将自己交给了总统。”

梅德韦杰夫亲手制订的“普京计划”——用 15 年至 20 年的时间，贯彻普京的路线，实现俄罗斯复兴的梦想。显然，普京不可能连续当 15 年至 20 年的总统，这个计划必须由他和他的继承人一道来完成。

当过大学教师、做过律师、办过企业的梅德韦杰夫，素有“政坛才子”之称。在普京接班人“大战”中，他能中选，依靠的正是两种无人能比的本事——周旋于各方势力之间、推动俄罗斯经济复苏。

在普京的圣彼得堡老乡、校友、同事组成的错综复杂的“权力派别”中，梅德韦杰夫也许不是最出色的，但却是最擅长“打太极”——协调意见、平衡关系、左右逢源。其中最经典的一幕，莫过于他和伊万诺夫的“接班人之战”。

长期以来，同为“亲密战友”，又同为俄罗斯第一副总理的伊万诺夫和梅德韦杰夫，被视为普京接班人的两大竞争对手。有好事的俄罗斯媒体，曾每月一次地统计两人的民意支持率。起初，他们总是不相上下。然而，日子久了，负责教育、住房、卫生和农业四大领域的梅德韦杰夫，就显现出“贴近选民”的优势来了，支持率一度遥遥领先。

但聪明的梅德韦杰夫，刻意保持低调，减少了公开露面，甚至很少发表讲话、发布指令。与此同时，伊万诺夫在俄罗斯四处视察、演讲，常常以未来国家领导人的形象示人，和梅德韦杰夫形成了鲜明的对比。不久，伊万诺夫的风头便超过了梅德韦杰夫，支持率也大幅领先。

就在此时，从俄罗斯政商两界，又传出一个谣言：因俄天然气工业公司的另一位负责人米勒身患重病，梅德韦杰夫将告别政坛，成为该公司的专职董事长。于是，梅德韦杰夫逐渐被媒体遗忘了……新总理祖布科夫被任命以后，记者们开始追逐祖布科夫，纷纷考虑起普京挑选“二线、年长、温和接班人”的可能性。

恰恰是在这关键的几个月里，梅德韦杰夫以他的不动声色、沉着务实，战胜了伊万诺夫和祖布科夫，成为未来的俄罗斯“一把手”。

梅德韦杰夫的施政纲领：“我们一起赢得胜利”。从 2007 年 12 月被提名为总统候选人开始，到竞选宣传活动过程，再到 2008 年 5 月 7 日，宣誓就职总统，梅德韦杰夫陆续发表了自己的施政纲领，总的是直接延续“普京路线”、“普京政策”和“普京道路”。

梅德韦杰夫强调，“我们要充分保证当前政策和路线的连续性。未来 4 年，工作重心集中在四个优先方向，这四个优先方向均以俄文字母‘и’打头，即国家制度化建设、基础设施、创新和投资。在这四个方向需要解决七大任务，即克服法律虚无主义、彻底减少行政壁垒、降低税负刺激创新和对人力资本的私人投资、建立强大和独立的金融体系、实现运输和电力基础设施的现代化、为国家创新体系打基础、实现国家的社会发展计划。”

梅德韦杰夫把自己执政的主要工作方向确定为四个“I”：体制(Institute)、创新（Innovasion)、投资（Investment）和基础建设(Infrastructure)。

梅德韦杰夫说，这四个“I”远远还不是未来执政中所面临的所有任务，还可以再加上三个“I”。

通货膨胀（Inflation）是人们感到最为关切的问题之一。物价上涨是现政权和未来政府面对的主要挑战。通货膨胀有很多外在因素：所有都在涨价，从电能到食品。唯一能够克服通货膨胀的办法就是提高生产能力，扩大生产规模，同时创造竞争机制，为此要鼓励中小型企业的发展。

意识形态（Ideology）——现代世界不是所有的事情都是依靠国家的经济、军事和政治势力来解决的。越来越多的人讲起“软实力”，即有意识地通过信息流和文化吸引力，通过意识形态对世界施加影响。俄罗斯必须拿出自己色彩鲜明的价值观，人们越来越想知道在当今世界如何生存下去，尤其是在西方世界面临经济衰退的条件下如何继续生存的问题。梅德韦杰夫在施政纲领中提出的理想主义建筑在自由、公正和人类的尊严之上，而实用主义原则是与之相悖的。而丛林法则、所有人同所有人的战争——这就是当今国际法的最高境界。

形象（Image）也是软实力的一个组成部分。客观地讲，没有人需要俄罗斯成为一个强大的竞争对手。但是俄罗斯实际上要比西方媒体和政客们讲话中的形象要好得多。改变成见的一个主要办法就是在各个层面上广泛解释我们的政策。沉默不语的各个部委和它们的领导们，加上沉默不语的国家机关的新闻发言人，这不是改变国家形象的最好办法。

作为俄罗斯现代历史上最年轻的总统，梅德韦杰夫立志干出一番大业，其对俄未来的影响主要体现在四个方面：

一是俄宪政制度和民主政治将得到进一步发展。新总统崇尚法律至上，依法治国，有利于加强国家法制化建设。俄新政权主张把俄罗斯主权民主与国家爱国主义作为治国基本思想，将主导和推动俄罗斯政治与社会改革的总方向。

二是“梅普组合”执政基础将更加牢固。梅德韦杰夫与普京的角色转换不仅有利于俄罗斯政权的平稳过渡，而且在保持政局稳定的前提下，使政府职能得到强化，有利于形成政府与总统和议会之间三位一体的政权组合。

三是俄罗斯与欧洲关系可望进入一个新阶段，其中俄罗斯与欧盟合作伙伴新条约签订将是一个重要标志。加强与欧洲之间紧密协作不仅是俄罗斯战略发展需要，也是双方地缘经济共同利益所致。从俄新总统对欧洲的看法判断，双方之间具备许多共同语言和合作愿望。总体上说，双方合作前景还是比较看好。

四是俄罗斯入世进程将会有突破。在梅德韦杰夫任政府第一副总理期间，一直致力于推动俄罗斯入世进程。俄入世时机在其执政期间将可能如愿而至。

很多人都认为，梅德韦杰夫是一个“普京 2.0 版”。

梅德韦杰夫在政坛奇迹般崛起的秘密是，他一直坚持自己对普京的从属地位，一直遵守普京定下的游戏规则，而且一直对普京持有足够的尊重。

但是，梅德韦杰夫真的能够完全继承普京的治国之道，甚至成为卸任总统普京的“附庸”吗？比普京小 13 岁的梅德韦杰夫会不会有一天也像普京当年一样，改变“前任兼恩师”的既定道路？

普京是叶利钦一手扶上台的，但后来普京在执政道路上完全背离了叶利钦。

这个问题暂时还没有答案，但可以肯定的是，不管梅德韦杰夫对普京有多么忠诚，他们仍是两个在出身、经历、性格、爱好方面完全不同的人：普京好动，业余爱好是柔道；他喜欢看战争电影，喜欢听俄罗斯爱国歌曲；2007 年夏天人们还看到了他赤裸上身骑马打猎的“威武照片”。律师出身的梅德韦杰夫则好静，喜欢养鱼和游泳；他最喜爱的音乐是上世纪 70 年代的西方重金属摇滚乐。

2008 年 3 月 3 日，美联社发自莫斯科的一则电讯，从背景、风格和政策三个方面论述了梅德韦杰夫和普京的不同。

从背景看，梅德韦杰夫和普京都曾在国立列宁格勒大学学习法律。但普京毕业后去了克格勃工作，而梅德韦杰夫则留校任教。梅德韦杰夫还在私营企业工作过，而普京没有这方面的经历。

从风格看，与普京相比，梅德韦杰夫看上去温和而内敛。普京在阐述观点时通常用词尖锐，而梅德韦杰夫说话比较书生气——尽管他已经开始模仿普京的讲话方式，他这样做明显是为了听上去更有说服力，更像一个总统。

从政策看，普京的克格勃背景使他成为一个强硬的领导人，他最关心的是俄罗斯的安全和强大问题。梅德韦杰夫比较单纯的法律背景使他在强调俄罗斯需要进行法治、确保司法独立时找到了用武之地。将关注点放在促进经济发展、提高社会福利问题上的梅德韦杰夫，最近才首次发表了有关俄罗斯外交政策的公开讲话，奉行的依然是普京路线。

"俄罗斯总会给人带来神奇的想象力"：总统梅德韦杰夫。期待梅德韦杰夫的是什么？首先是一个真正的国家管理者。然而，他是否具备卓越领导者的潜质？

《零距离普京》、《第一人：普京自述》等普京传记的作者安德烈·科列斯尼科夫说，"梅德韦杰夫与普京总统在声调、姿态上都很相似，简直是普京的翻版。而我也觉得，这正是梅德韦杰夫所希望的，可能对他来说是习惯成自然——毕竟两人认识已有18年了。其次，我认为他也有意在模仿普京，因为人们是如此的爱戴普京。"

梅德韦杰夫是俄罗斯总统，自然也要做和普京一样的"强势总统"。他就说过，要从"像普京一样"向"与普京同行"过渡。

2008年3月1日，在俄罗斯现任总统普京与下届总统梅德韦杰夫的家乡圣彼得堡市中心，树立起两人的巨幅海报，上面写道："我们一起赢得胜利"。

2008年3月25日，正在俄罗斯访问的埃及总统穆巴拉克到普京位于莫斯科郊外的家中做客时对普京说："一个小时前，我刚与梅德韦杰夫见过面，还对他开玩笑说你俩之间没什么区别。你们两人看起来几乎一模一样。当我去见梅德韦杰夫时，正好在电视里看到了你，我有点疑惑：谁是谁？"

听完穆巴拉克的玩笑后，普京"宽慰"他说，他今后肯定能分清楚"谁是谁"。

"尽管我们外形相似，但梅德韦杰夫有他自己的风格，"普京说，"他是俄罗斯现代政治的'合著者'之一。您可放心与他合作。"

俄罗斯媒体注意到，梅德韦杰夫讲话的语调就像普京一样，喜欢在一些音节上略作停顿以示强调，甚至在穿着上也显示出"普京风格"：

在正式场合着深色西装；而在非正式场合，例如每次工作访问结束会见当地媒体记者时，则在黑色高领绒线衫外面套件夹克。但是两人也有细微差别：普京一般穿黑色潜水装和长裤，梅德韦杰夫则是圆领绒线衫和牛仔裤。

大选开始后，梅德韦杰夫则换上了最时尚的天蓝色羽绒夹克，或者深蓝色西装系同色领带。这样的形象不仅使他在众官员一片灰色装中脱颖而出，从心理学角度讲，也更容易让人与理智而精力充沛联想起来。

梅德韦杰夫在下诺夫哥罗德市与选民见面时说："如果大家选我来治理国家，我承诺将继续执行8年来实践证明行之有效的普京路线。"

实际上，想与"普京总统同行"，梅德韦杰夫总统要克服的困难或许更多、更复杂。"梅普组合"如何发展变化需要看三点：

第一，普京在总理这个职位上干得如何，与此相联的是普京的高民意究竟能够持续多久；

第二，普京和梅德韦杰夫之间的权力实际上可以不需要重新分配，但这必须建立在两人之间的相互信任基础上。换句话说，如果梅德韦杰夫寻求政治独立性，要在自己的理念下发展俄罗斯，那么俄罗斯发生政治动荡的可能性极大；

第三，即使"梅普组合"在普京和梅德韦杰夫两人之间不会有问题，两位政治家已经协商好了未来的权力机制问题，但是普京和梅德韦杰夫各自团队的精英可能发生冲突，这也是难以控制的。

这三方面互相关联和影响。"梅普组合"能不能一如既往地上演普京8年在必要与可能之间的政治黄金分割点上的精彩舞步呢？"梅普组合"是不是普京再次寻求总统任期的摆渡形式？

特别是在普京强人的背影和阴影里，梅德韦杰夫能成为"强势总统"吗？梅德韦杰夫要改变克里姆林宫的行事风格，像普京那样当一个"强势总统"，并获得普京班底中强力部门的真正辅佐，是一个重大考验。或者，不让梅德韦杰夫成为真正的执政者？犹如当年名誉上的国家元首加里宁、伏罗希洛夫、彼德戈尔内、葛罗米柯，真正执政者是斯大林、赫鲁晓夫、勃列日涅夫、戈尔巴乔夫。

普京反复强调保持政策延续性的意义和态度，梅德韦杰夫更是明确地把自己的施政纲领称为是普京计划的延续，实现梅、普真正牵手到2020年甚至以后若干年，直至落实“普京计划”，俄罗斯振兴为止。更重要的是，虽然换了角色，普京依然站在政权中心，克里姆林宫的意愿和政权的中心任务——发展——依然要通过他来落实。

新总统也许与普京会在执政风格、政策松紧度上有不同程度的差别，但这不是根本性和原则性的分歧。

然而，随着梅德韦杰夫轻松赢得俄罗斯总统大选，一直以谦虚面孔站在普京身后的那个人终于走到了台前、从长期的“普梅配”最佳配角成为“梅普组合”的主角。

西方媒体则迅速转入对梅、普二人如何协调的敏感猜测，重复突出两人关系的不确定性和变数，甚至预言两人“迟早会发生冲突”。

德国外交政策协会俄罗斯问题专家舒比尔策认为，西方如此关注梅德韦杰夫，是希望借此向俄罗斯传递一种信号：希望借机改变与俄罗斯的关系，同时也体现了西方对“另一个普京”的担忧。虽然梅德韦杰夫西装革履，英语流利，听着摇滚乐，但他是典型的俄罗斯官僚代表，他和普京一样，首先是一个真正的国家管理者，具有典型的民族保守风格和奉行坚定的权力集中制，对西方社会政治模式持排斥态度。

莫斯科大学考斯科夫教授认为，无论俄现有总统制的权力是否发生变化，只要普京任总理，即决定了普京仍将在国家政治中发挥重要作用，梅德韦杰夫没明显派系背景，政府现有主要角色仍是普京的班子，这些都决定他至少短期内不会发挥什么超越普京的能量。梅德韦杰夫的背景决定了他将更精通于和西方打交道，而且更多地选择合作路线。他更多地会注重在经济领域与西方建立良好关系，集中精力放在国家经济建设上，促进国家稳步发展。他说，梅德韦杰夫会尽可能避免出现像普京在任期间那样不断与西方出现强硬军事政治对抗的举动。

“梅普组合”是俄罗斯政治词典中的一个全新语汇。

“梅普组合”意味着梅德韦杰夫和普京具有良好合作的基础和相互高度信任的关系。他们分别担任总统和总理，表明俄国家领导层在政治路线上高度一致。

“梅普组合”意味着梅德韦杰夫和普京领导下的政权将继续拥有

广泛的社会基础和较高支持率。普京在卸任总统前的民众支持率为84.7%，创8年总统任期之最；梅德韦杰夫拥有71%的民众支持率。

“梅普组合”意味着“普京时代”并没有结束，而是以另一种形式在继续。普京虽然从总统变为总理，但他同时还出任议会多数派“统一俄罗斯”党主席，集党政大权于一身，其手中实权不逊于总统，这种政权结构无疑有利于保持普京方针的延续性。

俄罗斯谚语说，“一个巢穴容不下两只熊”。虽然有人质疑“梅普组合”的稳定性，但更多的俄罗斯老百姓期待这个组合最终会变成“最佳拍档”，带领俄罗斯民众实现振兴的梦想。

俄罗斯人普遍认为，普京虽然走出克里姆林宫，但仍将继续处于俄未来权力架构的“核心位置”。

梅德韦杰夫总统只有两种选择：要么萧规曹随，如他所说的那样“继续遵循普京的路线”，当一个无所作为的“甩手掌柜”，不管今后俄罗斯怎么样，谁也不会认为梅德韦杰夫应该承担历史责任，当然也没有“历史功绩”；要么胸怀大志，对普京的遗产有所继承，也有所改革，虽然这样做在国内外都有风险，因为在国内会得罪利益集团，在国外要与曾经受过俄罗斯伤害的国家和睦相处，但是如果成功了，他就将成为俄罗斯历史上又一个伟大的政治家。

显然，梅德韦杰夫并不想成为普京总统的“翻版”，而是成为“升级版”。但梅德韦杰夫可能会去掉普京的民族主义思想中的“有害”部分。他所领衔的俄罗斯天然气工业股份公司，就是“冷静地、不歇斯底里地”推动它在欧洲的利益。

俄罗斯民众在梅德韦杰夫身上看到了很多东西。“普京被叶利钦提拔上台时，我们都以为他会变成叶利钦的傀儡，但他很快找到了自己的位置。成为俄罗斯总统总是会给人带来神奇的想象力……相信梅德韦杰夫会给我们带来惊喜。”

就像俄罗斯国徽上的双头鹰一样，俄罗斯政治也在走向一个“双头”时代，而这两个“头”将维持一种微妙的舞步。虽然对长远的走向尚难以准确预测，但就现实而言，普京职位虽降，仍是那个拉第一小提琴的人。

不过，梅德韦杰夫也将有机会利用其总统职位暗中蓄势——就像当年普京在叶利钦手下暗中蓄势一样。

普京仍然是俄罗斯政坛的权力标志

2008 年 5 月 7 日，普京卸任总统之后被新总统正式提名为新政府总理，这在俄罗斯现代历史上还从来未曾有过。

梅德韦杰夫在人们对“梅普组合”的猜测、猜疑、猜忌中，走上俄罗斯总统的权力位置，并历经国际油价的暴涨与狂跌、美国华尔街引发的全球金融危机、格俄南奥塞梯武装冲突升级等的考验，初步形成梅德韦杰夫总统的执政风格与国际形象。

舆论普遍认为，“梅普组合”运行情况可称良好。尽管梅德韦杰夫无法成为普京那样的绝对核心，但其利用宪法赋予的权力毕竟可以为俄社会急需的改革撑起一片空间。这似乎要好过让普京依靠着保守的“强力集团”去推行削弱他们自身权力的改革。而在对外政策方面，梅、普两人面对西方唱起了“红脸白脸”,这也要好过普京略欠灵活性的“钢铁侠”作风。

2008 年 11 月 5 日，梅德韦杰夫向俄联邦议会两院发表国情咨文，这是他自 2008 年 5 月当选为俄罗斯总统后首次发表国情咨文，特别是宣布将在靠近波兰的飞地加里宁格勒州部署短程战术导弹，以及提议将总统任期和国家杜马的职权分别延长至 6 年和 5 年等，广受外界关注，同时也让“梅普组合”和普京重返俄罗斯总统位置，更加扑朔迷离。

俄罗斯“总统”和“总理”的宪政概念。俄罗斯总统选举由民选制趋向于“提名制”，前任总统的意愿和行为不仅影响选民情绪，也左右了总统选举的结果。如果说叶利钦在上世纪 90 年代初以 57.3% 的得票率首次当选总统是民选结果，那么，普京执政很大程度上是叶利钦“提名”的结果。2007 年，普京在两届任期行将结束的前夕，也提出了自己的下一任总统人选。与叶利钦不同的是，他对候选对象进行了相当长时间的遴选和考察，并在合适的时机向国民公布；为了使被提名者更有把握当选，他凭借自己的声望亲自为“统一俄罗斯”党夺取新一届杜马多数席位而出谋划策、摇旗呐喊；在选定未来总统人选的同时，他还使自己获得了继续为国家服务的重要领导岗位。

总统“提名制”反映了俄罗斯以总统集权为核心的“特别民主制度”的现状，反映了俄罗斯“强总统、弱议会、小政府”的国家权力结构，也成为俄罗斯总统大选中重要而独特的现象。总统“提名制”在很大程度上保证俄自身政治制度的稳定性和政策的延续性。不过，这并不意味着后任总统在治理国家的具体发展纲领、步骤、政策和措施等方面与前任保持高度一致或统一。

普京执政 8 年，对俄罗斯超级总统制进行了完善和强化，“强总统、弱议会、小政府”的体制基本定型。国家的主要权力集中在总统手中，以保证俄国家统一、权力集中、政令畅通。国际舆论和学者称之为——“民主的框架，集权的内核”。

俄罗斯现行政治体制，是在彻底否定前苏联传统政治体制的基础上建立起来的，是一种具有俄特色的“总统集权制”政体。1993 年全民公决通过的宪法规定，俄实行总统制，同时确立“三权分立”原则，使立法、执行和司法权力机关相互独立。但俄的“三权分立”名难副实，宪法规定的总统权力极大，议会权力很小，政府缺少独立性，形成一种“强总统、弱议会、小政府”的格局。俄的总统制虽然是从西方国家引进的，但它与西方国家的总统制却有很大不同，实际上可以称之为“总统集权制”，或称之为“超级总统制”。

按照俄罗斯的“总统集权制”设计，总统的权力确实很大，包括总统决定内外政策、总统直接任命政府、总统拥有强有力的否决权、总统有权随时解散议会、议会很难罢免总统等。可以说，在某些方面已远远超过美国与法国的总统。

2008 年，年仅 42 岁的梅德韦杰夫是前苏联解体后俄罗斯的第三位总统，也是 100 多年以来俄罗斯最年轻的国家元首。律师出身的梅德韦杰夫，应当会比克格勃出身的普京更阳光、开明一些，这是大多数人的希望。但他能在多大程度上摆脱普京的阴影，展现自己的个性，仍然是一个未知数。期待梅德韦杰夫上任能给俄罗斯的内外政策带来转折性的变化，也是一个未知数。因为“梅普组合”体制并未影响俄罗斯政界的基本实力结构与力量归属。

由于对俄罗斯石油巨头霍多尔科夫斯基等人采取的严厉政策，普京常常被认为是给俄罗斯寡头阶层以致命打击的人。但其实普京只是在很大程度上剪除了亲近前总统叶利钦的财团势力，而在这个过程中又培植了一些亲近自己的寡头，只不过这些财团首领常常以担任公职的面貌出现而已。

普京在俄罗斯军界与情报界有深厚的根基，他的亲信执掌着许多重要的政府部门，也势必将继续听命于普京。而且，普京 8 年的执政成绩已经显现出，他是一个善于调和俄罗斯精英阶层内部关系的人，而这样的能力不是说继承了总统宝座就能学习来的。未来维持俄罗斯精英阶层内部的稳定，仍需要普京的关系与手腕。事实上，普京出任总理之后，可以通过掌握政府人事任免权来进行这种调整。

另一方面，纯粹就政治结构而言，普京也掌握有完全的制衡梅德韦杰夫的力量。普京是“统一俄罗斯”党的主席，而该党控制了俄罗斯杜马 450 个席位中的 315 个。这样的压倒性优势，即便要用来修改宪法也是绰绰有余的，更不用说约束梅德韦杰夫了。

普京始终强调不会改变现有权力结构，但只是造舆论而已。根据宪法和实践，总统职位比总理职位拥有更高的职权。一方面总统决定了总理的任免，另一方面，宪法规定总统“决定国家内外的基本方针”。

根据俄联邦政府法，总统通过总理来管理经济社会事务，同时国防、外交等事务由总统直接领导。总理只是负责总统管辖下的部分工作。这样，从权位角度来说，总统高于总理。而就个人权威来说，可能出任总理的普京要远高于出任总统的梅德韦杰夫。虽然普京强调不会改变总统总理的职权。

以俄罗斯过往政治局势的复杂诡谲，以及普京的行事手法，都为未来的权力架构带来不小的变数。

普京成为“统一俄罗斯”党主席的象征意义大于实际意义。也就是说，普京成为了俄罗斯的精神领袖，成为了格雷兹洛夫反复强调的“国家领袖”。

普京以俄罗斯政府总理的身份继续留在俄罗斯政坛，在很大程度上是不得不和必须做的选择。只有普京留任关键职位，才能协调平衡各派关系，避免因普京的离职可能产生的各派对权力、利益重新分配的争斗局面。只有政局的稳定才会确保既定的俄罗斯发展道路的顺利延续，这正是普京最为关心的根本问题。

再就是，普京坚持不改变俄罗斯政治体制的权力分配，可能也是为其重返总统职位做准备。

梅德韦杰夫总统首次国情咨文："蝴蝶效应"与"马太效应"。 2008 年 11 月 5 日，俄罗斯总统梅德韦杰夫在克里姆林宫发表了其总统任期内的第一份国情咨文。包括俄总理普京、联邦委员会主席米罗诺夫、国家杜马主席格雷兹洛夫、东正教全俄大牧首阿列克谢二世等，大约 1000 名议员和政府官员现场聆听了此次的国情咨文。

在这份一推再推、千呼万唤始出来的国情咨文中，梅德韦杰夫为俄未来几年的国家发展和"普京路线"的具体实施，列出了详细的"任务清单"。

在这份重要文件里，梅德韦杰夫做出了几个涉及到内政和外交的重要声明，其中包括政体改革、社会政策、高加索冲突、俄美关系等问题。尤其是梅德韦杰夫提出延长总统和国家杜马议员任期的提议，将成为俄罗斯行政体制的重大变革举措。

梅德韦杰夫就加快国内民主改革、降低国家杜马门槛、扩大杜马权力、打击官僚体制和继续反腐败、维护俄在金融危机期间的国内稳定、发展互联网并保护言论自由、保护俄公民政治自由和私有财产的不可侵犯性等国内问题方面，以及大规模吸引国外人才、优化本国移民进程、应对美在东欧部署反导系统和发展对华及对欧关系等所有重大问题，发表了意见。

在这份被 56 次掌声打断的国情咨文中，梅德韦杰夫大大小小地提出了 662 个建议。他这份国情咨文的长度、用时、所提建议的数量，均超过普京在任 8 年所发表的 8 次国情咨文。在国情咨文中，梅德韦杰夫 92 次提到"我们"这个词，57 次提到"未来"，16 次提到"过去"，29 次提到"自由"，18 次提到"学校"，17 次提到"危机"。在对外政策部分，梅德韦杰夫 6 次提到"美国"，5 次提到"南奥塞梯"，3 次提到"阿布哈兹"，2 次提到"格鲁吉亚"，1 次提到"中国"。

梅德韦杰夫明确提出，应把总统和国家杜马议员的任期分别延长至六年和五年。他同时提议，为了保持权力之间平衡，还要扩大议会权限。具体办法是将国家杜马议员任期延长至五年，改变联邦委员会的构成方式，要求政府每年要根据年终工作结果，向国家杜马提交政府工作报告。

“有必要对总统任期做出更改，因为总统制对国家发展至关重要，保持总统制的稳定对持续改革也同样至关重要。在总统和国家杜马具有高度权威的情况下，俄罗斯开展的民主改革才能顺利发展。总统的工作不应该只建立在选前的承诺上，更应该建立在实际工作结果上。延长总统任期能够使国家领导人更好地落实选前承诺。”

梅德韦杰夫指出：“延长总统任期不是宪法改革，只是对宪法某些条款加以修正。同时，俄罗斯联邦委员会应该由联邦主体议会的议员代表组成，而不是由地方行政长官和地方议会领导人根据个人愿望委任。由地方民选的议员组成议会上院，能够更好地执行民意。”

联邦委员会改革始于2000年，普京当时在建立垂直行政体系时，大幅缩小了联邦委员会的权限。议会上院的构成方式是由联邦主体的行政长官和议长担任上院议员，改革后变为由地方行政长官和议长各自委派一名代表前往莫斯科，组成联邦委员会。

梅德韦杰夫认为，南奥塞梯冲突和金融危机是俄罗斯在2008年度的两件大事。“这两件事的发生根源是一致的。高加索地区冲突就造成了整个欧洲局势的紧张，国际安全保障体制的基础实际上遭到了动摇。而全球金融危机也是由于美国本国金融市场动荡，然后美国经济把全球经济拉下水，造成了全球性质的金融危机。”

在全球经济上升期，俄罗斯获得了经济上的优势。俄罗斯准备与其他国家一道共同克服金融危机带来的后果。梅德韦杰夫呼吁“建立多个机制，冻结国际社会中某些成员做出的错误、自私，有时甚至是危险的决定”。2008年危机和失误的教训证明，是采取行动的时候了，需要对国际政治和经济体系做出重大改革。俄罗斯的目的就是要建立一个更加公正和安全的世界，俄罗斯将坚持这一点。

梅德韦杰夫还详细阐述了俄罗斯的价值观和价值取向，包括追求社会公正和公正的国际秩序、保障个人和国家自由、保障个人尊严、多民族和多文化的统一、保护弱小民族、弘扬家庭观念和忠诚的爱情观以及爱国主义等等。

梅德韦杰夫在国情咨文中对官僚体制作出了批评，“不信任人身自由的公民，不信任公民自由的活动。这样就使官僚体制得出了危险的结论，采取危险的行动，包括妨碍商业运作、控制媒体、干扰选举进程、向司法施加压力等等。现存的官僚体制没有效率，阻碍国家发展，从而滋生腐败，最终导致社会上司法虚无主义的弥漫。今后要进一步采取措施，增加民意代表在行政体制中的分量。”为此梅德韦杰夫一共提出了10点建议，包括向没能获得足够选票，没能进入国家杜马的党派提供1至2个席位，地方议会中的多数党派才有权提名地方行政长官候选人等措施。

梅德韦杰夫再次强调了公民在国家意识形态中的中心位置。“无论政治和经济构架如何震荡，世界经济的紊流甚至政治军事紧张局势加剧，都不能成为破坏民主体制的借口。同时保证公民的政治自由和私有财产不受侵犯，国家将承担所有对公民应该担负的责任。对公民的储蓄，退休金水平和其他社会保障给予极大关注，应该成为俄罗斯政府的日常工作和无条件的责任。”“在金融危机的条件下，俄罗斯短期内的主要任务之一，就是进一步去中央化，使社会体制和政治体制更加人性化。”

梅德韦杰夫在国情咨文中，还提出了同腐败作斗争的新举措。此外，还谈到了具体的司法改革、联邦体制改革等措施。同时详细阐述了对国际形势的看法，声明俄罗斯不会卷入军备竞赛。但是，俄罗斯将采取措施，应对国际形势。首先，针对美国强加给欧洲的反导系统，俄罗斯将推迟落实此前做出的解散导弹部队的三个团的决定；其次，将在加里宁格勒州部署“伊斯坎德尔”导弹系统，并对美国部署在捷克的雷达进行无线电电子压制。俄罗斯还将以欧亚经济共同体为核心推进一体化进程，加大欧安条约组织在政治军事领域合作的范围和深度。

梅德韦杰夫再次呼吁建立新的全球安全体制。俄罗斯一贯主张建立欧洲—大西洋空间安全体制，包括俄罗斯、欧洲和美国，此前俄罗斯也多次呼吁应该签署新的欧洲安全条约。他重申，欧洲安全条约将为各方制定出完全清晰明确的行为准则，把解决冲突的通行办法以法律形式固定下来，在建立可靠的军控手段问题上达成一致立场，并提出了俄罗斯外交的六个重点任务。

一是应继续开展巩固国际关系中法律基础的工作。梅德韦杰夫认为，国际法通行准则和原则必须在国际事务中成为“游戏规则”，如果国际社会成员习惯于将自身行为与国际法进行对照，那么将极大地减少暴力因素并肯定集体行动方式。

二是建立多中心国际体系具有现实意义。为此必须采取一系列综合措施，包括对世界主要国际组织机制进行改革，在整体上巩固多边外交。梅德韦杰夫强调，一个首都不可能管理整个世界，谁拒绝认识这一点，只能给自己和他人制造新的问题。他认为目前世界上大多数国家转向现实的多方位外交政策，证明了巩固国际机制的紧迫性，也正是从这一点出发，俄罗斯才参加八国集团、上合组织、“金砖四国”对话、亚太经合组织等国际交流平台。

三是肯定以外交方式解决危机局势，对“有问题”的国家，不能采取孤立的办法，而是应该吸引其加入对话。

四是为了尽快确立新的国际金融体系运行规则，俄罗斯要与合作伙伴保持经常性对话。梅德韦杰夫说，俄罗斯已经把建立新的国际金融体系的建议转达给了合作伙伴，俄罗斯认为新的金融体系必须具备金融危机预警功能，并能够把金融危机造成的危害降到最小。

五是完成把俄罗斯变为世界上主要金融中心的基础立法工作。要采取切实措施，巩固卢布作为世界上主要币种之一的地位，最后还要启动卢布结算进程，鼓励用卢布发行新的有价债券，所有这些措施的最终目的就是要使卢布成为地区性货币。

六是俄罗斯将继续推进与世界经济一体化进程。国家将对俄罗斯企业给予支持，帮助企业提高效率，开拓新市场。要保证与欧亚经济共同体国家和独联体国家、欧盟国家、中国、印度和其他合作伙伴的经贸关系多样化，同时注意拉丁美洲和非洲出现的新机遇。

梅德韦杰夫特别强调，宪法作为国家根本法，在保障俄罗斯价值观发展中所起的作用。一是宪法在俄罗斯建立民主制度过程中起到了决定性作用。宪法所保障的个人自由和民主体制的成熟程度是俄罗斯今后发展的源泉。必须吸引公民、政治党派和社会团体积极参加社会政治生活。二是宪法在形成新的司法体系和司法独立中发挥了作用。三是没有宪法的保障，无法形成新的中产阶级，中小企业不会发展，无法建立起创新经济。四是宪法中明确规定了落实社会保障，这涉及到公民的工资、补贴、退休金和储蓄等问题。五是宪法有助于巩固国际法。“宪法是国家利益的综合体现，同时国家在对外关系上对外还要遵守国家间协议和国际条约，因此一个国家的法律与国际法标准的符合程度越高，这个国家在世界上就更安全。”

在国情咨文的最后，梅德韦杰夫呼吁俄罗斯全社会紧密团结起来，一道前进，共同应对发展中出现的问题，不断走向成功和胜利。

梅德韦杰夫将自己的首次国情咨文演说安排在美国新总统产生几小时后。演说中，没有对奥巴马表示祝贺，而是对美国进行了毫不留情的抨击。尽管他并不是俄罗斯第一掌权人，但梅德韦杰夫仍对自己所倡导的改革情有独钟。而他关于将总统任期从 4 年延长到 6 年的建议则成了此次国情咨文中最大的意外。

1979 年 12 月，美国气象学家爱德华·洛伦兹在一次讲演中提出：一只蝴蝶在巴西扇动翅膀，有可能会在美国的德克萨斯引起一场龙卷风，这就是著名的“蝴蝶效应”。

蝴蝶效应是指在一个动力系统中，初始条件下微小的变化能带动整个系统的长期的巨大的连锁反应。

《圣经》马太福音章节中有一段故事说的是，“凡有的，还要加给他，叫他有余；没有的，连他所有的，也要夺过来。”科学家罗伯特·默特把这则故事称为“马太效应”。

梅德韦杰夫总统首次国情咨文的影响如同“蝴蝶效应”和“马太效应”，特别是提出的“修宪”和“总统任期延长”，引起俄罗斯国内外和媒体舆论的关注。

法国《世界报》评论说，尽管奥巴马获胜，但俄罗斯仍保持着强硬语调。

《纽约时报》配上一幅苏联时代红场阅兵式的照片，发表文章说，如果华盛顿不放弃在东欧部署反导系统，那么在俄罗斯西部边境上将部署导弹系统。

《卫报》认为，修宪的最大受益人应该是普京，估计他将在 2012 年重返克里姆林宫，然后再次当选总统，一直领导俄罗斯至 2024 年。现在克里姆林宫在实行一项长期的宏伟计划，建立一个“小苏联”，普京就有可能成为这个新联盟国家的元首。

《金融时报》说，梅德韦杰夫很长时间都在讲宪法对保障个人的民主和自由的重要性，可此后他宣布必须修改宪法、延长总统任期的讲话，就如同炸弹一样富于爆炸性。

“成也普京，败也普京”。梅德韦杰夫在发表国情咨文时建议修改宪法，提议将俄罗斯总统任期延长至六年，将国家杜马议员任期延长至五年，以让总统有充分时间推进改革，更好应对“国家面临的巨大挑战”。

梅德韦杰夫同时建议扩大联邦会议的权限，赋予其监督政府行政权力的功能，并要求政府每年向联邦会议作政府工作报告。

梅德韦杰夫说：“必须充分落实国家杜马职权，也就是宪法第103章有关对行政权力行使的监督职能。政府每年应根据执政结果，向国家杜马作政府工作报告，对议会直接提出问题的工作结果做出报告。”同时强调说，他并非要对俄宪法进行改革，而是修正宪法，“修改宪法将不会触及宪法的实质。”

俄宪法法院院长佐尔金说，“宪法并不是落满灰尘的僵死条文，而是我们活生生的现实。”

2008年11月11日，俄罗斯总统府发表声明说，梅德韦杰夫已向国家杜马提交一份将总统任期延长至6年的宪法修正草案。这标志着俄罗斯延长总统任期计划进入实际操作阶段的行动。

梅德韦杰夫提出“修宪”和“总统任期延长”，不啻一声“惊雷”，俄罗斯国内外自然产生了许多猜测和联想。

修宪和总统任期延长，是否为普京重返克里姆林宫铺路?

外界早就猜测，梅德韦杰夫只是个为普京重返克里姆林宫做铺垫的过渡总统。

俄新网说，许多俄罗斯人提出这样一个问题，普京是否想提前重返总统宝座，因为在普京担任总统期间，俄一些政治力量就一直试图修改宪法，以便让他连任，但遭到普京的反对。

俄罗斯《商业日报》称，“梅德韦杰夫可能经由变动后的宪法提前辞职，然后在2009年举行总统大选，使得普京可以返回克里姆林宫。”报道称，普京接着可能担任两届总统，从2009年至2021年。

俄罗斯国内政治分析家纷纷指出，梅德韦杰夫提议延长总统任期旨在为普京重回总统宝座铺路，2009年俄罗斯政坛将发生一次大的地震，梅德韦杰夫有可能为普京让路在明年宣布下台。

俄罗斯《新闻报》报道说，关于延长总统任期是为了国家经济和社会稳定的说法并不十分令人可信，“为什么只是 6 年，而不是 10 年？”很明显，此举是为了让民众拥护的普京重返克里姆林宫。

俄罗斯《导报》报道说，梅德韦杰夫延长总统任期提议早在去年普京担任总统期间就已计划好，梅德韦杰夫可能在 2009 年以修宪为由提出辞职，随后普京将代表执政的“统一俄罗斯”党参加总统选举，如果取胜，将重返总统宝座。但这一说法随后遭到普京发言人的否认。

西方媒体也把延长总统任期与普京重新当总统联系了起来。路透社说，梅德韦杰夫要求延长总统任期的法律草案，这是让普京重返总统宝座计划的一部分。

美国有线电视新闻网报道说，普京没有排除重新就任总统的可能性，一旦总统任期延长至 6 年的法案通过，就意味着普京重新上台后可能担任 12 年总统。

加拿大《环球邮报》称，梅德韦杰夫提出宪法修正案，将使他和总理普京在未来 20 年内继续担任俄罗斯的合法领导人，而不会遇到什么挑战。报道还说，许多俄罗斯反对派称此举“如同发动政变”。2004 年 2 月被普京免去总理职务的卡西亚诺夫在接受记者采访时就言辞激烈地说：“这是反宪法、反民主的改革，这意味着现在掌权的这些人准备继续保持他们的权力。”

法新社报道称，普京支持梅德韦杰夫提出的延长总统任期的议案，但谈谁将竞选下届总统还“为时尚早”。

修宪总统任期延长，是否普京的又一颗烟雾弹？

梅德韦杰夫提出延长总统任期的理由是“需要彻底改革政治和经济体系”，以应对金融和经济危机的冲击。然而不论从其国情咨文，或通常的政治逻辑，都很难看出延长任期与应对危机间的必然联系。

俄罗斯国内外，对这份国情咨文的关注，主要不在咨文本身，而在咨文的言下之意和言外之意。

所谓言下之意，就是在这些表面话语背后，有怎样的政治词汇和暗示；所谓言外之意，就是这样一篇咨文的出台，将预示着俄罗斯政治格局，在不久的将来会如何演变。

囿于总统任期和连任的限制，普京在总统任满两届后未谋求连任，却以改任总理的形式，继续活跃在俄罗斯政治舞台一线，让“普京时代”继续得以延续。

事实上早在普京还是总统之时，延长总统任期、甚至取消连任限制的声音就一度甚嚣尘上，但一来据当时民调显示，大多数国民反对这样做，二来普京本人也不想担负“破坏民主”、尤其为自己而破坏民主的骂名，因此在2004年公开表明“4年任期是合适的”。

“梅普组合”体制下“府小院大”的格局，既不便行政作为，也不符合俄罗斯人的习惯和传统，普京甚至可能包括梅德韦杰夫，都不会愿意让这种格局的延续时间比预定的4年更长，俄罗斯人也不会愿意。因此普京如果真如许多分析家所预料，将在梅德韦杰夫任满后再度竞选总统，则此次咨文中的提议或将自下一任期生效，或干脆不过是又一个测验民意的试探气球罢了。

梅德韦杰夫的首次国情咨文中，除了为普京量身定做的提议之外，其他更主要的还是反映出梅德韦杰夫对改革的坚持，和普京的思想有所区别：他所说的给反对党派更多机会的建议，与普京不久前重组自由党派的决定显出差别。他批评了各个领域的官僚主义和国有化泛滥，称“我们的国家是最大的雇主，最活跃的出版社，最大的文艺制作人。我们的国家是法院，政党和人民的统一体。这样一个体制绝对是效率低下的，只能滋生腐败”。但此前普京已明确表示要在文艺创作领域实行“国家采购”政策，而在抗击金融危机的风暴中，国有化浪潮也趁机兴起。

前苏联解体后，10年极端自由化对经济体的摧毁让俄罗斯在普京时代迅速走入了历史性回摆的轨道。前苏联体制曾被公认是注定与效率和弹性背道而驰的体制。遗憾的是，在俄罗斯这个被“透明国际”评定为“极端腐败”的国家内，再次看到了前苏联式的体制惰性。梅德韦杰夫作为实现选举承诺来力推的反腐败法案，在中央和地方杜马均遭到了有力的阻挠。此次国情咨文中关于反腐法案的一段透露出梅德韦杰夫的无奈，众多国外媒体甚至将其解读为梅德韦杰夫总统对选民们的道歉。

在这样的背景下，梅德韦杰夫这份为改革鼓与呼并同时为普京加冕的国情咨文有些内容分裂，这体现出这位自由主义俄罗斯总统的无奈和困境。他的权力来自于超级总理普京，他的政治阻力也来自于普京，而最终，他还要把一切都还给普京。

按照俄罗斯法律，修改总统任期不必举行全民公决。而控制杜马2/3席位的由普京领导的“统一俄罗斯”党显然很轻松地将“修宪”和“延长总统任期”的提案通过。

“普京大帝”的时代无疑会上演。已经做了8年总统的普京，真的可以实现他的那句“给我20年，还你一个奇迹般的俄罗斯”的诺言。

“成也普京，败也普京”，无疑成了梅德韦杰夫的总统“悖论”。

谁主沉浮

从“祖国之父”彼得大帝的“俄罗斯帝国”，到苏联时代唯一抗衡美国的“超级大国”，直至普京时代的“尊严国家”，充分显示出俄罗斯人对历史光荣的怀念。

“主权的民主、强大的经济、强盛的军力”是俄罗斯国家与民族复兴的思想和建设支柱。

俄罗斯这个民族只有坐上“帝国”汽车才愿上路——推行强硬的国防安全对外政策标志着俄罗斯的复兴，并证明俄罗斯正在开始重新恢复世界大国地位。

普京时代之所以在薄弱根基上平地拔起，依靠的是俄罗斯国力的迅速回升，而这又得益于国际能源价格的飙升，得益于全球旺盛经济发展对资源的高度需求。从这一意义上讲，一贯猛烈抨击现有国际经济、金融秩序的俄罗斯，实则是最大受益者。

普京执政 8 年，使俄罗斯恢复了信心和尊严，给老百姓带来了明显改变的实惠。

梅德韦杰夫比普京更年轻，在经济领域有更多的实际经验，又具备法律专业的背景。普京的选择应该是更多出于这方面的考虑，俄罗斯老百姓，特别是学者在议论总统候选人时也是出于这种考虑。

俄罗斯“后普京时代”面临的主要问题及严峻挑战有：经济问题仍然是俄最大的难题，人口危机等社会因素制约经济进一步发展，经济增长过分依赖原油存在危险性，国内存在不稳定因素及隐患，俄罗斯的外部压力趋紧，“梅普组合”的变数等。

叶利钦说：“从战略上讲，我相信普京路线是正确的，虽然路途依然漫长。”

普京说：“俄罗斯虽免于崩溃，但各种威胁远未消除。为了再前进一步，要比以前做出更大的努力。”

梅德韦杰夫说："这个世界对俄罗斯的态度已经发生变化，俄罗斯在国际社会中已经重归强势。我承诺继续执行被实践证明行之有效的普京路线。”

俄罗斯人说："普京路线就是俄罗斯未来。”

“我为生在俄罗斯而感到自豪”

普京说:“我有一个梦想，希望能有这么一天，俄罗斯人能够说:‘我为生在俄罗斯而感到自豪’。”

这不仅是普京的梦想，也是许许多多普通俄罗斯人的梦想。

俄罗斯有自己独特的传统，俄罗斯人很相信自己的强势领袖。无论是沙俄时代还是前苏联时代，国家领袖的思想、路线正确与否，对国家发展极其重要，这是支持强人普京继续执政的“传统根基”。

“普京时代”标志着俄罗斯从叶利钦时期的“乱”到“治”和“兴”，也就是俄罗斯的复苏、振兴与崛起。

“普京路线”就是以高度集权的总统制为核心，以政府主导的市场经济为基本内容，以争取恢复大国地位为外交基本目标，依靠一支强大的现代化军队和主权民主的意识形态实现俄罗斯复兴的道路。

俄罗斯具有“世界强国”的潜质和潜力。关于俄罗斯国际定位，按对国际社会的影响力和国际社会对其关注度排序，它们依次为：俄罗斯是“欧洲国家”还是“欧亚国家”？是“世界大国”还是“世界强国”或“地区大国”？是“民主国家”还是“非民主国家”甚至“专制或半专制国家”？是“发达国家”还是“比较发达国家”？

俄罗斯作为一个地跨欧亚大陆、东西方文化交融的国家，是以“欧洲国家”为主要特征，但未来逐步向“欧亚国家”过渡的国家。它崇尚欧洲政治文明又坚持自身政治传统，渴望成为经济“发达国家”却力不从心，只能进入“较发达国家”行列。这些定位特点决定它的未来战略走向，将是重点加强独联体这一安全和经济“合作带”建设，以此缓和及平衡与东、西、南各方的战略关系，营造有利于自己的周边和国际环境；在高举政治民主化、经济全球化和区域一体化旗帜的同时，努力探寻具有俄罗斯特色的复兴路线。

普京在一次回答记者提问时提到，俄罗斯“既在欧洲，也在亚洲，而且在这两个地方都具有非常强有力的代表性。”

俄罗斯属于欧洲国家一直是其社会的主流观点，这一政治和思想流派在俄罗斯的历史和现实中基本处于统治或半统治地位。伴随这一观点的是俄罗斯社会长期存在的“亲西方主义”以及后来的“自由民主派”。

20 世纪 90 年代，以总统叶利钦、代总理盖达尔和外长科济列夫为代表，上述政治思想流派占据了俄社会主流地位。普京总统作为叶利钦的继承者，在这一点上与其前任并无二致，区别仅在于他奉行更为务实和灵活的政策。

西方人一提起俄罗斯，就像巴甫洛夫所说的条件反射一样认为，不论在沙皇时期还是苏联时期,它都是对内“专制主义”和“沙文主义”，对外“扩张主义”和“帝国主义”。实际上俄欧关系取得一些进展，特别是 2004 年 5 月俄欧（盟）莫斯科首脑会晤，达成双方建立四大“统一空间”的协议，即建立统一经济空间、内部安全空间、外部安全空间、教育及科技空间，但由于西方并未打算真正接受俄罗斯作为自己的成员或一部分，因此俄欧关系始终有明显的距离感。

作为欧亚文明结合地的俄罗斯，欧亚主义者认为俄罗斯在东西方均面对安全挑战，也都有合作机遇，因此不应当过分厚此薄彼，而应以建设性态度与东西方国家建立平等的合作伙伴关系，特别要把独联体国家作为俄外交的第一重点加以经营。因此，随着亚太地区在国际经济和政治中的作用提高，以及俄罗斯与亚太地区国家的合作加深，俄罗斯作为欧亚国家的分量会逐渐加重，俄罗斯社会的主流意识也会由“欧洲国家”向“欧亚国家”转变，不排除未来俄罗斯成为名副其实的“欧亚国家”的可能性。

俄罗斯的国际地位受前苏联解体和 20 世纪 90 年代改革失误影响大为下降。西方战略家们一方面承认俄罗斯的世界大国、而不是强国地位，另一方面继续采取各种措施极力削弱其国力，贬低甚至诋毁其形象，挤压其影响力。俄罗斯总体上仍处于社会转型期，如果说叶利钦的十年属于过渡的初级阶段，那么从普京的第一个任期到 2010 年前后可以称作中级阶段。普京主政后，开始注意修正叶利钦时期的错误，在国家利益界定、实力评估和战略目标确定等一些涉及国家国际定位的问题上比较求真务实，逐步摈弃昔日“超级大国”的冲动，安心扮演好“世界大国”的角色，同时争取“世界强国”地位。

普京提出的《对外政策构想》，在涉及俄罗斯国际定位时突出强调，要保障其世界“大国”和“当代世界有影响的力量中心之一”的地位。普京也在多种场合重申这一定位。2002 年 2 月他在答记者问时也指出：“即使就所处位置和面积大小来说，俄罗斯也是一个全球性大国。”

当代政治学中对于“强国”和“大国”的概念并没有非常明确的界定，“强”与“大”只是相对而言。

俄罗斯从其领土面积、人口数量、资源储备等方面来说无疑是“大国”，而军事实力、科技和工业基础方面也可称得上是“强国”，但从经济实力看又难以列入“强国”行列。因此，综合看俄罗斯所作的“世界大国”定位比较符合实际。这一定位完全放弃了对前苏联式“超级大国”地位的奢望，但并未排除俄未来争取成为世界“强国”的目标追求。

从叶利钦把俄罗斯社会引向“民主轨道”，到普京“捍卫民主原则”，俄罗斯始终将社会民主化当做一面旗帜。俄罗斯从 1993 年宪法到主要官方文件都明确将自身界定为“民主国家”，并按宪法规定的民主方式选举总统、议会，建立政府和法院，选举地方行政长官。当然，俄罗斯的政治制度不同于西方任何国家，它的总统地位实际高于议会、政府和宪法法院之上，形成“超级总统权力”。西方对这一政治权力架构颇多微词，认为它不符合“权力平衡制约”原则。

2004 年，普京借别斯兰人质事件后的反恐形势，推出政治改革新举措。如从下届选举开始，议会国家杜马代表席位全部改为按被选入政党的得票比例分配；从 2005 年起取消州长直接选举制，改为由总统提名候选人，由地方杜马投票通过等新措施。按照普京的解释，这些措施旨在加强联邦权力机构建设，提高立法和行政效率，提高全国的统一行动性。但俄国内民主派不断举行“反专制”、“反独裁”示威，要求普京“回到民主政治轨道上来”，“把州长选举权还给人民”；美国和欧洲也批评这是“俄罗斯民主进程的倒退”。美国总统布什公开表示担心普京的新措施会使“民主进程在俄罗斯被中断”。

普京对这类批评不以为然。按他的说法：“民主就是人民行使权力，每个国家都在寻求最有效的权力组织方式，这种有效性不是为了权力本身，而是为了解决这个国家及其公民所面临的问题。”显然，普京理解的民主与西方的民主标准既有共同之处，如让人民充分行使权力；也有明显不同，如认为究竟通过何种政治机制让人民的意志得到充分表达，利益得到增值和保护，国家整体行政效率得到提高，各国应当有权选择符合自己国情的权力组织形式和运作机制，而不可能都向美国或欧洲某国的范式看齐。

事实上，除了坚持国家权力机构由民选产生和个人权利应当得到尊重这两大重要原则外，“民主”作为一种政治制度方式并没有统一的标准，各国根据本国国情选择的民主制度形式可谓五花八门、不一而足。一些西方国家之所以对俄罗斯的民主政治形式说三道四，根本意图在于钳制和打压俄罗斯的国际影响力，始终将其置于被贬低、被孤立的境地。换言之，在美国和西方政治家眼里，尽管有时也将俄罗斯称为“战略伙伴”，但始终是他们现实和潜在的战略对手，这一角色决定了不管俄罗斯怎么做，都会受到他们的指责，会“被选为挨打的坏孩子”。

俄罗斯领导者也明白，俄几乎不可能满足美国和西方的民主“达标”要求。事实上，俄是否属于“民主国家”，主要是一个自我定位、自我认可问题，它从西方可能永远得不到满意的评价，未来西方也不大可能按他们的标准将俄接纳为“自己人”。

俄罗斯到底属于经济“发达国家”、“比较发达国家”还是“落后国家”，这对其国际地位的确定也有重要意义。从俄罗斯领导人到普通民众都存有一种强烈的心理需求，那就是认为俄罗斯如果不能算作“发达国家”，至少也不应当被列为“落后国家”，而且俄罗斯只有进入“发达国家”行列，才能与其往日辉煌相称，与今日期望相符。

综合各类统计资料和分析报告，无论从经济实力、发展水平，还是国际竞争力看，俄罗斯都既不属于经济“发达国家”，也不能列为“落后国家”，较确切的定位应该是发展水平不太平衡的“比较发达国家”。

毫无疑问，俄罗斯有着丰富的资源及其开发能力，有良好的科技基础和创新能力，在军工、航天、重工、化工、生物等领域保持相当优势，具有“后工业”经济特征。但要将这些优势和能力转换成经济实力，并不是一蹴而就的事。

如果俄罗斯经济按年均增长7%计算，到2010年应当能够实现比2002年翻一番的战略目标，届时俄按美元汇率计算的国民生产总值为8000亿美元左右，人均约6000美元，仍属于中等收入或“较发达国家”行列。

应当指出，俄罗斯经济虽处于较高增长状态，但其背后的确存在明显的“脆弱性”。如果俄政府未来不采取强有力措施刺激能源以外其他经济领域的增长，经济翻番和消除贫困的任务恐难以顺利实现，国家的经济实力也不可能得到迅速提升。

俄罗斯虽是地跨欧亚的“欧洲国家”，却也在朝着更加独立的“欧亚国家”缓慢过渡；是“世界大国”却孕育着对“世界强国”的追求；是高举“自由民主旗帜”的国家却又不被西方认可；想进入“发达国家”行列，却因种种原因只能被列入中等收入和“较发达国家”的行列。这些国际定位特点既反映了俄对自身实力和潜力的客观判断，是一种留有伸展余地的战略选择和内敛，也是俄现实条件和地位的真实写照。

可以断定，俄罗斯未来不大可能收缩为一个“地区大国”，它必定要守住“世界大国”的实质地位，并朝着“世界强国”的目标迈进，要对国际事务施加影响。

俄罗斯在未来5年到10年内的战略调整和走向具有三个主要特点。

一是突出战略重点，保持东、西、南三大方向相对平衡。作为世界大国，俄罗斯的对外战略是全方位的同时也是有重点的，这种重点既有相对稳定和长期的一面，也有随环境变化和实际需要而不断调整的一面。俄罗斯相对稳定的战略重点排序是：独联体、欧洲、美国以及中国、印度和日本。为了在这些关系中谋取国家利益最大化，俄提出外交政策要突出“平衡性”，即主要在东西方之间寻求平衡与协调，同时注意对俄南部周边地区施加重要影响力，利用与独联体国家的特殊关系和合作机制优势，平衡和协调与东、西、南三方其他国家间的关系，从中取得最大利益和好处。

二是在战略收缩与适度进攻中求发展。俄罗斯复兴面临三大不利因素：本国的经济虽已扭转衰势，持续增长，但实力尚不能支撑其政治愿望；北约和欧盟东扩势头咄咄逼人，俄战略缓冲空间不断被压缩，并有进一步被渗透和压缩的趋势；独联体国家为谋取自身利益大多“脚踩两只船”，在西方与俄罗斯之间伸缩进退，俄实际很难按自己的战略需要对其掌控。

从战略安全需要出发，未来俄罗斯仍将一如既往地向独联体国家投入资源和精力，以增强其对俄的“向心力”，减缓它们倒向西方的“离心力”。过去乌兹别克斯坦、格鲁吉亚、乌克兰在关键时刻、关键问题上与俄保持或拉开距离，让俄屡碰“软钉子”，俄对此只能黯然接受。格鲁吉亚、乌克兰和吉尔吉斯斯坦所进行的“颜色革命”以及摩尔多瓦的“自我革命”可能在独联体国家产生连锁反应，特别是中亚国家面临政权新老交替，美国和西方早已开始准备如法炮制，发动一场场色彩不同的“革命”，在俄周围筑起五颜六色的“防护栏”，以阻止和消耗俄对这些国家以及这一地区的影响力，这无疑将继续增大对俄的战略压力。

面对现实，俄一直在调整战略思路和措施。譬如不再把独联体其他国家视为与西方对抗的“战略缓冲带”，而是视其为“战略合作带”，通过相互合作和磨合，寻找这些国家、西方和俄罗斯都能接受的合作模式。如果北约和欧盟继续将对俄政策向着“接近与合作”调整，双方关系有可能继续缓步改善，反之，则会矛盾丛生，冲突扩大。

三是适应经济全球化、区域化大潮，寻找立足点。俄罗斯作为一个经济实力尚不够雄厚，却拥有巨大发展潜力的世界大国，面对经济全球化和区域化浪潮的冲击曾一度陷入困惑和不安。随着经济逐渐复苏和增长，以及世界主要经济体交往的扩大和加深，俄“免疫”力和适应力都在大幅提高。俄罗斯积极争取加入世贸组织。俄还与包括联合国所属各经济组织、欧盟、欧洲经济合作组织、亚太经济合作组织、北美经济合作组织等全球性和地区性经济合作组织保持接触或参与其中，同时大力推动建立独联体范围内的欧亚经济合作空间和关税同盟等地区经济一体化进程，促进上海合作组织内的经济合作，倡导与欧盟建立统一经济空间等。

为了在全球竞争条件下立足，普京呼吁：“俄必须比别的国家发展更快，要在增长的速度、商品和服务质量，以及教育、科技和文化水平方面都要超过别人，这关系到俄经济的生死存亡，关系到在迅速变化的国际条件下俄罗斯的国际地位。”

“一个民主、法制、有行为能力的联邦国家”。叶利钦执政后期，“在民众的忍耐力、生存能力和建设能力都已处于枯竭的边缘”的时候，民主对俄罗斯已经失去了吸引力。

当人们把民主当成可以创造奇迹的救命稻草，到头来却发现曾经一心向往的民主制度只是软弱无效的象征的那一刻，它就已经丧失了现实意义。

普京打着秩序、法制、公正的旗号，强化中央集权和社会调控，在国内外引起了“专制倾向”的责难。最常见的观点是认为俄民主化过程中已出现威权政治的回潮现象，还有观点认为俄正处于由高度集权化的政治向民主政治的过渡阶段。

国际上通常认为，如果居民对现行体制持否定态度的比例达到40%，该制度的合法性就值得怀疑了。

俄罗斯越来越需要的是一个铁腕人物，一个能带领俄罗斯人民重温昔日帝国之梦，恢复民族自豪感的精神领袖，一个能够主持社会公正，结束党派纷争的强势政府和政治强人。

俄罗斯从实践总结“可控民主”到提出“主权民主”，是为了明确宣示普京政权的政治内涵，也为了掌握国际政治斗争中的主动权，折射出俄罗斯未来民主政治发展的一种探索。

早在2004年，俄罗斯著名法学家、俄罗斯宪法法院院长瓦·佐里金就在《全球政治中的俄罗斯》杂志，发表了题为《威斯特伐利亚体系辩护》的文章，指出全球化条件下国家主权原则正遭到破坏。在这篇文章中，作者还对主权、民主、宪法、民族国家等重要概念作出了自己的解释。

2005年4月，针对西方国家以民主“教师爷”的姿态对俄罗斯进行指责，普京在《向俄罗斯联邦会议提交的2005年国情咨文》中明确提出了自己的民主价值观。普京强调，讲民主、自由“必须顾及俄罗斯历史”，“从本国的地缘政治和国情出发”，“民主原则和民主标准不应导致国家解体和人民受穷，而应使国家更加安定团结，人民生活水平进一步提高”，在建设何种民主的问题上，“俄遵从的不是外国伙伴的态度，而是本国的现行法律”。

普京发布国情咨文两天后，俄罗斯著名政治评论家维·特列季亚科夫就在《俄罗斯报》发表《普京的政治哲学》一文，认为俄罗斯具有民主的传统，俄罗斯的社会意识一直具有包括独立与主权在内的自由和公正的价值观。俄罗斯的‘主权民主’是普京政治哲学的本质体现。”

“主权民主”构想是俄罗斯从当今国际政治现实及其可能的发展趋势以及俄国内政治需要出发而提出来的，其重点放在政治现实的理性因素之上。同时，它还体现了普京的治国理念与政治哲学，折射出俄罗斯特有的历史传统和民族特性。因此，“主权民主”构想具有适应多重需要的特点。

首先，提出“主权民主”构想的直接考虑莫过于全球化背景下俄罗斯面临国际国内双重政治现实的压力。正如瓦·佐里金在他具有重要影响的《为威斯特伐利亚体系辩护》一文中指出，21 世纪，主权国家的宪政制度原则正面临严重威胁。威斯特伐利亚体系受到了来自两个方面的冲击：第一，人权和民族自决权与国家主权和领土完整原则的对立；第二，全球化条件下民族国家的有效管理不能得到保障。佐里金认为，俄罗斯的“主权民主”构想就是在这种现实情况下提出来的。与此相联系，俄罗斯政治调研所所长马尔科夫还提出，“‘主权民主’是对那些在民主化幌子下建立依从性政治制度的颜色革命的原则性回答，也是对 20 世纪 90 年代俄罗斯按别国模式实行的那种‘低劣民主化’的回答”。俄罗斯提出“主权民主”构想，其主要目的是向世界表明，俄罗斯并没有放弃民主，而是要建立适合俄罗斯国情的民主制度。

其次，“主权民主”构想是普京治国理念及其政治哲学的体现。普京强化国家主权的意图是十分明显的。“主权民主”的实质就是普京上台以来推行的所谓“可控民主”，即是要树立国家权威以实现对社会的控制，通过政治治理为经济发展创造条件。普京还明确提出，“在俄罗斯建立强大的国家政权，即是指建立一个民主、法制、有行为能力的联邦国家”。有的俄罗斯学者认为，普京是带着两种政治上的委托掌权的，精英阶层嘱托普京关心“民主”，而人民群众要求普京维护和加强在自由化改革年代严重受损的国家“主权”。普京成功地做到了这两点：他保留了国内主要的民主架构，同时给其增添了爱国主义、强国主义和民族主义的新内容。“主权民主”不仅是对“可控民主”的正式命名，而且是对“可控民主”的发展。

再次，“主权民主”构想孕育于俄罗斯历史传统之中，深受俄罗斯政治文化因素的驱动。俄罗斯一直是一个中央集权的国家，国家权威主义根深蒂固，成为俄罗斯政治制度的典型特征。2006 年 6 月，“统一俄罗斯”党立法委员会主席团成员伊萨耶夫在《“统一俄罗斯”党顺应俄罗斯政治传统》的讲演中，明确地揭示了俄罗斯政治传统与“主权民主”的内在关系。伊萨耶夫认为，强大国家的信念是俄罗斯政治传统最重要的方面，只要俄罗斯是充分享有主权的，俄罗斯人将支持任何一种政治制度，而普京正是主权信念的明确的传承者。他们把目光转向传统的权威主义领导模式上，并且将其视为解决迫切问题——恢复秩序和建立社会公正的最可靠的手段，即在政治强人的领导下，依据法律法规强化中央权威，强化主权，“有民主，更要有主权”成为这一思维的自然的逻辑延伸。因此，强国主义色彩浓厚的“主权民主”有着坚实的群众基础。

2005 年“主权民主”概念出台后，俄罗斯国内就出现了很多拥护者，但同时也存在各种不同看法。

普京和梅德韦杰夫也发表了自己的意见。

2006 年 9 月，普京在会见瓦尔达俱乐部代表时指出，从纯理论上讲，主权和民主是两个不同的概念。主权表明一个国家在世界上的地位，即能够独立自主地实现自己的内外政策；而民主则是国家与社会的组织方式，完全属于国家的内部事务。他还曾明确指出，“俄罗斯作为具有竞争力的市场经济和有效社会政策的主权民主国家，它应该有自己的政治发展意向。”很多人据此认为，关于“主权民主”的讨论得到了普京的支持。

梅德韦杰夫指出，“民主作为一种社会现象和法律结构，并不需要特别的说明词。”只是到了后来，当局势越来越明朗的时候，梅德韦杰夫才表示认同“主权民主”。

“主权民主”是一种民主模式，它决定着俄罗斯的政治发展道路；也是一种建设性的意识形态、思想体系和政治制度，更是俄罗斯新的主导战略。

俄罗斯未来的主导战略是能源超级大国加“主权民主”。其中，“主权民主”是核心。除了国内政治治理的需要以外，“主权民主”的基本着眼点是国家的主权。

尽管俄罗斯国内在“主权民主”问题上仍旧存在争议，但已得到拥护普京的多数派的广泛支持,从而使“政权党”和上层社会凝集在一起。

俄罗斯的政治制度不仅具有权力集中的特点，同时也包含着民主的形式与内容，如俄罗斯总统是全民选举产生的，存在着多党竞争和言论自由；俄政府也多次强调“发展民主的必要条件是建立有效的法律与政治体系”。俄罗斯的实践证明，在社会转型时期，“主权民主”比西方式自由民主更能维护社会的稳定，从而也更能促进经济的发展。

俄罗斯对“主权民主”的选择，再次印证了民族国家的生存利益高于民主的原则。从俄罗斯民主发展的全球背景和国内社会发展背景看，这种具有权威主义、强国主义色彩的政治结构可能将会延续。

在全球化条件下，主权依旧是国家的象征。然而西方国家出于自身的利益需要，提出了国家主权过时的论调。对此，俄罗斯明确提出“主权民主”,具有自己特定的价值。有人认为,俄罗斯寻求主权的庇护，免于国际力量的介入，实际上是俄在国际社会中政治空间收缩与战略守势的体现。

主权民主概念的提出使得俄罗斯政界和理论界异常兴奋，一些人认为俄罗斯终于有了自己的政治思想。

20 世纪 90 年代中期，叶利钦突然下令，用行政命令的方式在全俄范围内寻找“俄罗斯思想”，结果半途而废、无果而终。一个时期里，俄罗斯犹如一盘散沙、社会成员迷失方向，几乎变成没有思想和灵魂的“泥足巨人”。

一些媒体认为，在经过了长达近 20 年的社会思想真空之后，俄罗斯终于找到了全民思想。

俄罗斯一些重要政治人物和理论界人士，也将主权民主的构想提高到全民思想和今后俄罗斯政治发展道路的高度。

伊万诺夫在《消息报》上撰文《全民价值观的三大支柱》，提出把“主权的民主、强大的经济、强盛的军力”作为俄罗斯思想和建设的三大支柱。

有的俄罗斯政治精英认为，俄罗斯未来的主导战略是“能源超级大国加主权民主”的思想。其中，主权民主是重中之重。

以普京2005年国情咨文为标志，俄罗斯提出了“主权民主”思想。其出台的背景是要在意识形态上赢得主动权，防止发生“颜色革命”，保持政权稳定，确保强国战略顺利进行。经过三年的充实与发展，到2007年，“主权民主”思想的重要意义已经超出了意识形态的范畴。得到普京支持的政权党“统一俄罗斯”党已将“主权民主”思想作为其指导思想，并在2007年国家杜马选举中大获全胜。这充分表明，俄罗斯民众不仅对这一主流政治价值观充分认可，而且也认可了“主权民主”为政治理念基础的普京道路。

俄罗斯首先要维护自己的主权。主权要求来自于俄罗斯所处的复杂国际地缘政治环境。因此，“主权民主”是一种意识形态，也是一种政治制度。在这种制度下，民主程序和准则服从于强国战略和国家体制的标准。

俄罗斯唯一现实的选择是做强大而自信的国家，做一个不反对国际社会、不反对别的强国，而是与其共存的强国。俄罗斯强国的战略目标是：具有发达公民社会制度的和牢固民主的国家，有竞争力的市场经济国家，有着精良装备的机动的武装力量的强国。

在俄罗斯领导人看来，主权民主成为进入新世纪以后俄罗斯政治领域的核心内容。俄罗斯参与全球经济的最大竞争财富是自然资源、工业和知识潜力，应确立主权经济，独立寻找自己在世界上的位置。

俄罗斯已经具备了相应条件，可以独立确定社会经济发展的目标、方向和速度，从而制定自己的全球战略。

民主传统已经在俄罗斯确立。但是，民主是一个过程，是一个发展中的治理模式。民主是动态性的，既不能静态地消极地看待俄罗斯的民主现状，也不能将其民主现状视为一个最终的结果而加以指责。俄罗斯只能实行渐进、逐步的和审慎的改革，不能再搞激进改革。

民主发展必须以法制化为基础，俄罗斯没有所谓“专制的民主”。没有一定的基础，民主根本无从谈起。如果经济发展达不到某种水平，这种基础也很难建立起来。

民主的发展应当促进经济发展和社会稳定。俄罗斯将沿着这一方向采取行动。只有当俄罗斯借助经济发展在民主国家中占有自己应当占有的一席时，它才能赢得尊重。

民主主要原则的表现形式不应强求一致。俄罗斯不会拼凑特殊的俄罗斯式的民主，俄罗斯会继续遵循民主的普遍原则，但是在不同国家，民主的主要原则表现形式各不相同。比如，在选举法方面，美国和欧洲国家就不同。尽管在这种主要民主机构的运行方式上有差别，但是民主的主要基本原则都是以现代文明社会发展出来的民主形态加以贯彻。

俄罗斯明确表示不能以所谓的民主问题干涉别国主权，主权问题不能讨价还价，不能容忍他国利用民主问题谋求利益。

对主权民主国家的现代理解表明，国家政权建立在人民的主权意志基础上，在内部事务和国际关系中不受其他人的制约。俄罗斯的政治主权在内部政策而非外部政策上变化明显。俄罗斯的政治体制在普京时代发生了根本变动。

普京执政八年中采取了一系列让国内反对派和西方国家广为诟病的政治举措。

普京用足了宪法和宪法性联邦法律赋予总统的权力，将总统权力的效用发挥到了极致。让欧美国家难以理解和容忍的是西方宪政民主制度的范式在俄罗斯的变形，因而西方开始在“反导”问题上，在独联体的“颜色革命”问题上，在北约东扩问题上，在选举公正性问题上，在一切俄罗斯国内政治改革中不符合所谓民主要求的问题上，核心问题就在于西方难以忍受普京走在一条越来越具备俄罗斯特色的发展道路上，这才是俄罗斯与西方关系的结构性矛盾所在。

俄罗斯“主权民主”思想的适时出现，对于俄罗斯政治转轨与复兴的意义不可估量。

俄罗斯复兴对世界格局的多重影响力。俄罗斯是“使命感”和大国意识极强、对国际地位看得极重、外交运筹经验丰富的世界大国。俄罗斯的大国地位已经基本恢复，影响大国关系的能力日益增强。

任何大国的崛起都会对国际关系产生冲击，俄罗斯复兴对国际关系的影响可能更加令人瞩目。

俄罗斯复兴已经成为举世瞩目的现象。

在影响 2007 年国际关系的众多因素中，俄罗斯是重大牵动因素。其突出表现是：经济快速发展，军力大幅增强，民族精神空前振奋，大国地位明显恢复，大国影响日益突出；以大国姿态高调参与国际事务，外交运筹更加独立自主；大声谴责霸权主义、单边主义和强权政治，强力推动国际政治经济秩序的改造；在反导、军控、核不扩散等重大安全问题上与美欧针锋相对，在伊朗核问题、科索沃独立等热点问题上与美欧争吵不休；战略轰炸机恢复全球飞行，战略核潜艇恢复各大洋巡航，航母编队重新驶入大洋；努力恢复独联体传统势力范围，力图守住中东欧战略缓冲带；大力打造“能源超级大国”，以能源为武器强化地缘战略地位；坚持“主权民主”和“可控市场经济”发展模式，强硬回应西方对俄“民主、人权倒退”的指责。可以说，在大国关系中，处处都能感受到俄罗斯因素的存在及其重大影响。

由于俄罗斯拥有丰富的能源资源，可以作为对西方国家、独联体国家施加影响的有力武器；俄罗斯的民族精神也是崇尚大国地位、大国影响。因此，俄罗斯复兴的国际影响力，不能仅看其经济实力、科技实力，还要看其军事实力、民族精神、地缘条件、复兴道路。

俄罗斯复兴携带着“张扬”性。有人称为“强势崛起”、“强声崛起”、“高调崛起”。形象地说，俄罗斯复兴夹风带雨、动静很大，给世界带来不小震动。

俄罗斯复兴的“张扬”性与其大背景直接相关。俄罗斯是在饱受美国等西方国家战略挤压、饱经失落和屈辱之后重新崛起的，有意无意地要显示其民族志气；俄罗斯是在饱受美国等西方国家挤压，忍无可忍、退无可退的情况下复兴的，因而充满怒气；俄罗斯是在连续 8 年经济增长超过 7%、其丰富的油气资源成为威力巨大的地缘政治武器的情况下复兴的，因而自感很有底气；俄罗斯还是在美国深陷伊拉克泥潭和伊朗核僵局、国内政治分歧严重、经济增长减速，从霸权巅峰向下滑落的迹象日益明显的情况下复兴的，因而更有胆气。

俄罗斯复兴必将继续遭遇来自某些大国的挤压和遏制，“怒气”恐怕难以平息。当然，俄罗斯也不会一味地强硬，某些领域与西方国家的合作仍会继续、关系的紧张度也可能出现阶段性缓和。“斗而不破”仍将是俄罗斯必须把握的基本原则。

俄罗斯复兴并不意味着俄对西方发起全面战略反攻。就其性质而言，不过是总体防御中的局部攻势行动，基本仍属抗争范畴。以抗争求地位、以抗争求安全仍将是俄的政策取向。因而较小可能引发以“全面对抗”为特征的新的冷战。

俄罗斯与某些大国的矛盾是结构性矛盾。俄罗斯要自主选择政治、经济发展模式，而西方大国却在不断谴责俄罗斯“民主、人权倒退”，甚至直接插手俄罗斯内政，企图将俄拉回西方设计的发展轨道。

俄罗斯复兴将极大改变大国关系的格局。俄罗斯大国主义情结浓重，崛起中的俄罗斯必将按照自身战略需要重塑国际秩序、寻求发展空间。俄罗斯的崛起正在改变美国一超独霸的局面，引起国际政治经济秩序新一轮重大调整，加速世界多极化的进程。俄罗斯对热点问题的介入增多，且大多与美国等不同调，双方围绕热点问题的争吵难以停息。随着国家实力的增强，俄罗斯将更加敢于对美国说“不”，更加敢于与美国碰硬。俄美间“挤压与反挤压”、“遏制与反遏制”、“崛起与反崛起”的争斗可能加剧。美国“遏俄弱俄”的战略可能进一步强化，俄罗斯对美国的抗争力度可能增大，俄美互为主要战略对手的局面可能形成,两国关系可能进入冲突多发期。俄罗斯复兴与北约和欧盟的“双东扩”迎头相撞，一旦北约、欧盟突破俄罗斯一直坚守的独联体边界底线，美国和北约大幅增加在新欧洲的军事存在，实力增强的俄罗斯肯定会做出更加强烈的反应。欧盟对俄罗斯的疑虑加深，有可能进一步改善对美关系，其与俄罗斯的争吵可能增多。

俄罗斯复兴路线总体可望是和平的——

从国际大环境看，在全球化时代，强化国际地位、维护国家利益的根本途径，是融入世界经济一体化进程、快速提升科技研发水平，而不是侵略扩张、控制他国。

从俄罗斯国内环境看，历经巨大社会变革，其根本性国家任务是集中力量发展综合国力，因而迫切需要营造一个和平的周边环境和国际环境。

因此，国际社会特别是主要大国，对俄罗斯复兴应当保持信心。而且还应看到，俄罗斯的发展有利于改变国际战略力量严重失衡的局面，而国际战略力量平衡是实现国际局势稳定的重要基础；俄罗斯的发展还有利于世界经济的增长，世界经济需要多个发动机共同驱动。

实现国家富裕强大是所有民族国家的权利。与此同时，国际社会应当积极推动俄罗斯坚定和平发展的方向。例如，尊重俄罗斯对政治经济发展模式的选择；善意对待俄的复兴，以协商姿态化解俄复兴可能带来的摩擦；欢迎俄对国际事务的参与，强化俄“共同安全”、“共同发展”的理念，促使俄真正抛弃“邻国强大就是威胁”的传统安全思维。

俄罗斯的全面复兴不可能一蹴而就，俄罗斯重新跻身世界强国的行列仍然任重道远，还需要若干年的艰苦努力。

“我相信普京路线是正确的，虽然路途依然漫长”

2007 年底，就在普京作出权力交接的决定后没几天，《时代》杂志将 2007 年年度人物的称号授予了普京。此前被评为《时代》年度人物的俄国人还有斯大林（1939 年、1942 年）和赫鲁晓夫（1957 年）。

普京当选《时代》人物并不出人意料，在他执政的八年内，俄罗斯的经济逐步走向繁荣，车臣叛乱已被平息，军力也重现强大，这一切足以使他成为当代世界少有的杰出政治家之一。但《时代》执行主编斯坦格尔对普京当选的理由却有自己更深刻的见解，他认为普京“表现出了他不同寻常的领袖品质，他在混乱中接手这个国家，并带领它走向稳定”，他“拥有超强的坚韧，对俄国的发展有明确的方针，能从他身上感觉到俄国的精神气质，正是他让俄国回到了世界舞台”。

“俄国的精神气质”，这正是普京魅力和影响力的根本所在。

与其前任相比，普京从一开始就为自己的执政提出了明确的目标，毫不避讳地表示苏联的崩溃是 20 世纪最重大的地缘政治灾难，明确提出要恢复俄国在世界的影响力。他就职俄总统的八年中，他一直努力向重建俄罗斯荣耀这一目标而努力，不允许任何障碍挡住他前进的步伐。普京在国内赢得广泛的支持，不仅仅是他任内俄国的经济增长，他带来的政治稳定，还因为他是在俄国人普遍认为历史上少有的黑暗时代担任俄国总统的，正是他战胜了车臣的分裂主义，并带领俄国走出了泥沼，最最重要的是，他恢复了俄国一度被长期打断的长达 300

年的历史，重新树立了俄罗斯民族在世界版图中的位置。

“普京时代”：“我们终于走上了全人类都在走的主干道”。2007年9月20日，俄罗斯总统官方网站公布了普京9月14日在索契与“瓦尔代”国际辩论俱乐部成员会谈的速记记录，普京回答了许多问题，解释了自己在一系列经济、国际和政治问题上的立场。

普京首先指出，俄罗斯民族历史上共有帝国主义和苏维埃主义两种国家思想。沙俄帝国存在的根基是君主专制、人民性和东正教，当时国家对外政策的主要目的是巩固内部专制制度。之后时代发生变化，列宁领导了社会主义革命。今日的俄罗斯既不会返回沙皇时代，也不会倒退到苏联时代。

普京说：“我不认为，我们应当承担什么使命性的职能。我们应当实事求是、尊重自己，善于坚持自己的利益，但对所有国际社会的参与者来说，我们都是一个善于谈判的国家，一个合适的伙伴。”

普京说：“当今世界可以自豪而幸福地宣布自己是主权国家的国家数量并不是很多，屈指可数，就是中国、印度、俄罗斯和其他几个国家。其他国家都有一定的或非常严重的依赖性，要么互相依赖，要么依赖于集团领袖。主权至今仍是非常宝贵的。我看不到除了民族和多党制体系之外能够稳定国家的其他工具，我们不能把有着上亿人口的国家的命运与某一个人或团体联系起来，以此创造俄罗斯的未来。”

2007年11月，“统一俄罗斯”党民族政策协调人阿卜杜尔·哈基马·苏尔特格夫代表该党发表了一份声明，宣布力挺普京成为俄罗斯的“民族领袖”。在这份宣言式的声明里，苏尔特格夫提出了诸多重要的观点。

——“统一俄罗斯”党曾将普京在2007年议会两院所作的《国情咨文》中的八项要点总结为“普京计划”，并把这个计划作为该党参加议会大选的竞选纲领。“普京八点”抽象上升到治国理念这个高度：俄罗斯的国家理念就是“俄罗斯国家——民族的统一”。

——提出了“俄罗斯民族”。“俄罗斯民族”首次出现在2004年2月5日普京在视察楚瓦什共和国期间的一次讲话。当时普京原话如下：“……我们完全可以把俄罗斯人民看成是统一的俄罗斯民族……这是我们历史和今日的现实。”从这里可以看出，“俄罗斯民族”是生活在俄罗斯境内所有民族的集合概念，与带有政治色彩的“俄罗斯人民”相比，它毫无疑问带有历史和精神指向。

——提出了“普京现象”。指用黑格尔逻辑中的三段式论证方法来归纳普京的历史作用和地位，相应地提出了这样一个公式：国家理念——民族领袖——国家战略计划。这个公式的纲目分明，很有基督教里“神——神子——圣灵”三位一体的意味。

——把普京领衔“统一俄罗斯”党议会竞选团名单、同时保持无党派人士的身份看做是一个矛盾统一：一方面，议会大选中选民对“统一俄罗斯”党的支持就是对普京路线的支持；另一方面，普京的无党派身份使得普京能够成为真正的“民族领袖”，而不是一般意义上的国家领导人。按照这个逻辑，普京的继承人实际上是“总统职位的继承人”，而不是“民族领袖的继承人”。这个矛盾统一是保持普京路线继续执行的必要条件。

——提出了“民族领袖”。民族领袖拥有代议政体的最高权力，他通过普京党的议会多数和“民族领袖与普京党——总统”政治契约对立法和行政权力实现“公民——政治”控制。普京作为民族领袖具有“特殊地位”，他是国家和民族两个概念的集合体，以普京命名的治国路线就是俄罗斯人民获得应有的历史前景的希望所在。

——民族领袖的出现，不可避免地产生历史定位问题，最终反映到社会生活就产生政治上的权力划分。这样有必要建立“民族领袖体制”，其实质就是“俄罗斯人民代议制政体最高个人体制，它将以人民的名义对普京计划全民公决（即议会—总统大选）中体现出来的人民意志的执行情况进行公民监督”。

——以“普京计划”为竞选纲领的“统一俄罗斯”党在大选中的胜利就是全社会对民族领袖的肯定，也就是等同于对“普京计划”的认可。如果“统一俄罗斯”党在议会—总统大选中获得全胜，那么，它就要倡议召开社会——政治论坛，正式签署公民团结协定。这个协定的实质就是以普京代表的俄罗斯公民社会和行政—立法权力签署的一份社会契约。

——用法律形式，即“公民团结协定”，把为普京量身打造的“民族领袖体制”固定下来。这个体制将成为俄罗斯政治权力构架中的基础，也是“普京计划”得以实施的关键保障。在议会—总统大选取得决定性胜利之后，“统一俄罗斯”党即着手建立这个体制，不妨暂时将其称作“公民会议”，这在新俄罗斯历史上尚无前例。

苏尔特格夫宣言称，对普京个人在历史上的作用的评价，几乎是可以用“前无古人，后无来者”来形容：普京之前的沙皇时代、前苏联时代都没有一个能和普京匹敌的国家领导人，能够以个人力量结束混乱，开创新时代，救俄罗斯于水火之灾，解民众于倒悬之苦；至于“后无来者”，则是因为在普京之后，在短暂的历史时期不会出现第二个“民族领袖”。

苏尔特格夫宣言中所构想的俄罗斯未来政治构架在现实中有多大的可行性，自然存疑。但是按照文中的意思归结起来，俄罗斯未来的权力布局应该是这样的：以“俄罗斯民族的统一”作为国家意识形态，以普京的治国理念为“后普京时代”的执政基础，以普京作为“民族领袖”，通过专为其本人设立的“公民会议”对行政和立法权力机关实施监督，保证“普京计划”的贯彻实施。

普京的治国理念，包含多个方面和层次：核心和终极指向是振兴俄罗斯，恢复俄罗斯在历史上和世界上的大国地位；在政治体制层面上要推行与西方有区别、有俄罗斯特色的“主权民主”，意在强调国家主权大于民主、不存在放之四海而皆准的普遍民主标准、民主不应成为他人干涉俄罗斯内政的借口；在经济领域奉行自由主义的同时，强调国家对战略经济部门的国有化或者绝对控制；对内权力结构上强调垂直权力体系，保证联邦职能部门自上而下的权力畅通；对外奉行制衡和务实外交；在内政方面则按照国际标准大力推动行政机构、司法、教育、医疗、社会等多方面改革。

苏尔特格夫认为，既然“统一俄罗斯”党将“普京计划”作为竞选纲领，也可以把普京的治国理念写进党纲。“统一俄罗斯”党力图完成由“政权党”向“执政党”过渡的转变。从这一点来讲，“统一俄罗斯”党非常有必要把普京推升到精神领袖的地位。

普京执政8年，俄罗斯经济从“衰退”到“增长”，国家重获尊严，民众重拾信心，社会重现凝聚力。在总统权力交接之际，普京提出《2020年俄罗斯发展战略纲要》，这是具有鲜明强国富民色彩的《纲要》，也体现了历来具有大国民族心态的俄罗斯民众的普遍心愿。这个未来发展战略，不仅规定了俄罗斯新政的走向，也是普京在政权传递中保证自己的权力得以延续的基础。

梅德韦杰夫继承普京路线，已是众口一词。选民投票选举梅德韦杰夫，自然是出自对普京的认可和信任。

但更有一部分人选择梅德韦杰夫，正是看清了普京布局中“稳中求变”的安排，希望俄罗斯能在有一定保障的前提下改变一下自己的发展方向和方式。

“普京计划”：俄罗斯国家与民族复兴指南。2008 年 2 月，“统一俄罗斯”党在《俄罗斯报》发表题为《普京计划——伟大国家的光荣梦想》一文作为梅德韦杰夫的总统竞选纲领。梅德韦杰夫当选前后也在各种场所宣布他将继续奉行普京既定的政策。

其实，即便抛开普京与梅德韦杰夫之间良好的信任和亲密的私人关系不说，普京执政 8 年来所创造的“俄罗斯奇迹”留给梅德韦杰夫的政治空间十分有限，他必须走“普京路线”。

俄罗斯政治舞台上的最大变化在于由普京的独角戏转换到“梅普组合”的双人表演，而不变的是国家未来的发展蓝图，仍然是普京版的“普京计划”。

2007 年年底，为了配合议会选举以及 2008 年 3 月份的总统大选，在“统一俄罗斯”党的指挥下，俄全国范围内展开了强大的舆论宣传攻势，除了大力宣传“统一俄罗斯”党的竞选纲领以外，篇幅最多的就是对普京的大力宣传，尤其是对普京思想以及执政八年来俄罗斯所取得成就的宣传。

其中引人注目的是“普京计划”。不仅有许多媒体刊登出关于“普京计划”内容的文章，而且还正式出版发行了大量书籍和宣传小册子。其中有一本书就叫做《普京计划》，厚达 392 页，把普京自 2000 年任俄罗斯总统以来每年发表的国情咨文共计 8 篇全部收录其中，并分别加上了标题，对“普京计划”进行了详细的诠释，而且还把副标题取作“俄罗斯未来总统指南”。

其实，“普京计划”作为一个全新的概念，最早出现于 2007 年 4 月，由当时的“统一俄罗斯”党主席、国家杜马主席格雷兹洛夫提出，后来逐渐充实并成为了“统一俄罗斯”党的行动纲领。而在此之前，普京自己从来没有说过“计划”这两个字。

格雷兹洛夫把“普京计划”归纳为五个要点：第一，俄罗斯是个独一无二的和伟大的文明国家，必须为子孙后代保护和保存这个共同的文化空间以及俄罗斯的精神传统；第二，建设具有竞争能力的经济，也就是从石油依赖型的国家过渡到创新经济型的国家；第三，大幅度提高国内人民的生活质量；第四，建立发达的公民社会制度；第五，进一步将俄罗斯发展成为一个主权的国家。

2008 年 2 月 8 日，普京本人在克里姆林宫内“最漂亮的、从未开放过的格奥尔基大厅”内召开了一次超大规模的政府扩大会议，共有 750 多人接到邀请，除了政府成员，各部的部长和各地区行政长官、各共和国领导人以外，还有国家杜马和议会议员、各政治党派的领导人、媒体代表等参加了大会。

在被称之为普京总统的卸职演说中，普京除了对自己 8 年的工作做了一个总结以外，还进一步阐述了 2020 年前俄罗斯国家长期发展计划，即《俄罗斯 2020 年前发展战略》，对“普京计划”进行了完善，使之成为一个具有丰富内容的国家发展战略规划。

2008 年 3 月 3 日，俄大选第二天普京就着手“总理”的工作，他与政府官员进行了会面，向他们分派了一系列任务，要求政府最晚不得超过 2008 年 5 月提交《2020 年的长期发展规划》。普京说：“我在国家委员会所说的只是一个广义的构想，现在我们需要将它落实到纸上，制定详尽的方案，对每一步发展都要制定计划。”

这就是“普京计划”——普京执政以来为俄罗斯社会、政治、经济、军事、外交等描绘的宏伟蓝图的概括。对俄罗斯未来国际地位，普京更是满怀信心，强调俄罗斯必须“做大国，做强国”，必须成为世界的重要一极。

“后普京时代”：更具想象力、创造力、行动力的俄罗斯。普京曾说过，俄罗斯的稳定性要比一个人更为重要；俄罗斯的稳定性不是在某个人的基础上建立起来的，而是以宪法为依据的。

普京任俄罗斯总统八年，他以及支持者可以骄傲地宣称，一个新俄罗斯已经涌现：通过中央集权和打压寡头实现政治稳定；通过军事行动在车臣和北高加索地区实现和平；通过反西方在国际舞台上重拾影响力；通过坚持市场取向的改革让经济持续迅速复苏以及人民生活水平大幅提高。

不可否认，这过程有运气的因素：叶利钦治下的俄罗斯经济是如此深陷谷底，以至于唯一能做的动作就是反弹；俄罗斯是世界第二大石油出口国，而石油价格则从普京上任之初的15美元／桶，一路疯涨，并一度达到150美元／桶。但对类似的机会，俄罗斯的其他领导人却浪费掉了。

梅德韦杰夫始终强调他将执行普京路线："我非常清楚保持稳定的政策的延续性对一个国家的重要性。""对我来说，这意味着直接延续普京总统开辟和正在执行的路线。"

实际上，不改变现行国策是梅德韦杰夫换取普京支持的先决条件。大部分选民把选票投给梅德韦杰夫，也还是为了支持普京。这表明，"后普京时代"还是"普京时代"。

"普京路线"就是政治上保持稳定和控制力，经济上富国富民，外交上务实自信，其灵魂源自于普京的大国、强国梦。

梅德韦杰夫将一如既往地执行普京的政治路线，政治上保持稳定和控制力涉及政治制度。

根据1993年12月宪法，俄罗斯联邦实行资本主义。资本主义分两种模式，即欧美实行的自由民主资本主义和权威主义主导下的资本主义。俄罗斯实行的是后者。梅德韦杰夫说过，他崇尚民主，但他不会照搬西方民主。欧美国家以为梅德韦杰夫比普京更倾向"自由"，比普京好打交道，其实是一种误解。

梅德韦杰夫宣布了到2012年的发展规划，包括7项具体的任务，即保证司法独立、减少行政壁垒、降低税负、将卢布变成区域性储备外汇之一、交通和电力现代化、形成国家创新体系、实现社会发展计划。

梅德韦杰夫还重点阐述了他一直着力推行的"居者有其屋计划"，即保证未来将完成每年每人一平米建设任务。他说："公民通过自己掏钱、贷款和国家支持，购买自己必需的住房人数，到2012年将占到全国总人口的35%，以后将逐渐增加到60%至70%。"

梅德韦杰夫的计划是雄心勃勃的，更是踏踏实实和极其诱人的。

普京在国际博弈中扮演了一个硬汉形象，充满自信。这种自信来源于经济实力和军事实力的不断增强，来自滚滚的能源财富，来自绝大部分俄罗斯公民不甘于自己的国家沦为二流国家、不甘于自己沦为二等世界公民的大国强国梦想。

“帝国情结”在俄罗斯人的思想观念中，是一种崇高的而且不可缺少的思想情怀。

东、西罗马帝国相继灭亡之后，莫斯科自诩为“第三罗马”。从那时起，俄罗斯人的心目中，俄罗斯国家形象已经定型：俄罗斯是大国、强国，俄罗斯要比其他国家更强大，俄罗斯人的精神比其他国家更高尚，俄罗斯人将拯救世界——一种标准的“弥赛亚”情结。

大国地位绝不能丧失，并且坚信俄罗斯人优于其他民族。这两条可以用来作为衡量俄罗斯国家行为的标尺。无论是共产主义的前苏联还是戈尔巴乔夫时期抑或是苏联解体后出现的自由主义时期，从斯大林到戈尔巴乔夫再到叶利钦，大国地位都是不可缺少的东西。

斯大林的“一国可以建成共产主义”的观点和“大清洗”运动都表现出强烈的“恢复俄罗斯强国地位的历史大潮不可阻挡，阻挠的人和事都要被清除”的色彩。

戈尔巴乔夫陶醉在与西方领导人的推杯换盏中，因为他将此视为俄罗斯大国地位的体现。

叶利钦在感到戈尔巴乔夫式的道路无法走通后，无奈地退回到传统的俄罗斯道路。

如何实现强国？俄罗斯这个处在欧亚交汇处并且领土广大到可以接触各种不同文明和思潮的国家，在 20 世纪作了几乎所有可能的尝试。走前苏联式的集权封闭道路？不可能，苏联失败了；走极端的自由化道路？不可能，戈尔巴乔夫失败了；依靠西方？不可能，叶利钦失败了，并且证明了西方不可靠。

俄罗斯要想恢复大国地位必须做出另外的选择，所以普京和他所持的中间道路出现了。不过分的自由化，不过分的保守封闭；实行市场经济，但突出国家对市场的掌控；实行自由选举，但却是受到控制的自由。

普京的道路还要继续走下去。这个曾在西方做了 6 年特工的总统，曾经强调了民主和法制的重要，只不过在他看来，俄罗斯还没有发展到能够承受这些人类文明的阶段。所以他希望继任者能够做出这些改变，并且希望俄罗斯能一步步“变化着”走完自己设定的道路。

普京身后留下了俄罗斯复兴的成就，但也有许多尚未解决的问题，看似辉煌的下面依然潜藏着暗流，强国道路依然布满荆棘。

第一个难点是经济发展的途径。总体说来，普京任总统这 8 年俄罗斯的经济增长主要是长期危机后的“反弹”，增长的基础并非牢不可破。而核心问题就是经济结构调整尚未取得实质性的成果。应该说，这 8 年的高速增长，在很大程度上是取决于国际能源价格的持续走高，而这不仅使发展具有很大的不确定性，而且使这个大国经济结构和国际分工角色更加不符合世界经济发展的潮流。这包括：保持高速增长与改变发展方式的矛盾；工业制造业增长落后于 GDP 增速、而能源工业增长又出现乏力的矛盾；希望改善国际贸易结构与机电、高新技术产品缺乏竞争力的矛盾等。尽管俄罗斯政府已经意识到问题的严重性，也做出了努力，但结构调整、新增长点的确立仍需时日，坦率地说，现在还看不到根本改善的迹象。

普京连任总统后俄罗斯实行了居民货币收入超前增长的政策，虽然在一定程度上起到了刺激经济的效果，但这毕竟不是长久之计。2007 年通货膨胀率超过 11%，就发出了危险信号。

第二个难点是社会改革问题。普京提出，未来政府的主要工作之一是努力改善关系民生的问题，加大社会改革力度。然而，诸如解决居民生活质量、医疗保险、教育和就业等问题收效不会很快。2005 年进行的福利货币化改革就曾遭到社会普遍反对，引发全国性抗议浪潮。这也凸显了社会领域矛盾的深刻和稳定的脆弱。

第三个“老大难”问题是政府改革。建立高效廉洁的政府一直是普京坚定的改革目标之一，但历史上形成的人浮于事、官僚主义、文牍主义等问题仍然比较突出，转型时期普遍存在的腐败痼疾仍是俄罗斯社会主要的问题之一。根据“透明国际”组织评选出的“全球腐败指数排名”，2007 年俄罗斯与一些非洲国家腐败程度不相上下。

最后，外部环境的挑战依然是难以逾越的“坎”。北约东扩、欧盟扩大，使得俄罗斯的战略空间被进一步压缩，一道安全、经济、政治等各方面有形无形的篱笆在其西部逐步立了起来。

俄罗斯与独联体一些国家的关系纠纷不断，合作并无实质性进展，依然没有找到能考虑各方利益、能为各方接受的一体化道路。不仅如此，俄罗斯在独联体面临的内部矛盾和外部压力已呈现恶化的趋势，独联体的生存问题越来越突出。

处理与西方的关系一直是俄罗斯外交的重点。与2000年情况不同的是，由于俄罗斯坚持自己的政治发展模式，以及经济实力的增长，西方和周边小国的疑惧和不信任情绪明显趋强，西方联合一些小国对俄的防范和遏制步骤也将加快。

国际舆论普遍认为，普京卸任总统后，俄罗斯进入“后普京时代”。经历过大动荡的民众，对普京道路带来的进步受惠良多，希望未来的发展能够沿着这条轨道前进。更重要的是，虽然换了角色，普京也依然站在政权中心，克里姆林宫的意愿和政权的中心任务——发展——依然要通过他来落实。新总统也许与普京会在执政风格、政策松紧度上有程度上的差别，但这不是根本性和原则性的分歧。

“普京”仍然应该是俄罗斯政坛明显的符号。如果从俄罗斯复兴的方位和方向求解这些“难题”，“后普京时代”有“五大不变”：

1. 普京仍是俄罗斯的核心领导。普京没有排除今后再任总统的可能，而是强调无论任总统还是任总理，重要的是实现他为俄罗斯制定的长远规划。由于他提出的2020年俄罗斯发展战略或者说富国强民战略，符合俄罗斯绝大多数民众的意愿，得到了各界的全力拥护，这就确保普京职务的变动并不影响他继续发挥俄罗斯核心领导作用。

2. 雄心勃勃坚决发展经济。俄罗斯在普京任总统的2000年至2007年，国内生产总值增加了72%，按购买力平均价格计算，俄已超过意大利、法国，稳居世界第七位。俄确定到2020年，也就是再经过12年，经济总量进入世界前五名。为了实现这一目标，俄将于2009年提前实现2003年提出的国内生产总值10年内翻一番的任务。更为重要的是，在经济发展的指导思想下做出两个决定：一是争取实现“持续稳定的发展”，强调保持国内稳定的重要性；二是从能源型发展模式转变为创新型发展模式。

3. 继续实施“全新社会政策”。普京提出的“全新社会政策”，就是“要营造一切以人为中心的现代社会环境”，其根本宗旨是力争最大限度地让百姓分享经济发展的巨大成果。普京提出“全新社会政策”，主要是由于叶利钦时期的错误政策导致俄民众贫困，经过普京执政年代的努力，人民生活水平有了不少改善，居民收入每年增长率都在10%至12%，工资的涨幅达到16%，可是社会问题依然十分严峻。

4．继续奉行对西方相对温和的政策。俄罗斯实现经济振兴所面临的国际环境是严峻的。对此，俄将奉行在维护自身国家利益的前提下不寻求对抗的政策。普京一再表示，俄对西方政策“不具有进攻性”，“不主动进攻，同时也不允许俄国家利益受到损害”，“我们不愿回到冷战，我们的主要任务是解决国内的社会经济问题”，“我们必须与所有伙伴，包括美国发展良好的关系”。“要改革，不要冷战。”是“普梅组合”下俄罗斯向西方发出的主要信息。

5．坚持不卷入军备竞赛。俄罗斯拥有相对强大的军事力量，是跻身强国行列的一大支撑。面对世界正在出现的新军备竞赛，俄将大力研发更为先进的新型武器予以“有效回应”；但它吸取苏联进行军备竞赛被拖垮的教训，强调俄罗斯绝不“陷入”军备竞赛。普京在谈及俄罗斯发展战略时明确表示，俄“不能把自己拖进消耗性对抗，包括毁灭性耗干俄罗斯经济的军备竞赛”。

俄罗斯国内外高度评价普京的《2020年前的发展战略》。普遍认为，“自前苏联解体以来，我们从未有过如此强大、如此全球性和系统性的国家发展计划”，俄罗斯制定的是“雄心勃勃的，但同时又是具体的、现实的计划”。

普京说：“在经历了上世纪90年代的经济崩溃后，我们已恢复了元气。GDP只要保持7.8%的年均增幅，就能如期实现翻番的目标。”普京为俄罗斯政府和民众提出了一个“更加雄心勃勃的目标”，即实现“国民生活、国家及经济和社会领域的本质性改变”。

梅德韦杰夫便是第一个要让俄罗斯做出改变的总统，当然，仅仅是微调。

这种微调已经开始有所体现。梅德韦杰夫上台后否定了“统一俄罗斯”党提出的进一步收紧媒体控制的法律草案，他表示不能让媒体进一步丧失监督政府的功能。在普京对梅切尔公司发出威胁并导致俄数家公司股价大跌之后，梅德韦杰夫也表达了不满："我们不能再让俄罗斯公司的老板夜不能寐了。"在对西方关系上，梅德韦杰夫事实上持一种比普京更加柔和的接触政策。正如德国总理默克尔的判断一样——确实可以和梅德韦杰夫打交道。

但是，这些仅仅是微调。梅德韦杰夫毕竟还走在普京的道路上，并且他同普京也是志同道合的，这里面没有任何委曲求全的因素在里面。这根本就是俄罗斯民族主义的选择。

梅德韦杰夫仍在继续微调。2008 年 8 月，格俄南奥塞梯武装冲突后，他在酝酿与西方的缓和——全球经济大危机下"一荣俱荣，一损俱损"的局面，让俄罗斯无法割裂与世界的联系。而与此同时，普京在全力推进南下拉美的"国策"，继续对抗美国的雄心十分明显。

一切都是普京先前确定的道路。这条道路究竟是否明智，俄罗斯按照这条道路走下去将成为一个什么样国家？能够成为强国吗？

但是有一点很明确：俄罗斯这个民族就是这么任性，必须坐着"帝国"牌汽车才愿上路。

俄国 19 世纪诗人费奥多尔·丘特切夫这样评价自己的祖国："理性不能理解俄罗斯，用普通的尺子不能测量俄罗斯，俄罗斯有她特殊的性格，你只能相信俄罗斯。"

"你只能相信俄罗斯"

英国历史上最伟大的首相丘吉尔，曾在 1939 年对苏联作了经典描述："谜中之谜"。

俄罗斯的神秘令人着迷。"帝国的俄罗斯"还是"民主的俄罗斯"、"东方的俄罗斯"还是"西方的俄罗斯"、"富有的俄罗斯"还是"贫穷的俄罗斯"、爱国主义还是民族主义？

位于欧洲和亚洲交汇处的俄罗斯是一个让人难以捉摸的国家，她既是东方的，也是西方的，有如一个巨大的文化钟摆，不断地在东西方之间来回摆动。国徽中间那个左顾右盼的双头鹰，就精准地诠释了俄民族性格和文化构成的这一特征。

尽管彼得大帝曾义无反顾地推行西化国策，但他的继承者们却将西方的社会学说看成是洪水猛兽，拼命地坚持俄罗斯民族的“东方性”。

无论是华盛顿国会山的辩论中，还是 CNN、ABC 的电视访谈节目里，“俄罗斯帝国”的字眼都不时出现，仿佛那个被丘吉尔贬斥的、躲在“铁幕”后的帝国又复活了。

西方指责俄罗斯的逻辑是：对内，车臣的反恐行动存在大量侵犯人权的现实；对外，发动对乌克兰的“天然气战争”是典型的恃强凌弱的帝国作风。

普京的回答很干脆，俄罗斯民主制度不同于美国的民主制度，也不是典型的欧洲民主制度，它是一个具有俄罗斯特色的制度。

俄罗斯未来发展道路是复兴强国或者重圆“帝国”梦，都有很长的路要走。

俄罗斯军演越来越高调频繁：强国“硬质”。2008 年 10 月 6 日，俄罗斯的战略轰炸机从开始在靠近美国阿拉斯加州的俄北极空域举行巡航导弹实弹射击演习，演习的规模前所未有。同日，俄罗斯海军派遣多艘核动力舰艇前往地中海地区，沿途将穿越直布罗陀海峡。这是自冷战结束以来，俄罗斯核动力舰艇第二次前往该海域执行任务。这一切引起了国际社会的高度关注。

自 2008 年 8 月 8 日的格俄南奥塞梯武装冲突之后，俄罗斯动作频频，用强硬的态度回应了一些国家对其战略生存空间的挤压。普京宣布，俄罗斯 2009 年的军费将增长 27%，达到令西方“震惊”的 941 亿美元。紧接着是俄武装力量开始了紧张的军演之路。

2008 年 9 月 1 日，俄罗斯“中央 –2008”的战略战役演习正式开始。演习在伏尔加河沿岸联邦区和乌拉尔联邦区进行，持续至 9 月 27 日结束。9 月 22 日，俄罗斯与白俄罗斯开始“稳定 –2008”联合军事演习，演习从白俄罗斯到俄罗斯的广袤土地上持续到 10 月 21 日。10 月 6 日至 12 日，作为“稳定 –2008”军事演习的一部分，在靠近美国阿拉斯加州的俄罗斯北极空域，俄罗斯出动了数十架核轰炸机，举行了巡航导弹实弹射击演习。

俄罗斯的军演不仅限于家门口，还延伸至拉丁美洲。

2008 年 9 月 22 日，俄罗斯北方舰队编队离开驻泊基地，前往委内瑞拉参加俄委两国于 2008 年 10 月 10 日至 14 日的联合军事演习。这是冷战以后俄罗斯军队第一次离美国中心这么近的一次军事演习。

俄罗斯此番军演地点可谓精心挑选。细心分析，不难发现其共同的关键词：能源。俄罗斯经济实力的不断增强与能源紧密相关，如此频繁的军演自然也与能源脱不开干系。

俄军演集中在俄罗斯及周边地区以及位于拉美的委内瑞拉。这些地区均称得上资源丰富。俄罗斯本身就是油气大国。国际能源机构2008年6月的报告显示，俄罗斯已超越沙特阿拉伯成为全球第一大产油国。俄罗斯的天然气储量是世界第一，接近50万亿立方米。中亚—里海地区被称为世界“21世纪的能源基地”。公开数据显示，石油储量多达328亿吨，天然气18万亿立方米，分别占全球油气资源总量的8%和5%。此外，委内瑞拉已探明石油储量为754亿桶，是世界第四大石油出口国。

在一定程度上可以说，谁将中亚与委内瑞拉等拉美国家纳入自己羽翼之下，谁就在21世纪占据了有利位置。对此位置的争取，俄罗斯可谓不遗余力。除了军演形成威慑外，俄罗斯还积极寻求与中亚及拉美各国的能源合作。俄与哈、乌、土三国有关能源合作的谈判虽一波三折，但将中亚能源纳入到自己燃料能源体系是俄从未放弃过的愿望。2008年9月，俄罗斯能源公司同委内瑞拉方面共同成立财团，在拉丁美洲地区开展业务。

虽然俄罗斯强调其军演是常规行动，但舆论分析认为，俄罗斯的高调频繁军演，是回应美国2008年5月在极地进行的“北方边陲－2008”大规模演习以及俄格战争之后美国和北约在黑海驻军的行动。

2008年10月，俄罗斯在自己后院与委内瑞拉联合军演，美国的反应异乎寻常地平静。五角大楼官员表示，并不关注此次军演。美国务院发言人甚至对俄海军的远航能力表示怀疑，他声称：“俄应该会找到几艘可以航行如此之远的舰艇。”不过，冒着几分酸气的话语中透露出了几分如骨鲠在喉的苦涩。

俄罗斯军演传递了一个明确的信息：俄罗斯有足够的财富和能力度过世界金融危机，同时有实力在全球发展其军事力量、扩展其影响范围。

俄罗斯是在通过军演向世界展示自己的“强国硬质”和“帝国气质”。

俄罗斯的军演让这个热闹的国际舞台又多了几分喧嚣。

俄罗斯在欧洲部署反导系统："针尖对麦芒"。加里宁格勒是俄罗斯的飞地，靠近波罗的海，与波兰北部接壤，为俄军波罗的海舰队司令部所在地。伊斯坎德尔短程战术导弹射程 300 公里至 400 公里，可携带核弹头或者大约 500 公斤常规弹头,每辆导弹发射车可装载两枚导弹。

2008 年 8 月，美国、波兰签署反导协议，规定 2013 年前由美方在波兰部署 10 个导弹拦截装置。美国先前已经与捷克签署协议，在捷克修建反导雷达基地。

美方称反导系统用来对付来自伊朗等国的弹道导弹威胁，但俄方认为这一系统危及自身安全。

2008 年 11 月 5 日，梅德韦杰夫的第一份国情咨文——恰巧与奥巴马当选同日发表——提出，由于美国在欧洲部署反导系统，俄罗斯拒绝解散导弹部队的三个团，同时准备在加里宁格勒州部署"伊斯坎德尔"导弹系统。他说："此前曾计划取消导弹部队一个师下属的三个团的战斗值班任务，部队位于科泽利斯克，这个师也计划在 2010 年解散。我做出决定，将这一计划推迟。我们不会解散什么部队。"他指出："如果有必要，为了消除反导系统的影响，在加里宁格勒州将部署'伊斯坎德尔'导弹系统。当然，我们还研究为此目的而使用俄罗斯海军资源的问题。在这个西部地区（指加里宁格勒州）还将针对美国部署的反导新部件开展无线电电子压制。"即俄罗斯通过电子战令美方反导系统"瘫痪"。

欧洲舆论对此一片哗然。多个欧洲国家的政界人士指责俄的这一决定。

为什么欧洲对此问题反应如此激烈？只要看一看加里宁格勒的地图，就可以一目了然。加里宁格勒原来名称是柯尼斯堡，是东普鲁士的首府；柯尼斯堡与其周边的地区，在二战结束、纳粹德国战败之后被苏联并吞，成为俄罗斯的一个州。1946 年苏联最高苏维埃主席加里宁过世，苏联将柯尼斯堡改名为加里宁格勒，周围地区变成加里宁格勒州。前苏联解体后，加盟共和国立陶宛、拉脱维亚、白俄罗斯独立，使得加里宁格勒与俄罗斯本土被隔离，成为俄罗斯的飞地。这块飞地面积 15000 平方公里，人口近百万，经济发展水平低于俄罗斯本部。莫斯科的中央政府一直给予该州大量补贴，因为加里宁格勒的战略地位非常重要,无可替代。俄海军的波罗地海舰队设在加里宁格勒的不冻港。

加里宁格勒北面和南面分别是立陶宛与波兰，这两国都是欧盟与北约成员国。波兰与美国签署了协定，美国将在波兰建立反导系统。俄罗斯一直反对北约东扩至其家门口而不果，美国在其门口设立反导系统，更被莫斯科认为美国的目的是要压制俄的导弹打击能力。

“伊斯坎德尔”是一种先进的战术导弹，可精确击中 200 至 400 公里外的目标。俄军方并不讳言，如果波兰部署美国的反导系统，未来这个系统就可能成为俄导弹的打击目标。

俄此举是对北约与美国的直接反击。北约对俄罗斯的战略挤压从来没有停止；美国说在俄罗斯邻国设反导系统是为了对付伊朗，没有人信。俄罗斯不可能威胁美国，但可以威胁欧洲的北约成员国。

俄罗斯一直在偿还其历史债务（对邻国的占领与干涉），但是这毕竟与偿还经济债务不同，欧洲对其应适可而止，毕竟当今的俄罗斯不是沙俄时期的俄罗斯，也不是前苏联。欧洲常规武器条约是在苏联即将解体的时候签订的，对俄很不公平；2007 年俄宣布退出这一条约。俄罗斯今后若与欧洲、北约发生冲突，立陶宛、波兰等小国必然首当其冲，这些小国的领导人似乎不明白远亲不如近邻的道理，既然已经加入了欧盟和北约，就没有必要再刺激俄罗斯，小国的尊严不是靠挑衅一个大国而得到的。

可以预言，最后欧洲还是必须接受这个事实：在欧盟与北约范围之内，存在着俄罗斯的战术导弹，只要不故意激怒俄罗斯，这些导弹不会射向波兰。

俄罗斯复兴战略新指向：“战略遏制”。俄格武装冲突结束后不久，梅德韦杰夫曾指出：“从现在起，俄罗斯是一个不可低估的国家，俄罗斯将考虑加强国家安全问题，继续发展军备和粮食产业，在必要时采取防范侵略措施。”

“强硬”成为俄罗斯军事外交与国防安全的新标签。2008 年 5 月“梅普组合”体制启动以后，纵观俄罗斯的一连串举动可以看出，俄罗斯国家和军队正在展示近年来不常见的“强硬”姿态。

这首先表现在俄格武装冲突上。在北约不断东扩和西方国家鼓动中亚诸国进行“颜色革命”的态势下，俄罗斯感到国家利益受到了威胁。而在俄格冲突中，俄罗斯一改以往谴责多、行动少的做法，断然出兵南奥塞梯，随后宣布承认南奥塞梯和阿布哈兹独立。对此，前北约盟军总司令韦斯利 · 克拉克坦言 :“这是俄罗斯的权力声明。”

在战略遏制方面，针对美国在东欧建立反导系统，俄军频频试验新式导弹。2008 年 8 月 28 日，俄军战略火箭兵部队成功试射了一枚 RS–12M“白杨”导弹。据称，“白杨”导弹射程为 1 万公里，可携带 1 枚 55 万吨当量的核弹头，并能有效规避反导系统的探测。

在显示军力方面，继 2007 年 8 月恢复战略轰炸机不间断远程战斗值班飞行后，2008 年 9 月 10 日，俄罗斯空军两架图 –160 型远程战略轰炸机又途经北冰洋和大西洋，首次降落在委内瑞拉。俄军宣称，此举除了要提高俄军远程作战能力外，也是要显示俄军在世界重要地区的存在。同时，俄军开始扩建在叙利亚塔尔图斯港和拉塔基亚港的海军基地。

俄罗斯军费开支也呈现出逐年大幅增加的趋势。在普京任总统的 8 年间，俄罗斯的军费开支以每年 27% 左右的幅度递增。2007 年，俄罗斯军费开支约合 328 亿美元，2008 年度增加到约 400 亿美元。

俄军加强了演习的遏制意味。2008 年 7 月上旬至中旬，即格俄冲突爆发前不到 1 个月，美军和格鲁吉亚军队于格境内举行代号“立即反应 –2008”联合演习。此后不久，俄军于 7 月 13 日至 8 月 1 日即在北高加索黑海至里海地区进行了代号“高加索 –2008”的联合反恐演习，共投入兵力 8000 人，以及 700 件陆地装备、30 架飞机。由于俄军这一演习是在南奥塞梯地区局势极度紧张时进行的，演习科目又包括兵力投送、封锁冲突地域、进攻作战和武装管制冲突地域等，动用的兵力几乎都是后来参与俄格冲突作战的部队，因此被视为俄军对美格演习的强硬反应。

战略遏制成为俄军建设的新指引。国际形势和俄罗斯国内形势发生了重大变化，是导致俄罗斯调整军事战略的主要原因。

俄军认为俄罗斯外部安全威胁也在增加，其突出表现是美国加紧推进北约东扩，坚持在东欧部署导弹防御系统，某些国家着力在俄罗斯周边部署重兵，并不断对俄罗斯提出领土要求，特别是在乌克兰、格鲁吉亚等国发生的“颜色革命”，对俄罗斯构成了严重的政治威胁。此外，针对俄罗斯的恐怖主义依然存在，在俄罗斯周边地区爆发武装冲突的可能性依然存在。

2000 年，总统普京签署批准的军事学说确定以“遏制”为核心，即遏制对俄罗斯安全和利益的军事威胁与军事——政治威胁，目的是在平时制止对俄罗斯或其盟国的武力施压和入侵，战时则是防止侵略升级，使俄罗斯在可接受的条件下停止军事行动。这一现行军事学说颁布 8 年来，从 2008 年俄罗斯采取的一系列重大举措，特别是出兵南奥塞梯可以看出，俄罗斯军事战略的走向将沿着更加积极主动的强硬“遏制”方向发展。

首先，依靠强大的军事实力来防止和遏制对俄罗斯的各种威胁。俄军强调，国家利益要求俄军必须时刻保持高度战备，确保对任何潜在敌人能成功进行战略遏制，尤其要以战略核遏制来应对可能遭到的入侵。俄军高层认为，未来战争虽以高精尖武器为主实施，但始终处于使用核武器的威胁之下，特别是如果俄罗斯各个战略方向上的态势处于明显不利时，核武器就成为最重要、最可靠的战略遏制手段。俄罗斯必须坚持大力发展核武器，以保持强大的遏制力量。所以，针对美国在欧洲部署导弹防御系统，俄军一再强调有可能采取积极的对应行动。另一方面，俄军也强调要继续发展常规武器，特别是常规战略武器，以确保国家长期的战略安全和提高应对局部武装冲突的能力。俄军认为，在当前条件下常规战略武器是实施战争的决定性因素之一。

西方军界提出的所谓“陆军无用论”，完全是迷惑人的。俄军强调不应被这种论调所迷惑，相反，必须保持强大的地面集团以对付可能的外来威胁。俄罗斯出兵南奥塞梯,就表明了俄罗斯对抗威胁的新思路。

其次，通过在全球各个地区显示实力、显示存在，进一步加强“战略遏制”。俄罗斯领导人不断强调，俄必须在全球各个地区显示实力、显示存在，此举不仅能够有效应对威胁，遏制威胁，而且会产生震慑作用。所以人们才会看到,俄空军恢复了战略轰炸机远程战斗值班飞行，海军则恢复了远洋巡航训练。

再次，加强训练与演习，既提高军队战斗力，又能持续产生战略遏制效应。俄军计划到 2010 年，人均战斗训练支出与 2000 年相比将增加两倍。俄军战役训练和战斗训练明显增强的突出表现是大规模演习增多，2005 年至 2008 年，俄军先后举行过的演习有“东方”系列、“贝加尔湖”系列和“稳定”系列等。

俄军认为，随着美军太空作战理论与实践的不断完善，2020 年前，空中和太空将成为一体化的作战领域。在这种情况下，单纯的防空体系已无法保障抗击对方的空中——太空一体化袭击。有鉴于此，俄军高度重视建立战略性一体化空中——太空防御系统，以增强遏制和作战能力。早在 2002 年 11 月，俄罗斯国防部就强调空中——太空防御系统，既是俄罗斯国家和武装力量战略防御体系的主要组成部分，也是俄罗斯主要的战略遏制手段。2006 年 4 月公布的《2016 年前后俄联邦空中——太空防御纲要》，则确定了发展国家空中——太空防御体系的 10 年构想。2008 年 9 月 26 日，梅德韦杰夫又再次强调了建设空中——太空防御体系的必要性。实际上，俄军已基本形成了空中——太空防御系统所必需的四个分系统：侦察和导弹袭击预警分系统、毁伤（压制）分系统、指挥分系统和保障分系统。预计今后一个时期，俄军将斥巨资继续完善和发展空中——太空防御系统。

与此同时，俄军大力改革军队战斗编成结构并建立跨军种指挥体制。2008 年 9 月 15 日，梅德韦杰夫批准了俄军新的战斗编成结构方案。其基本内容是优化军兵种结构，裁减军队员额，以便将俄军建设成机动性更强、效率更高的军队。根据规划，到 2012 年，俄军员额将由 2007 年的 113 万裁减到 100 万，从而使军队更加精干；到 2020 年，俄军的战斗编成将出现全新的结构。

可以预见，未来俄罗斯军事的“战略遏制”思想将会更加积极，更加主动。

俄罗斯的矛盾面与极端面：“铁血”特质。推行强硬的国防安全对外政策标志着俄罗斯的复兴，并证明俄罗斯正在开始重新恢复超级大国地位。

2008 年 8 月 18 日，美国国务卿赖斯发表演讲称，俄罗斯越来越变得“在国内独裁和在国外好斗”，俄罗斯已经走上了一条“变得孤立和无足轻重”的道路。“俄罗斯需要完全融入国际政治和经济秩序，否则就可能变成一个只能向世界提供能源的国家。”

赖斯的这番话虽然有失偏颇，但在某种程度上反映了俄罗斯民族复兴的“强国硬质”和“帝国气质”。

俄罗斯的历史开始于公元882年基辅罗斯的建立。在此后1000余年“间断性”的历史中，俄罗斯从一个“弹丸”小国发展成为国土面积居世界第一、军事实力仅次于美国的超级大国，逐渐培育了俄民族优势心理，从而产生了数百年来的帝国情结。

彼得大帝改称沙皇，大肆扩张，不但确立了帝国的版图，更加增强了这种意识。即使是到了前苏联时代，帝国意识并未淡化，只不过改变了名称。

前苏联解体后，昔日辉煌的帝国时代虽然落幕了，但帝国情结依旧延续。1994年，俄罗斯曾对专家学者进行过一项民意调查，题目是“什么思想可以成为俄罗斯整体的价值观”，结果持“俄罗斯精神复兴思想”的占到了35%的绝对优势。即便在当今深受西方文化影响的俄罗斯年轻人，虽向往发达国家的生活，但在其潜意识里依然认为只有俄罗斯才是世界上最优秀的民族。

俄罗斯历史上出现了众多的风云人物，他们继承了俄罗斯的血性，率领俄罗斯人走上了一次又一次的辉煌。

彼得大帝及时抓住了工业革命的良机，不仅大力促进了俄罗斯的文艺、科技和军事革命，而且取得了多次重要战争的胜利，并打通了波罗的海和黑海的出口，为此后的凯瑟琳大帝迅猛扩张奠定了雄厚的基础。

库图佐夫是俄罗斯历史上最著名的军事统帅，在拿破仑东征俄罗斯的最危急关头被重新起用为俄军总司令，正是在他的率领下俄军以弱胜强并彻底击溃了拿破仑大军，如若不是在西里西亚小城本茨劳病逝，他会沿着拿破仑撤退的足迹横扫整个欧洲大陆。

斯大林虽是格鲁吉亚人，但却深得俄罗斯人的血性和智慧，具有历代沙皇的铁血和霸道气概，他不仅率领俄罗斯坚强地顶住了不可一世的希特勒的疯狂进攻，并成为二战世界反法西斯斗争中的中流砥柱，而且将一个扶木犁的落后的俄罗斯，一举改造成拥有核武器的超级大国。

前苏联解体后，俄罗斯非常疲弱。普京任俄罗斯总统8年，让俄罗斯找回了尊严、实现了复兴，因此备受俄罗斯人的喜爱，成了俄罗斯的民族英雄。

谁与争锋

“只有民主的国家才能确保个人与社会之间利益的平衡，使个人主动精神与全民族的任务并行不悖。”

现代汽车的“手动挡”提速很快，“自动挡”不仅提速慢，而且很费油。俄罗斯未来15至20年，普京将采取“手动挡”治国。只有当“各种必要的法律条件和所有市场经济因素”得以建立的时候，国家才可以摆脱“手动挡”而转向“自动挡”。

“我们国家真正的力量，并非来自我们武器的威力或财富的规模，而是来自我们理想的持久力量：民主、自由、机会和不屈的希望。”

从上世纪70年代中期开始的“第三波民主浪潮”对世界政治产生了巨大冲击，出现了一批成功走向民主的国家和地区，但也不乏民主失败的实例。

从新世纪开始，西方知识精英开始反思民主化浪潮，更对美国在全世界强行推进美式民主的做法大加质疑。

总体来说，在美国，没有人对民主的目标产生质疑，而只是对民主实现方式存有争议。但是，在美国以外，越来越多的群体对民主目标本身产生了怀疑。自由民主能否以及以何种方式继续推进有待观察。

2008年11月6日，全俄罗斯民意研究中心调查了人们对从末代沙皇尼古拉二世到普京的所有政治领袖的看法。调查结果显示，多数俄罗斯人认为普京是近100年来俄罗斯最优秀的国家领导人。

对于俄罗斯在谁的领导下朝正确方向发展这一问题，80%的受访者选择了普京，41%的人选择勃列日涅夫，33%的人把票投给了列宁。戈尔巴乔夫和叶利钦的支持率均为17%。

“给我二十年，还你一个奇迹般的俄罗斯”

2003 年 5 月 30 日，普京邀请世界 45 个国家元首聚会圣彼得堡，庆祝这个城市建市 300 周年。到场的有美国总统布什、英国首相布莱尔、法国总统希拉克、德国总理施罗德、日本首相小泉纯一郎……还有 2 万多名记者，1.5 万个代表团。

圣彼得堡是俄罗斯第二大城市，坐落在波罗的海芬兰湾东岸，涅瓦河河口，是俄罗斯最大的海港，整个城市由 42 个岛屿组成，由 300 多座桥梁连接起来，素有“北方威尼斯”之称。

圣彼得堡已经有 300 余年的历史。1703 年，彼得大帝在涅瓦河三角洲的兔子岛上建立了彼得保罗要塞，后扩建，称圣彼得堡，为帝俄时代的通海门户。1712 年俄国首都从莫斯科迁至此城，此后一直是俄国的政治、经济、文化中心。

圣彼得堡是一个建都 200 年一直遭到非议的城市。

圣彼得堡的名称由三部分组成：第一部分是拉丁语，意思是“神圣的”；第二部分是荷兰语，意思是“彼得”，这是指圣徒彼得；第三部分是德语，意思是“城堡”。1914 年 8 月 19 日，因为对德宣战，德国皇帝威廉的堂兄弟沙皇尼古拉二世把这个有德国意味的名字改为俄罗斯风格的“彼得格勒”；1924 年列宁去世后，彼得格勒更名为列宁格勒；1991 年 9 月 6 日，这座城市恢复了其原名——圣彼得堡。

2000 年，普京就任俄罗斯总统时，就做出了圣彼得堡“建市 300 周年大庆”并且由普京本人担任庆典委员会主席的决定。普京总统与俄罗斯委员会主席、国家杜马主席都是圣彼得堡人。联邦政府要员也多半是圣彼得堡人。圣彼得堡市市长雅科夫列夫说：“我们准备借此机会提升俄国的国际形象，纪念彼得一世，鼓励国人奋发，重振海军雄风，融入欧洲。”

对于圣彼得堡，俄国人不再把他看成是一座城市，而是一条道路、一种灵魂的力量。

早在80年前，俄国著名政治家乌斯特利亚洛夫在《圣彼得堡的命运》中称，“正是圣彼得堡时期才把俄国从莫斯科外省的乡村小院引向了真正的欧洲和世界大国之途”，“经由圣彼得堡才使得古罗斯变成伟大俄罗斯”，“俄罗斯若是再要复兴，首先就应该接受自己历史的圣彼得堡时期，接受圣彼得堡的‘理念’和‘灵魂’。圣彼得堡的灵魂应该复活，彼得大帝的事业也要成为俄国人民的事业。俄罗斯要把历史的逻辑和力量扭转到彼得大帝之路和传统上来。”

彼得时代的旧俄罗斯依靠全新的圣彼得堡走向强盛，新俄罗斯却要借助旧时代的圣彼得堡重返大国之列。

普京对于自己的祖国从强变弱有深刻意识，他在《千年之交的俄罗斯》中道:“现在一切都取决于我们能否认清危险程度，能否团结起来，能否承担起长期而又艰巨的工作。”

俄罗斯的政治评论家意味深长地写道：“普京是在必要的时刻，以必要的身份和必要的素质，出现在必要的位置上。”他的使命就是领导俄国人克服困难，重振大国雄风，追求新的强大。

普京就是要在必要时刻、必要地点，向人类宣告自己的愿望。这就是普京为什么要以这么大规模庆祝圣彼得堡城诞生300周年，俄国人为什么要以这么大热情在圣彼得堡通宵达旦地狂欢，为什么要邀请世界大国最高首脑赴会，以引起世界注目。

普京把世界所有强国的领袖们请到彼得堡，是让人们回顾300年前的那个伟人、300年前的那座城和300年中曾经有过的鼎盛时代；是展示彼得大帝的伟大、雄悍、执拗，特别是那种置于绝地而后生的勇气；是展示俄罗斯血统中坚毅、勇武与刚强；是张扬集中在彼得大帝身上那种俄罗斯精神：刚强、不屈、挑战与骁勇。

更是展示普京本人再次称雄的愿望。

2008年2月14日，普京在最后一次以俄罗斯总统身份召开的超大规模记者招待会上再次表示，再过12年，俄罗斯将变成为一个全新的，不再依赖石油资源，拥有创新经济和发达的公民社会的国家。

也许是为了提前制造舆论，俄罗斯联邦议会发言人米罗诺夫，此前通过《莫斯科青年报》向全社会透露了这样的信息：普京在梅德韦杰夫四年总统任期结束之后，完全有可能再接任两个任期的俄罗斯总统。那样的话，普京就有可能从2012年开始，一直到2020年结束一直留在管理国家的位子上。

如果米罗诺夫的预言变成为现实，那么实现“普京计划”就有了时间上的足够保证。

普京的“帝国”。从历史波澜的轨迹看，俄罗斯的大国之路总是伴随着强盛与羸弱，它常常在灾难之后变得强大，又在极强中迅速走向衰落。而在衰落之后，整个民族会再次探寻一条崛起新路。

普京执政 8 年，是寻求俄罗斯重新崛起的新探索。

8 年来，普京及时“调整”了俄罗斯前进方向，内政外交突出了以国家利益为核心、以强国富民为使命、以经济发展为前提、以民族精神为动力、以强大政权为依托、以历史教训为借鉴、以努力寻找适应本国国情的道路为方向，试图重振俄罗斯昔日的大国雄风。

8 年来，普京的支持率最高时达 80% 以上，一般保持在 70% 左右，这是任何痛恨普京“独裁专制”的西方所不能理解的。

如果总结普京执政 8 年带给俄罗斯的遗产，那就是强硬与秩序。

2007 年 8 月，普京上演了大秀胸肌“写真照”——赤裸上身、眺望远方、目光深邃，自豪地表演着象征俄罗斯实力的强悍胸肌，充分展示自己独特的锋芒。

在普京心目中，彼得大帝是他最崇拜的偶像——普京克里姆林宫办公室里就悬挂着彼得大帝的画像。

许多西方人眼中，普京成了现代版“新沙皇”。

在圣彼得堡涅瓦河边的广场上，建造有一尊彼得大帝的纪念像，普希金曾经为此写过《青铜骑士》。这尊雕塑有两个特点：面向西方，急速奔跑。这是叶卡捷琳娜大帝献给彼得大帝的纪念。法国雕刻家法尔科内说：“我所表现的沙皇是驰骋原野，纵横山河的帝国。虽然，大自然和守旧势力给他设置了无数的障碍，但他以超人的智慧和毅力克服他们，并以惊人的速度改变了国家的面貌。”从古罗马以来，帝王像都是稳稳地站着的，坐骑三条腿着地，一条腿提起来，惟独这尊雕塑的坐骑一双前蹄高高扬起，以高速奔跑的姿态，奔向西方，这在欧洲是独一无二的。

让彼得大帝名垂青史的是“彼得一世改革”，从此开始了俄国由一个农业国家缓慢地向工业国家的演进，国力不断增强，军队也日益壮大。在长达 21 年之久的北方战争中，俄国由败转胜，由弱变强，由偏远地区的穷国一跃成为欧洲强国。也在这一年，枢密院封彼得一世为“大帝”和“祖国之父”，俄国国号正式改为俄罗斯帝国。

彼得大帝把首都搬到圣彼得堡，开辟了一个改革开放的新时代。这个时代并没有因为彼得大帝去世而结束，反而在他的继承人叶卡捷琳娜女皇时代达到鼎盛之势。

1725 年 1 月 28 日，改革之父彼得大帝在自己毕生为之努力的圣彼得堡逝世。1726 年，沙皇彼得三世的妻子叶卡捷琳娜通过宫廷政变，与情夫一起杀害了无能的丈夫，自己当沙皇长达 34 年。

俄罗斯帝国由此进入鼎盛时期，叶卡捷琳娜二世博得俄国社会、尤其是贵族阶层的一片赞誉，被颂扬为“贵族的女皇”，继彼得一世之后，被封以“大帝”的称号。

在叶卡捷琳娜二世统治时期，俄国的领土面积大为扩大，增至 1705 万平方公里，人口近 3900 万。

从彼得一世即位到叶卡捷琳娜二世逝世，在 100 年的时间里，俄国发展成为了一个地地道道的欧洲强国。

300 年来，围绕着彼得大帝的争论一直没有停止过。

关于彼得大帝的历史评价，最为精辟与深刻的是俄国资产阶级史学界泰斗索洛维约夫。在他的 29 卷本的《俄国史》中，有 5 卷是阐述彼得的统治的。他认为，彼得的改革是有其必然的深刻原因而且又是受到制约的。这就是人民“从一个年龄向另一个年龄、从古代史向现代史”的过渡。还在 16 世纪“人民就站起来，准备出发上路了；但他们要等一个人；等一个领袖；领袖出现了。”“这是一个具有天才能力的人，他善于正确理解时代提出的已经成熟了的任务。彼得是那个时代的正确代表，开创了一个时代。”

马克思对彼得的对外政策、对俄国为争取出海口的斗争作了肯定的评价。恩格斯称彼得为“真正的伟人”，他能够在北方战争的前夕正确认清“对俄国非常有利的欧洲形势”；为谋取本国的民族利益，他目标坚定，行动机智，一往无前。

列宁也高度评价彼得的改革业绩，他特别重视彼得大帝当时实行的“欧化俄国”政策，并赞扬彼得“在反对野蛮势力时，绝不拒绝使用野蛮手段”。他是那个时代的骄子。

纵观俄罗斯几百年的历史，大凡有成就的俄罗斯统治者无不是足智多谋的铁腕人物，俄罗斯百姓则由衷地对他们产生敬畏，因他们而自豪——

伊凡四世以暴烈使俄国人走上强大之路；彼得一世采用野蛮加强权的手段，实现了俄国社会的进步，完成了俄国人的对外扩张由地域性蚕食向全球性称霸的过渡；叶卡捷琳娜二世、亚历山大一世和尼古拉一世同样以野蛮强权的手段，使俄罗斯逐步成为地跨欧亚的大帝国而雄踞地球一端；亚历山大三世体壮如牛，可以徒手将马蹄扳直，1881 年即位沙皇后，经济出现前所未有的发展；列宁则完全是以暴力手段建立起苏维埃政权，创造了苏联，为俄罗斯民族的振兴创造了机遇；而他的继承者斯大林，几乎将俄罗斯民族的一切梦想付诸实现。

叶利钦素有“20 世纪沙皇”之称，他以强硬的手腕获得了无人可以挑战的政治地位和权力。

但是，俄国人对那些有勇无谋或有谋无勇的统治者却采取了丢弃的态度——

尼古拉二世无德无谋，竟被一个装神弄鬼的盗马贼弄得神魂颠倒，以致最终被葬身于一个废矿井中；克伦斯基和他的那个“临时政府”，无法驾御渴望复兴和强大的俄罗斯民众，不得不男扮女装，流落他乡；赫鲁晓夫缺少气势非凡的谋略，最后“因健康原因而退休”；戈尔巴乔夫也无法重建俄罗斯大厦，也被俄国人遗忘了。

经历了由强盛到软弱的历史，俄国人更加盼望着像彼得大帝和斯大林那样的强权人物，盼望着使国家强盛起来的铁腕人物。

俄语中“沙皇”源自“恺撒”一词，是俄罗斯帝王的称号。从 1547 年伊凡四世自称沙皇，先后有 13 位沙皇统治过俄罗斯。沙皇是独裁者和强权的象征，它代表着帝国。

一再被转述的“给我二十年，还你一个奇迹般的俄罗斯”，最初出自铁腕沙皇彼得大帝之口。彼得大帝不是俄国的第一位沙皇（第一位沙皇是伊凡四世），但把铁腕与国家强大联系在一起，却是从他开始的。彼得大帝的铁腕统治，第一次把俄罗斯带入了强国之列，也让俄罗斯民族开始逐渐习惯、接受能给国家带来强大的铁腕统治。

在俄罗斯（包括前苏联）历史上，彼得大帝时代（在位 36 年）、叶卡捷琳娜二世时代（在位 34 年）和斯大林时代（执政 29 年），是俄罗斯发展史上最不可忽视的三个时期。三个时代的三位强人，充分展示了俄罗斯本土式的铁腕统治，推动了俄罗斯的强大与繁荣，这些都是俄罗斯人铭刻在心的光荣和梦想。

普京曾说："我们的祖先教导我们，像俄罗斯这样的国家只能成为一个强国。"

2007 年 11 月 4 日是俄罗斯"民族统一日"。莫斯科教会负责人基里尔都主教认为，"俄罗斯应该摆脱 20 世纪末期的混乱状态，成为一个强大、统一、开放的现代化强国"，而这一节日有助于俄罗斯克服 20 世纪末的"乱世"后遗症。

1612 年 11 月 4 日，米宁和波扎尔斯基大公带领俄罗斯人打败了波兰入侵者，解放了莫斯科，宣告了混乱时代的结束，这一天也就成了俄罗斯的民族统一日。基里尔都主教希望，节日倡议者的善良意图能在每个俄罗斯公民中引起共鸣。

俄罗斯人本身有着浓重的帝国情结，从"祖国之父"彼得大帝的"俄罗斯帝国"，到苏联时代唯一抗衡美国的"超级大国"，直至普京时代的"尊严国家"，充分显示出俄罗斯人对历史光荣的怀念。在历经磨难和失落之后，"沙皇情结"、"帝国情结"、"普京情结"似乎又重新唤起了民族复兴的渴望。

2001 年 5 月 7 日，来自俄罗斯全国各地的几千名俄罗斯大学生，组成游行队伍举着国旗，高喊着"俄罗斯！普京！"等口号，行进到位于克里姆林宫旁边的红场，庆祝普京宣誓就任俄罗斯总统一周年。这些青年人宣称："普京给了我们希望，这就是——俄罗斯将再次成为一个强大的国家！"

俄罗斯民族，作为在俄罗斯历史文化长河中浸润、洗礼的民族精英，他们既对威权统治的横刀立马、大国强盛心存感念和眷恋，同时又对社会滞后于西方的状况深表不满和忧虑，这种迷失与痛苦便时常表现为对专制和民族优越的极端崇拜。

全俄社会舆论研究中心 2007 年 9 月提供的调查结果显示：近半数(47%)的俄罗斯人认为，现行的总统制是最适合俄罗斯的政体。

普京在 2007 年 10 月接受德国一家媒体采访时表示，作为世界上面积最大的国家，俄罗斯无意重返苏联时期高度集权的政治体制，“我们只是在探索一种适当的体制，既能保证公民享有自由，又能保障他们享有管理国家及解决各种问题的权利，同时还能使国家成为造福人民的高效工具。”

俄罗斯《星》杂志主编雅科夫说：“因为俄罗斯的日益强大，很容易遭受来自内部和外部的威胁，人们已经厌倦了动荡、无序，它需要一种威权。”

俄罗斯人对普京魅力的崇拜，暗含着对威权的认同和对动荡的畏惧。就连普京左眼下的一个胎记，俄罗斯媒体也把它与沙皇彼得一世相比较。

在俄罗斯人眼里，“世界只尊重强国”、“俄罗斯需要沙皇式的当政者。”很多普通俄罗斯人是把普京当做“好沙皇”来崇拜的。

衡量一个伟大政治领袖的标准，最基本的有两条：一是看他是否为他所领导的国家开辟了一条正确的发展道路。二是看他是否为这条道路建立起了一套持久稳固的体制和法统，使之能够不受个人和偶发事件的影响独立自主地成长下去。换句话说，“在一个强大的国家里，应该有的是一个强大的政府，而不是单独一个强大的领导人。”

这两个标准，普京都还未完全达到。

普京虽然扭转了国家的颓势，使其重新走上强国之路，但其任内仍有许多问题未得到根本解决，包括：贫富分化的加剧；不断增长的财政赤字；经济体制上主要依赖于石油的结构性缺陷；行政机构的官僚主义和强力部门的坐大；司法不够独立；车臣的斯大林式治理和印古什、鞑靼斯坦新的分裂趋向；高加索地带的动荡局势；以及最重要的，与西方的紧张关系和由此带来的国际环境中的孤立。由于这些问题中的许多都是与普京在任内亲自树立的强国战略相联系的，因此，可以说除了普京本人外，没有别的哪位政治家有能力彻底地解决之，所以普京必须留下来。

一些国际舆论认为，普京欲走还留，除了对其任内构建的俄罗斯发展道路和国家战略不是完全放心外，还有一个原因，就是他自身对权力的留恋。普京在两个候选人中，选择了更像是经济管家的梅德韦杰夫而不是兵权在握的伊万诺夫，这是一个值得深思的问题。一方面，这让梅德韦杰夫在总统位置上仍然受到了牵制；另一方面，如果选择了伊万诺夫，恐怕普京继续留在大政治舞台的可能性就会小很多。而普京最终决定出任总理，不让自己的政治生涯出现任何的“权力真空”，某种程度上是他害怕离开大政治，或者说是担心被大政治抛弃的体现。

尽管普京一再表示：“我不是对权力的迷恋”。事实上，“梅普组合”这个词本身就表明，普京的阴影将是新的俄罗斯政权和这个国家未来发展道路上面对的最大负担。

基辛格认为，普京不是斯大林，他没有将自己的反对者和潜在的反对者都赶尽杀绝，也不会恋栈不退选择终身制。他相信普京是这样一种领导人，即必须将权力都集中在自己手中，以确保完成本民族和国家刻不容缓的重大任务。比起前苏联时期的领袖，普京更像是俄国历史上那些成功的改革者，如彼得大帝和叶卡捷琳娜。虽然他们都被认为是集权统治者，但最终的目的是通过集权手段实现对国家的强力改变。换句话说，就是要集举国之力为国家的强大服务。从这个意义上说，普京是一个改革者，虽然他不是一个民主者，但他会和这些俄国的伟大领袖一起被列入到俄国历史名人录中去。

基辛格的说法并非没有理由。从普京个人的政治成长来看，他在自己初涉政坛时，选择了俄罗斯自由派领袖之一的索布恰克为自己的朋友和导师。他自己也曾经说过，“我本人是一个纯粹的自由派。”对于那些关于人权的指责，普京表示，他正在构建一种适合俄罗斯国情的民主模式，而非西方强加的那种。

俄罗斯复兴仍然需要进一步的观察。如果普京能够成功地在俄国建立起一套稳固的、长久的体制，这一体制不再需要某个强力的领导人来维持，而是能够自己独立运转，那么时代就会给他应有的荣耀和赞誉。反过来，如果普京个人强大的权势最终损害了这个国家的政治制度，那历史会对他作出另一种评价。

西方国家对普京任俄罗斯总理大多持批评态度。认为这是俄罗斯民主进程的倒退，是权威政治或强人政治的回潮，是对俄宪法的“戏弄”。因为俄宪法规定，总统最多任职两届，即八年，但没有规定当过总统的人，不可以再来当总理；也没有规定，当过总统的人，再隔四年或几年之后，不可以再回来竞选总统。于是有人推测，普京在当过这届总理之后很可能再杀回马枪，重新回到总统的宝座上。

1797年，当美国总统华盛顿两届任职期满时，坚决地拒绝了大多数人要求其连任的请求，退出竞选，回到自己的弗农山庄，过起了一个普通百姓的生活。这位曾率领北美大陆军经过7年战争，打败英国殖民者，取得北美独立战争胜利、缔造了美国的人，这位曾主持制宪会议，产生第一部美国宪法、被后人称之为国父的人，按其当时的威望，再去竞选一任、两任总统应该说是顺理成章的。但他像当年独立战争后平静地把大陆军总司令的委任状交还大陆会议一样，把总统的权力平静地交还给了美国政府和人民。

除非某些怀有很深政治偏见的人看不到或不愿承认，美国社会200多年的稳定、发展、繁荣、强大，其实都是与华盛顿的贡献分不开的。华盛顿领导制订的美国宪法是这一切的根本保证，而华盛顿的个人品德则是以后所有美国总统和政治领袖人物的行为风范。

1999年底，叶利钦总统深陷信任危机，自知无力支撑下去，在任职还没有到期的情况下，匆忙离职，选择普京来接替自己。当时的俄罗斯还没有从解体后的泥沼里挣扎出来，普京上台，可以说是受托于国家困难之时，领命于民众彷徨之际。

普京通过强化总统权力和加强中央集权，制止了地方分离、分裂倾向，维护了俄联邦的统一；通过市场经济改革，实现了经济的稳步增长，人民生活得到切实改善；通过可控民主和中间派道路，在保证存有民主选举、多党制、议会制、新闻自由等形式下，成功实现了对左右两边反对派的打击和削弱，造成"统一俄罗斯"党一党独大的局面；通过务实外交和发展宇航军工企业，重新恢复了俄罗斯大国地位和民族自信心。这一切使得普京一时间名声鹊起，威望大增。有人甚至于编出了"嫁人要嫁普京这样的人"的歌曲来传唱。这是从1956年苏共二十大清算了斯大林的个人崇拜错误之后，又一次发生的发自于群众内心的对领袖的个人崇拜。

俄罗斯的变革是在经历了整整70多年的中央集权和计划经济统治之后，突然间发生的。一个社会体系一夜之间轰然倒塌了，要用另一个体系取而代之。可以说，世界上没有人知道，具体地应该如何做，才能损失最小，过渡最顺利。所以经济衰退、政治混乱、人民生活水平下降，各个加盟共和国产生离心倾向，以及思想意识的彷徨等等都是不可避免的。

叶利钦的功劳就在于埋葬了一个旧的，同时把一个新的社会基本框架搭建起来，而他的接替者必须能审时度势，恰当而有效地使用不同的手段，解决这些新旧制度在衔接时发生的各种问题。应该说，普京比较好地做到了。比如，对那些怀旧的人，给了他们足够的空间和时间，让他们去表达，去反思，去转变；对于激进的人，适当地加以抑制。他给予沙皇以正面的评价，也不否定苏联的历史。他一方面恢复权威政治，另一方面坚持市场经济的方向不改变。对于出现的产业大亨，既打也拉，胡萝卜加大棒；对于经济发展的成果，努力做到让全社会共享，特别是那些弱势群体。更加庆幸的是，由于国际石油和天然气价格飞涨，无形中帮了普京的大忙。

如果在一个国家里，历史展现了一个转折机会，就要求那位站在权力最高峰的人，用自身的实际行动来说话。他必须主动走下权力的神坛，向国人证明，他没有把掌握权力当做终身职业，那么他以后的任何继承人也都不能把权力攫为私有。对国家而言，把最高权力的更替奠定在稳妥、有序的传承之中，任何想采取非法手段获取权力的人也就不可能得逞了，从而保证国家政治的真正长治久安。

首先，人们看到，成为国家领袖的人，也是普通人。人们之所以把他推上领袖地位，是因为他的掌权许诺符合大多数人的利益，否则人民就不会选择他。权力是人民通过在可以看得见和有效监督的程序中赋予的，因此人民可以赋予，也可以收回。

其次，正因为领袖也是普通人，是普通人就有可能做错事。做了错事，他坚持不改，如果有任职年限的限制，就可以避免错误延续很长时间，从而避免给国家和社会造成不可估量的损失。

再次，任何一位在一定历史阶段，为国家或民族作出贡献的人都应该受到国民的尊敬，但这并不意味着必须把国家的命运永远地交付与他，让他来主宰。

人是会变的，没有人永远正确。现代社会，只有打破个人迷信和领袖崇拜，才能谈到社会人的地位、权利的平等，才能培养起国人普遍的公民即主人意识。一个国家只要存在对权力的崇拜，个人迷信必然盛行，个人迷信盛行，也就永远会有站着的人和跪着的人。

在一个从根基上就缺乏民主的国家，急剧的社会变革，使人无措手足。在个人权威主义与扩大民主的选择上，有时前者可能更容易见到效果。

但作为洞察社会发展大趋势的政治家，如果仅仅满足于表面的或暂时的成效，而没有从制度上确立以民主方式解决社会问题的新思维，将不会是人民、国家、民族的幸福。

“世界就在我们眼前改变”：权力“漂移”的多样性

民主、法制、自由、公正，这是国家现代化进程绕不开的“急转弯道”，特别是民主，既是一种价值、精神，也是一种制度、工具，再加上各个国家民族、文化、宗教、历史的差异性，充分展现了民主化进程中权力“漂移”的多样性。

民主的本质是竞争，并且是遵循各方认同的规则下的良性竞争，要形成良性竞争需要许多细小的制度来支撑。因此，民主不只是形式上的，更多的是贯穿民主的价值内核、以及与其紧密相连的法制精神。

在发达国家，民主体现出整合的力量；而在发展中国家，民主却经常变成巨大的分化力量，尤其是在多民族的发展中国家。民主一旦形成后就会体现出不可逆性，时常导致一种恶性循环：民主带来分化，分化的结果只能靠动用强力，如军事力量或者强权主义来整合。因为各种政治力量之间没有妥协的机制，因此最终出现的结果不是民族主义，就是民粹主义。

从历史的角度来看，在基本国家制度不健全，社会经济发展还没有达到一定水平的情况下，受外力催生而产生的民主会面临无穷的问题。

从发展路径来说，民主是社会经济文化发展逐渐演变而来的产物，但是每个国家因为经济、社会结构、文化因素并不一样，所以产生的民主形式也不相同。一方面，民主建设不能因噎废食，因为这些国家民主的失败而否定民主，尤其是把民主一味看成西方颠覆的阴谋，这是非常片面的。另一方面，需要思考自己需要一种什么样的民主，在民主化到来之前，需要做出哪些准备。最重要的是，要理解民主的本质，找到符合自身社会经济文化发展的民主形式。

"颜色革命"及部分亚洲国家"乱局"：民主赤字的秩序代价。"颜色革命"指的是通过非暴力的柔性政变夺取政权。鲜花、美丽的色彩与天鹅绒一样，都暗示着组织者试图让"革命"以尽可能"优雅"如"天鹅绒"的方式进行。

"颜色革命"从早前的南斯拉夫，到2003年的格鲁吉亚、2004年底的乌克兰、2005年初的吉尔吉斯斯坦，并由此延伸到白俄罗斯、哈萨克斯坦等"民主选举"的国家和地区。蔓延的现象非常突出：一是这些国家都被美国视为战略重点；二是大都是正在转型的"部分民主"国家。

但仅仅半年之后，一度如火如荼的"颜色革命"就戛然而止：摩尔多瓦的所谓"松雪革命"完全是正常的议会选举；哈萨克、塔吉克、土库曼、阿塞拜疆和白俄罗斯，这些被西方媒体列为"颜色革命"候选国的政权，在加大打压反对派力度的同时益发的巩固了自己的统治。

2005年9月，乌克兰"橙色革命"后衍生政府危机是"后颜色革命"秩序与走向的转折点。尤先科和季莫申科这对乌克兰政坛的金童玉女正式分道扬镳，"橙色革命"的浪漫故事就此结束，用法国《费加罗报》的话来说，这一轮的"颜色革命"已经偃旗息鼓。

对"颜色革命"从如火如荼到偃旗息鼓这一变化的解释多种多样，俄美外部力量博弈导致不断出现的地缘政治变化固然重要，但最本质的原因还得在"颜色革命"本身去寻找。

乌克兰发生的本来就是一场"弱势革命"，经过三次大选，反对派才以微弱优势胜出。因此，"妥协"成为新政权最常用的一个词，不仅要与战败者妥协，胜利者内部也要妥协。这使得当初的"革命者"在选举中允诺的政经改革很难在现实中得到实施，各派力量的相互牵制也使旧政权的诸多问题继续遗留而无法得到有效解决。

问题的实质就在于，乌克兰仍然处于"法治缺失的状态，在许多领域，人们都认识不到法制的意义，而继续原来的权力政治"。尤先科、季莫申科两个强力政治集团对峙的局面继续存在，没有一方表现出明显的胜势。

历史证明，要真正建成能够平稳运转的民主社会，取决于革命成功后的多种因素，并且这一进程也很有可能遭受挫折。从这个意义上说，转向民主甚至是法治国家的进程，在这些国家却依然是一个远未完成的任务，它要比革命者们当初所宣称和设想的复杂得多。

2008 年，在部分独联体国家发生“颜色革命”4 周年后，出现了新的分化和转向。

“颜色革命”并非总是如想象中一样按照设定好的规则平稳进行，西方的民主游戏也不总是喊喊口号那样轻松。现代大众政治和选举动员带来的民众热情的巨大爆发，即使是在政治体制非常成熟的国家也都难免给社会的和谐带来伤害，更何况在这些经济基础还非常落后，而政治上则趋于激进的晚现代化的民族国家。

“颜色革命”爆发后，格鲁吉亚、乌克兰和吉尔吉斯都不同程度地出现了民族和社会的分裂，这已经给其他国家类似的政治变动发出了警告。

与中亚国家的“颜色革命”后的“乱局”相仿，近年来亚洲部分国家和地区出现了一系列的民主“衍生物”：泰国连续发生反对党组织支持者围攻并占领总理府，政府工作几近瘫痪。韩国为了进口牛肉，农民可以大规模游行，要求总统下台，还干扰政府官员进入办公府邸，日本内阁连续垮台，安倍晋三和福田康夫两任内阁都没撑过一年。这几个国家都是美国号称亚洲民主的典范。

在动荡、骚乱和不安的背后，几乎都闪现一个共同的身影——反对党。可以说，亚洲部分国家和地区陷入了“民主赤字”——过度民主导致的危机。

更不用说美国在中东推进的民主计划了。以及号称世界最大民主国家的印度，国内还有 2 亿多贫民，1 亿多低种姓。由于贫富差异过大，导致各类游击队遍布半个印度，由于执政党没有多数席位，导致政策难以贯彻。

2008 年 8 月，泰国反政府示威浪潮卷起后，形势一直恶化，出现两派力量对垒。10 月 2 日凌晨，支持政府的反独裁民主联盟组织的数千人，手持刀具和棍棒从集会地点王家田广场，向反政府的人民民主联盟示威者占领的总理府进发，双方在马卡万桥发生冲突，造成至少 1 人死亡。虽然泰国政府在首都曼谷颁布紧急状态令，但反政府的示威者，在军方暗中支持下，不理紧急状态令，继续抗争。

泰国是亚洲实施民主选举的国家，但过往经常发生军事政变，直至他信上台，民选政府保持较长时期的执政，直至其后他信被指出卖国家利益和涉及贪污指控，被逼流亡国外。虽然他信流亡国外，但影响力并非消减，结果由他支持的沙马在选举中又胜出，亦种下今次反政府浪潮的种子。

泰国两大政治力量抗衡，外界难辨谁是谁非，假如说他信和沙马政府腐败，为什么选举中可以胜出？但说反政府力量不正义，为什么又可以发动大批群众上街抗争呢？更值得关注的，选举并未能为泰国带来稳定的局面和强势政府。

究竟这些民选政府的弱势，是源于全球出现权威低落的趋势，抑或有其他潜藏的政治诱因，暂时还没有令人信服的原因分析和解决方法，而这些国家或地区因为政府争执而出现的社会空转，亦成为难于打破的恶性循环。

首先，亚洲各国的政党代表不同阶层和利益集团的利益，一旦当选，这些利益集团将获得巨大的好处，而落选则不仅意味着竞选投资打了水漂，同时在未来几年还会受到其他利益集团的打压甚至清算。比如2008 年 2 月，当李明博成为韩国十年来首位保守党总统时，他迅速颠覆了许多自由派的成果。泰国的情形也大致相同，他信及其亲信代表了中下层人民的意愿，导致中高收入阶层对其不满。

其次，美国在独联体各国搞的“颜色革命”，为他们的行为披上了合法的外衣，美国的行为显然是他们的榜样力量，既然格鲁吉亚这些国家可以依靠暴力示威游行甚至冲击政府机关来实现政权更替，成本很低，那何乐而不为呢？任何一个政党下属的党员都以数十万计，再加上同情者，组织几万人游行并不困难。

第三，公开自由辩论、广泛的新闻自由、公民自由和强劲的经济表现而受到西方世界的广泛赞扬，但是这也给了持不同政见者的暴力行为提供了便利。

第四，政党利益高于国家利益，民主形式专制统治依然存在于这些国家和地区的方方面面。

第五，腐败现象依然严重，而一旦民怨爆发或者政权更替，那么他们的旧账必然被翻出。

很显然，这些民主赤字的国家和地区必然要付出相应的稳定和秩序的“代价”。

其实即使在美国也没有完全解决好民主政治的问题，美国大选犹如好莱坞大片，每个候选人除了要阐述各自的政见和策略外，还会被对手和媒体把祖宗八代过一遍堂，所有人生经历都会重播一次甚至多次，还有很多真真假假的婚外情、绯闻、轶事等等统统拿出来说事。让选民哪个知道什么是真的、什么是假的，纯粹是制造民主的形象。

这些亚洲国家和地区陷入民主困境，一个重要原因是民主的过早发生。比如韩国、泰国、菲律宾等，它们是在国家内部很多因素还不具备或不成熟的情况下，在外部压力下催生出来的民主。或者说，素质达不到民主高度的要求。过分强调自由，结果只能是造成思想的混乱和社会的动乱。

作为一种工具和手段的民主，是一把无比锋利的“双刃剑”，一个相应的制度和实践过程。

查韦斯“玻利瓦尔革命”：委内瑞拉的全民公投“双刃剑”。委内瑞拉总统乌戈·拉斐尔·查韦斯·弗里亚斯，1954 年出生于委内瑞拉巴里纳斯州一个贫寒的教师之家。少数白人的奢侈与骄横、广大民众的穷困与卑贱、历届政府的腐败与无能等等，给少年查韦斯留下了深刻的印象。改变社会不公正、不平等的状况，建立公正平等、民主自由、团结互助的社会成了他不懈的追求。

1982 年，查韦斯秘密组建了自己的政党——“玻利瓦尔革命 200”，倡导按照玻利瓦尔的政治设计重塑委内瑞拉，受到当局压制。上世纪 90 年代，新自由主义的“圣经”在委内瑞拉播撒的不是“福音”，而是严重畸形的经济结构、日益加剧的两极分化、持续下降的生活水平……委内瑞拉在经历了几十年的社会停滞和倒退之后，人民要求变革的呼声高涨。

1992 年 2 月 4 日，查韦斯发动了一场政变，旨在推翻安德烈斯·佩雷斯政权。虽然政变部队控制了盛产石油的苏利亚州，但最终还是寡不敌众惨遭失败，查韦斯被关进监狱，两年后才获释。军事政变虽然失败，但查韦斯却因此赢得了人们的尊敬和爱戴。

在监狱中，查韦斯不仅与前来采访的女记者萌生了爱情，而且还对自己走从政之路下定了决心。

1994 年，出狱后的查韦斯决定放弃武装斗争，重新改组“玻利瓦尔革命 200”，旋即更名为“第五共和国运动”，建立和扩大竞选联盟，积极备战 1998 年总统选举。

查韦斯不辞劳苦地走访贫困地区，在低收入阶层中宣传自己的“闹革命”思想。在他的努力下，“玻利瓦尔革命运动”终于发展成为一个政党，后改名为“第五共和国运动”。

“第五共和国运动”提出了消除腐败和提高社会公正等口号。在 1998 年 11 月的地方选举中，它一跃成为全国第二大党。在 1999 年 12 月份的总统大选中，查韦斯作为竞选联盟“爱国中心”推举的候选人，以 56.5% 的得票率当选总统。

查韦斯从小就幻想成为“解放者”玻利瓦尔那样的英雄人物，因此玻利瓦尔情结几乎贯穿了他的政治生涯。

面对新自由主义带来的“几家欢乐几家愁”，查韦斯积极倡导“和平民主的玻利瓦尔革命”,进行彻底的政治经济改革,实施“第三条道路”的新战略：即“以人为中心的、市场机制与国家作用相结合、充分利用国际比较优势的、实行合理开放的发展模式”，建设一种“有人情味的资本主义”。委内瑞拉人民特别是那些“饥饿得太久”的草根阶层对查韦斯及其主张寄予了厚望,便用选票把这位自称“既不是资本主义者，又不是共产主义者”的“兵变英雄”推上了总统宝座。

1999 年上任伊始，查韦斯就立即实施大刀阔斧的改革，进行“玻利瓦尔革命”，将其精心描绘的蓝图搬到现实中来。

在政治方面，推行“民主化革命”，建设一个“公正、民主的社会权利国家”：制定新宪法，定国名为“委内瑞拉玻利瓦尔共和国”，以示对委国父西蒙·玻利瓦尔的敬意；将国家三权分立改为五权制衡，增加选举权和道德权；把国会由原来的参、众两院制改为全国人民代表大会制；将总统任期由五年延长为六年，并规定可以连任一届；改组军方高层领导，赋予军人选举权，密切军队与社会的关系等；加快参政民主建设，促使广大民众成为民主主角，以建立一种全新的“人民真正参与其中并具有主人翁地位的民主制”。

在经济方面，努力“建设一种人道主义的、自治的和有竞争力的经济”，“为人民创造就业机会和幸福”：制定经济发展计划，相继出台了《土地法》、《银行法》、《渔业法》等“一揽子49项经济改革法”，在全国建立了许多工人和农民合作社，由政府为其提供补贴和低息贷款，推动“人民经济”发展等。

在社会保障方面，查韦斯先后实施了卫生、教育、食品、住房等一系列社会改革计划等，推动“长期以来身处社会边缘的百万群众加入到国家的生活中来”，“使85%的穷人过上好日子”。

在外交方面，“让委内瑞拉作为一个独立自主的、有能力促进自己国家利益的国家适当地加入国际社会”。奉行民族主义和多元化政策，坚决反对强权政治和霸权主义，特别是强烈批评美国的内外政策，致力于美洲大陆的团结，推进拉美一体化进程，呼吁“促进国际社会民主化”。

查韦斯的“玻利瓦尔革命”实践，得到了委内瑞拉人民尤其是中下层群众的大力支持，却遭到了国内既得利益集团和美国的强烈反对。国内外反对势力先后发动了针对查韦斯的军事政变、全国石油行业联合大罢工以及全民公决，均被查韦斯挫败。

但是，透过“总统保卫战”的滚滚硝烟，查韦斯认识到：要真正实现委内瑞拉的和平、民主和公正，就必须打破现有的政治框架，重新探索一条新的发展道路。2005年初，查韦斯在第五届世界社会论坛上宣布要建立“21世纪社会主义”：“资本主义无法实现我们的发展目标。

作为政治家，查韦斯既有军人气质，同时又保留平民的性格，被誉为“平民总统”。

查韦斯在当选后指出“忍饥挨饿的人民没有民主”，民主应“包括主权、尊严、平等、公平和社会发展”。他特别喜欢以电视互动等各种充满创意的方式来与民众进行沟通。

查韦斯在国内被认为是个“勇敢的改革者”，试图建立一种以人为中心、结合市场机制和国家调节作用、充分利用国内优势、实行合理开放的发展道路，既不是“不现实”的共产主义，也不是“野蛮”的资本主义，而是一条有拉美和委内瑞拉特色的“第三条道路”，而且在全球化浪潮中，“既要适当加入，又要确保自己的民族特性”。最引人注目的是他通过实施国有化来强化国家对石油工业的控制。

查韦斯总统任期并非一帆风顺，也曾经遭遇各种挫折。

查韦斯被国际媒体舆论称为“独裁者”或“改革者”。从1999年任委内瑞拉总统至2007年，查韦斯在选战中所向披靡，先后赢得三次大选、两次公投。

2002年4月11日，委内瑞拉部分军人发动政变，罢黜了查韦斯的总统职务。4月14日，在阿列塔少将的支持下，查韦斯重新掌握了政权。12月2日，反对派发动持续达63天的全国大罢工。查韦斯与反对派两方于2003年5月签署政治协议，承诺按照宪法程序进行罢免性公民投票。

2004年8月15日，委内瑞拉举行针对查韦斯总统的“罢黜性全民公决”。结果查韦斯获胜，继续执政至2007年1月。

2007年8月21日，查韦斯提出的修改宪法提案获委内瑞拉全国代表大会（议会）多数通过。修改后的宪法将总统任期延长至7年，并允许总统期满后争取连任。

但是，查韦斯在2007年12月，就委内瑞拉宪法改革举行全民公投，表决包括延长总统任期至七年、取消总统连任次数的限制、赋予总统更多权力的修宪提案。结果查韦斯的信任公决失败了。

自20世纪50年代末以来，委内瑞拉政坛一直被民主行动党和基督教社会党所把持，轮流坐庄，形成名副其实的“两党政治”。当权者政治上腐败，官僚机构臃肿，经济上毫无良策，导致经济停滞和衰退。委内瑞拉在政治上和经济上都需要一次重大的变革。

1999年2月，查韦斯就任总统后，锐意进行政治改革，提倡“参政民主”、清除腐败，并改革各级行政管理机构，进行一场和平民主革命。查韦斯首先向传统势力奉若至宝的宪法开刀，标志着以他为首的新政府向传统势力发起了挑战，也标志着他所倡导的“玻利瓦尔革命”的开始。4月25日，委内瑞拉举行全民公决，决定成立全国制宪大会和修改宪法。12月25日，全民公决通过了第五共和国宪法。新宪法规定：国家除立法、执法和司法三权外，增设公民权和选举权。公民权也称为道义权，专门负责反腐败；国会参、众两院改为一院制，即全国人民代表大会；将国名委内瑞拉共和国改为“委内瑞拉玻利瓦尔共和国”。

与此同时，查韦斯精简政府机构，把政府部门精简了3/4；查处腐败官员，把逃税者送入监狱。他控制军权，要求取消总统卫队；坚持不用无限额信用卡。

根据新宪法，2000年7月30日委内瑞拉重新举行大选，查韦斯以59.4%的有效选票再次当选总统。查韦斯在大刀阔斧进行政治改革的同时，实施“2000玻利瓦尔计划”，改善人民生活，增加就业机会，开展一场“经济革命”。11月，查韦斯政府推出旨在进行深层经济改革的49项措施，这些措施触犯了大财团、大企业家和大地主的切身利益，特别是新出台的土地法、渔业法和石油法更使上层权贵丧失众多权利和利益，引起这些人的强烈不满。传统势力对查韦斯执政后通过的新宪法以及查韦斯所实施的政治、经济改革恨之入骨，采取各种阴谋活动加以破坏，先后进行了“军事政变”、“石油政变”、“媒体政变”和“选举政变”，妄图搞垮查韦斯政府。

由于反对派在举行全国总罢工和提前大选上都遭到失败，不得不在美洲国家组织、联合国和卡特基金会等国际组织或机构的调停下，同政府达成用公民投票的方式来决定查韦斯去留的协议。根据宪法第72条，在总统、省长和市长等公职人员任期满一半时，公民有权举行公民投票，决定他们是否继续留任；但举行公决需征集到选民总数20%（即240万人）的签名。

2003年11月28日至12月1日，在美洲国家组织和美国“卡特中心”的监督下，委内瑞拉反对派大张旗鼓地在全国征集签名。

2004年6月，全国选举委员会宣布，经核查反对派征集的最终有效签名为245.1万人，超过了选民总数的20%，8月15日举行全民公决投票。

外部因素主要是查韦斯总统执政后，敢于同美国对抗，因而引起美国的不快，不断向委内瑞拉施加压力，并公开支持委反对派举行全民公决。

早在1999年12月委内瑞拉遭受泥石流灾害时，查韦斯政府为维护国家独立和主权，拒绝美国派遣大批军人到委内瑞拉救灾。委内瑞拉禁止美国缉毒飞机穿越该国领空，委内瑞拉空军和海军也不再参加美军举行的军事演习。2001年8月，委内瑞拉前国防部长兰赫尔要求美国军事代表团离开国防部所在地，撤走美军设在委内瑞拉 4 个军种里的联络处。

石油是世界的头号能源，是“西方赖以活命的血液”。查韦斯提倡和实施“限产保价”的石油政策，引起美国政府的强烈不满。

查韦斯还积极发展同古巴的关系，与卡斯特罗关系密切，两人多次互访。同时，委内瑞拉同古巴保持密切的经贸关系。在 2001 年联合国人权大会上，委内瑞拉不怕得罪美国，从以往弃权的做法改为支持中国和古巴。

“9 · 11”事件后，查韦斯政府一方面谴责恐怖主义，另一方面呼吁打击恐怖主义不能违反国际法，不能用战争的方式来解决恐怖主义的问题；呼吁在阿富汗实行停火，不再屠杀无辜平民，并强调对阿富汗领土的轰炸没有任何理由。

2004 年 1 月，查韦斯在墨西哥举行美洲国家首脑特别会议期间，公开表示美国制造的“新自由主义模式已经死了”，强调寻求新的发展模式。

2004 年 8 月 16 日，委内瑞拉全民公投。反对罢免查韦斯总统的占投票总数的 59.06%，要求罢免的占投票总数的 40.94%。

尽管查韦斯面临重重压力，但为什么大多数委内瑞拉人对查韦斯投了信任票？反对派推翻查韦斯的企图为什么遭到失败？

一是有雄厚的群众基础。查韦斯锐意进行政治改革，迎合了广大民众要求变革的愿望。实施“2000 玻利瓦尔计划”，改善了人民生活，增加了就业。在教育领域实行“罗宾逊计划”、“里瓦斯计划”和“苏克雷计划”等，大力开展扫盲运动，向贫困和印第安学生发放奖学金，使他们能进入学校读书。许多贫困市民表示，该国历史上还从来没有一位像查韦斯这样的总统关心他们的疾苦。因此，占委内瑞拉总人口 70% 左右的贫困群众坚定不移地支持查韦斯。

二是经济前景趋好。在国内政局动荡、反对派反动政变和大罢工以及世界经济不振的直接影响下，2002 年委内瑞拉国内生产总值下降 8.9%，成为 50 年来最严重的经济衰退。全国大罢工结束后委内瑞拉石油生产和出口全面恢复，经济最困难的时期已经过去。2004 年 2 月 7 日，委内瑞拉中央银行行长说，国家风险指数已从 2003 年 7 月的 1000

点以上降至600点（2002年底曾高达1400点）。委内瑞拉已能按期偿付外债，外国投资也逐渐增多。国际货币基金组织预测，2004年委经济将增长9.3%，是拉美地区经济增幅最高的国家之一。因此，委内瑞拉群众的不满情绪逐渐下降，对查韦斯政府的信心上升。

三是打破反对派对媒体的垄断。2003年11月，查韦斯政府开设了一家新的国家电视台，先在首都加拉加斯地区播出，2004年4月起覆盖全国80%的地区，这使政府的宣传力量得到加强。

四是反对派群龙无首。反对派貌似强大，但实际上队伍庞杂，派系甚多，没有一个领军人物。反观查韦斯，虽处境艰难，但仍是委内瑞拉非常有影响的人物，特别是在中下阶层民众中，公决的结果就是人心向背的真实反映。

公决以查韦斯的胜利落下帷幕，委内瑞拉政局暂时获得稳定。然而，反查派与拥查派的斗争远未结束。

2007年1月31日，委内瑞拉全国代表大会通过了授予总统查韦斯为期18个月的“委任立法权”的法案。根据该法案，总统有权在18个月内颁布与国家法律同等效力的行政命令。换言之，查韦斯可以利用这种至高无上的权力，在政治、经济和国家安全等领域强行地推动改革。

国内反对派和一些外国势力指责查韦斯“搞独裁”，但支持者则认为“委任立法权”能使查韦斯总统以“最快的速度”解决委内瑞拉的问题，有助于查韦斯政府“播种民主，播种和平和社会主义”。

2007年8月，查韦斯提出的修改宪法提案已获议会多数通过。修改后的宪法将总统任期延长至7年，并允许总统期满后争取连任，可在2013年任期结束后争取连任。

2007年12月2日，委内瑞拉就宪法改革举行全民公投，表决赋予总统更多权力，被认为是查韦斯执政以来最难打的一场仗。

委国内反对修宪者众，单是11月30日首都加拉加斯就有逾10万名反对者上街示威。

查韦斯特别在修宪提案中加强了社会福利，例如将每日工时减少至六小时，但提案也包括延长总统任期至七年、总统可无限次连任，以及容许政府在“紧急”情况下审查传媒等大幅扩张总统权力的内容，以至于原本一向支持查韦斯的贫苦大众，都对修宪公投裹足不前。

委内瑞拉亲反对派组织的多个民调显示，在2006年以63%的高支持率赢得总统连任的查韦斯，大有可能遭逢上台以来的首次选举挫败。

“如果最终查韦斯以微弱优势胜出，接下来可以预料的就将是一片混乱。”委内瑞拉国家选举委员会表示，来自拉美、欧洲和美国等39个国家和地区的100名选举观察员已经就公投做好准备。另据委内瑞拉国防部透露，投票当日，将有14万名士兵和预备役军人前往全国各地维持秩序。

委内瑞拉国内政党、大学生及商界团体等反对派支持者，在全国各地掀起了一波又一波抗议公投浪潮，就连查韦斯的前妻、政治启蒙老师以及前国防部长都齐齐倒戈，呼吁民众反对修宪。

查韦斯的前妻罗德里格斯曾担任国会议员，后为政治评论员，她说：“这次宪制改革对总统绝对有利，权力将会明显集中在他手上。”时年88岁的米基莱纳曾是查韦斯的政治启蒙老师，更是他胜出1998年大选顺利上台执政的幕后军师，他坦言查韦斯的修宪提案是“一个宪法骗局”，全国人民应站出来投反对票。至于在2002年爆发政变时，协助查韦斯重新掌权的前国防部长巴杜埃尔更形容，修宪提案无疑是一次“政变”。2006年总统选举中查韦斯最主要的挑战者罗萨勒斯也在一次集会上敦促查韦斯“承认公众的意志”。

查韦斯的信任公决失败了。当然，他输得并不太惨，距胜利只差不足2%的选票。

在获知修宪提案全民公决的失败结果后，查韦斯曾一度陷入震惊，没有人见他如此沮丧过。

查韦斯的计划看上去似乎无懈可击。约在一年前，他便开始引导社会舆论做好迎接大变革的准备，他承诺，所有人无疑都会过得更好。他毕竟是一国领导人，深知国家需要什么。为了不让一心想令委内瑞拉局势陷于动荡的任何人，任何亲美的以及其他亲西方的势力妨碍他，查韦斯决定进一步巩固他所缔造的“垂直权力”体系。

查韦斯承诺为这一体系打造新的基石。其中最牢固的一块当属统一社会党。每位有意加入者都可以在全国各地开设的4000个网点递交加入新联盟的申请。查韦斯告诉国人，新的社会党人必须成为“国家根本变革的强大政治工具”，与此同时，他千方百计呼吁党员不要形成对他的“个人崇拜”。但党员们并不听命，仍坚持在自己的办公室内悬挂领袖的肖像，并将查韦斯当做大文豪，每次发言必然引用其语录。

然而，查韦斯并不局限于将自己定位为党的缔造者。2006 年 1 月，他所控制的议会通过了总统直接统治 18 月的法律。获得这一无限全权后，查韦斯开始对国民经济的关键行业进行国有化，着手治理反对派媒体乃至整个反对派。他动用高压水龙头、橡胶弹、大棒和催泪瓦斯，驱散“反对者游行”；他指责美国计划破坏投票，并且说如果在美国中情局的煽动下发生暴力活动，委将中断石油出口；他还说，如果人们支持他，他想一直当总统，“直到 2050 年”。

不过，集会并非是完全反对查韦斯本人，而是反对他向选民详细阐明的具体计划。他提议对宪法进行 69 处修改，但最重要的是，查韦斯意欲将终身总统制合法化。为此，他提出不仅将一个任期从 6 年延长至 7 年，而且还要取消任期限制。

查韦斯的第二个总统任期将在 2012 年届满，根据宪法，他无权梅开三度出任总统。当然，不可否认，查韦斯总能找到在权力正式到期后继续掌权的方法。

国际媒体和舆论戏称这是查韦斯移植“普京计划”的失败。

“改变俄罗斯，也改变世界”

俄罗斯地跨欧亚大陆，幅员辽阔，其文明深受东西方的影响；俄罗斯又是一个后起之国，为了改变国家的落后状态，国家始终在发展中起着主导作用。历史上，俄罗斯国内就国家的发展道路问题始终存在着争论，经历过苏联式的东方道路和叶利钦的西方道路之后，普京当政后开始冷静地汲取教训，寻找符合俄罗斯自身特点的发展道路。

上任之初，普京便肯定了俄罗斯所选择的通往市场经济和政治民主的道路：“我们终于走上了全人类都在走的主干道。这就是将市场经济和民主制的普遍原则与俄罗斯的现实有机结合起来。”

俄罗斯特色之路最重要的表现是强调国家的作用。历史上，俄罗斯是后起的国家，当俄罗斯统一国家形成之时，欧洲已是强国林立。为了赶超强国，只能借助国家之力。普京深谙此道："在我国，国家及其体制和机构在人民生活中一向起着极为重要的作用……它是秩序的源头和保障，是任何变革的倡导者和主要推动力。"

普京强调，国家复兴和发展的关键在于国家政治领域，需要一个强有力的国家政权体系。在俄罗斯宪法所规定的"超级总统制"的框架下，普京加强了国家在整顿社会秩序中的作用。他改变了地方行政长官不受中央制约的体制，加强了总统对地方行政领导的影响力，通过一系列措施，整合了俄罗斯的政治力量，从寡头手中夺回了对媒体的控制权。

普京"可控民主"的举措招致了西方国家各方面人士的批评，普京回应说："俄罗斯人民应该从本国的历史、地缘政治和其他因素出发，自主决定应该如何发展民主和保障自由，俄罗斯作为主权国家将自己决定推进本国民主进程的方式和时间表。"反对西方国家对俄罗斯指手画脚。

普京重视国家在发展市场经济中主持公平的作用，搞市场经济，不搞市场社会，重要战略资源由国家控制，收益为国家和全民服务。确实，俄罗斯人在遇到困难时不是相信自己的努力，总是寄希望于出现奇迹，俄罗斯国家扮演的就是拯救者的角色。普京没有把经济转轨的重心放在所有制变革上，而是强调国家对重要战略资源的控制。

与强调国家作用相呼应，普京强调俄罗斯的民主不同于西方，要有俄罗斯的特色。普京强调："只有民主的国家才能确保个人与社会之间利益的平衡，使个人主动精神与全民族的任务并行不悖。""没有民主，不彻底纳入世界进程，今天我们便不能想象俄罗斯会有成功的未来。"

俄罗斯有西方民主的框架结构：多党制、政治多元化、三权分立等，但是俄罗斯的民主确实与西方不同。俄罗斯没有西方那么激烈的党派和政治家之间的竞争，支持普京者占了绝对多数，在行政、立法、司法机构中普京的支持者都居绝对多数，直接掌握着强力部门的总统又高踞于这些机构之上，制约与监督难以体现，俄罗斯的选举更像是支持普京的信任投票。

在西方人的眼里，普京在搞个人专制，俄罗斯的民主是普京所操纵的，选举如同儿戏，没有竞争是不正常的。但是，这种情况对于经历了前苏联解体和叶利钦时代的俄罗斯人来说，并不奇怪。从戈尔巴乔夫改革起，俄罗斯民众把民主泛化、滥用，导致了国家的无序和解体，俄罗斯人从中意识到，民主的俄罗斯政治体制应当服从于维护和加强国家权威与国际地位的要求。

大乱之后需要大治。俄罗斯民众认可普京的“可控民主”，自愿去投票站投普京一票，以表达自己对普京的信任。

在民主问题上，普京没有向西方的压力屈服，坚持走符合俄罗斯特点的发展之路，为此还提出了“主权民主”的概念，意在向世人表明俄罗斯要自主决定如何在自己的家园安排自己的政治生活，不需要外人指点。

普京路线的独特之处还表现在意识形态和价值观上。前苏联解体之初，叶利钦宣布俄罗斯不再有统一的意识形态，人们迷信西方民主、自由的价值观。普京执政以来，实际上在重塑俄罗斯的意识形态，尊重俄罗斯的传统，突出强调爱国主义和强国理念。

俄罗斯的文化传统——救世主义、帝国思维和扩张传统、崇尚权威等，是以强大的国家为依托的，归为对强国的追求，他们对国家在世界上地位的追求强于对个人幸福生活的追求。普京在表示尊重民主、自由、人权等普世价值观的同时，把对强国的追求作为首要价值观，得到了大多数民众的认同。

俄罗斯会继续走有自己特色的政治民主化与经济市场化之路。但是，人类社会有其自身的发展规律和许多共性的东西，随着俄罗斯市场经济的成熟与中产阶级的壮大，俄罗斯特色也必将发生变化。

“普京共和国”:“手动”与“自动”的实用性。“手动挡”和“自动挡”是对汽车而言的。许多人在购车的选择中，手动挡车型能最终脱颖而出，最重要的原因就是手动挡提速很快，自动挡不仅提速慢，而且很费油。运用到俄罗斯民主政治建设中，普京采取“手动挡”方式，由政府更多地介入和控制前进。

2007年10月17日，俄罗斯“与总统直接连线”广播电视直播结束后，记者们询问普京，俄罗斯何时才能从所谓的“手动档”治国转向“自动档”。普京表示，要实现“普京计划”中涵盖的发展战略，俄罗斯未来 15 至 20 年需要“手动挡”治国，当“各种必要的法律条件和所有市场经济因素”得以建立的时候,国家才可以摆脱“手动档”而转向“自动挡”。

这当然不是西方意义上的民主，不过普京用富兰克林 · 罗斯福把美国从大萧条中挽救出来的例子为自己证明。“当年为了让美国从大萧条中走出来，总统富兰克林 · 罗斯福研制了国家发展计划，该计划当时受到精英们的批评。但是最终,这一计划的实施让美国所有公民获利,同时让美国走上了它目前在世界经济和政治领域所占的地位。”

什么叫民主？各有千秋。用什么代价实现民主？是每一个国家都必须考虑的问题。

还是汽车的司机说得好，要谈哪种变速器更省油这个问题，必须先看看两种变速器车是如何省油的。在不使用空挡的情况下，由于手动挡的动力直接传递,效率略高于自动挡,相同车速的发动机转速略低,可以节省非常少的油，其主要节油的方法是当手动挡使用空挡滑行时，发动机只在怠速运行；而自动挡不可使用空挡行使，带挡的发动机转速高于怠速较多，从而形成油耗差异。

2008 年 10 月 7 日，普京结束了自己的生日派对后没能马上休息，而是被圣彼得堡人文大学的一群教师围了起来。教师们七嘴八舌地向总理反映自己遇到的社会问题，提得最多的就是当下俄罗斯媒体对青年人教育起到的负面影响。教师们建议普京采取措施规范媒体活动。

普京回答说，尽管“国家不能再次重新开始控制媒体”，但是完全可以对其施加积极影响。政府如何影响媒体呢？普京提出可采用“政府定购方式”。俄罗斯舆论认为，“政府定购方式”的提法极有创意，可以说是普京在处理政府与媒体关系方面所做出的新探索，也可被视为俄政府“大力影响媒体及文化产品”的新思路。

前苏联解体以来，俄罗斯媒体曾经受过社会转型期的各种考验。叶利钦执政时期，俄罗斯媒体表面上可以享受“完全自由”，但实质上却听命于各类寡头的操纵，陷入混乱无序的状态。从 2000 年起，普京开始采取一系列强制性措施，逐步铲除媒体中的寡头势力，并收回了某些外国媒体在俄罗斯享有的特权。

普京执政八年来，俄政府对电视节目和报刊的影响力虽说不能与前苏联时期相比，但已经完全不同于叶利钦执政的年代。然而，随着俄政府影响媒体能力的不断增强，政府影响媒体的方式也自然会浮出水面，引起社会各界的关注。

在政府要不要影响媒体的问题上，普京的态度十分清楚。他指出，在不同的社会发展时期，国家都会有不同的主流社会原则。在构建现阶段俄罗斯主流社会原则方面，爱国主义应当发挥其正面作用。普京认为，俄罗斯人对爱国主义的价值评估不够，认为它具有自身的价值，远远超出了意识形态范畴。普京显然不反对有人提出的国家必须致力于“塑造俄罗斯人的道德面貌”并实施某种“构建俄罗斯人精神面貌的政策”的观点，普京说，“沙皇时期有东正教，苏联时期有党员证，俄罗斯现在这个新时期用什么来从精神上凝聚大家呢？只有用爱国主义。”在这方面，仅仅靠国家是不行的，媒体可以做很多事情。

“政府定购”——这是普京提出的政府影响媒体的新方式。在普京看来，政府影响媒体的方式应当改变，国家是可以用“政府定购方式”来影响大众传媒的。在普京看来，包括电视在内的媒体表现不佳，社会各界都有责任,“尽管人们对俄罗斯主流电视台掌门人的批评不少，但他们是负责的，并在努力改变状况。”言外之意是说，媒体本身是好的，关键是政府如何引导它们在“塑造俄罗斯人的道德面貌”方面发挥积极作用。

针对一些电视台播出的“极不健康的”电视节目，俄社会各界都发出了强烈的斥责声。俄罗斯舆论认为，在电视节目的道德问题不断引起社会关注的情况下，政府的确要在限制媒体“飞扬跋扈的自由”方面有所作为。而普京提出“政府定购”方式影响媒体的思路可能更加符合民意和潮流。

普京似乎已经开始着手对意识形态领域进行彻底的改革，他关于媒体和艺术团体的讲话应该就是改革之前放出的风声。谁都知道，控制宣传部门的主要武器就是内容控制和财政控制。在8年的总统任期内，普京吩咐包括俄罗斯天然气工业公司在内的大型企业收购了过去多对政府持反对立场的包括《生意人报》等在内的数家媒体的控股权。实际上，俄罗斯可以被称为反对派报纸的只剩下了列别杰夫的《新报》。如今，普京提到的“国家定购”的政策极有可能就是上述政策的延续，只不过范围扩大到了电影、戏剧等更加宽泛的领域。通过财政控制来对创作过程进行“指导”。

回顾普京实行的改革，权利被越来越多地集中到了以普京为中心的高层。普京曾推动成立的“俄罗斯技术”公司在2007年正式组建。该公司将兼并和重组400多家俄军工企业，并将垄断全俄罗斯军火贸易的俄罗斯军事设备出口公司罗致帐下成为自己的子公司。在“俄罗斯技术”的规划中将成立以主要武器类型为分类标准的数个大型国有武器制造公司,以此来集中优秀资源为先进武器系统的研制助推。同时，如上所述,“俄罗斯技术”还将垄断俄罗斯军火出口。可以说谁控制了“俄罗斯技术”谁就控制了俄罗斯军火,而担任该公司总裁的正是普京的“死党”切梅佐夫。

能源领域，三大公司中的两家——控制欧洲40%天然气市场的俄罗斯天然气工业公司和控制萨哈林油田的俄罗斯石油公司由“普京系”成员祖布科夫和谢钦控制。而且，谢钦正越来越明显地成为俄罗斯能源外交的“第一管家”。

政治领域，由普京担任党主席的“统一俄罗斯”党占据着杜马中2/3的席位,这个数量已经足够弹劾总统了。俄罗斯“两党制”仍在酝酿，未来政治中极有可能将出现事实上的一党制。

外交领域，与欧洲的关系，普京交给了梅德韦杰夫负责，而自己则专心经营着与西方对抗意图更为明显的南美外交。

内政领域，从国家2020年发展规划的确定到经济危机的应对再到政党制度的建设和意识形态领域的改革，这一切几乎都由普京负责。梅德韦杰夫负责的东西更多在表面上和与西方的协调上，而他主要的工作便是反腐，这项“脏活”普京交给了他。另外梅德韦杰夫还负责军队的改革，但显然他不可能通过这项改革攫取任何军队权力，因为军队改革的资金等各项资源都掌握在普京手中，而改革的计划实际上也是普京早年确定的。

衡量现在的普京，可以从历史的角度入手，可以看到彼得大帝的痕迹。当然，他没有继承彼得的残暴，但具有同样特质的专制传统却被普京不打折扣地继承了。这种传统也是俄罗斯历来的传统。这种传统在现代的政治语境中已经不能简单地用专制来描述，而应该说是一种强大国家的传统。俄罗斯历史最大的特点就是强大国家，政府集中大部分权力。

从这个角度讲，戈尔巴乔夫时期的改革和叶利钦时期的自由化改革是俄罗斯历史上的不正常现象。也许是历经沙皇时期和苏联时期的专制统治后的历史反弹，但不管怎么说，这段时期是不符合俄罗斯传统的。所以，当这段改革以失败而告终的时候，回到原来的历史发展轨道几乎是俄罗斯的必然选择，这个选择就是重建强大国家。

这个政策需要一个人来执行，这个人必须具备像彼得大帝一样的特质，这个人便是普京。

西方当然会对普京的改革表示反对，但是这是符合俄罗斯的传统的，几乎是不以人的意志为转移的。偏离了这个轨道，俄罗斯便不是俄罗斯，甚至其生存都会面临巨大考验，就像普京上台初期面临的国家即将分崩离析的局面一样。

但是,俄罗斯的历史还有一个特点,就是社会矛盾都会在累积到“爆破点”时以最激烈的形式爆发出来,沙皇时期和前苏联都是如此。那么，新时期，俄罗斯还会重蹈这样的覆辙吗？新俄罗斯上路的时间还不长，俄罗斯社会的主要矛盾还没有像对外矛盾显现的那么明显。普京的制度设计将决定俄罗斯社会矛盾未来爆发的模式。这个模式还会像过去那样剧烈吗？还是会以一套更加科学的制度来缓解这样的矛盾？这取决于正在建立的国家是“普京帝国”还是“普京共和国”。

俄罗斯的“命运”与世界“急转弯”：必要与可能的效用性。莱蒙托夫在百余年前就说：“虽被世界放逐，却怀有俄罗斯的灵魂。我更早开始，也将更早结束。”

别尔嘉耶夫、索尔仁尼琴、霍多尔科夫斯基等三个人的相关论述，从不同侧面解读“改变俄罗斯”，或者俄罗斯的“命运”。

尼古拉·别尔嘉耶夫，1874 年生于基辅，1920 年任莫斯科大学教授，1922 年被驱逐出苏联，先侨居柏林，创办宗教哲学学院，1924 年起定居巴黎，出版宗教哲学杂志《道路》（1925 ~ 1940），1947 年获剑桥大学名誉神学博士，同年被提名为诺贝尔奖候选人，1948 年病逝于巴黎。

在俄国思想史中，别尔嘉耶夫以睿智的思维、独特的个性和多产的创作而著称。《俄罗斯命运》是别尔嘉耶夫离开俄国之前的最后一部重要著作，而《俄罗斯思想》则是他最后一部完成了的著作，这两部著作分别是别尔嘉耶夫早期和晚期创作的总结之书，它们跨越 30 年的历史时间，跨越俄国和法国之间的地理空间，构成了一种独特的呼应。《俄罗斯命运》似乎是在战争和革命的年代面对祖国和民众发出的警言和预言，而《俄罗斯思想》则像是在宁静的岁月中对智性历史的总结和归纳。

俄罗斯是一个十分独特的国家，是一个“难解的谜”。别尔嘉耶夫通过《俄罗斯命运》和《俄罗斯思想》，决心去打开这个封闭着的俄罗斯灵魂的秘密，他在文中先后使用过许多不同的概念，如“二律背反”、“极端性”、“两极性”、“对立性”、“双重信仰”、“矛盾组合”等。

首先，一方面，俄国是一个最无政府主义的国家，俄罗斯人向来不善治理国家；另一方面，俄罗斯又是一个最官僚的国家，俄罗斯创建了世界上最为庞大的帝国。在俄罗斯，一切都会转化为政治的工具，为了国家、政治的利益而牺牲其他一切利益，数百年来，俄罗斯人的血和汗几乎全都用于巩固和捍卫国家之上了，而无暇顾及个性的发展和自由的创造性生活。结果，最缺乏国家意识的人民却建立了最庞大的帝国，最具无政府主义倾向的人民却成了官僚政体最恭顺的臣民，一个天性自由的民族却仿佛不去追求自由的生活。

其次，一方面，俄国是一个最少沙文主义的国家，俄罗斯民族从未像德国人、英国人和法国人那样充满过自信和傲慢，俄罗斯人向来缺乏足够的民族自豪感，甚至羞于承认自己是俄国人。另一方面，俄国又是世界上沙文主义色彩最为浓重的国家。俄国一直是一个民族冲突最多、民族压迫最甚的国家之一，大俄罗斯沙文主义的影响不仅遍及俄国，而且超越了国境。俄国在世界大战中的表现，使它时常保持有“欧洲救星”、“各民族的解放者”的良好感觉，俄国强烈的民族主义情绪，在俄国东正教会的意识形态中有集中、充分的体现，“莫斯科是第三罗马”的学说在俄国思想史中也一直很有市场。

再次，别尔嘉耶夫在俄罗斯的民族性格中也发现了这类二律背反。“应当记住，俄罗斯人的天性是完全极端化的。一方面，是恭顺，是对权利的放弃；另一方面，是由怜悯之心激起的、追求正义的暴动。一方面，是同情，是怜悯；另一方面，是潜在的残忍。一方面，是对自由的爱；

另一方面，是对奴役的接受。”

别尔嘉耶夫所罗列出的这些矛盾，在每一个民族中都程度不等地存在，只不过在俄国，其对立的色彩尤为鲜明罢了。之所以如此，是因为诸如此类的矛盾背后还隐含着两个更大的俄罗斯矛盾，即东西方的矛盾和上下层的矛盾。东西方的矛盾是地理的，文化影响上的，是横向的；上下层的矛盾是历史的，社会结构上的，是纵向的。这一横一纵两大矛盾，构成了一个硕大的十字架，许多个世纪以来，俄罗斯就背负着这沉重的十字架，在自己的命运之路上艰难地前行。

别尔嘉耶夫重申：“俄国是世界的一个完整部分，是巨大的东西方，它将两个世界结合在一起。在俄罗斯的灵魂中，永远有东方的和西方的两种因素在相互搏斗。”在这个概念之前，还有这样一段话：“俄罗斯民族是最高程度上的两极化民族，它是若干对立面的并存。它可以使人迷恋，也可能使人失望，它那里永远有可能发生意外的事情，它最能激起对它的强烈的爱和强烈的恨。这是一个正在引起西方各民族不安的民族。每个民族的个性就像每个人的个性一样，都是一个微观世界，因此其中必定包含有各种矛盾，但是程度却有所不同。俄罗斯民族就其极端性和矛盾性而言，也许只有犹太民族可以与之相提并论。正是这两个民族具有强烈的弥赛亚意识，这并非偶然。俄罗斯灵魂的矛盾性和复杂性也许与这样的背景有关，即东方和西方这世界历史中的两大潮流在俄国发生着碰撞，产生着相互作用。”在别尔嘉耶夫看来，地处东方和西方之间的地理位置既给俄罗斯的命运带来了某种不幸，导致了俄罗斯民族性格和民族文化上的矛盾和分裂，但与此同时，它却在新的历史背景下凸显了俄罗斯民族独特的历史使命，极大地提升俄罗斯民族在世界舞台上的地位和影响。

在别尔嘉耶夫关于俄罗斯“命运”和“思想”的思索中，始终强调：“在俄罗斯精神中的确存在着一种对极端和极限的追求。”

2008 年 8 月 3 日，被誉为“俄罗斯的良心”的世界著名作家、1970 年度诺贝尔文学奖获得者索尔仁尼琴逝世，享年 89 岁。

亚历山大·伊萨耶维奇·索尔仁尼琴，1918 年生于高加索基兹洛沃茨克一个教师家庭，1941 年毕业于罗斯托夫大学数理系，曾服过兵役。因为在与朋友的通信中对斯大林有不敬之词，二战结束之后他在苏联监狱中度过8年，接着又被流放到哈萨克斯坦。1957年他恢复名誉，定居梁赞市担任数学老师。

索尔仁尼琴从上世纪60年代初开始走红苏联文坛。1962年他发表苏联文学中第一部描写斯大林时代劳改营的作品、中篇小说《伊凡．杰尼索维奇的一天》，引起轰动并受到赫鲁晓夫的赏识。但是随着赫鲁晓夫下台，小说遭到公开批判。1967年他在苏联第四次作家代表大会上散发公开信，抗议苏联的报刊检查制度，要求“取消对文艺创作的一切公开的和秘密的检查”。1969年他被苏联作协开除会籍。

1970年10月索尔仁尼琴因为“在追求俄罗斯文学不可缺少的传统时所具有的道德力量”而获诺贝尔文学奖。1974年因叛国罪被捕，并被驱逐出境。他先后旅居联邦德国和瑞士，1976年迁往美国。1994年在俄罗斯总统叶利钦邀请下索尔仁尼琴回到祖国。

索尔仁尼琴长达140万字的巨著《古拉格群岛》为他赢得了伟大思想家的荣誉，小说1973年在巴黎出版后轰动世界文坛，全球售出3000多万册。

俄罗斯女作家尤利兹娅认为，索尔仁尼琴是上一代作家中最后一位代表良知的作家，“他能够改变社会进程，或至少影响了国家和社会的发展”。上世纪80年代末的一次民意调查显示，48%的俄罗斯人希望他回国担任总统。

索尔仁尼琴晚年公开抨击美国和北约企图包围和孤立俄罗斯，赞赏普京为俄罗斯的复兴做出的努力。他认为西方民主危机严重，俄罗斯不应草率效仿。

2007年俄罗斯国庆节那天，索尔仁尼琴获得2006年度俄罗斯人文领域最高成就奖俄罗斯国家奖。在获得诺贝尔文学奖37年之后，索尔仁尼琴终于在自己的祖国获得了肯定。

“全世界成百上千万人把索尔仁尼琴的名字和创作与俄罗斯本身的命运联系在一起。他的科学研究和杰出的文学著作，事实上是他把全部的生命，都献给了祖国。”普京在颁奖典礼上说。

索尔仁尼琴说，“我始终相信，我们的传统文化和俄罗斯精神是崇高的，它远远高于目前苦难的现实。为了维持俄罗斯的统一，必须加强政府的中央集权。但是，仅仅依靠这一点，俄罗斯的繁荣是不会到来的。为了实现俄罗斯的繁荣，还需要积极有效的，从下到上不断增强的地方自治，以及有保障的地方财政。但是，遗憾的是这样的组织目前不存在，也无人去建立。人民政治组织应该是这样的:先是地方的，然后从中派生出地区的，其后是州一级的，只有这样产生的自治组织与政府的相关机构相互协调，才可能赋予人民决定自己命运的机会。”

“言论自由，如同其他任何一种自由一样，是一件异常珍贵的礼物。只有当成千上万的俄罗斯人拥有自己的声音，他们的双手从桎梏中解放出来，从而能够掌握自己命运的时候，俄罗斯的繁荣才会真正到来。”

俄罗斯前首富霍多尔科夫斯基，2003 年因尤科斯案而锒铛入狱。在狱中，他发奋读书、思考和写作。

2008 年 10 月 7 日，霍多尔科夫斯基就美国民主党候选人奥巴马当选总统一事为由，在俄罗斯《导报》上发表名为《新社会主义——左转弯》的文章。

“奥巴马当选美国总统，标志着美国将‘向左转’，从而开启新社会主义时代，而开启这一时代的背景正是眼下席卷全球的金融危机和近十年来世界范围内不断膨胀的政治经济隐患。他说，金融危机使奥巴马行情大涨，并非偶然。对美国选民来讲，奥巴马在有意无意间正好代表‘Changeweneed’，在某种程度上可以被理解为现代版的美国戈尔巴乔夫。”

霍多尔科夫斯基提出，里根时代开启的自由主义市场经济接近尾声，新社会主义已经来临。在近期内凯恩斯的经济理论比弗里德曼和哈耶克更加受重视，国家调控之手和国家间组织的影响将超过市场这只看不见的手。

霍多尔科夫斯基曾是俄罗斯自由派人士的代表，因而也对自由主义的发展做了分析。他认为，金融危机并没有宣告自由主义的破产。

霍多尔科夫斯基对全球金融危机的产生原因作了分析，“首要一条就是最近 10 年国家调控杠杆严重失效，尤其是全球性质的经济进程与地区经济调节之间失衡，造成世界范围内的经济震荡。此外各国政府在‘责任’和‘决定权’这两个本应统一的概念的理解上出现偏差，金融业界领军集团基本摆脱了道义、行政甚至司法的约束，导致他们不负责任的做法。这一切都成为金融危机爆发的诱因。就俄罗斯而言，在经济上升阶段，俄罗斯过多依赖易于开采的天然资源，依靠出口天然资源，首先是石油和天然气拉动经济发展，从而导致大量热钱流入，包括境外资本，逐渐导致经济成本上升，而金融行业对外界因素的依赖程度加深。”

霍多尔科夫斯基还预言未来世界 12 大变化，包括国家作为经济调节器的作用明显增强；团结和集体价值观的复兴将替代经济利己主义和放任自流的经济模式；国家和社会对私有资本和整个金融资本团队的要求更加严格；国家将通过立法手段加强对大型企业的控制，甚至有可能出现部分经济部门的国有化。各国政府和国家间调节机制可能会更加重视建立社会“安全气囊”，尽力消除贫富差距，甚至是国家间的贫富差距等。

霍多尔科夫斯基在文章的最后提出“21 世纪初，新社会主义重新成为胜利者。全球化趋势必将放缓，但不会完全停止，发达国家被迫放弃提升消费的希望，上个世纪末的消费标准只具备参考价值。整个世界将向左转。”

“新国家主义”：民主与法治的适用性。新国家主义是晚工业化社会的产物。从思想体系上，新国家主义是新集体主义、新权威主义、新保守主义得以盛行不衰的总根源。

在制度架构上，新国家主义是强权政治加市场经济的制度形态；但这种模式带来的政治多元的局面，无疑将会产生类似多米诺骨牌的效应，形成对第三世界国家的持续冲击。

从这个推论出发，透视新国家主义的整体脉络，就会明白为什么转型时期新权威主义和保守主义能够大行其道的缘由。

有人说，俄罗斯总在东西方之间摇摆，找不准自己的定位；有人说，俄国人做事总是简单化，不是一就是二，不是左就是右。

戈尔巴乔夫的“改革与新思维”，由于实践的失败，被戏称为 20 世纪的“最臭理论”。特别是推进改革中倡导的“民主化”和“公开性”，既无“土壤”，也无“契机”，引发了前苏联传统体制的急剧“裂变”。这是一种脱离现实的理想化“变革”，结局可想而知。

叶利钦任内，不只是违背民主原则，甚至是违反国家宪法的事情他都做过，但他却被当做是俄国有史以来最伟大的民主进程的开拓者和奠基者，这就是一个转型国家的奇妙之处。

作为职业政治家，叶利钦最大的政治动机当然是权力，但叶利钦比俄国的其他所有统治者伟大之处就在于，他确实是民主原则的真诚信仰者，并且始终公开捍卫这一原则。民主也成为他给自己的继任者留下的最大遗产，并且是逾越不得的一条红线。在退休后接受自己的传记作家马蒙托夫访问时，叶利钦对同样是20世纪最伟大的政治家之一的丘吉尔的一段话颇为欣赏，“没有比民主更可靠的统治方式，没有比站在民主一边更有资格被载入史册的政治家”。

普京一向强调俄罗斯是民主国家，从不笼统地否定民主，也不把本国民主同他国民主对立，但他强调讲民主自由“必须顾及俄罗斯历史”，“从本国的地缘政治和国情出发”，“民主原则和民主标准不应导致国家解体和人民受穷，而应使国家更加安定团结，人民生活水平进一步提高”，在建设何种民主的问题上，“俄遵从的不是外国伙伴的态度，而是本国的现行法律”。

普京说：“有人认为民主比主权重要，我们不这样看。我们认为，这两者都重要。”俄政界把普京对民主的理解，解读为“主权民主”，即根据本国历史、地缘政治、国情和法律，由本国自主确定的民主。“主权民主”论实际上是民族主义和民主主义的混合体，使俄罗斯反对派西天取经求“民主”的主张显得苍白无力，也打掉了美国对俄实行“民主化”、搞“颜色革命”的法理依据。

普京道路的显著特点是：追求俄罗斯大多数人的共同富裕，捍卫俄罗斯的国家利益、民族尊严和独立自主，尊重俄罗斯的历史和文化传统，谋求俄罗斯的团结和凝聚力。

奥巴马当选美国总统后，全世界似乎都在狂热，充满醉意的高调并不意外，但低估了奥巴马领导美国乃至西方变革的潜能。实际上，西方的变革已经酝酿多时，奥巴马的当选则为之付诸行动打开了锁。

奥巴马获胜后，欧盟委员会主席巴罗佐贺电声称“新的世界需要新政”，衷心希望美国与欧洲一起推动这种新政的建立；法国总统萨科齐说奥巴马“在法国、欧洲乃至全世界唤起了巨大希望”；德国总理默克尔坚信“欧洲和美国将密切合作”；英国首相布朗称赞美国新总统“以其进步的价值观和对未来的洞察力推动了一场令人鼓舞的选战”，“我们的价值观有很多共同的东西”。

而奥巴马首批回电的九国领导人，也以西方为主，包括英、法、德、加、澳、日等，既暗含着美国选择了优先合作伙伴，更有西方携手变革的远谋。

这里的“新政”就是西方的变革。冷战结束后，大西洋两岸凭借文化的先进和财富与技术的雄厚，在经济和文化上向全球市场扩展，促成了上世纪90年代世界性的经济繁荣和政治革新。但进入21世纪后，美国的超级强权地位使其产生独步天下的骄狂。因为伊拉克战争，欧美发生分裂。

美国和“老欧洲”的分歧，在于如何领导世界。布什的单边主义是要用军事“硬力量”来威慑世界；而经验丰富的“老欧洲”则认为世界是多元的，只有在遵守国际法的前提下通过协商与合作，文化“软实力”才能影响世界走向民主、开放。

奥巴马从选战开始时就声称要建立新的合作关系，恢复道德威望。而在获胜演说中他再次重申：“我们国家真正的力量并非来自我们武器的威力或财富的规模，而是来自我们理想的持久力量：民主、自由、机会和不屈的希望。”

这种“新的方向”是用市场力量和政府干预结合的方式来平衡贫富差距，把税前收入不平等扭转为税后收入的平等，“从资本家手中挽救资本主义制度”。这些政策正是欧洲“社会民主主义”的核心思想。

向欧洲的经济思想看齐，可谓奥巴马“变革”中最富新意的内容。这既是医治美国自由放任政策带来的社会分化的药方，也是在经济衰退趋势下垫一个“枕头”的努力，更是“新国家主义”的初始步骤。

“新国家主义”是在全球化基础上产生的新理念，金融海啸后更显其感召力。